보이는 복음, 이웃사랑

어떻게 세상의 생명으로 살 것인가?

보이는 복음, 이웃사랑

초판 1쇄 인쇄 2021년 5월 20일
초판 1쇄 발행 2021년 5월 31일

지 은 이 | 김완섭
펴 낸 이 | 오복희

펴 낸 곳 | 기독교신앙회복연구소
등록번호 | 제2018-000044호
등록일자 | 2018년 4월 12일
주   소 | 서울특별시 송파구 마천로 100 C동 402호(오금동)
편 집 부 | 010-6214-1361
관 리 부 | 010-8339-1192
팩   스 | 02-3402-1112
이 메 일 | whdkfk9312@naver.com
연 구 소 | Daum 카페(기독교신앙회복연구소)
디 자 인 | 참디자인

ISBN 979-11-89787-25-7 (03230)

* 이 책은 신저작권법에 의하여 국내에서 보호를 받는 저작물입니다.
  출판사의 협의 없는 무단 전재와 무단 복제를 엄격히 금합니다.
* 한 권 값 22,000원
* 잘못된 책은 교환하여 드립니다.

예수마음제자훈련 :
이웃과의 관계 편 1

보이는 복음
이웃사랑

어떻게
세상의 생명으로
살 것인가?

김완섭 지음

기독교신앙회복연구소

Prologue
시작하는 말

　그리스도인이란 복음을 받아들이고 복음 속의 진리를 믿고 있는 사람들이다. 복음이 없다면 어떤 인간도 구원받을 수 없다. 그래서 기독교는 복음이고 교회는 복음을 담는 그릇이요 그리스도인은 복음을 품고 세상 속에서 살아가는 사람들이다. 기독교를 수호하는 것이 아니라 복음을 수호하는 것이고 교회를 부흥시키는 것이 아니라 복음을 전파하는 것이다. 기독교가 기독교다워지려면 원래의 복음이 회복되어야 하고, 교회가 교회다워지려면 세상에 복음의 본질이 살아나야 하며, 그리스도인이 그리스도인다워지려면 복음이 제시하는 대로 살아야 한다. 복음이 유일한 진리이며 가치기준이며 목적이며 수단인 것이다.

　그러면 복음이란 무엇인가? 그것은 모든 인간이 죄인이라는 것과 예수께서 모든 인간의 죄를 대신 지시고 십자가에 달려 죽으셨다는 것과 부활하심으로써 죄와 죽음의 권세를 이기셨다는 것과 그 사실을 진심으로 믿고 받아들이면 구원받는다는 것이다. 그렇다면 복음은 곧 그리스도 예수님이다. 그러므로 기독교는 예수님이고, 교회도 예수님이고, 성도들도 예수님이다. 예수님이 기독교 안에, 교회 안에, 성도 안에 살아계셔야 정상적인 기독교이고 교회이고 성도인 것이다. 예수님이 계시되 살아계셔야 한다. 예수님이 말씀하시고 그 말씀이 삶을 지배하고 생활을 통해 예수님이 드러나야 한다. 그럴 때 그 복음은 참 복음이 되고 예수님은 교회와 성도 가운데에 살아계시고 세상 속에서 전파되는 것이다.

그런데 왜 오늘날 교회는 교회답지 못하고 성도들은 그 빛을 잃어버렸는가? 그것은 '충분하지 못한 복음' 때문이다. 물론 그리스도의 복음은 모든 면에서 충분하다. 하나님께서는 완벽한 복음을 우리에게 주셨다. 하지만 받아들이는 쪽에서 그 완벽한 복음이 아니라 복음을 부분적으로만 받아들이고 있다. 복음의 다양성이라는 측면에서 생각한다면 누구나 부분적으로만 받아들일 수밖에 없다는 말도 맞는 말일 것이다. 하지만 여기에서 복음을 부분적으로만 받아들인다는 말은 그런 이야기가 아니다. 그것은 기독교가 복음의 한쪽 측면만을 지나치게 강조함으로써 다른 쪽 측면은 소홀해지거나 희미해지게 되었다는 이야기이다.

예수님은 십자가에 달리시기 진까지 3년간의 공생애를 사셨다. 만약에 예수님이 단지 죄 사함과 구원이라는 목적만을 위해 이 땅에 오셨다면 굳이 3년간이나 공생애를 사실 이유가 없었을 것이다. 예수님은 모든 그리스도인들로 하여금 예수님의 이 땅에서의 삶의 모습을 따라 살 것을 원하셨기 때문에 3년 동안 그리스도인들의 삶의 원리를 보여주셨던 것이다. 예수님의 공생애의 거의 전부는 사람들과의 관계의 연속이었다. 따로 한적한 곳을 찾아가 기도하시는 일 외에는 거의 전부 제자들과 백성들과 무리들과 함께 보내는 시간들이었다.

　무슨 말인가 하면 복음이란 사람들과의 관계 속에서 펼쳐져야 온전한 복음이 될 수 있다는 이야기이다. 예수님께서 십자가에서 죽으셨다가 부활하신 놀라운 사역은 일회성 사건이었지만, 나머지 예수님의 삶은 전부 사람들을 사랑하시는 일에 전력을 쏟아 붓는 과정이었다. 그것은 한마디로 이웃사랑이다. 예수님은 우리에게 어떻게 이웃을 사랑할 것인가를 친히 보여주셨던 것이다. 목숨으로 인간의 생명을 구원하신 십자가 사건은 그 이웃사랑의 최절정을 감당하신 것이었다. 복음은 이웃사랑이 핵심이다. 예수님께서 그렇게 친히 본을 보여주셨다.

　이웃사랑은 어떤 행위에 국한되는 것이 아니다. 이웃사랑은 정신이자 그리스도인의 삶의 원리이다. 정신이라는 말은 사상이나 이념이라는 말이 아니라 신앙의식이라는 말이다. 어떤 사건에 부딪치면 내면으로부터 일어나는 자연스러운 반응이 의식이다. 이웃사랑은 신앙의 의식이 되어야 한다. 이웃사랑은 불쌍한 사람들을 돕는 일 이전에 우리 주변의 이웃사람들에 대해 가지는 의식이자 태도에서부터 출발하는 것이다. 그리스도의 눈길을 가지고 사람들을 바라보는 것이 이웃사랑이다. 삶의 현장에서 누군가가 해주기를 바라는 그것을 하려고 하는 것이 이웃사랑이다. 일터에서 모든 일을 주의 일을 하는 것처럼 행하는 것이 이웃사랑이다. 어려운 사람들을 도와도 그리스도께 하는 것처럼 하는 것이 이웃사랑이다. 이웃사랑은 한마디로 자기 주변에 있는 모든 사람들을 대하는 마음가짐이자 태도인 것이다. 가난한 사람들을 돕는 행위는 그런 신앙의식의 결과로서 나타나게 되는 자연스러운 모습이다. 그렇게 될 때 주님께서 원하시는 이웃사랑을 행하게 되는 것이다.

이 책은 그리스도인의 이웃사랑에 관한 모든 내용을 담고 있다. 실천적인 대안은 다른 책에서 제시하겠지만, 이웃사랑의 근거와 원리와 목적과 방향까지 이야기하고 있다. 이웃사랑을 마음에 품고 행하지 않는 사람은 결코 하나님을 사랑하는 사람이 아니다. 하나님을 사랑하고 하나님께서 살아계신다는 증거를 보여줄 수 있는 방법은 이웃사랑밖에는 없다. 예수님께서 보여주신 삶의 모습들이 그리스도인들의 삶의 원리이다. 예수님의 모습을 그대로 따라가라는 말이 아니라 어떻게 살아야 하는지 그 원리를 발견해야 한다는 이야기이다. 성경이 말하고 예수님께서 보여주신 이웃사랑이 그리스도인들의 삶 속에서 드러날 때 교회는 교회다워지고 복음은 더욱 왕성해질 수 있을 것이다.

이 책은 기독교신앙회복을 위한 이웃과의 관계 시리즈의 첫 번째 책이다. 원래 주제는 '그리스도인의 영혼사랑'이다. 보통 이야기되는 전도의 개념과는 많이 다르다. 이웃사랑의 최종목적지가 영혼구원에 있다는 말이다. 이 책을 통해 이웃사랑의 참된 의미를 깨닫고, 진정한 의미의 이웃사랑을 통해 하나님께 영광을 올려드리고, 세상에 그리스도의 참된 사랑을 널리 전파함으로써 수많은 백성들이 구원에 이르게 되고, 모든 그리스도인들은 하늘에 보화와 상을 쌓아나갈 수 있기를 간절히 기도드린다. 그럼으로써 한국교회가 교회의 참모습을 조금이라도 회복하고, 기독교가 참 종교라는 사실이 온 세상에 널리 퍼져나가기를 위해 또한 기도드린다.

Contents
차례

시작하는 말 · 5

제1부 : 이웃사랑의 출발점 · 13

제1장 _ 이웃사랑의 지향점 · 14
두 가지 핵심계명 · 14
구약의 이웃사랑 · 18
이웃사랑의 출발 · 22
아담과 하와 · 26

제2장 _ 아담 이후의 이웃사랑 · 32
계급의 발생과 증오의 현실화 · 32
노아의 등장 · 37
아브라함의 믿음 · 40
믿음과 이웃사랑 · 46

제3장 _ 그리스도와 이웃사랑 · 54
하나님과 여자와 뱀 · 55
천국이란 어떤 곳인가? · 60
여자의 후손 그리스도 · 65
우리를 대신하신 그리스도 · 72

제4장 _ 자기사랑과 이웃사랑 · 81
그리스도인의 태생적 정체성 · 82
그리스도인의 선교적 정체성 · 87
자기사랑은 영혼사랑이다 · 93
우리를 향한 하나님의 사랑 · 99
자기사랑 없이 이웃사랑 없다 · 106

제2부 : 구약의 이웃사랑 · 113

제5장 _ 율법이 말하는 이웃사랑 · 114
십계명의 본질적 의미 · 115
이웃에 대해서 거짓 증언하지 말라 · 120
이웃의 소유를 자기 소유처럼 인정하라 · 125
안식일과 안식년 · 131
희년은 정의가 아니라 사랑이다 · 139

제6장 _ 고아와 과부를 돌보는 것이다 · 146
이웃을 돕는 일은 의무이다 · 147
수확물은 반드시 남겨두라 · 154
하나님께 공의이고 백성에게 복이다 · 159
행하지 않으면 죄가 된다 · 166

제7장 _ 차별하지 않는 것이다 · 172
재판을 정의롭게 하라 · 174
속이거나 학대하지 말라 · 179
차별하지 말라 · 186
실수한 사람을 용납하라 · 193

제8장 _ 이웃사랑의 범위 · 199
내가 거룩하니 너희도 거룩하라 · 199
우상숭배한 사람은 반드시 죽이라 · 205
율법을 범하는 사람은 죽이라 · 211
죄와 악을 제하라 · 218

제3부 : 자기 자신처럼 사랑하기 · 225

제9장 _ 먼저 형제를 사랑하라 · 226
누가 형제인가? · 230
용서하고 비판하지 말라 · 237
적극적인 형제사랑 · 244
형제사랑은 서로사랑이다 · 252
형제 속의 마귀에 대하여 · 258

제10장 _ 이웃이 되는 것이다 · 266
내 이웃이 누구입니까? · 268
이웃이 된다는 의미 · 276

마음으로 사랑하는 것이다 · 283
몸으로 사랑하는 것이다 · 290
이웃을 대신하는 것이다 · 297

제11장 _ 누구를 어떻게 사랑할 것인가? · 305

가난한 사람들 · 307
고아와 과부들 · 313
장애를 가진 사람들, 지체 부자유자들 · 319
나그네들 · 326
사회적 약자들 · 332

제12장 _ 이방인들에 대한 이웃사랑 · 340

진멸전쟁 · 342
이방인의 풍속을 따르지 말라 · 349
이방여인에 관하여 · 355
이방인에 관한 기준의 변화 · 361
어떻게 이방인을 사랑할 것인가? · 368

제4부 : 이웃사랑은 영혼사랑이다 · 377

제13장 _ 이웃사랑의 초점 · 378

사랑의 대상이면서 경계의 대상 · 378
동역적 사랑과 선교적 사랑 · 384
1차적 사랑과 2차적 사랑 · 390
사도 바울의 이웃사랑 · 395
세상 속에서의 이웃사랑 · 402

제14장 _ 이웃사랑과 영혼사랑 · 409

교회와 세상의 장벽 · 409
영혼사랑이란 무엇인가? · 415
구원과 이웃사랑 · 421
어떻게 구원하시는가? · 427
어떻게 성령님을 도울 것인가? · 433

제15장 _ 영혼사랑과 영적 싸움 · 440

영적 싸움의 대상 · 441
세상 풍조와의 싸움 · 448
고난과 능욕과의 싸움 · 455
대적하는 싸움 · 461
하나님의 능력으로 싸움 · 467

제16장 _ 영혼사랑의 실천적 방법들 · 474
  비움과 나눔 · 475
  낮춤과 섬김 · 481
  구원을 위한 간구 · 488
  복음 전파 · 495

맺는 말 · 503

제1부

이웃사랑의 출발점

제1장
이웃사랑의 지향점

이웃을 자기 자신처럼 사랑하라는 말씀은 그리스도인이 아니라도 많이들 알고 있는 성경말씀이다. 하지만 이 말씀은 가장 그 의미가 받아들여지지 않는 말씀이기도 하다. 이웃을 사랑하는 것은 될 것 같은데 자기 자신처럼 사랑하라는 말씀은 머리로는 이해가 되지만 여간해서는 행동으로 시도할 수 없는 말씀인 것 같다. 하나님을 사랑하되 마음과 목숨과 뜻과 힘을 다해 사랑하라는 말씀은 그래도 믿음이라는 이름으로 납득이 되지만, 현실 속에서 이웃을 자기 자신처럼 사랑한다는 일은 사실상 불가능한 것으로 생각될 것이다.

두 가지 핵심계명

하지만 예수님은 분명하게 가장 큰 두 가지 계명을 하나님사랑과 이웃사랑으로 정의하고 계신다(막 12:28-31). 하나님사랑과 이웃사랑을 동일선상에 놓으시고 동일한 무게를 부여하시는 것이다. 다른 말로 하면 하나님사랑과 이웃사랑 중 어느 하나에만 집중하면 안 된다는 뜻이기도 하다. 더 다르게 말하면 하나님사랑이나 이웃사랑 중 한 가지만으로는 온전한 그리스도인이 될 수 없다는 말이다. 오늘날 우리 기독교에서 하나님사랑만 강조되어 있고 이웃사랑에 대해서는 지나치게 축소되어 있는 것은 사실이 아닌가? 그렇게 된 이유는 무엇일까? 분명히 성경이 두 가지를 모두 강조하고 있는데도 불구하고 이웃사랑에 대해서는 다양한 오해와 착각들이 널리 퍼져있다. 그것은 성경이 말하는 이웃사랑의 본질을 심각하게 생각하지 않고 가르치지도 않고 훈련하지도 않기 때문이다.

대개 교회에서는 이웃사랑을 강조하면서도 행위나 목적에만 의미를 두는 경우가 많다. 이웃사랑이란 물론 행동으로 드러나야 하는 것은 틀림이 없다. 그러나 그 이전에 이웃사랑은 하나님의 마음이며 그리스도인의 삶의 기본원리라는 사실을 알아야 한다. 가난하고 소외된 사람을 돌보는 것이 이웃사랑의 전부가 아니라 우리가 살면서 부딪치는 모든 이웃을 대하는 마음가짐이 이웃사랑의 원리라는 것이다. 그리스도께서 죄인들을 위해 목숨까지 버리신 그 사랑이 이웃사랑의 기본적인 마음가짐이며, 그런 마음으로 나 이외의 타인들을 대하고 사랑하는 마음을 품는 것이 이웃사랑의 출발점이라는 말이다.

그러면 우리는 왜 우리 이웃을 우리 자신처럼 사랑해야 하는 것일까? 그 근원적인 이유를 알아야 정말로 이웃을 자기 자신처럼 사랑할 수 있게 될 것이다. 이웃사랑이라는 개념은 언제 성경에 나타날까? 그것은 모세의 율법에 최초로 등장한다. 그 이전에는 이웃이라는 단어조차 거의 나오지 않는다. 율법 이전에도 이웃이 나오기는 한다. 그런데 그 이웃이란 이스라엘 백성들이 살던 집의 이웃사람들, 곧 애굽 사람들을 뜻한다. 문자 그대로 그냥 옆집이나 앞집에 사는 애굽 사람들이다.

"여인들은 모두 그 '이웃' 사람과 및 자기 집에 거류하는 여인에게 은 패물과 금 패물과 의복을 구하여 너희의 자녀를 꾸미라 너희는 애굽 사람들의 물품을 취하리라"(출 3:22)

그런데 이 말씀에서의 이웃은 사랑의 대상이 아니라 하나님께서 출애굽 당시 성막을 짓거나 살아가는 데 사용할 물품들을 애굽 사람들로부터 취하게 만드신다는 목적에 사용하실 이웃일 뿐이었다. 이 약속은 하나님께서 모든 소망이 사라져버린 80세 양치기 노인이었던 모세에게 나타나셔서 주신 말씀이었다. 이 말씀이 모세의 귀에 들어올 리가 만무했겠지만 나중에 정말 하나님의 말씀대로 이루어진다.

그러고 나서 출애굽시 어린양을 취할 때 한 마리를 먹기에 한 가정의 식구가 적으면 이웃과 함께 먹을 수 있도록 명하셨는데(출 12:4), 이 때에는 앞에서와는 달리 같은 동족으로서 함께 출애굽해야 할 진짜 이웃을 뜻한다. 그리고 그 후에 우리가 말하는 이웃의 개념은 십계명에 나타난다. 일반적으로 십계명의 4계명까지는 하나님께 대한 계명이고 나머지 여섯 계명은 사람에 대한 계명이라고 알려져 있는데, 여기에서도 이웃이라는 말은 제9계명과 10계명에만 등장한다.

"네 이웃에 대하여 거짓 증거하지 말라 네 이웃의 집을 탐내지 말라 네 이웃의 아내나 그의 남종이나 그의 여종이나 그의 소나 그의 나귀나 무릇 네 이웃의 소유를 탐내지 말라"(출 20:16-17)

물론 5계명 네 부모를 공경하라는 계명부터 살인하지 말며 간음하지 말고 도둑질하지 말라는 계명들도 전부 이웃과 관련된 내용들이다. 다만 일반적으로 부모를 이웃이라고 할 수는 없고, 살인이나 도둑질 등은 개인들에게 주시는 계명이기도 하기 때문에 9계명과 10계명에만 이웃이라는 말을 적용할 수도 있을 것이다. 그런데 여기에서 이웃의 범위에 대해 고민하게 만드는 여지가 생기는 것이다. 이웃을 사랑하라고 했을 때 이웃의 범위를 확정해야 이웃사랑의 의미가 더욱 분명해지지 않겠는가?

이웃이라는 말은 좁은 의미에서는 가족이나 친척 이외의 옆집이나 동네 사람들을 뜻하는 말이지만, 넓은 의미에서는 그런 지역, 혈연이나 학연 등의 특성을 통틀어서 자기 자신이 아닌 다른 사람들을 전부 이웃이라고 간주할 수 있다. 그렇게 본다면 넓게는 부모나 자식도 전부 이 이웃의 범주에 넣을 수 있게 될 것이다. 어쩌면 하나님께서 명하신 이웃을 사랑하라는 말씀은 그런 의미에서 다가갈 수 있어야 더 정확하지 않을까 하는 생각까지 든다. 왜냐하면 이웃을 자기 자신처럼 사랑하라고 하실 때 그 의미에 가장 가까운 모습은 바로 부모-자식관계일 텐데, 그 관계를 다른 이웃들에게 넓게 적용하시려는 하나님의 뜻이라고 생각할 수 있기 때문이다. 그렇게 본다면 가족이든 친구이든 사람들에 대한 계명은 전부 이웃에 대한 계명이라고 할 수 있다. 물론 구약에서 이웃이라는 개념을 말할 때에는 이스라엘 사람들 사이에서만 적용할 수 있는 개념이었다.

구약의 이웃사랑

그런데 예수님은 하나님사랑과 이웃사랑이 가장 큰 두 가지 계명이라고 하셨지만, 구약의 말씀에는 이웃을 자기 자신처럼 사랑하라는 말씀은 단 두 군데밖에 나오지 않는다. 레위기의 기록에서 제사법에 대해서만 18장까지 기록하고 19장에 와서 이웃에 대한 태도를 말씀하시면서 이웃사랑에 대해서 명령을 내리신다. 여기에서 비로소 자기 자신과 같이 이웃을 사랑하라는 말씀이 등장한다.

"원수를 갚지 말며 동포를 원망하지 말며 네 이웃사랑하기를 네 자신과 같이 사랑하라 나는 여호와이니라"(레 19:18)

그리고 이웃을 확장해서 이스라엘 등에 거주하는 다른 거류민들에 대해서도 자기같이 사랑하라는 명령이 떨어진다. 여기에서 우리는 구약의 이웃의 개념을 살펴볼 수 있다. 민족적으로나 혈통적으로 가족이나 친족이 아니라 함께 살아가는 모든 사람들이 전부 이웃의 범주에 속한다는 말이다. 민족이 다르다고 차별하지 말고 함께 사는 사람들을 자기 자신을 사랑하는 것과 같이 사랑하라는 것이다.

"너희와 함께 있는 거류민을 너희 중에서 낳은 자 같이 여기며 자기같이 사랑하라 너희도 애굽 땅에서 거류민이 되었었느니라 나는 너희의 하나님 여호와이니라"(레 19:34)

이 이웃에 대한 개념은 이후로 다양한 역사적인 과정을 거쳐서 상당히 범위가 넓어진다. 구약의 관점에서 예수님은 이 이웃에 대한 개념을 폭넓게 정의하셨는데 그것은 이웃이란 하나님의 뜻대로 행하는 모든 사람들을 말한다고 하셨다. 물론 '가족'이라는 개념으로 말씀하셨지만 이웃사랑의 전체적인 큰 틀에서 이웃의 개념을 정의해주신 것이라고 할 수 있다.

"대답하시되 누가 내 어머니이며 동생들이냐 하시고 둘러앉은 자들을 보시며 이르시되 내 어머니와 내 동생들을 보라 누구든지 하나님의 뜻대로 행하는 자가 내 형제요 자매요 어머니이니라"(막 3:33-35)

구약에서 이웃사랑은 크게 강조되는 개념이 아니었다. 정확하게는 단 두 차례밖에 등장하지 않은 개념이며, 이웃에 관한 수많은 조항들 중의 한 가지 정신을 설명한 것에 불과하기 때문이다. 그리고 이웃에 대한 계명들은 사실상 사랑에 근거한다기보다는 공평이나 정의나 차별금지와 같은 개념에서 설명되어진 것들이다. 예수님의 말씀처럼 이웃을 사랑하는 기본정신을 강조한 것이 아니라 다만 이스라엘이 가나안 정복 후에 펼쳐져야 하는 삶 속에서 어쩔 수 없이 벌어질 가능성이 있는 모든 인간사에 대한 규정으로 채워져 있었던 것이다.

그럼에도 불구하고 이웃을 자기 자신처럼 사랑하라는 말씀은 하나님께서 백성들에게 주시는 가장 핵심적이고 기본적인 사상임에는 틀림이 없다. 왜냐하면 이웃과의 관계를 설명하시면서 이웃에 대한 기본적인 자세를 가르쳐주신 것이기 때문이다. 이웃을 네 자신처럼 사랑하라고 하신 말씀 앞에는 가난한 사람들을 위해 곡식을 알뜰하게 거두지 말고 이웃의 물건을 도둑질하거나 억압하거나 불의로 재판하는 일들을 하지 말라고 강조하는 명령이 나온다. 그리고 몇 가지 사항을 더 말씀하시고 나서 거류민을 차별하지 말고 자기 자신처럼 사랑하라고 명하신다.

구약에서는 예수님께서 말씀하신 것처럼 하나님사랑과 이웃사랑을 동등한 위치에서 말씀하지 않았다. 다만 십계명에서 하나님에 관한 계명과 사람에 대한 계명을 말씀하신 것으로 보아 실제 삶 가운데에서의 행동이 하나님을 섬기는 것만큼이나 중요하다는 것을 알 수 있을 뿐이다. 그러면 예수님은 왜 이웃사랑의 개념을 크게 강조하여 이웃을 자기 자신처럼 사랑하는 것으로 정의하셨을까? 예수님은 실로 사람들을 예수님 자신으로 사랑하셨기 때문에 십자가의 모진 고난을 견디셨다. 예수님은 사람들을 자기 자신처럼 사랑하시는 수준을 뛰어넘어 아예 사람들이 되셨다. 전혀 죄가 없으신 창조주 예수님께서 절대로 씻을 수 없는 죄인들인 사람들을 위해서 목숨을 버리셨다. 이웃사랑의 원본이 여기에 있다. 자기 자신처럼 이웃을 사랑하라고 할 때의 그 이웃사랑은 바로 예수님의 동일시 사랑에 근거하는 것이다.

그렇다면 구약에서는 왜 그런 원리들이 강조되지 않았는가? 예수님께서 이웃사랑의 원형을 나타내 보여주실 때까지 하나님의 뜻이 무르익지 않았기 때문이다. 인간에게 열린 구원의 길은 예수님의 희생으로 성취되어야 하는데 인간에 대한 구원의 가능성이, 특히 이스라엘 백성들을 통한 인간구원의 가능성이 율법으로부터 시작되는 시점에서 예수님의 희생의 사랑을 명할 수는 없는 것이다. 더구나 그 시대는 그리스도의 강림으로 인한 영적인 시대가 아니고 모든 것이 눈에 보이는 형태로 드러나야 하던 시대였다. 그리고 상황적으로 민족(성)의 존립 자체가 과제였던 시대였다. 그 당시의 이웃이란 내 편을 뜻하는 말일 수밖에 없었고 영적 순결을 위해 이방인들은 멸절의 대상일 수밖에 없었던 그런 시대였다. 모든 인간이 구원의 대상이 되어야만 하는 예수님 이후의 시대와는 전혀 다른 시대였다.

구약의 이웃사랑은 하나님의 선민인 이스라엘의 보존에 모든 초점이 맞추어져 있었다. 이스라엘 사회가 보다 건강하고 아름다우며 거룩하게 구별되어야 하는 시대였다. 하나님이 선택하시고 민족으로 키우신 백성이기 때문에 민족의 특성이 자리 잡아야 하는 시대였다. 그래서 거기까지의 한계 안에서 이웃사랑의 개념을 말씀하신 것이었다. 그것도 율법으로 말씀하셨다. 이웃사랑은 하나님의 나라로서의 정체성을 유지하게 하는 범위 안에서 주어지는 사회법으로서의 한계만 가지고 있었다.

이웃사랑의 출발

하지만 율법을 하나님의 마음이 반영된 최소한의 기준으로서의 지침이라고 본다면 우리는 그 율법에서 하나님의 숨은 뜻을 발견할 수 있어야 한다. 율법은 하나님의 뜻의 최대치를 반영한 것이 아니다. 하나님의 뜻은 보다 완전하셨지만 백성들의 의식수준을 고려하여 최소한 하나님의 백성으로서 지켜야 할 차선책으로서만 제시하신 것이었다. 왜냐하면 하나님은 여러 차례 인간이라는 존재에 대해 실망하셨기 때문이었다. 우선 하나님께서 홍수를 일으키신 이유가 바로 인간의 타락을 보시고 인간창조에 대해 한탄하셨기 때문이었음이 성경에 기록되어 있다(창 6:6-7). 물론 하나님은 노아를 통하여 인간구원의 길을 열어두셨다.

그러나 인간은 홍수심판 이후에도 여전히 죄악 가운데 있었다. 그들은 노아의 후손들이었지만 세월이 흐르면서 여전히 홍수 이전과 동일한 죄를 지으며 살아가고 있었다. 더구나 인간들은 더 진전된 죄악의 모습을 보였는데, 이번에는 스스로 모여서 신이 되고자 하는 불경의 죄까지 짓고 그것을 실현해가고 있었다. 그들은 바벨탑을 건설하여 하나님을 대적하려고 했다. 하나님은 인간의 의도를 막기 위해 언어를 흩어버리셨다고 성경은 기록하고 있다(창 11:8-9).

그렇게 인간의 죄악상을 누구보다 잘 아시는 하나님께서 사람이 지킬 수 없는 불가능의 법을 만드신 것이 아니라 최선을 다하면 지킬 수 있는 법으로 주신 것이 율법이었다. 그리고 그것조차도 지킬 수 없을 때 주신 법이 바로 제사법이었던 것이다. 최선책이 아니라 차선책으로 주신 계명조차도 지키지 못하는 백성들에게 공통적인 속죄법을 허락하셨다. 그러면 율법은 우리가 완전하게 지킬 수 있는 법인가? 물론 우리는 법 조문으로서의 율법은 지킬 수 있다. 그러나 그 율법 속에 들어있는 하나님의 마음, 곧 최선책으로서의 율법은 지킬 수 없다. 율법 조문에 저촉되지만 않으면 지키는 것이라고 한다면 율법도 분명히 완전하게 지킬 수 있다. 그래서 바리새인들은 자신들은 율법을 완전하게 지키고 있다고 생각했던 것이다. 하지만 예수님은 이런 그들의 생각을 여지없이 깨뜨리셨다. 법으로서의 십일조는 완벽하게 드렸지만 그 속에 담겨있어야 할 하나님의 마음은 전부 잃어버렸다는 것이다.

"화 있을진저 외식하는 서기관들과 바리새인들이여 너희가 박하와 회향과 근채의 십일조는 드리되 율법의 더 중한 바 정의와 긍휼과 믿음은 버렸도다 그러나 이것도 행하고 저것도 버리지 말아야 할지니라"(마 23:23)

하나님은 인간의 속성과 한계를 잘 아시고 적어도 겉으로나마 지킬 수 있는 율법을 주셨다. 그런데 이스라엘은 이 율법을 최상위의 법으로 받아들였다. 이런 구약 백성들에게 하나님께서 자기 자신처럼 이웃을 사랑하라고 하신 말씀이 통할 리가 없다. 그리고 그들이 스스로 하나님의 선민으로서의 정체성을 완전히 잃어버리지 않는 한 그들은 이웃을 자기 자신처럼 사랑하라는 그 의미를 이해할 수조차도 없었던 것이다. 그러므로 구약 전체를 통틀어서 이웃을 자기 자신처럼 사랑하라는 구절이 단 두 군데밖에 나오지 못한 것이다. 그것도 사랑이라는 개념으로서가 아니라 공평이라는 개념으로 주신 것이었다.

그렇다면 우리는 자기 자신처럼 이웃을 사랑하라는 그 말씀의 본래의 의미를 알 수 있는 방법이 사라진다. 물론 단 두 군데 나오는 그 말씀만으로도 그리스도인의 이웃사랑에 대한 근거로는 충분할 수 있다. 왜냐하면 하나님의 말씀이기 때문이다. 더 나아가 정말로 우리를 자기 자신으로 여기시고 우리를 대신하여 십자가 고난을 당하신 예수님의 선포만으로도 이웃사랑의 근거를 분명하게 찾을 수 있다. 하나님은 알파와 오메가요 처음과 나중이시니 하나님께서 선한 뜻을 선포하시면 이유 여하를 막론하고 거기에 따라야 한다. 하나님은 최종적인 결론이시기 때문이다.

그러나 우리에게는 그렇게 말씀하신 보다 분명한 이유가 필요하다. 인간의 머리로 납득할 수 있는 뿌리를 찾아내야 하는 것이다. 일찍이 하나님은 아담에게 선악을 알게 하는 나무의 실과를 먹지 말라고 하신 적이 있었다. 그 때 선악과를 먹지 말아야 할 이유를 하나님은 어떻게 설명하셨는가? 먹으면 죽게 되리라고 하셨다. 단지 죽게 될 것이라는 말씀만을 주시고 아담과 하와가 이 경고문을 납득할 것이라고 생각하셨을까? 물론 아담과 하와는 하나님의 설명을 확고하게 믿고 있었다. 그리고 선악과를 먹을 생각조차 하지 않았다.

"선악을 알게 하는 나무의 열매는 먹지 말라 네가 먹는 날에는 반드시 죽으

리라 하시니라"(창 2:17)

하지만 하나님의 창조계획을 무너뜨려야만 했던 마귀는 선악과를 먹어도 되는 보다 더 구체적인 이유를 제시했다. 우선 그 과일을 먹는다고 해서 죽는 것은 아니며, 선악을 알게 되면 하나님처럼 되기 때문에 하나님께서 먹으면 반드시 죽을 것이라고 하신 것이라고 유혹하였다.

"뱀이 여자에게 이르되 너희가 결코 죽지 아니하리라 너희가 그것을 먹는 날에는 너희 눈이 밝아져 하나님과 같이 되어 선악을 알 줄 하나님이 아심이니라"(창 3:4-5)

그런데 마귀의 이 말은 놀랍게도 사실이었다. 동시에 교묘한 거짓을 숨겨놓기도 했다. 일단 선악열매를 먹었음에도 불구하고 아담과 하와는 죽지 않았다. 그리고 전체적으로 하나님처럼 된 것이 아니라 '선악을 아는 일'에만 '하나님처럼' 되었다. 마귀의 유혹은 항상 이런 방식으로 다가오게 되어 있다. 부분적 사실과 부분적 거짓으로 성도를 속인다. 그래서 하나님은 어떤 조치를 내리셨는가? 선악을 아는 일에 하나님처럼 되었는데 이제 생명나무 과일까지 먹으면 영생하게 되어 하나님의 대적자가 될 수 있기 때문에 생명나무 주변을 화염검으로 지키게 하셨다. 결국 마귀가 가르쳐준 것은 부분적이지만 사실이었던 셈이다.

"여호와 하나님이 이르시되 보라 이 사람이 선악을 아는 일에 우리 중 하나 같이 되었으니 그가 그의 손을 들어 생명나무 열매도 따먹고 영생할까 하노라 하시고 … 이같이 하나님이 그 사람을 쫓아내시고 에덴동산 동쪽에 그룹들과 두루 도는 불 칼을 두어 생명나무의 길을 지키게 하시니라"(창 3:22, 24)

하지만 아담과 하와는 영문도 모른 채 불순종의 죄를 짓고 에덴동산에서 쫓겨나 평생을 타락의 세상에서 살게 되었다. 이 이야기는 아담에게 보다 정확한 사실을 알려주지 않으셔서 타락하게 되었다는 이야기가 아니다. 그것은 전적으로 마귀의 유혹으로 인한 것이었으니까. 그리고 죄가 없는 상태에서의 아담과 하와와 전적 타락 이후 지금까지 구원에 관한 한 완전무능하게 된 인류는 근본적으로 차이가 있어서 똑같은 잣대로 잴 수는 없다. 우리는 지금 우리 그리스도인들이 자기 자신처럼 이웃을 사랑해야 하는 출발점을 찾아들어가고 있는 중이다.

아담과 하와

하나님은 사람을 창조하시되 아담 한 사람만을 먼저 만드셨다. 하나님은 모든 동물들을 쌍으로 만드셨는데 사람만을 홀로 두시기가 안타까우셨다. 물론 창세기 1장에는 하나님의 형상대로 남자와 여자를 만드셨다고 기록되어 있다. 하지만 상세한 내막은 창세기 2장에 나온다. 아담을 돕는 배필을 창조하신 것이다.

"여호와 하나님이 아담을 깊이 잠들게 하시니 잠들매 그가 그 갈빗대 하나를 취하고 살로 대신 채우시고 여호와 하나님이 아담에게서 취하신 그 갈빗대로 여자를 만드시고 그를 아담에게로 이끌어 오시니"(창 2:21-22)

하나님께서 아담의 갈빗대를 뽑아서 그 뼈로 하와를 만드셨다는 말씀에 대해서는 여러 가지 해석이 가능하겠지만 그것은 별 문제가 되지 않는다. 아담과 하와가 한 몸이라는 사실이 중요하기 때문이다. 아담과 하와는 한 몸인가? 아니면 전혀 별개의 존재들인가? 완전히 독립된 별개의 존재들이라면 지금 우리가 살펴보고 있는 자기 자신처럼 이웃을 사랑하라는 이야기는 어쩌면 허상이 되어버릴지도 모른다. 왜냐하면 그렇게 되면 아무리 가까운 이웃이라도 자기 자신처럼 사랑해야 할 당위성이 사라지게 되기 때문이다.

아담과 하와는 한 몸으로 보아야 한다. 처음부터 남자와 여자를 따로 창조하셨다면 모르겠지만, 특별히 아담의 갈빗대로 하와를 만드신 까닭이 분명히 따로 있다. 하와는 아담에게 있어서 가장 중요한 자신의 일부, 곧 없으면 불완전해지는 그런 존재라는 말이다. 하나님은 인간을 한 몸으로 완전해지도록 만드셨다. 인간은 홀로는 완전한 존재가 아닌 것이다. 그래서 아담은 하나님께서 하와를 데리고 오셨을 때 이렇게 외치지 않았던가!

"아담이 이르되 이는 내 뼈 중의 뼈요 살 중의 살이라 이것을 남자에게서 취하였은즉 여자라 부르리라 하니라 이러므로 남자가 부모를 떠나 그의 아

내와 합하여 둘이 한 몸을 이룰지로다"(창 2:23-24)

둘이 합하여 완전해지는 의미를 꼭 남자와 여자로 한정시켜야 할까? 그렇지는 않을 것이다. 이것은 남자와 여자가 아니라 인간과 인간 사이로 확대하여 해석해야 한다. 다만 한 몸이라는 개념의 출발점을 아담과 하와가 장식하고 있을 뿐이다. 그런데 뱀은 교묘하게 아담과 하와를 떼어놓는 데 성공하게 되는데, 그것은 불완전한 인간으로 다시 되돌려놓으려는 마귀의 궤계인 것이다. 마귀의 모든 시도는 우선적으로 하나님과 인간 사이에 틈이 생기게 만드는 일이다. 이런 계략은 거의 성공적이었다. 일단 마귀는 하나님과 인간 사이를 갈라놓기 위해 불완전한 아담의 배필, 있어야 완전해지는 하와를 이용했다. 뱀은 하나님께 접근한 것도 아니었고, 하나님께서 첫 번째로 만드신 아담을 이용하는 것도 아니었다. 뱀은 하와에게 일단 하나님께 대한 의혹을 심어주었다. 죽는다는 데 초점을 둔 것이 아니라 먹는 데에 초점을 두고 질문을 했던 것이다.

"그런데 뱀은 여호와 하나님이 지으신 들짐승 중에 가장 간교하니라 뱀이 여자에게 물어 이르되 하나님이 참으로 너희에게 동산 모든 나무의 열매를 먹지 말라 하시더냐"(창 3:1)

사실 하나님의 이 명령은 하와가 직접 들은 말씀은 아니었다. 아직 하와가 탄생하기 전, 아담이 혼자였을 때 하나님께서 주신 말씀이었다. 아담에게 선악열매를 먹지 말라고 명하시고 나서 하나님은 하와를 창조하셨다. 그러니까 하와는 하나님으로부터 직접 이 말씀을 들은 것은 아니었다. 뱀은 이 사실을 너무나도 잘 알고 하와에게 접근했던 것이다.

> "여호와 하나님이 그 사람에게 명하여 이르시되 동산 각종 나무의 열매는 네가 임의로 먹되 선악을 알게 하는 나무의 열매는 먹지 말라 네가 먹는 날에는 반드시 죽으리라 하시니라"(창 2:16-17)

뱀은 하와부터 무너뜨리고 그 하와로 하여금 남편인 아담과 함께 불순종의 죄를 범하게 만들었다. 그 결과 아담과 하와는 하나님으로부터 숨는 처지가 되고 말았다. 하나님으로부터 숨게 된 이유는 하나님이 그들에게 두려움의 대상이 되었기 때문이었다. 인류 역사상 최초로 두려움이 들어오는 순간이었다.

> "이에 그들의 눈이 밝아져 자기들이 벗은 줄을 알고 무화과나무 잎을 엮어 치마로 삼았더라 그들이 그 날 바람이 불 때 동산에 거니시는 여호와 하나님의 소리를 듣고 아담과 그의 아내가 여호와 하나님의 낯을 피하여 동산 나무 사이에 숨은지라 여호와 하나님이 아담을 부르시며 그에게 이르시되 네가 어디 있느냐 이르되 내가 동산에서 하나님의 소리를 듣고 내가 벗었으므로 두려워하여 숨었나이다"(창 3:7-10)

이렇게 뱀의 간교함에 넘어간 아담과 하와가 하나님과의 관계를 잃어버리게 되었지만, 그와 함께 하나님과의 관계만큼이나 중요한 또 다른 관계마저 망가지게 되었다는 사실을 알아야 한다. 불순종의 죄를 지음으로써 하나님과의 관계가 깨어졌지만 그와 동시에 아담과 하와의 관계마저도 금이 가게 되었던 것이다. 마귀는 모든 곳에서 분열을 일으키는 주인공 노릇을 지금까지도 해 오고 있다. 이렇게 죄가 들어옴으로써 아담과 하와의 관계에도 금이 가기 시작했다. 불순종의 죄를 서로 떠넘기려고 했던 것이다.

"아담이 이르되 하나님이 주셔서 나와 함께 있게 하신 여자 그가 그 나무 열매를 내게 주므로 내가 먹었나이다 여호와 하나님이 여자에게 이르시되 네가 어찌하여 이렇게 하였느냐 여자가 이르되 뱀이 나를 꾀므로 내가 먹었나이다"(창 3:12-13)

"내 뼈 중의 뼈요 살 중의 살이로다!" 하고 외쳤던 아담의 본질은 어디로 사라졌는가? 그 본질은 둘이 합하여 하나가 되는 것이었다. 그러나 아담과 하와는 단 한 번의 치명적인 불순종으로 말미암아 결국 하나가 아니라 따로따로의 인간이 되고 말았다. 완전했던 하나로서의 인간이 분리되어, 이제는 그 완전을 향해 나갈 수밖에 없는 둘로 나뉘었던 것이다. 이것이 그리스도인의 이웃사랑의 출발점이 되는 것이다. 그것은 완전한 하나를 지향하는 사랑, 곧 자기 자신처럼 사랑해야만 하는 인간의 숙명으로 발전했다. 이웃을 자기 자신처럼 사랑하는 일은 인간의 숙명이다. 완전한 하나로 나아가는 일은 인간 스스로 망가뜨린 하나로서의 인간을 회복해야만 하는 숙제가 되었다. 그리고 그 지향점에서 예수 그리스도의 십자가 고난으로 말미암아 실현가능한 숙제로 다가오게 되었던 것이다. 그것이 그리스도인이 이웃을 자기 자신처럼 사랑해야 하는 가장 본질적인 이유이다.

 그렇게 세월이 흐르고 아브라함을 택하셔서 한 민족을 이루시고 출애굽할 때 민족에게 주신 율법에 이 서로사랑의 원리를 반영시키셨다. 하지만 인간의 죄악상을 너무나도 잘 아시는 하나님께서 최상의 법이 아니라 차선의 법을 주셨고, 그것도 죄를 씻을 수 있는 제사법과 함께 주신 것이 바로 율법이었던 것이다. 그리스도 예수님의 희생으로 인한 완전한 사랑이 성취되기 전까지는 이스라엘은 차선책인 율법에 최선을 다해야만 했다.

제2장
아담 이후의 이웃사랑

계급의 발생과 증오의 현실화

우리는 다시 아담과 하와의 이야기로 돌아가야 한다. 왜냐하면 타인을 자기 자신처럼 사랑해야만 하는 역사적 관점을 얻어야 하기 때문이다. 이제 아담과 하와는 관계에 금이 간 채 세상으로 쫓겨나야만 했다. 그 이전에 하나님은 타락한 아담과 하와에게 고생과 수고의 짐을 지우셨다. 분리된 인간이 힘을 합해 온전함을 얻으라고 하신 것이었다.

"아담에게 이르시되 네가 네 아내의 말을 듣고 내가 네게 먹지 말라 한 나무의 열매를 먹었은즉 땅은 너로 말미암아 저주를 받고 너는 네 평생에 수고하여야 그 소산을 먹으리라 … 네가 흙으로 돌아갈 때까지 얼굴에 땀을 흘려야 먹을 것을 먹으리니 네가 그것에서 취함을 입었음이라 너는 흙이니 흙으로 돌아갈 것이니라 하시니라"(창 3:17, 19)

그뿐 아니라 인간에게는 일종의 계급과도 같은 것이 생기게 되었다. 물론 서로 돕는 차원에서의 계급이지만, 일단 다스림이라는 개념이 아담에게 주어지게 된 것이다. 하나님은 질서의 하나님이시며 이제 하나님의 직접 다스림은 사라지고 인간 사이의 다스림으로 옮겨오게 되었다. 이웃관계는 점점 더 복잡해지고 다원화되기 시작했다. 원래 한 사람이었던 관계가 죄로 말미암아 나뉘게 되고 다스림이라는 현상이 생기기 시작했던 것이다.

> "또 여자에게 이르시되 내가 네게 임신하는 고통을 크게 더하리니 네가 수고하고 자식을 낳을 것이며 너는 남편을 원하고 남편은 너를 다스릴 것이니라 하시고"(창 3:16)

그렇게 하여 아담과 하와는 에덴에서 쫓겨나 세상으로 나아가게 되었다. 하지만 이미 마귀의 세력권에 포함된 아담과 하와의 삶은 단지 그것으로 끝나는 것은 아니었다. 마귀는 하나님의 자녀들을 파괴하기 위한 작업을 지속적으로 펼쳐 나갔다. 타락한 죄인에게 자연스럽게 생성된 증오가 인간을 지배하게 된 것이었다. 하나였던 인간이 둘로 나뉨으로써 계급이 생겨났고, 인간의 본성 속에는 다른 사람을 지배하려는 욕망이 생겨나게 된 것이었다.

아담과 하와는 그래도 세상에 나가서 열심히 살았다. 하나님의 말씀대로 아담은 밭을 갈고 하와는 두 아들을 낳으면서 나름대로 잘 살고 있었다. 그리고 두 아들이 독립해 나가서 자신의 삶을 꾸릴 정도로까지 세월이 흘러갔다. 하지만 마침내 이 두 아들로 말미암아 인간은 또다시 중대한 기로에 섰으니, 그것은 아담의 큰아들 가인이 둘째아들 아벨을 돌로 쳐서 죽인 사건 때문이었다. 한 사람이어야 하는 아담과 하와가 죄를 범함으로써 나누어지게 된 이후로 그 심각성이 극대화된 사건이었다. 이제 둘이 하나가 되는 그런 일조차 영원토록 불가능한 상황으로 치닫기 시작했다.

"가인이 그의 아우 아벨에게 말하고 그들이 들에 있을 때에 가인이 그의 아우 아벨을 쳐죽이니라"(창 4:8)

하나님께서 친히 창조하신 인간세계가 어떻게 이렇게 빠른 시간에 이토록 타락하게 되었는가? 하나님께서 직접 가인과 아벨을 지으신 것은 아니었지만 하나님의 피조물이 처음으로 낳은 형제가 아닌가? 그것도 무슨 다른 일도 아니고 하나님께로부터 열납 받지 못한 제사 문제로 친형제를 이렇게 죽일 수가 있단 말인가? 인간은 하나님께 대한 두려움을 소유하게 되더니 사람을 지배하려는 욕구를 가지게 되었고, 이제 증오와 분노라는 감정을 그대로 현실 속에서 표출하는 존재로 죄악은 더 발전해 나가고 있었다. 그것은 타인사랑을 거의 불가능하게 만드는 핵심적인 요인이 되고 말았다. 그리고 동시에 왜 타인을 자기 자신처럼 사랑해야 하는지에 대한 근거가 되어가고 있었던 것이다.

"가인과 그의 제물은 받지 아니하신지라 가인이 몹시 분하여 안색이 변하니 여호와께서 가인에게 이르시되 네가 분하여 함은 어찌 됨이며 안색이 변함은 어찌 됨이냐"(창 4:5-6)

살인으로까지 번지게 만든 증오 또는 분노라는 감정은 인간 본래의 하나 됨으로부터 더욱 멀어지게 만들 뿐 아니라 인간의 죄악 중에서 살인이라는 가장 극렬한 최악의 범죄를 생산하고 말았는데, 왜 사소한 수많은 범죄들이 있음에도 인간사에서 가장 첫 번째 사건이 살인으로 시작되었단 말인가? 사람의 목숨을 빼앗는다는 말은 그 사람과는 돌이키려야 돌이킬 수 없는 관계의 단절을 의미하는 것이 아닌가? 가인과 아벨은 결코 돌이킬 수 없는 관계로 마감되고 말았다. 오히려 죽은 아벨의 피가 살아있는 가인에게 저주로 쏟아지게 되어버리지 않았는가? 타인사랑과는 완전히 반대의 이런 죄악은 과연 무엇을 뜻하는 것이겠는가?

"이르시되 네가 무엇을 하였느냐 네 아우의 핏소리가 땅에서부터 내게 호소하느니라 땅이 그 입을 벌려 네 손에서부터 네 아우의 피를 받았은즉 네가 땅에서 저주를 받으리니 네가 밭을 갈아도 땅이 다시는 그 효력을 네게 주지 아니할 것이요 너는 땅에서 피하며 유리하는 자가 되리라"(창 4:10-12)

마귀는 오늘날도 끊임없이 이웃사랑을 훼방하고 있다. 이웃사랑의 반대말은 이웃증오가 아니라 나누임이다. 마귀는 하나님과 사람의 관계를 훼방할 뿐만 아니라 사람과 사람 사이에도 서로 사랑하지 못하도록 다양한 요소들로 끊임없이 시험하고 유혹하고 있다. 반면에 하나님은 어떻게 하든지 사람과의 관계를 회복시키려고 하시며, 사람과 사람 사이도 사랑으로 서로 하나 되도록 감동하시고 인도하신다. 하지만 한 번 타락한 인간은 결코 돌이킬 수가 없다. 이미 죄악의 침범을 받은 인간은 아주 특별한 방법이 아니면 이 사랑의 관계를 회복할 수가 없다.

이미 가인은 제 갈 길로 가버렸다. 가인의 후예 중에는 또다시 라멕이라는 살인자가 나타났다. 그들은 영원히 하나님과의 관계가 끊어진 족속들이 되고 말았다. 그러나 하나님은 나머지 타락한 인간 속에서도 그래도 하나님을 따르는 무리들을 만들어내신다. 하나님은 아담을 통하여 아벨 대신 셋이라는 아들을 주셨다. 그리고 셋이 결혼하여 에노스를 낳을 때쯤 인류는 여호와의 이름을 부르기 시작했다. 그렇게 하나님은 사람과의 사이에 한 줄기 끈을 연결해놓고 계셨다.

> "아담이 다시 자기 아내와 동침하매 그가 아들을 낳아 그의 이름을 셋이라 하였으니 이는 하나님이 내게 가인이 죽인 아벨 대신에 다른 씨를 주셨다 함이며 셋도 아들을 낳고 그의 이름을 에노스라 하였으며 그 때에 사람들이 비로소 여호와의 이름을 불렀더라"(창 4:25-26)

그런 예비 장치를 해두셨음에도 세상은 전혀 변할 줄을 몰랐다. 오히려 악한 자들을 따라 더욱 악하게 변해가고 있었다. 마침내 하나님은 사람에게 그 어떤 기대도 하지 않게 되셨다. 그리하여 하나님의 영을 사람들로부터 거두어가 버리셨다. 이제 그나마 하나님의 뜻 안에서 타인을 사랑하는 일은 스스로의 힘으로 불가능해지게 되고 말았다.

"여호와께서 이르시되 나의 영이 영원히 사람과 함께 하지 아니하리니 이는 그들이 육신이 됨이라 그러나 그들의 날은 백이십 년이 되리라 하시니라"(창 6:3)

노아의 등장

그렇게 모든 인간이 하나님의 창조섭리를 다 잃어버리고 나누인 채 점점 악해져만 가고 있었다. 죄라는 것은 기본적으로 하나님께 대한 것이고 악이라는 것은 주로 사람에게 대한 것이라면 이 죄악이 세상에 가득하다는 말은 하나님과의 관계가 완전히 깨어지고 사람과의 관계 곧 타인관계도 완전히 깨져버렸다는 의미이다. 이웃사랑으로 서로 하나가 되어야 한다는 개념은 이제 더 이상 세상에 존재하지 않게 되어버렸다. 모든 가능성이 사라지자 하나님은 인간창조를 한탄하셨고, 이 세상을 쓸어버릴 수밖에 없게 되셨다(창 6:5-7).

그런데 그 중에서도 타인을 자기 자신처럼 사랑할 줄 아는 한 가족을 만나게 되신다. 그것은 노아의 가족이었다. 어떻게 노아의 가족이 서로를 자기 자신처럼 사랑하고 있다고 생각할 수 있겠는가? 노아가 아내와 아들들과 며느리들과 함께 오래 동안 방주를 지었다는 사실에서 유추해볼 수 있을 것이다. 노아가 500세에 아들들을 낳았고 600세에 홍수가 쏟아졌는데 이 때 이미 아들들은 다 자라서 결혼을 한 이후이므로 방주를 짓는 기간은 최소한 수십 년이라고 생각할 수 있겠는데, 그 동안 노아의 식구들은 모두 한 마음으로 하나님의 명령을 그대로 순종했다. 기본적인 의미의 타인사랑이 노아의 가족에게는 존재할 수 있었던 것이다.

"노아는 오백 세 된 후에 셈과 함과 야벳을 낳았더라"(창 5:32)
"홍수가 땅에 있을 때에 노아가 육백 세라"(창 7:6)

물론 가족들 안에서 어떤 일들이 있을지 우리는 전혀 짐작조차도 하지 못한다. 하지만 며느리까지 다 순종하여 같은 일에 매진했다는 것은 애초에 아담과 하와에게 베푸셨던 것과 같은 사랑이 그들 안에 존재했었다고 추정할 수 있게 만드는 것이다. 노아가 아니더라도 노아처럼 가정이 화목하고 한마음으로 지내는 가정이 존재할 것이다. 그러나 노아의 가정을 타인사랑의 모델로 제시하는 이유는 따로 있다. 하나님의 말씀에 대해 온전히 하나 됨의 모습을 보여주었기 때문이다. 그리고 그것은 단순히 사명에 충실한 것을 넘어서 하나님의 은혜로 그렇게 된 것이기 때문에 타인사랑의 모범이 될 수 있다는 것이다. 하나님이 빠진 타인사랑이 아니라 하나님 안에서 온전하게 하나 되는 것을 뜻한다는 말이다.

"그러나 노아는 여호와께 은혜를 입었더라 이것이 노아의 족보니라 노아는
의인이요 당대에 완전한 자라 그는 하나님과 동행하였으며"(창 6:8-9)

곧 이 말은 온전한 의미의 타인사랑은 하나님의 은혜를 입고 하나님과 동행하지 않으면 결코 이루어질 수 없다는 말이기도 하다.

벌써 노아의 시대에 오늘날 그리스도인들이 가져야 될 모범적인 모습을 노아는 가지고 있었던 것이다. 예수님의 말씀대로 이웃을 자기 자신처럼 사랑하기 위해서는 성령님의 임재가 필수적인데, 홍수로 인하여 온 세상이 뒤집어지기 이전에 이미 이런 타인사랑의 원리가 존재하고 있었던 것이다. 앞으로 설명하겠지만, 하나님과의 동행이야말로 이웃사랑의 근원이 될 수 있는 것이다.

하지만 홍수 이후에 노아의 후손으로 이루어진 세상도 점차 이전과 같이 타락해가기 시작했다. 하기야 이미 노아가 술에 취했을 때 세 아들 사이에서도 견해차가 벌어지기 시작했다. 이것을 죄라고 할 수는 없지만, 타인사랑의 개념에 비추어본다면 함에게는 이런 의식이 부족했던 것은 사실이다. 아버지 노아가 술에 취한 채 하체를 드러내고 잠이 깊이 들었는데 함이 이것을 보고 형제들에게 일러바쳤기 때문이었는데, 이 일 때문에 이번에는 인종 간의 새로운 계급이 발생하고 말았다.

"노아가 술이 깨어 그의 작은 아들(함)이 자기에게 행한 일을 알고 이에 이르되 가나안(함의 아들)은 저주를 받아 그의 형제의 종들의 종이 되기를 원하노라 하고"(창 9:24-25)

결국 인간 세상에서 서로 하나가 되는 타인사랑의 길은 점점 더 멀어져만 가게 되었다. 가족 간의 사랑이 타인사랑의 원리를 어느 정도 채우고 있었지만, 그것은 하나님의 사랑에 가장 근접한 상태를 말하는 것일 뿐, 이웃을 자기 자신처럼 사랑하는 데에는 충분하지 못한 것이다. 그리스도의 희생으로 이루어진 인간구원을 위한 예수님의 사랑이 인간에게 성취되기 전까지는 가족사랑은 하나님의 사랑의 그릇으로서 역할을 하고 있었던 것만은 사실이다.

하나님은 노아의 자녀들 간에 발생한 이 사건에도 불구하고 점점 타락해가기만 하던 인간에 대해 기대감을 완전히 버리지는 않으셨다. 하나님은 끊임없이 어떤 사람을 찾기 시작하셨는데, 그런 와중에서도 하나님을 믿는 사람이 아직은 존재하고 있었다. 그는 바로 아브라함이라는 사람이었다. 아브라함은 실제로 하나님의 말씀을 따라 무작정 고향을 떠날 만큼 믿음이 신실한 사람이었다. 아직 하나님과의 완전한 만남(결정적 만남)은 이루어지지 않았지만 하나님은 아브라함을 통하여 인간에게 구원의 길을 열기로 작정하셨다. 지금까지 하나님은 어떤 한 사람을 통해서 계획을 세워오셨지만 이제는 한 민족을 통해서 하나님의 구원계획을 실행하기로 하셨던 것이다.

아브라함의 믿음

우리는 참다운 이웃사랑의 근원을 찾기 위해 아브라함의 이야기를 살펴보아야 한다. 물론 참다운 이웃사랑의 출발점은 타락하기 이전의 아담과 하와에게서 찾아야 하지만, 이미 타락하여 한 번의 멸망(노아 시대의 홍수)과 한 번의 해체(바벨탑의 언어해체)를 겪은 상태였기 때문에 특별한 형태의 계기가 없으면 원형의 이웃사랑을 찾을 수 없을 것이다. 그러면 어떻게 아브라함에게서 이웃사랑의 원형을 찾아볼 수 있겠는가? 아브라함은 비록 큰 믿음으로 삶의 터전을 떠나서 알 수 없는 곳으로 하나님의 지시를 따라 오기는 했지만, 그의 삶의 전반적인 모습은 온전한 믿음이라고 하기에는 많이 부족했던 것만은 사실이지 않은가? 그런데 어떻게 아브라함이 이웃사랑의 원형이 될 수 있다는 말인가?

물론 아브라함은 모르는 사람을 접대하다가 천사를 대접한 일이 있었고, 조카 롯을 구출하기 위해 위험을 무릅쓰고 군대를 쫓아가 빼앗겼던 재물까지 찾아오기도 했으며, 롯이 사는 소돔 성을 진멸하신다고 하자 끈질기게 기도하여 의인 열 명만 있어도 멸망시키지 않겠다는 약속을 받기도 했다. 그것만 해도 아주 훌륭한 신앙적 인물인 것은 틀림없다. 하지만 그런 정도라면 보통 사람들 가운데에서도 그다지 찾기 어렵지는 않았을 것이다. 선하고 착한 일을 많이 하는 사람은 불교를 믿는 사람이거나 무신론자라도 얼마든지 가능한 것과 마찬가지이다.

아브라함의 인생은 사실상 이삭에 모든 초점을 두고 살아가는 '이삭바라기'의 삶과 다름 아니었다. 아브라함의 삶은 오로지 이삭을 기다리고 이삭을 낳고 이삭을 기르고 상속해주는 데에 모든 목적을 두는 삶이었다. 물론 그것은 하나님의 책임이기도 하다. 아브라함이 위기를 만날 때마다 이삭을 약속하셨기 때문이었다. 몇 번인지도 잘 모르겠다. 처음에 아브라함은 조카 롯에게 상속하려고 생각했을 것이다. 그러나 서로 소유가 많아지면서 결국 헤어질 수밖에 없었다. 그러자 아브라함은 자식이 없으므로 종인 엘리에셀에게 상속하려고 했다. 하지만 하나님은 분명히 아들을 주실 것이라고 약속하셨다.

"아브람이 또 이르되 주께서 내게 씨를 주지 아니하셨으니 내 집에서 길린 자가 내 상속자가 될 것이니이다 여호와의 말씀이 그에게 임하여 이르시되 그 사람이 네 상속자가 아니라 네 몸에서 날 자가 네 상속자가 되리라 하시고"(창 15:3-4)

그러나 그 약속이 속히 이루어지지 않으면서 아브라함은 아내의 권유로 하갈을 첩으로 맞아 이스마엘을 낳게 된다. 이 때가 가나안으로 이주한 지 10년 되는 해였다(창 16:3). 그리고 14년 동안 하나님께서 약속하셨던 아들은 없었다. 당연히 아브라함은 서자 이스마엘을 상속자로 여길 수밖에 없었다. 그러나 하나님은 아브라함이 99세요 사라는 89세 때에 다시 나타나셔서 아들을 주실 것이니 이름을 이삭이라고 하라고 명하신다.

"아브라함이 이에 하나님께 아뢰되 이스마엘이나 하나님 앞에 살기를 원하나이다 하나님이 이르시되 아니라 네 아내 사라가 네게 아들을 낳으리니 너는 그 이름을 이삭이라 하라 내가 그와 내 언약을 세우리니 그의 후손에게 영원한 언약이 되리라"(창 17:18-19)

하나님께서 약속하신 아들을 믿기는 했지만 현실적으로 24년 동안 친아들을 낳지 못한 아브라함은 항상 하나님의 약속의 아들을 염두에 두고 살아왔을 것이다. 물론 이스마엘에게 모든 사랑을 쏟았을 것은 분명하다. 여기까지는 이스마엘이 아브라함의 생명과도 같은 존재였을 것이다. 그러나 언제나 마음 깊은 곳에서는 "이 아들이 아닐 텐데." 하는 생각이 도사리고 있었을 것이다. 그러다가 백 살에 낳은 아들이 이삭이었다. 이삭은 하나님께서 약속하신 그 순간부터 아브라함 인생의 모든 초점이요 목표가 되어 있었다.

마침내 사라가 이삭을 낳고 나서는 더더욱 아브라함 자신보다도 더 중요하고 귀중한 아들이 되었다. 큰아들 이스마엘은 이제 거의 남이 될 수밖에 없었다. 물론 하나님께서 이스마엘의 미래를 보장해주셨기에 가능했던 이야기였다. 이제 아브라함은 나이도 많이 들어 더더욱 상속자 이삭 의존도가 100%가 되었다. 사실 인간의 타인사랑 중에서 아브라함의 이삭을 향한 사랑보다 더 큰 경우는 거의 없을 것이다. 누가 75세에 약속을 받고 100세에 낳은 아들을 생명처럼 사랑하지 않겠는가? 더구나 이삭은 사라가 90세 때 낳은 기적의 아들이었다. 인간이 다른 인간을 사랑하는 가장 극대화된 모습이 바로 이삭을 향한 아브라함의 사랑이었던 것이다.

그런데 아브라함의 이야기가 여기에서 끝난다면 아무런 의미도 부여할 수 없었을 것이다. 인간사랑이 극대화되었을 때 거기에서부터 하나님은 다시 이야기를 시작하신다. 그것도 그 귀한 이삭이 청소년이 되었을 때, 곧 이제 정말로 상속자로서의 삶이 막 시작되려는 무렵에 하나님은 청천벽력 같은 명을 내리신다. 25년이나 걸려서 얻은 아들을 금지옥엽으로 십 수 년 동안 잘 길렀을 때 하나님은 기다렸다는 듯이 제물로 요구하셨다. 이런 말도 안 되는 상황을 하나님은 직접 명령을 통하여 행하고자 하신다. 이방인들이나 지내는 인신제사는 결코 하나님께서 시키실 일이 아닌데 그런데 바로 그 하나님께서 인신제사를 명하시는 것이었다.

"여호와께서 이르시되 네 아들 네 사랑하는 독자 이삭을 데리고 모리아 땅으로 가서 내가 네게 일러 준 한 산 거기서 그를 번제로 드리라"(창 22:2)

그런데 아브라함이 이 하나님의 지시를 군말 없이 순종한다. 성경은 단순한 흐름만 기록하니까 그 어간의 상황을 알 수는 없지만 아무튼 아브라함은 정말로 이삭을 죽여 제사를 드리기 위해 모리아산으로 향한다. 아브라함이 아내 사라에게 이 사실을 알리지 않은 것만은 분명해 보인다. 이 사실을 알았다면 아무리 사라가 믿음의 사람으로 변화되어 있었다고 해도 그렇게 보낼 리가 전혀 없기 때문이다. 당연히 이삭도 자신이 죽으리라는 것은 전혀 생각조차 할 수 없었다.

아브라함이 하나님의 지시를 그대로 수용했다는 말은 모든 경우의 수를 전혀 고려하지 않았다는 말이다. 그대로 순종했을 때 아내의 원망, 앞으로 재산을 누구에게 상속하느냐의 문제, 주변의 비난 등 현실적인 문제들로 둘러싸여 있었지만 그런 것들을 전혀 고려하지 않았다. 그런 문제보다도 이삭을 향한 자신의 그 뜨거운 사랑은 어떻게 하라는 말인가? 어떻게 얻은 아들인가? 엄청난 기다림과 인내 끝에 하나님의 기적으로 100살에 낳은 아들이 아닌가? 그의 인생의 모든 초점은 오로지 아들 이삭이었는데 그 아들을 그렇게 보낸다면 스스로 어떻게 견딜 수 있겠느냐는 말이다. 그의 인생의 목적이요 생명인 아들을 어떻게 죽인단 말인가?

그런데 아브라함은 아무 말 없이 하나님의 지시를 이행하러 떠난다. 그리고 제물은 어디에 있느냐는 아들의 질문에 하나님께서 알아서 하실 것이라는 대답을 하고 현장에 도착하자 묵묵히 아들을 결박해버린다. 어떻게 이런 일이 일어날 수 있겠는가? 하지만 아브라함은 눈썹 하나 까딱하지 않고(?) 이런 일을 처리해버린다. 조금의 망설임도 발견할 수 없다. 무엇이 아브라함을 이렇게 만들었는가?

> "이삭이 그 아버지 아브라함에게 말하여 이르되 내 아버지여 하니 그가 이르되 내 아들아 내가 여기 있노라 이삭이 이르되 불과 나무는 있거니와 번제할 어린 양은 어디 있나이까 아브라함이 이르되 내 아들아 번제할 어린 양은 하나님이 자기를 위하여 친히 준비하시리라 하고 두 사람이 함께 나아가서 하나님이 그에게 일러 주신 곳에 이른지라 이에 아브라함이 그 곳에 제단을 쌓고 나무를 벌여 놓고 그의 아들 이삭을 결박하여 제단 나무 위에 놓고"(창 22:7-9)

그것을 우리는 믿음이라고 말한다. 성경은 아브라함이 하나님을 진심으로 경외한 것이라고 기록한다. 인간의 가장 근원적인 사랑마저도 요구하시는 하나님께 드리는 신뢰가 믿음이다. 하나님은 왜 이렇게 극한적인 사랑을 원하실까? 우리는 평소에 이런 일을 겪을 수 없다. 아브라함도 평생 처음으로 당하는 현실이다. 인간의 가장 고귀한 사랑조차도 포기하게 만드시는 하나님이시다.

물론 하나님은 아브라함을 시험하신 것이었다. 목적은 아브라함의 믿음을 시험하여 복을 주시고 후손들을 하나님의 백성들로 만드시기 위함이었다.

"사자가 이르시되 그 아이에게 네 손을 대지 말라 그에게 아무 일도 하지 말라 네가 네 아들 네 독자까지도 내게 아끼지 아니하였으니 내가 이제야 네가 하나님을 경외하는 줄을 아노라"(창 22:12)

믿음과 이웃사랑

하지만 믿음은 그렇게 복 받고 잘 되는 데에만 사용되는 것은 아니다. 아브라함의 믿음은 모든 기독교신앙의 출발점이다. 극한적인 사랑을 하나님께 보여드려야 우리의 믿음도 통과된다. 아브라함이 단지 복을 받기 위해 그런 것이라면 그것은 아브라함의 믿음이 아니다. 복이란 믿음으로 드렸을 때의 결과의 한 부분이지 결코 그것이 목적이 되거나 지향점이 되어서는 안 되는 것이다. 복이든 저주이든 하나님께 전부 맡기는 것이 믿음이다. 거기에서 희생될 수 있는 부분이 바로 인간관계이다. 하나님께 대한 믿음을 드렸을 때 인간관계가 깨질 수도 있다는 말이다.

물론 그 인간관계는 하나님께서 회복해 주신다. 우리는 지금 이웃을 자기 자신과 같이 사랑해야 한다는 주제로 이야기를 하고 있다. 아브라함에게 있어서 이삭은 바로 자기 자신과 같이 사랑할 수 있는 유일한 존재이다. 아마 이삭이 죽을 위기에 처했다면 아브라함은 이삭 대신 아버지인 자신이 죽기를 진심으로 원했을 것이다. 그리고 실제로 죽어야만 했다면 아브라함은 기꺼이 이삭 대신 죽을 수 있었을 것이다. 그렇다면 된 것 아닌가? 그것은 가장 고귀한 사랑이 아닌가?

하지만 이 세상에는 그런 고귀한 사랑이 얼마나 많이 존재하겠는가? 이 세상에 있는 가정의 수만큼은 그런 사랑이 존재할 것이다. 아니, 그것보다 더 많아 이 세상의 사람 수만큼 그런 사랑이 세상에 존재할 것이다. 어느 부모가 자식대신 죽기를 거부하겠는가? 모든 인생은 전부 부모의 가장 고귀한 사랑을 입고 세상에 존재하고 있다. 그런데 그렇게 고귀한 사랑을 받고 자란 인간에게서 왜 이웃을 향한 그런 사랑은 찾아볼 수 없을 정도가 되어버리는가? 참으로 희한한 일이 아닌가? 고귀한 사랑을 받았으면 그 사랑에 힘입어 고귀한 사랑 비슷한 사랑이라도 보여주어야 하는 것이 아닌가?

우리는 그 이유를 자기중심적, 이기주의적 태도에서 찾을 수 있을 것이다. 고귀한 사랑을 듬뿍 받고 자라지만 그것은 단지 자기에게 이익이 되는 방향으로만 받아들이기 때문인 것이다. 아무리 고귀한 사랑도 타인을 향하지 않고 자기 자신의 내면으로만 방향을 보인다면 비슷한 마음이라도 가질 수 없다. 우리가 말하는 이웃사랑이라는 것은 자기사랑이 아니라 타인사랑이 아닌가? 타인을 볼 때 자기 자신을 바라보듯이 볼 수 없다면 이웃사랑은 존재할 수 없다. 부분적으로는 자기를 바라보듯이 타인을 바라보기는 한다. 가족이나 친구나 동료나 아무튼 자기편을 볼 때에는 완전한 자기중심은 벗어난다. 하지만 그것이 자기 자신을 사랑하듯이 사랑할 수 있게 만들어주는 것은 아니다. 누구도 완전히 자기 자신처럼 이웃을 사랑할 수는 없을 것이다. 그리스도가 오셔서 완전한 사랑을 베푸시기 전까지는 그렇다. 여기에서 아브라함과 하나님 사이의 믿음 이야기를 생각해볼 수 있어야 한다.

하나님은 아브라함을 시험하실 때 무엇을 도구로 사용하셨는가? 하나님은 인간관계를 도구로 사용하셨다. 곧 아브라함과 이삭의 인간관계를 짐짓 깨뜨려보려고 하셨다. 하나님께서 아브라함을 시험하실 때의 아브라함과 이삭의 관계는 지상의 사랑 중에서도 가장 고귀한 사랑의 관계였다. 그런데 그 인간관계를 깰 수 있는가를 아브라함에게 물으셨던 것이다. 가장 소중한 인간관계, 자기 목숨보다 더 중요한 인간관계를 깰 수 있다면 하나님의 시험은 문제없이 통과된다. 단순한 인간관계가 아니라 부모-자녀의 관계를 말한다. 잘못하면 천륜을 버리는 몹쓸 인간이 될 수도 있는 그런 이야기이다. 아브라함과 같은 특수한 경우 외에는 하나님은 그런 시험을 하지 않으신다.

여기에서 잠깐 다른 방향으로 이야기를 돌려보자. 만약에 아브라함이 이삭을 제물로 바치라고 하나님께서 명하셨을 때 다른 반응을 보였다면 어떻게 되었을까? 아브라함이 울며불며 하나님 앞에 엎드려서 통사정을 했다고 생각해보자.

"하나님! 제발 이삭은 안 됩니다! 이삭이 무슨 잘못이 있다고 이러십니까? 만약에 정말로 이삭을 데려가시려면 차라리 이삭대신 제가 제물이 되겠습니다. 저는 살 날도 얼마 남지 않았으니까 제가 이삭 대신 죽겠습니다. 저를 제물로 받으소서!"

만약에 이랬다면 아브라함은 과연 하나님의 시험을 통과했을까? 결코 통과할 수 없었을 것이다. 인간적으로는 가장 숭고한 사랑이라고 할 수 있다. 자식을 사랑하는 부모가 이런 반응을 보이는 것은 당연한 것이고, 그 중에서도 아브라함의 이삭을 향한 사랑은 가장 숭고한 사랑이었다고 할 수 있다. 그러나 하나님은 사람의 목숨을 받으시려는 것이 아니라 인간관계를 받으시려는 것이었다. 인간에게 가장 고귀한 자식사랑조차도 버릴 수 있느냐? 아니, 그 모든 것을 하나님께 맡길 수 있느냐? 이것이 하나님께서 시험하시는 과목이었다. 깨어진 인간관계, 아들을 배반하고 죽이는 그런 인간관계를 통하여 하나님은 그 사람의 믿음을 받으시는 것이다. 여기에서 우리는 이웃사랑에 대한 하나의 중대한 원리를 발견할 수 있다. 자기 자신과 같이 이웃을 사랑하는 일은 그 모든 결과를 하나님께 완전히 맡길 때 가능해진다는 것이다.

보편적으로 인간의 삶은 두 가지로 이루어져 있다. 하나는 인간관계이고 다른 하나는 물질관계이다. 물질관계 때문에 인간관계를 깨는 것이 사람의 본능이다. 가족이나 친구 사이의 인간관계를 물질이 넘지 못하지만 어느 정도 한계를 넘어가면 물질의 욕심이 인간관계를 깨버리는 것이 세상이다. 하나님께서 사람을 시험하실 때에도 인간관계와 물질관계를 사용하신다. 마귀의 유혹도 인간관계와 물질관계를 통하여 다가온다. 참된 믿음은 인간관계와 물질관계를 뛰어넘어야 성립되는 것이다.

그렇다면 그것이 이웃사랑과 무슨 관계란 말인가? 단순히 인간

사이의 진정한 사랑의 관점에서 이웃사랑을 본다면 굳이 이런 글을 쓸 필요도 없다. 하지만 우리 그리스도인들의 진정한 이웃사랑은 하나님과의 관계를 떠나서는 성립될 수 없기 때문에 아브라함의 믿음을 언급하는 것이다. 그러면 진정한 타인사랑과 하나님 안에서의 이웃사랑은 어떻게 다르겠는가? 앞에서도 언급했지만, 그것은 이기적인 타인사랑인가 아니면 순수한 타인사랑인가의 문제로 다시 짚어보게 한다.

이웃을 자기 자신처럼 사랑한다는 말에는 과연 누구를 위한 것인가 하는 점이 반드시 따라오게 되어 있다. 예수님께서 이웃을 자기 자신처럼 사랑하라고 강조하신 이면에는 과연 이웃사랑의 목적지가 어디인가 하는 뜻이 숨어있다. 자칫 잘못하면 이웃사랑을 베푸는 사람에게 목적이 있는 것처럼 생각될 수도 있겠지만, 진정한 이웃사랑의 첫 번째 목적은 바로 그 이웃이어야 할 것이다. 내가 복을 받고 하나님께 인정을 받을 목적으로 이웃사랑의 모습을 보여준다면 그것은 바울의 말대로 울리는 꽹과리가 될 뿐이다. 진정한 이웃사랑의 목적은 바로 그 이웃이다.

그렇지만 인간에게 있어서 자기 자식을 향한 희생적인 사랑은 가능하겠지만 자신과 전혀 관계없는 어떤 사람을 위하여 헌신과 희생을 겪는다는 일은 무슨 의미가 있겠는가? 성경에서 오히려 자기 자식이나 가족들은 버리라고 명하면서 자신과 관계없는 이웃을 위해서는 목숨까지라도 희생하라고 하는 것은 모순 아닌가? 물론 우리는 그 의미를 알고 있다. 하지만 그렇다고 하더라도 자신과 직접적인 관계가 없는 이웃을 자기 자신처럼 사랑하는 일에는 분명한 이유가 있어야 한다. 여기에서 믿음과 이웃사랑의 상관관계가 발생하게 되는 것이다.

다시 아브라함의 이야기로 잠시 돌아가 보자. 아브라함이 자기 생명보다 더 소중한 아들 이삭을 정말로 죽이려고 줄로 묶어 제단에 눕혀놓고 평소에 양을 잡을 때 사용하던 칼을 높이 쳐들었다. 아직 율법에는 나와 있지 않지만 이 때 이웃사랑은 어디에 존재하는가? 하나님사랑과 이웃사랑은 동등한 비중과 위치에 있어야 하는데 지금 이 모리아산에는 이웃사랑은 온 데 간 데 없이 사라져버렸다. 오직 하나님사랑만 존재하고 있다. 뭔가 잘못된 것이 아닌가? 이웃과는 단절되어도 하나님만 잘 믿으면 된다는 말인가? 여기에서 우리는 참다운 이웃사랑의 근원과 목적을 알 수 있게 된다. 사람이 '다른' 사람을 위하여 죽는다고 할 때 일반적으로 보면, 죽는 그 사람에게 유익이 되거나 그 '다른' 사람에게 유익이 되거나 둘 중의 하나일 것이다. 그 고귀한 사랑이 어떻게 칭송을 받든지 관계없이 둘 중의 한 사람만 유익을 보게 되어 있다. 그렇다면 그것은 어느 한쪽만을 위한 것이지 모두에게 귀중한 일은 아니다. 그런데 여기에 하나님께서 개입하시면 상황은 전혀 달라진다.

모리아산에서의 아버지 아브라함과 아들 이삭과 여호와 하나님의 삼각관계는 결국 어떻게 결론지어졌는가? 더구나 아버지 아브라함과 아들 이삭은 이 세상에서 가장 사랑하는 관계이다. 그런데 하나님은 이 부자관계를 깨고 하나님께 순종하라고 하신다. 아브라함은 하나님의 명령대로 인간관계를 포기하려고 한다. 결과는 무엇인가? 하나님은 인간을 구원하시기 위한 믿음의 사람을 얻으시고, 아브라함은 가장 사랑하는 아들을 다시 얻고, 아들 이삭은 아브라함에게 주어지는 모든 복의 상속자가 되어 하나님께 영광을 돌린다. 누구누구에게 유익이 되었는가? 두 사람과 하나님 모두가 큰 유익을 얻었다. 이것이 참다운 의미의 자기 자신처럼 사랑하는 이웃사랑이다.

"여호와의 사자가 하늘에서부터 두 번째 아브라함을 불러 이르시되 여호와께서 이르시기를 내가 나를 가리켜 맹세하노니 네가 이같이 행하여 네 아들 네 독자도 아끼지 아니하였은즉 내가 네게 큰 복을 주고 네 씨가 크게 번성하여 하늘의 별과 같고 바닷가의 모래와 같게 하리니 네 씨가 그 대적의 성문을 차지하리라 또 네 씨로 말미암아 천하 만민이 복을 받으리니 이는 네가 나의 말을 준행하였음이니라 하셨다 하니라"(창 22:15-18)

이것이 믿음과 이웃사랑의 상관관계이다. 왜 이웃을 자기 자신처럼 사랑해야 하는가? 이제 그 의미와 동기와 목적이 보다 분명해졌다. 그냥 하나님의 뜻이고 예수님의 명령이니까 이웃을 사랑해야 하는 것이 아니다. 오늘날에는 그의 영혼을 사랑하기 위해 이웃을 사랑하는 것으로 발전해왔다. 하지만 기본적으로는 모두가 승리자가 되는 길이 바로 진정한 이웃사랑의 의미인 것이다. 진정한 이웃사랑은 자기 힘이나 능력으로 되는 것이 아니다. 그렇게 될 수 있다고 해도 우리는 믿음으로 하나님께 이웃사랑을 드리는 것이다. 그렇다. 진정으로 이웃을 자기 자신처럼 사랑하는 일은 하나님께 대한 전적인 믿음으로만이 가능한 것이다. 뼈를 깎는 인내로 이웃을 사랑하는 것이 아니라 순전히 하나님께 대한 믿음으로 순종하는 것이 참다운 이웃사랑이다. 참다운 믿음이 있다면 진정으로 이웃을 자기 자신처럼 사랑할 수 있는 것이다.

제3장
그리스도와 이웃사랑

이제 기독교에서 말하는 이웃사랑의 진정한 본질을 말할 때가 되었다. 아브라함의 예는 사실상 특수한 경우라고 할 수 있다. 모든 인간에게 아브라함의 이웃사랑의 본질을 객관화시키기는 어렵다. 수많은 인간들 중에서도 아브라함 단 한 사람에게만 적용되었던 이 특별한 경우를 어떻게 모든 인간에게 보편화시킬 수 있단 말인가? 죄의 상태에 있을 수밖에 없는 인간이 죄의 문제를 그대로 가지고 있으면서 하나님께서 바라시는 이웃사랑의 주인공이 될 수 있겠는가? 하나님께서 아브라함에게 외아들을 제물로 바치라고 하셨고 본인도 동의해서 자기 아들을 죽이려고 한 사건은 인류사에 다시 일어날 수 없는 대사건이었다. 그마저도 아브라함이 120여 년이나 걸려서 이루어낸 값진 결과였을 뿐이다. 그렇다면 아브라함에게서 발견할 수 있는 진정한 이웃사랑은 극히 예외적인 모델이며 전설과도 같은 허망한 이야기에 그칠 수도 있다. 하지만 하나님께서 이런 사실을 모르셨을까?

하나님과 여자와 뱀

우리는 다시 창세기로 돌아가서 뱀에 관한 이야기를 살펴보아야 한다. 왜냐하면 원래 하나였던 하나님과 사람의 관계를 깨뜨린 것이 뱀이었기 때문이다. 뱀은 우선 하나님과 사람의 사이를 갈라놓기로 계획을 꾸민다. 뱀은 남자를 유혹할 필요조차도 없었다. 뱀은 단지 하나님과 하와의 사이를 갈라놓았을 뿐이다. 어떻게 단 한 번의 공격으로 이렇게 세상을 무너뜨릴 수 있단 말인가? 그런데 창세기 3장을 읽다가 보면 특이한 점 한 가지를 발견하게 된다. 3장의 주인공은 바로 하와라는 점이다. 하나님과 인간의 관계는 언제나 삼각관계를 형성한다. 사람과 사람 사이에 하나님이 계신다. 사람과 세상 사이에도 하나님이 계신다. 사람과 뱀 사이에도 하나님이 계신다. 그리고 하와와 뱀 사이에도 하나님이 계신다. 그런데 창세기 3장에서는 하나님과 아담 사이에 제3자로서의 하와가 존재하게 된다. 창세기 3장은 하와와 하나님, 하와와 아담, 하와와 뱀의 관계 이야기라는 것이다.

그러면 아담과 하나님 사이를 가로막게 되는 하와에게 무슨 일이 일어나는가? 먼저 하나님과 여자와 뱀의 삼각관계가 일어난다. 하나님과 여자 사이에 뱀이 몰래 끼어든 것이다(창 3:1). 하지만 뱀의 유혹을 받아 선악과를 먹은 후에는 하와와 아담과 하나님의 삼각관계로 발전한다. 이 때도 주인공은 여자로서 아담에게 열매를 주어 먹게 만들었다(창 3:6). 아담과 하와가 선악과를 먹고 선악을 분별하게 되자 두려움과 부끄러움이 들어왔다. 그래서 그것이 하나님과 하와 사이에 벽을 만들고 말았다. 이 때는 하와가 직접 나타나지는 않지만 여전히 아담과 하나님과 하와의 삼각관계가 형성되어 있다. 그래서 아담은 여자 핑계를 대는 것으로 삼각관계를 드러낸다(창 3:12).

이제 하나님의 관심의 초점은 여자에게로 옮겨간다. 하나님은 아담이 아니라 여자에게 뱀과의 관계를 추궁하신다. 여자는 스스로 하나님과의 관계가 깨어진 책임을 뱀에게로 돌렸다(창 3:13). 사실 인간의 죄 문제는 아담과 하나님의 사이에서 벌어진 일이 아니다. 여자와 하나님 사이에 일어난 일이었다. 물론 하나님은 아담에게 죄의 모든 책임을 지워주신다. 아담은 인간의 대표자였기 때문이다. 아담 한 사람에게만 그 죄의 책임을 물은 것은 아니지만 성경은 계속해서 아담을 그 책임자로 언급하고 있다.

"그러나 아담으로부터 모세까지 아담의 범죄와 같은 죄를 짓지 아니한 자들까지도 사망이 왕 노릇 하였나니 아담은 오실 자의 모형이라"(롬 5:14)

그런데 아담이 비록 대표자이기는 하지만 하나님은 아담과 하와 각각에게 그 책임을 지우시고 벌을 내리신다. 이제 우리는 하나님과 여자와 뱀의 삼각관계의 결말을 보아야 한다. 하나님은 여자와 뱀의 관계에 대해서 명확하게 그 책임을 물으신다. 하나님은 문제의 근원을 해결하고자 하시는 것이다. 그래서 여자가 뱀과 원수가 될 것을 말씀하신다(창 3:15上). 하나님께서 아담에게 전체적인 책임을 지우신다면 남자와 뱀이 원수가 되도록 하시는 것이 맞다. 그러나 하나님은 분명하게 여자와 뱀이 원수가 될 것이라고 하신다. 그렇다고 뱀이 남자와 원수가 아니라는 것은 아니다. 당연히 뱀은 모든 인간과 원수가 된다. 그럼에도 불구하고 하나님께서 여자와 뱀이 원수가 될 것이라고 하신 이유는 무엇이겠는가?

그 다음 구절을 보면 뜻이 명확해진다. 모든 인간과 원수가 되고 하나님과 사람, 사람과 사람 사이를 갈라놓은 뱀인데, 그 뱀을 물리치기 위해서 하나님은 여자의 후손이 뱀의 머리를 상하게 할 것이라고 말씀하신다(창 3:15下). 원래 하나였던 아담과 하와의 사이를 뱀이 갈라놓았지만, 그 책임을 하나님은 분명하게 여자에게 내리신다. 혹은 그 문제의 해결을 여자에게 일임하시는 것이다. 원래 모든 것이 하나였는데, 비록 뱀의 유혹 때문이기는 했지만 결정적으로 실수한 주인공은 여자였던 것이다.

하나님은 사람과의 관계에서 뱀의 존재를 제거하셔야만 했다. 그것도 뱀의 존재를 완전히 지우셔야만 다시 인간과의 관계는 회복될 수 있는 것이다. 천국이란 어떤 곳인가? 뱀이 존재하지 않는 곳이다. 갈라지고 흩어지고 나뉘었던 하나님과 인간의 관계를 뱀이 존재하지 않는 관계로 되돌리는 것이 하나님과의 관계를 회복시키는 유일한 길인 것이다. 하나님을 믿지 않는 사람들이라는 말의 의미는 하나님과의 관계에 여전히 뱀이 존재하는 상태를 말하는 것이다. 그러니까 서로 하나 되는 길은 뱀을 제거하는 길뿐이다.

그렇다고 하나님과의 깨어진 관계에 대한 직접적인 책임을 여자에게만 돌린 것은 아니었다. 일단 하나님과 사람 사이에 존재하는 뱀의 존재를 제거하는 일, 곧 하나님과의 관계에 뱀이 끼어들게 한 공식적인 책임은 여자가 질 수밖에 없지만, 하나님과 사람의 관계를 망친 책임은 두 사람에게 공평하게 주어진다. 남자와 여자의 특성에 따라 다른 형태로 나타나기는 하지만 하나님은 공평하게 공동책임을 지우시는 것이다. 그리고 여자에게는 남자의 다스림을 받도록 해놓으셨다(창 3:16).

이렇게 하시는 또 다른 이유를 하나님께서 아담에게 내리신 벌에서 찾을 수 있다. 하나님은 여자에게는 뱀의 말을 듣고 불순종한 죄를 직접 물으셨지만 아담에게는 아내의 말을 듣고 선악열매를 따먹은 죄를 물으셨다. 비록 열매를 따먹은 데에 대한 벌인 것만은 틀림이 없지만, 아담은 여자의 말을 듣고 따먹은 것이므로 엄밀하게 말해서 제2의 범인이 된다는 것이다. 곧 여자가 주범이요 아담은 공범이라는 말이다. 여자가 주도하여 아담으로 하여금 열매를 먹게 하였으므로 이제는 여자가 주도하는 것이 아니라 남자가 주도할 수 있도록 지침을 변경하신 것이었다. 그리고 그 결과로 인하여 땀을 흘려야 자신과 가족들을 먹여 살릴 수 있는 입장으로 완전히 바뀌었던 것이다(창 3:17). 예외적인 경우도 있지만 그 이후로 성경은 모든 가정의 주인공을 남자로 한정하셨다.

이와 같이 엄밀하게 말해서 여자에게 더 직접적인 책임을 지우시고 여자로 하여금 남자의 다스림을 받도록 하신 것은 틀림이 없다. 하지만 그것은 남자와 여자가 완벽한 한 사람을 이루라는 의미에서 그렇게 하신 것이지 여자가 열등하거나 미워서 다스림을 받으라고 하신 것은 아니다. 다만 여자의 특성상 가정의 주도적인 역할을 하기보다는 보조적인 역할을 하게 하는 것이 더 바람직하다는 사실을 말씀하시는 것이다. 누가 우월한가의 문제가 아니라 기능의 문제이다. 만약에 여자와 남자가 완벽하게 동등하고 각자 개별적으로 존재하는 것이 아니라 처음부터 여자에게 남자의 다스림을 받게 하셨다면 뱀이 여자를 유혹할 때 여자는 반드시 남자와 의논했을 것이다. 그러면 아마도 뱀의 유혹에 그토록 쉽게 빠져들지는 않았을지도 모를 것이다. 그래서 하나님은 타락 후에 남자의 다스림을 받으라고 하신 것이 아니었을까?

사도 바울은 여자가 남자를 주관하지 못하도록 성경을 기록했다. 오해하지는 말라. 현대사회의 특성상 남자와 여자는 모든 면에서 동등한 가치와 능력과 권리를 가진다. 이것을 부인할 수는 없다. 하지만 바울의 이 언급을 단지 시대상의 결과이거나 잘못된 가부장적 가치관으로 치부할 수 있을까?

> "또 이와 같이 여자들도 단정하게 옷을 입으며 소박함과 정절로써 자기를 단장하고 땋은 머리와 금이나 진주나 값진 옷으로 하지 말고 오직 선행으로 하기를 원하노라 이것이 하나님을 경외한다 하는 자들에게 마땅한 것이니라 여자는 일체 순종함으로 조용히 배우라 여자가 가르치는 것과 남자를 주관하는 것을 허락하지 아니하노니 오직 조용할지니라"(딤전 2:9-12)

바울은 그렇게 해야 하는 이유를 여자가 먼저 뱀에게 속았던 사실에 근거를 두었다. 하나님도 인간 타락의 일차적인 책임을 여자에게로 돌리셨다. 그것은 여자의 특성이 뱀과의 싸움에서 더 약하다고 보기 때문인 것이다. 생각해보라. 여성은 감정적인 면에 더

약하기 때문에 그때그때 상황을 자기감정에 따라 결정하기 쉽다. 여자가 보기에 보암직도 하고 먹음직도 해보였기 때문에 그 감정을 따라 뱀의 유혹을 받아들였던 것이다. 물론 아담이 보기에도 보암직도 하고 먹음직도 할 수 있었을 것이다. 그러나 남성은 보다 이성적이기 때문에 차분하게 분별할 수 있는 능력이 여자보다 더 강하다. 그래서 하나님은 여자에게 남자의 다스림을 받으라고 하신 것이었다. 바울도 그런 점을 이야기하고 있다.

> "이는 아담이 먼저 지음을 받고 하와가 그 후며 아담이 속은 것이 아니고 여자가 속아 죄에 빠졌음이라"(딤전 2:13-14)

어쨌든 하나님과 사람 사이에는 뱀의 존재가 결정적인 역할을 하게 되어 있다. 오늘날 뱀은 단지 영적 존재로서의 뱀이 아니라 세상의 모든 물질, 탐욕, 정욕, 이기심, 욕구들로 대변된다. 하나님과 사람 사이에 이런 뱀이 끼어들어 있으면 하나님의 음성은 결코 들리지 않는다. 사람이 다른 사람을 자기 자신처럼 사랑하려면 그 전제조건은 하나님과의 사이에서 훼방하고 있는 뱀의 존재를 지워버리는 것이다. 뱀이 사라지면 사람은 누구나 다른 사람을 자기 자신처럼 사랑할 수 있다.

천국이란 어떤 곳인가?

우리는 구체적으로 다른 사람을 자기 자신처럼 사랑하기 위한 하나님의 방법을 살펴보기 전에 이렇게 뱀이 사라진 세상은 과연 어떤 곳인가에 대해서 잠시 생각해보려고 한다. 왜냐하면 그 완전한 상태에 대한 그림을 그려보아야 비로소 다른 사람을 자기 자신처럼 사랑할 수 있는 비결이 생기기 때문이다. 한마디로 말해서 뱀은 모든 악의 근원이다. 물론 여기에서 말하는 뱀이라는 존재는 동물로서의 뱀을 뜻하는 것은 아니다. 그는 사탄이다.

만약에 이 세상에서 사탄이 사라진다면 세상은 어떻게 변하겠는가? 인간의 죄와 악은 사탄의 유혹을 통해 들어왔다. 그리고 사탄은 죄와 악을 그냥 퍼뜨린 것이 아니라 지금도 여전히 악과 죄를 지배하기 위해 안간힘을 쓰고 있는 중이다. 복음이란 이 사탄의 궤계에서 벗어나 하나님의 자녀로서 변화되도록 만드는 유일한 길이다. 기독교인이란 사탄의 지배를 받는 것이 아니라 예수 그리스도의 제자로서 하나님의 지배를 받아야 하는 사람들이다. 그리스도인들이 이미 사탄의 지배에서 벗어나 있음에도 불구하고 사탄은 여전히 우리에게 큰 영향력을 끼치고자 발악을 하고 있다.

하지만 이 세상과 달리 저 천국에서는 상황이 전혀 달라진다. 저 천국에는 사탄이 존재할 수 없다. 뱀이 없는 세상이 바로 천국이다. 지상에서 그리스도인들이 뱀의 지배가 아니라 온전히 하나님의 지배를 받을 수 있는 순간은 성령 충만할 때이다. 우리가 이웃을 진정으로 자기 자신처럼 사랑할 수 없지만, 단 한 가지, 성령 충만하면 모든 것이 가능해진다. 다른 말로 하면 성령으로 충만하지 못하면 결코 이웃을 자기 자신처럼 사랑할 수 없다. 성령 충만하면 뱀이 결코 간섭할 수 없기 때문이다. 스데반은 성령이 충만하여 하나님의 영광과 예수님을 바라보고 자기를 돌로 치는 자들을 용서했다.

"스데반이 성령 충만하여 하늘을 우러러 주목하여 하나님의 영광과 및 예수께서 하나님 우편에 서신 것을 보고 … 무릎을 꿇고 크게 불러 이르되 주여 이 죄를 그들에게 돌리지 마옵소서 이 말을 하고 자니라"(행 7:55, 60)

하지만 천국에서는 일부러 성령 충만하기 위해 애를 쓸 필요가 없다. 거기에는 뱀이 존재하지 않기 때문이다. 거기에는 성령님이 개입하지 않으셔도 뱀의 유혹을 받지도 않고 인간의 죄와 악의 지배를 결코 받지 않는다. 왜냐하면 그곳은 하나님께서 직접 다스리시는 곳이기 때문이다. 심지어 에너지도 필요 없고 어둠이나 밤조차도 존재하지 않는 곳이다. 뱀이 없기 때문에 땀 흘려 수고하지 않아도 되고 미혹에 빠지지 않기 위해 경계하고 애를 쓸 필요도 없는 곳이다. 누가 누구의 다스림을 받을 필요도 사라진 곳이 바로 천국이다.

"그 성은 해나 달의 비침이 쓸 데 없으니 이는 하나님의 영광이 비치고 어린 양이 그 등불이 되심이라 만국이 그 빛 가운데로 다니고 땅의 왕들이 자기 영광을 가지고 그리로 들어가리라 낮에 성문들을 도무지 닫지 아니하리니 거기에는 밤이 없음이라"(계 21:23-25)

천국에 가면 뱀으로 인하여 내리셨던 그 어떤 벌이나 심판도 존재하지 않는다. 결론적으로 천국에는 오로지 사랑만이 존재한다. 인간 세상의 모든 문제가 어디에서 비롯되는가? 죄와 악을 지배하고 있는 뱀의 영향력 때문이 아닌가? 인간과의 관계, 물질과의 관계에 하나님의 통치가 사라지고 뱀의 지배가 뒤덮고 있으니 세상은 온통 갈등과 분열과 싸움뿐이다. 그런데 뱀이 사라지면 어떻게 되겠는가? 인간과의 관계, 물질과의 관계로 인한 애통이나 통곡이나 아픈 것이나 사망이 사라지는 것이다. 그곳은 모든 사람이 그냥 하나이다.

> "모든 눈물을 그 눈에서 닦아 주시니 다시는 사망이 없고 애통하는 것이나 곡하는 것이나 아픈 것이 다시 있지 아니하리니 처음 것들이 다 지나갔음이러라"(계 21:4)

인간 사이에 갈등이 생기고 미움과 싸움이 그치지 않는 이유는 무엇인가? 전부 인간의 이기심, 욕심, 지배욕, 명예욕 등이 작동하기 때문이 아닌가? 물론 세상은 그런 경쟁을 당연한 것으로 받아들이고 성공한 사람들을 중심으로 사회 구조가 이루어지게 되어 있다. 어차피 그런 세상에 태어났으니 그 중에서도 더 성공하려고 하는 것이 자연스럽게 여겨지고 있지만, 그러나 천국과 비교한다면 정말 쓸데없는 에너지만 소모하고 있을 뿐인 것이다. 원래 우리는 그렇지 않았다. 원래 우리는 하나였다. 지금 인간세상의 모습이 당연한 것이 결코 아니다. 결코 자연스러운 것이 아니다. 원래 하나였지만 뱀의 유혹에 빠져 갈가리 찢겨졌을 뿐이다. 왜 이웃을 자기 자신처럼 사랑하는 이야기에 천국을 제시하겠는가? 원형을 알아야 하기 때문이다. 그것이 천국이다. 낙원을 잃어버린 결과가 지금 현재라는 사실을 단 한 순간도 잊어버리면 안 된다. 왜냐하면 원래 우리의 모습을 기억하고 있어야 그나마 조금이라도 진정한 이웃사랑에 근접할 수 있기 때문이다.

　우리는 천국을 이야기할 때 구원받은 성도들이 왕 노릇하게 될 것이라는 기록을 여러 곳에서 발견할 수 있다. 왕이라면 모든 백성들을 지배하는 최고 지도자인데 어떻게 모든 사람이 왕 노릇할 수 있겠는가? 더군다나 그 왕 노릇도 세세토록 누리게 된다고 하신다. 천국백성들이 전부 왕이라면 그럼 백성은 어디에 있단 말인가? 여기에서 우리는 이기심이 사라진 천국백성들의 모습, 곧 뱀이 사라진, 원래의 하나 된 그런 모습을 발견할 수 있는 것이다.

"다시 밤이 없겠고 등불과 햇빛이 쓸 데 없으니 이는 주 하나님이 그들에게 비치심이라 그들이 세세토록 왕 노릇 하리로다"(계 22:5)

　성경은 천국백성들이 왕이 되는 것이 아니라 왕 노릇하게 될 것이라고 말씀한다. 천국 백성들이 지상에서 왕이 누리는 모든 것을 누리게 된다는 말씀이다. 물론 여기에는 죄와 악을 다스리는 왕과 같은 존재라는 뜻이 들어있지만, 모두가 지배자가 되면서 모두가 지배를 받는 사람들이 천국백성들이다. 어떻게 이것이 가능하겠는가? 물론 지상에서는 전혀 불가능한 이야기이다. 그러나 천국에서는 이것이 가능해진다. 왜냐하면 천국백성들에게는 이기심이 없기 때문이다. 시기나 질투나 명예욕도 없기 때문이다. 아무것도 부족하거나 모자라는 것이 없으니까 따로 이기심을 가질 필요가 없다. 이기심 자체가 없어지는 것이다. 뱀을 제거하면 이 모든 것이 가능해진다. 우리가 지향하고 있는 천국은 바로 그런 곳이다.

여자의 후손 그리스도

하지만 큰 문제가 있다. 천국은 현재의 현실이 아니라 미래에 우리가 가야 할 곳이라는 점이다. 그리고 우리는 천국백성으로서 서로 사랑하는 것이 아니라 이 지상에서, 뱀이 아직도 왕성한 지배력을 가지고 활동하는 이 세상에서 이웃을 우리 자신처럼 사랑해야 한다는 점이 정말 큰 문제이다. 인간에게는 희망이 없다. 그냥 자기 삶을 위해 열심히 살다 갈 수밖에 없는 존재들이다. 지상에서 살다가 지상에서 썩어질 존재가 곧 인간이다. 모든 인간은 어차피 죽어서 지옥으로 갈 수밖에 없도록 운명 지어졌다. 하와의 불순종으로 인하여 죄의 지배를 받도록 되어있는 존재들이다.

그럼에도 불구하고 하나님은 죄에서 벗어날 수 있는 기회를 인간에게 제공하셨다. 불완전하기는 하지만 그래도 죄를 지었을 때, 곧 뱀의 유혹에 빠졌을 때마다 그 죄를 짐승에게 전가하게 만드는 제사법을 주셨다. 후에 하나님은 이 제사법을 인간구원의 근본적인 원리로 사용하시지만, 인간은 하와의 속성을 이어받아 수시로 뱀의 유혹에 빠질 수밖에 없는 존재였기 때문에 하나님은 이런 방법으로라도 인간의 죄 문제를 해결하려고 하셨던 것이다. 그리고 제사법 이외의 율법은 인간의 죄악의 속성을 고려하여 제시하신 차선책이었다.

물론 이런 방식으로 인간의 죄 문제를 근원적으로 처리할 수는 없다. 단회적 혹은 일시적인 해결책은 될 수 있어도, 그것은 단지 이스라엘 민족에게 국한되는 방법이었을 뿐이다. 한 사람 한 사람 구원의 대상을 찾아 그에게 구원의 기회를 끊임없이 제시함으로써 믿음이 자라게 하고 하나님의 일을 이루게 하시는 데에는 한계가 있었다. 그래서 하나님은 원래 계획하셨던 인간구원의 본격적인 사역을 시행하시기에 이르렀다. 그것은 우리가 다 알다시피 어떤 사람이나 민족에 국한하는 것이 아니라 모든 인간에게 보편적으로 적용 가능한 방법이어야만 했다. 마침내 그 때가 되었다.

애초에 하나님은 뱀을 끌어들인 책임을 여자에게 담당시킨다고 하셨다. 그래서 남자에게 직접적인 책임을 물으시는 것이 아니라 여자에게 그 책임을 물으셨다. 남자에게는 직접적인 책임보다는 2차적인 책임을 지우셔서 일생 동안 밭을 갈도록 하셨다. 대신 남자에게는 이후로부터 여자를 다스리도록 권한을 부여하셨다. 그보다 먼저 하나님은 먼 미래의 인간구원계획을 여자가 죄를 지은 직후에 알려주셨다. 여자의 후손이 뱀의 머리를 상하게 할 것이라는 말씀이었다. 머리는 주권을 의미하고 모든 리더십을 뜻한다. 곧 뱀을 멸망시킬 것이라는 말씀이었다.

"내가 너로 여자와 원수가 되게 하고 네 후손도 여자의 후손과 원수가 되게 하리니 여자의 후손은 네 머리를 상하게 할 것이요 너는 그의 발꿈치를 상

하게 할 것이니라 하시고"(창 3:15)

'여자의 후손'이란 구속사적으로 매우 중요한 말씀이다. 여자의 후손이란 물론 그리스도 예수님을 뜻한다. 하나님은 이미 여자(하와)에게 너는 남자의 다스림을 받으라고 명령하셨다. 이것은 남존여비의 사상이 아니다. 가부장적인 권위를 따르라는 뜻도 아니다. 다스림이란 쉽게 말하면 모든 일을 남자와 의논하라는 말씀이다. 남자의 다스림을 받으라는 말씀은 남자의 결정권을 존중하라는 말씀이다. 다스림은 결정할 것을 정하고 그 책임을 지라는 말이다. 여자 혼자 뱀의 유혹을 그대로 받아들인 결과 세상에는 죄악이 가득하게 되었다. 여자 혼자 결정하고 나서 그렇게 되었으니 좀 더 이성적인 남자의 결정권을 따르라는 말이다.

여자 혼자 결정한 결과가 죄악의 상태로 변해버렸기 때문에 남자에게서 다스림을 받으라고 하셨지만, 하나님께서 여자의 후손이 뱀의 머리를 상하게 할 것이라고 말씀하셨을 때에는 이 말씀이 거꾸로 적용된다. 생각해보라. 하나님의 말씀대로 여자가 모든 결정을 남자의 뜻에 따르게 했다면 여자의 후손이란 발생할 수 없었을 것이다. 여자 혼자 스스로의 힘으로 후손을 가질 수 있는가? 결코 가능하지 않다. 그렇다면 여자의 후손이라는 말씀은 애초에 타당하지 않은 말씀이다.

그럼에도 하나님은 뱀의 머리를 여자의 후손이 상하게 할 것이라고 예언해주셨다. 여자(마리아)는 남자의 다스림을 받지 않은 상태에서 혹은 아직 다스림의 관계에 들어가기 직전에 스스로 (성령님에 의해) 잉태하였다. 여자의 후손이 남자의 다스림을 받지 않은 상태에서 (천사의 말에 순종하여) 여자 혼자 결정한 결과로 후손(그리스도)이 태어났다면 이것은 무슨 말인가? 이 역시 뱀의 유혹을 받아 선악 열매를 먹고 남편에게까지 제공한 여자에게 그 책임을 지우는 것이다. 여자가 불순종했으니 여자가 해결하라는 말씀이다.

우리는 왜 성령님의 역사하심으로 한 여자(마리아)에게 후손을 주셨는가에 대해서 너무나도 잘 알고 있다. 인간의 대표자인 남자의 후손은 어차피 누구나 다 죄인이다. 죄를 지어서 죄인이 아니라 죄의 상태에서 태어났기 때문에 죄인이다. 그래서 남자의 후손으로 태어난 인간은 아무리 선해도 그는 단지 죄인일 뿐이다. 어느 누구도 다른 사람을 위해서 그 죄를 대신할 수는 없다. 아브라함이 아무리 위대한 믿음을 가지고 있고 모세가 아무리 대단해도 이분들이 다른 사람의 죄를 해결할 수는 없다. 남자의 후손, 곧 여자와의 관계에서 태어난 그 어떤 사람도 결코 죄 문제에서 탈출할 수는 없다.

하나님께서 여자의 후손이라고 못 박으신 이유는 분명하다. 비록 여자가 먼저 죄를 지었지만 그렇기 때문에 남자의 다스림을 받지 않고 여자 스스로 결정하여 태어난 후손에게 그 죄의 문제를 해결할 수 있는 길을 열어주신 것이다. 다른 말로 하면 인간의 후손이 아니라 여자의 후손이 죄가 없는 존재로 태어나게 하신 것이다. 그래서 비록 죄가 보편성을 지니고 모든 사람에게 적용되어야 하지만 죄가 세상에 들어오게 만든 여자를 통하여 죄가 나갈 수 있게 만들어주신 것이다.

마리아는 그냥 보통 여자였다. 특별한 방법으로 태어나게 하신 것이 아니었다. 죄 문제를 해결하기 위해 특별한 어떤 여자가 필요한 것은 아니다. 그렇게 될 수도 없고 그렇게 되어서도 안 된다. 왜냐하면 메시아는 그냥 사람이어야 하기 때문이다. 하지만 메시아가 남자의 다스림의 상태에서 태어나게 해서는 안 된다. 여자는 죄인의 상태이지만 그러나 여자 스스로의 결정으로 만들어진 자손은 인간의 보편적인 죄에서 벗어날 수 있다. 그분도 역시 인간이어야 하지만 남자의 다스림을 받지 않은 여자에게서 태어나야 죄가 없어지고 모든 인간의 죄를 감당하실 수 있는 것이다. 남자로서의 아담이 죄인 된 인간의 대표인 것처럼, 죄 없는 대표인 그리스도 예수님 역시 인간의 대표이다. 그래서 아담 안에서 영적으로 죽었던 인간은 죄 없으신 그리스도 한 분으로 인하여 영적으로 다시 부활할 수 있는 것이다. 하나님과 인간 사이에서 뱀을 제거하신 것이었다.

"아담 안에서 모든 사람이 죽은 것 같이 그리스도 안에서 모든 사람이 삶을 얻으리라"(고전 15:22)

인간은 여자 때문에 죄의 세상이 되었지만 동시에 그 여자 때문에 의의 세상이 될 수 있는 것이다. 이것을 바울은 첫 사람 아담과 마지막 사람 그리스도, 육의 사람과 신령한 사람, 흙에 속한 사람과 하늘에 속한 사람이라고 보다 분명하게 구분해주고 있다. 하나님은 여자로 하여금 남자의 다스림을 받으라고 하셨지만 단 한 번 예외적으로 남자의 다스림을 받지 않고 여자 스스로 출산하는 자손을 그리스도로 삼으신 것이다.

> "기록된 바 첫 사람 아담은 생령이 되었다 함과 같이 마지막 아담은 살려 주는 영이 되었나니 그러나 먼저는 신령한 사람이 아니요 육의 사람이요 그 다음에 신령한 사람이니라 첫 사람은 땅에서 났으니 흙에 속한 자이거니와 둘째 사람은 하늘에서 나셨느니라"(고전 15:45-47)

우리가 눈여겨봐야 할 것은 이것은 여자 스스로 결정한 것이 아니라는 점이다. 하나님께서 여자로 하여금 결정할 수 있도록 기회를 주셨고 여자는 믿음으로 순종하여 그대로 받아들인 것이었다. 그것은 하나님과의 사이에 뱀을 끌어들인 여자로 하여금 스스로 다시 뱀을 쫓아내도록 결정하게 하신 것이었다. 여자는 적어도 이 문제에서만큼은 남자의 다스림을 받아서는 안 된다. 그는 하나님의 다스리심을 받아야만 쓰임 받을 수 있었던 것이다. 이 진리는 이 세상에서도 그대로 적용이 된다. 하나님은 어떤 사람을 사용하시는가? 죄인인 남자의 다스림을 받는 사람은 사용하실 수가 없다. 곧 뱀으로부터 비롯되는 권세나 환경이나 제도의 다스림에 왔다 갔다 하는 사람은 쓰실 수가 없다. 그것은 세상의 다스림이기 때문이다. 그 어떤 상황 가운데에서도 하나님의 다스림을 받는 사람이 하나님의 일꾼이다. 예수님의 육신의 어머니 마리아가 그렇지 않았던가? 이치적으로 결코 납득할 수 없는 천사의 지시를 마리아는 순수하게 믿고 받아들였다. 곧 남자의 다스림이 아니라 하나님의 다스림을 받음으로써 그의 후손이 메시아가 될 수 있었던 것이다.

아무튼 하나님은 인류사에서 단 한 번 남자의 다스림을 받지 않은 한 여자를 통하여 사람들에게 메시아를 허락하셨다. 여자의 단 한 번의 불순종으로 세상에 죄가 들어왔으나 또한 단 한 번 남자의 다스림을 받지 않은 여인을 통하여 죄를 물리치고 구원에 이를 수 있게 하셨다. 이것이 여자의 후손이 뜻하는 내용이다. 그렇게 남자의 다스림이 아니라 하나님의 다스림을 통해 오신 그리스도는 죄가 없으신 분으로서 모든 인간의 대표가 되시고 그 자격으로 말미암아 모든 인간의 죄를 단 한 번에 대속하실 수 있었던 것이다.

그것은 한 인간이 다른 인간을 자기 자신처럼 사랑할 수 있는 길을 여신 것이었다. 곧 뱀의 존재를 제거해버리신 것이었다. 물론 저 영원한 천국, 곧 뱀이 존재하지 않는 완전한 천국에 가기 전까지는 우리는 여전히 뱀과 공존해야 한다. 뱀과 공존하면서 본능적으로 뱀을 따라갈 수밖에 없음에도 불구하고 하나님의 자녀들은 하나님의 다스리심을 받아야만 승리할 수 있는 존재들이다. 신앙인들에게 명하신 네 이웃을 네 자신처럼 사랑하라는 말씀은 반드시 하나님의 다스리심을 받을 때에만 가능해진다. 자기 힘으로 애를 쓰고 희생하면서 이웃을 자기 자신처럼 사랑하려고 해도 거기에 하나님께서 개입하지 않으시면 그런 일은 결코 일어나지 않는다. 원래 하나님 안에서 지음 받은 존재들이기 때문이다.

우리를 대신하신 그리스도

자기 자신처럼 이웃을 사랑하라는 말씀은 그대로 실천하기 어려운 말씀이다. 마음과 목숨과 뜻과 힘을 다해 하나님을 사랑하는 일은 어려운 일이지만 성령으로 충만할 때 순교의 희생까지 마다하지 않을 수 있다. 하지만 이웃을 자기 자신처럼 사랑하는 일은 인간이라면 거의 불가능에 가깝다. 왜냐하면 우선 '자기'라는 주체가 있고 그 주체로서 함께 가야 할 가족들이 있고 동료들이 있기 때문이다. 넓은 의미에서는 가족도 자녀도 전부 이웃의 범주에 넣을 수 있지만, 보편적인 의미에서 나와 가족을 제외한 타인을 이웃이라고 본다면 내 가족과 똑같이 다른 사람의 가족을 챙겨야 하는 것이 바로 자기 자신처럼 이웃을 사랑하는 것이 아니겠는가?

하나님은 하나님의 다스림만을 받은 한 여자를 통해서 그리스도를 세상에 보내셨다. 그리스도는 어떤 민족이나 특정한 사람들을 위해서 오신 것은 아니다. 인간이라면 그 누구도 예외가 없이 믿기만 하면 구원을 받을 수 있게 하시는 분이다. 당연한 이야기이다. 그리스도는 단 한 분 죄가 없으신 사람이시다. 죄가 없으신 그리스도께서 왜 죄악으로 충만한 이 세상에 오셨는가? 유일한 초점은 죄에서의 구원이다. 뱀으로 인해 들어온 그 죄를 사라지게 만드시기 위해서이다. 물론 아예 세상 자체를 죄가 없는 상태로 만드시는 것은 아니다. 인류의 종말이 올 때까지는 하나님은 뱀에게 세상 권세를 허용하셨다.

죄가 없으신 그리스도께서 세상에 오신 것은 한 사람 한 사람

개인의 구원을 위해서이다. 우리가 다 알고 있다시피 죄 없으신 예수님께서 십자가의 고통을 당하시고 목숨을 버리신 것은 우리 모든 사람이 죄 때문에 당해야 할 죽음을 감당하시기 위함이고, 그 사실을 마음으로 받아들이고 예수님을 구주로 영접한 사람들에게서 그 죄를 없애기 위함이었다. 예수님은 인간이 당해야 할 모든 죄와 아픔을 감당하기 위해 오셨던 것이다. 예수님은 원천적으로 죄가 없는 분이었지만 모든 인간의 죄를 대신하여 벌을 받으신 것이다. 그렇다면 예수 그리스도의 사역은 한 마디로 사람을 대신하시는 것이었다.

> "하나님이 죄를 알지도 못하신 이를 우리를 대신하여 죄로 삼으신 것은 우리로 하여금 그 안에서 하나님의 의가 되게 하려 하심이라"(고후 5:21)

그렇다. 그리스도께서는 우리를 대신하셨다. 우리를 대신하여 고통을 받으셨고 우리를 대신하여 조롱을 당하셨고 우리를 대신하여 죽으셨다. 참된 이웃사랑은 바로 대신하는 사랑이다. 이웃을 자기 자신처럼 사랑한다는 말은 이웃 대신 우리가 당한다는 의미이다. 인간의 구원이 그리스도의 '대신사랑'에 의한다면 이웃사랑도 그 이웃을 대신하여 무엇인가를 할 때 그 의미가 분명해지고 그럴 때 진실한 이웃사랑의 실천이 가능해지는 것이다. 그리스도께서 왜 세상에 오셨는가? 1차적으로는 우리의 구원을 위해서 오셨지만, 2차적으로는 그리스도의 대신사랑으로 이웃을 사랑하라고 오신 것이었다.

사실 그리스도의 대신사랑은 이미 아브라함 때부터 예표되어 있었다. 하나님은 이삭을 제물로 바치라고 명하셨지만 다른 한편으로는 그 이삭을 대신할 양을 수풀 속에 숨겨두셨다(창 22:13). 이삭은 가장 귀한 아들이지만 사실은 뱀의 지배 아래 존재하는 모든 사람을 대표하는 사람이다. 지상의 모든 인간이 가장 소중하게 여기는 세상과도 같은 의미를 가지고 있었다. 아브라함에게 이삭은 어떤 면에서는 하나님보다 더 귀한 사람이었다. 여자가 남자의 다스림을 받아야 한다는 말씀에서 이삭은 마치 남자를 의미하는 존재와도 같았다. 이삭에 의해 판단이 완전히 달라질 수 있기 때문이다. 아브라함은 마치 여자(하와)처럼 하나님의 다스림과 뱀(세상, 육신, 남자)의 다스림 사이의 갈림길에 서 있었다.

하나님은 이삭을 바치는 대신 나뭇가지에 걸려 있던 숫양으로 그 목숨을 대신하셨다. 여기에 제사의 참뜻이 들어있다. 그리고 이것이 그리스도께서 세상에 오신 목적이요 이유였다. 그리스도는 우리를 대신하여 죽으시기 위해 오셨다. 뱀의 유혹을 이기지 못하고 죄악이 가득한 세상으로 만들어버려 인간 스스로 결코 구원에 이를 수 없었지만, 그 모든 죄인들을 대신하여 죄의 값을 치르셨기 때문에 그것을 믿기만 하면 구원받을 수 있는 길을 여셨던 것이다. 이것이 이웃사랑의 본질이며 원리이다.

"그리스도께서도 단번에 죄를 위하여 죽으사 의인으로서 불의한 자를 대신하셨으니 이는 우리를 하나님 앞으로 인도하려 하심이라 육체로는 죽임을 당하시고 영으로는 살리심을 받으셨으니"(벧전 3:18)

하지만 연약한 죄인들에 불과했던 우리를 대신하여 죽으신 것은 단지 구원받아 천국에 가라는 말씀만은 아니었다. 바울은 그렇게 우리를 대신하여 죽으신 그리스도 예수님께서 우리에게 무엇을 원하시는지를 명확하게 이야기해주었다. 그것은 그렇게 구원받은 백성들이 그들 자신을 위해서 살지 말고 그들을 대신하여 죽으신 그리스도를 위하여 살게 하기 위해 오셨다는 것이다. 그것은 한마디로 말하면 무엇인가? 이웃을 자기 자신처럼 사랑하며 살라는 것이다.

> "그리스도의 사랑이 우리를 강권하시는도다 우리가 생각하건대 한 사람이 모든 사람을 대신하여 죽었은즉 모든 사람이 죽은 것이라 그가 모든 사람을 대신하여 죽으심은 살아 있는 자들로 하여금 다시는 그들 자신을 위하여 살지 않고 오직 그들을 대신하여 죽었다가 다시 살아나신 이를 위하여 살게 하려 함이라"(고후 5:14-15)

우리는 그리스도를 대신하여 이 세상을 사는 사람들이다. 그렇다면 그리스도께서 죄인인 우리를 대신하여 벌을 받으신 것처럼 우리도 그리스도를 대신하여 그리스도의 사랑을 삶으로 살아야 한다. 그리스도께서만 우리를 대신하여 죽으신 것이 아니라 우리도 그리스도를 대신하여 세상을 살고 있는 것이다. 이웃을 자기 자신처럼 사랑하는 일은 특별하게 훈련을 받은 사역자나 하나님께서 예정하신 어떤 특정한 사람들에게만 부여된 사명이 아니다. 우리를 대신하여 죽으시고 부활하신 사실을 믿는 모든 사람들에게 똑같이 적용되는 것이다.

> "그러므로 우리가 그리스도를 대신하여 사신이 되어 하나님이 우리를 통하여 너희를 권면하시는 것 같이 그리스도를 대신하여 간청하노니 너희는 하나님과 화목하라"(고후 5:20)

신약에서만 이런 개념이 있는 것이 아니다. 호세아는 우리를 위해 대신 죽어가야 했던 제물들을 대신하여 하나님을 찬양해야 한다고 강조했다. 다소 다른 방향이기는 하지만, 우리를 위해 단 한 번에 제물이 되셨던 그리스도를 위해 하나님께 영광을 돌려드려야 하는 것이다.

> "이스라엘아 네 하나님 여호와께로 돌아오라 네가 불의함으로 말미암아 엎드러졌느니라 너는 말씀을 가지고 여호와께로 돌아와서 아뢰기를 모든 불의를 제거하시고 선한 바를 받으소서 우리가 수송아지를 대신하여 입술의 열매를 주께 드리리이다"(호 14:1-2)

사실 구약 제사법은 그리스도께서 오셔서 하실 사역들을 아주 구체적으로 가르쳐주고 있다. 알다시피 율법에는 다섯 가지 제사가 등장한다. 이것을 잠시 살펴보아야 하는 이유는 예수님은 이 모든 내용들을 단 한 번에 성취하시는 제물이 되셨기 때문이다. 우리가 그리스도인으로서 세상을 살면서 이웃을 자기 자신처럼 사랑한다면 우리에게서도 이와 똑같은 결과가 나타난다는 사실을 알아야 한다. 제사에는 번제, 소제, 화목제, 속죄제, 속건제, 이렇게 다섯 가지가 있다.

번제(화제)는 완전한 헌신을 상징하는 제사로서 짐승을 불에 태워 하나님께 올려드리는 제사이다. 이것은 그리스도의 목숨까지 완전히 희생하셨음을 뜻하는 것으로서 하나님께서는 이 번제를 향기로 받으신다. 우리가 이웃을 자기 자신처럼 전적으로 사랑하면 그것은 하늘에 향기가 되어 올라간다.

> "또 그 날개 자리에서 그 몸을 찢되 아주 찢지 말고 제사장이 그것을 제단 위의 불 위에 있는 나무 위에서 불살라 번제를 드릴지니 이는 화제라 여호와께 향기로운 냄새니라"(레 1:17)

소제는 유일하게 짐승이 아닌 곡식으로 드리는 제사인데, 소제를 드릴 때는 반드시 소금을 쳐서 화제로 드려야 한다. 소금은 그리스도의 생명이 세상에 맛을 주고 부패를 방지하는 능력이 있음을 상징한다. 세상의 소금이라고 한 말씀은 바로 그 말씀이다. 우리가 이웃을 자기 자신처럼 사랑하면 그 사랑이 세상의 부패를 방지하는 것이다.

> "네 모든 소제물에 소금을 치라 네 하나님의 언약의 소금을 네 소제에 빼지 못할지니 네 모든 예물에 소금을 드릴지니라"(레 2:13)

그 다음에 속죄제사가 있는데, 이것은 하나님께 대해 지은 모든 죄를 대속하기 위한 제사로서, 죄 없으신 그리스도께서 죄로 충만한 인간의 죄를 대신하기 위해 드려지는 제사를 의미한다. 대신사랑의 가장 근본적인 목적인 것이다. 주님 자신은 결코 죄인이 아니셨지만 우리를 구속하기 위해 죄인들의 대표자로 여겨지셨고 죄의 형벌을 받으셨다. 그래서 우리가 이웃을 우리 자신처럼 사랑하면 하나님은 그리스도를 높이신 것처럼 우리를 높여주시는 것이다.

"그 모든 기름을 화목제 어린 양의 기름을 떼낸 것 같이 떼내어 제단 위 여호와의 화제물 위에서 불사를지니 이같이 제사장이 그가 범한 죄에 대하여 그를 위하여 속죄한즉 그가 사함을 받으리라"(레 4:35)

속건제는 속죄제와 거의 비슷하지만 주로 성물에 대한 죄나 사람 사이의 죄를 속하기 위해 드려지는 제사이다. 죄는 모두 똑같은 것이지만 하나님께 대한 죄와 사람에 대한 죄로 구분할 수 있다. 그리스도는 속죄제 제물이 되심으로서 하나님 앞에서 우리의 죄 곧 원죄를 담당하셨고, 속건제 제물이 되심으로써 우리가 세상을 살면서 사람에게 지은 죄들을 담당하신 것이었다. 우리가 우리 자신처럼 이웃을 사랑해야 하는 이유가 바로 그리스도의 이런 은혜를 조금이라도 갚기 위한 것이다.

"그는 또 그 속건제물을 여호와께 가져갈지니 곧 네가 지정한 가치대로 양 떼 중 흠 없는 숫양을 속건제물을 위하여 제사장에게로 끌고 갈 것이요 제사장은 여호와 앞에서 그를 위하여 속죄한즉 그는 무슨 허물이든지 사함을

받으리라"(레 6:6-7)

마지막으로 화목제는 그리스도께서 십자가에서 죽으심으로써 발생하는 하나님과의 화평을 의미하는 제사이다. 모든 제물들 중에서 오직 화목제물만 제사장이 먹을 수 있도록 함으로써 하나님과 백성들 사이에 평화를 누리도록 만드신 제사이다. 그리스도인의 이웃사랑이 바로 하나님과의 화평을 누리게 만드는 유일한 길인 것이다.

> "내가 이스라엘 자손의 화목제물 중에서 그 흔든 가슴과 든 뒷다리를 가져다가 제사장 아론과 그의 자손에게 주었나니 이는 이스라엘 자손에게서 받을 영원한 소득이니라"(레 7:34)

우리 죄를 대신하시고 우리의 삶을 대신하신 그리스도 예수님의 사랑은 바로 이렇게 자기 자신처럼 이웃을 사랑하는 일에 모든 초점이 맞추어져 있다. 우리가 이웃을 우리 자신처럼 사랑하기 위해서는 우리와 하나님 사이를 가로막고 있는 뱀을 제거하는 길이 유일한데, 그것은 그리스도께서 우리 대신 죽으심으로써만이 뱀을 제거할 수 있다는 사실을 알려주신다. 사람의 다스림을 받아서는 결코 이웃을 우리 자신처럼 사랑할 수 없지만, 하나님의 전적인 다스림을 받으면 우리의 능력이 아니라 성령님의 능력으로 이웃을 자기 자신처럼 사랑할 수 있게 되는 것이다. 그리스도 예수님은 그런 길을 여시고 우리로 하여금 그 길을 따라오라고 하신다. 우리가 이웃을 우리 자신처럼 사랑해야 하는 이유이고 목적이고 비결이고 능력이고 힘이 되시는 그리스도 예수님을 목숨을 다해 따라가자.

제4장
자기사랑과 이웃사랑

　그리스도인으로서 이웃을 자기 자신처럼 사랑하려면 아직 한 가지 문제가 남아있다. 그것은 바로 온전한 자기사랑이다. 자기사랑은 이기심을 말하는 것이 아니다. 이기심은 자기집착에 불과하다. 순전한 자기사랑은 하나님 안에서 깨닫지 않으면 결코 소유할 수 없다. 물론 심리적으로 긍정적인 자기사랑은 반드시 필요하다. 자기를 미워하거나 자기를 학대하고 있다면 거기에서 자기사랑이 생길 수는 없다. 하지만 자기를 긍정적으로 사랑하고 있다고 하더라도 예수 그리스도 안에서 하나님과의 관계 가운데 성립되지 않는다면 그것은 진정한 자기사랑이라고 할 수 없다. 예수 그리스도의 사랑으로 자기 죄를 깨닫고 믿음으로 구원받아 천국 백성이 되었다고 해도 진정한 자기사랑이 이루어지지 않는 경우도 많이 있다.

　하나님 안에서 자기를 사랑하지 못한다면 그 사람에게서 진정한 이웃사랑은 발견될 수 없다. 자기 자신을 올바르게 사랑하지 못하면서 어떻게 이웃을 올바르게 사랑할 수 있단 말인가? 자기를 미워하는 사람이 의무감이나 사명감으로 이웃을 자기 자신처럼 돌본다고 해도 그것이 이웃을 진정으로 사랑하는 것일 수 있겠는가? 행동은 진정한 사랑으로 보이는데 심리적, 영적으로는 그 사람을 깔보거나 은근히 무시하는 마음이 드는 경우는 없겠는가? 자기를 미워하는 사람은 겉으로는 이웃을 돌보는 것 같아도 오히려 자기 공로를 앞세우는 사람일 수도 있다. 왜냐하면 사실은 자기를 미워하기 때문에 자기 행위에 대한 보상으로 구제를 할 수도 있기 때문이다. 그래서 이웃을 자기 자신처럼 사랑하려면 우선 하나님 안에서 자신을 진정으로 사랑할 수 있어야 하는 것이다.

그리스도인의 태생적 정체성

성경은 우리 그리스도인의 정체성에 대해서 수없이 말씀하고 있다. 올바른 믿음을 가지고 그리스도의 십자가 사랑으로 죄를 씻어내고 상처를 치유하고 나면 사실상 자기를 사랑하지 않으려고 해도 사랑하지 않을 수 없게 된다. 그리스도인이라는 용어 자체가 이미 그리스도의 사람이라는 뜻이므로 문자적으로 그리스도인의 정체성을 모르는 사람은 거의 없을 것이다. 하지만 그리스도인으로서의 정체성을 간직하고 거기에 맞추어 살아가려는 사람은 극소수이다. 단지 표면적인 그리스도인으로서 세상을 목적지로 삼으면서 살아가고 있을 뿐이다.

사도 바울은 유대인들에 대해서 그런 표현을 사용한 적이 있다. 율법을 지킨다고 하는 유대인들이 사실은 표면적으로만 지킬 뿐이고 심령으로 율법을 지키는 자는 없다고 갈파한 것이다. 그들 스스로는 율법을 의지하고 하나님을 자랑하며 지극히 선한 것을 분간하며 교사요 스승이라고 생각하지만(롬 2:17-20) 실제 그들의 행동과 삶은 그와는 정 반대로 나타나고 있다고 비판했다. 그들이 자랑하는 할례라도 표면적으로만 행하면 아무것도 아니라고 선포한 것이다.

> "무릇 표면적 유대인이 유대인이 아니요 표면적 육신의 할례가 할례가 아니니라 오직 이면적 유대인이 유대인이며 할례는 마음에 할지니 영에 있고 율법 조문에 있지 아니한 것이라 그 칭찬이 사람에게서가 아니요 다만 하나님에게서니라"(롬 2:28-29)

이와 마찬가지로 표면적 그리스도인이 참 그리스도인인 것이 아니라 오직 이면적, 곧 심령적 그리스도인이 참된 그리스도인이다. 하지만 표면적 그리스도인이든 이면적 그리스도인이든 그 태생의 비밀을 가슴 속에 새겨야 한다. 그것은 성령님의 전적인 역사와 성도의 수용으로써 성취되는 것이지만, 이론이나 지식으로만이 아니라 심령적으로 생명을 다해 수용할 수 있는 여지를 충분히 알고 있어야 한다.

우선 우리 그리스도인과 하나님의 관계를 다시 한 번 생각해보자. 그리스도인이라면 우리의 생명과 구원 자체가 전적으로 하나님으로부터 났다는 사실을 인정할 것이다. 믿지 않는 사람들은 자기가 일해서 자기 능력으로 세상을 잘 살고 있다고 생각하지만 신앙인들은 모든 근원이 하나님이심을 받아들이고 고백하는 사람들이다. 우리는 하나님으로부터 났기 때문에 하나님의 자녀들이라고 믿고 있고 하나님은 우리의 아버지가 되신다고 여기고 있다(사 64:8). 기도할 때에나 살아가면서 우리는 하나님을 아버지라고 부른다. 이것은 그냥 일상적인 것이 아니라 아주 대단히 특별한 것이다.

이것을 그냥 누구나 다 인정하고 있는 일반적인 은혜라고만 여기고 있다면 그 사람의 그리스도인으로서의 정체성은 너무나도 희미한 것이다. 왜냐하면 하나님으로부터 난 우리들 외에는 전부 마귀로부터 난 사람들이기 때문이다. 우리가 하나님의 자녀가 된 것은 우리의 공로는 전혀 없고 오직 하나님의 은혜에 의해서만 주어진 것이다. 아무리 잘 난 사람, 의롭고 똑똑한 사람도 하나님으로부터 나지 않으면 그는 마귀의 자식으로 세상을 살다가 썩어져갈 수밖에 없다. 이 사실을 너무나도 잘 알고 있으면서도 이것을 거의 누리지 못하고 사는 사람들이 오늘날 기독교인들이다.

> "너희는 너희 아비 마귀에게서 났으니 너희 아비의 욕심대로 너희도 행하고자 하느니라 그는 처음부터 살인한 자요 진리가 그 속에 없으므로 진리에 서지 못하고 거짓을 말할 때마다 제 것으로 말하나니 이는 그가 거짓말쟁이요 거짓의 아비가 되었음이라"(요 8:44)

우리 그리스도인들이 자기 자신을 진정으로 사랑하기 위해서는 우리가 하나님의 자녀라는 사실을 가슴 깊이 새겨서 무의식적으로라도 튀어나올 수 있는 자의식을 가져야 한다. 그냥 알고 있는 것으로는 안 된다. 생각이 바뀌었다고 해서 완전히 변화될 수 있는 것은 아니다. 그 생각이 의식 속에서 감정으로 자연스럽게 표출될 수 있어야 비로소 변화된 생각대로 움직이게 된다. 그리스도인이라고 하면서 자기 자신을 사랑하지 못하는 사람이 있다면 바로 이 출생의 비밀을 너무 약하게 간직하고 있기 때문인 것이다.

그리스도인은 하나님의 자녀이면서 동시에 하나님의 백성들이요 양들이다. 신분적으로는 하나님의 자녀이면서 삶으로는 하나님의 백성이면서 기능적으로는 하나님의 양들이다. 이 모든 것을 종합하여 우리는 하나님으로부터 지으심을 받은 사람들이다. 우리는 하나님의 소유이다. 하나님의 소유는 보잘 것 없는 사람조차 고귀한 사람으로 거듭나게 되는 것을 말한다. 우리가 잘나서가 아니라 하나님께서 우리로 하여금 잘나게 해주심으로써 하나님의 백성이요 양으로 돌보시는 것이다. 이런 믿음을 가지고 있다면 우리는 우리 자신을 가장 소중하게 여길 수밖에 없다.

"여호와가 우리 하나님이신 줄 너희는 알지어다 그는 우리를 지으신 이요 우리는 그의 것이니 그의 백성이요 그의 기르시는 양이로다"(시 100:3)

하지만 그것은 그냥 성취되는 것은 아니다. 그런 신분을 가지려면 오직 하나님의 은혜만을 필요로 한다. 하나님은 영이시지만 육을 가진 인간을 만드셨다. 타락한 영혼들을 깨끗하게 하기 위해서는 역시 영적인 조치가 필요하다. 그것도 그냥 말이나 선포가 아니라 생명을 주심으로써 죄 사함을 받게 하셨다(엡 1:7). 하나님은 모든 것을 그냥 거저 주시는 것이 아니다. 피에는 피로 갚으시고, 생명에는 생명으로 갚으신다. 그래서 생명이 가치 있는 것이다. 이것을 제대로 믿는 사람은 자기 자신을 사랑할 수밖에 없다. 그리고 그 상징적인 행위로서 세례를 행하게 하시는 것이다. 세례는 예수님과 함께 죽고 예수님과 함께 살아남을 의미한다. 그리스도인은 예수님과 함께 십자가에서 죽고 예수님과 함께 십자가에서 살아난 사람들이다. 단지 물질인 물로 세례를 받는다고 해서 우리 몸에 무슨 특별한 변화가 일어나는 것이 아니다. 모든 것을 믿음으로 하지 않으면 그 행위는 별 효력이 없다.

"무릇 그리스도 예수와 합하여 세례를 받은 우리는 그의 죽으심과 합하여 세례를 받은 줄을 알지 못하느냐"(롬 6:3)

이런 모든 이야기들을 통해서 우리가 하나님의 권속이라는 사실을 깊이 깨닫는다면 우리는 틀림없이 우리를 진정으로 사랑할 수 있다. 우리는 하나님의 가족들이다. 가족은 기본적으로 혈연관계이다. 우리는 그리스도와 혈연관계에 있고 하나님과 혈연관계에 있다. 혈연관계는 인위적으로 분리하려고 해도 할 수가 없다. 모든 그리스도인들, 모든 교회는 전부 혈연관계이다. 그리스도의 피로 맺어진 혈연관계이다. 우리는 하나님의 사랑과 돌보심을 독차지하고 있는 가족들이다.

"그러므로 이제부터 너희는 외인도 아니요 나그네도 아니요 오직 성도들과

동일한 시민이요 하나님의 권속이라"(엡 2:19)

그러므로 우리는 어둠이 아니라 빛의 아들들이다(살전 5:5-6). 어둠 속에서 괴로워할 필요가 없다. 마음의 어둠이든 영혼의 어둠이든 우리는 어둠과 관계없는 존재들이다. 오직 사랑으로 서로 화목하는 것이 빛의 아들들의 정체성이다. 그리스도인은 하나님을 믿지 않는 사람들과는 전혀 다른 새로운 종족이요 신인류이다. 사람들을 두 가지로 나눌 수 있다면 하나님의 자녀들과 마귀의 자녀들이다. 모든 그리스도인들은 하나님의 자녀들이다. 하나님께서 예정하시고 선택하시고 구원해주신 귀중한 존재들이 바로 우리들이다.

그리스도인이라면서 스스로를 낮고 천하게 여긴다면 그는 아직 참된 그리스도인이 되지 못한 사람이다. 똑바로 알고 있어야 한다. 우리는 하나님의 생명을 다하시는 사랑을 입고 있는 귀한 존재들이다. 물론 스스로 높아져서 교만해지라는 이야기가 아니라 하나님 안에서 사랑을 받을 만한 사람들이라는 의식을 가져야 한다는 말이다. 그렇지 않다면 그리스도께서 우리를 위해 피 흘리시고 목숨까지 버리셨겠는가? 자기사랑이 분명한 사람만이 이웃을 자기 자신처럼 사랑할 수 있는 것이다.

그리스도인의 선교적 정체성

우리 그리스도인들이 그리스도인으로서 자기 자신을 사랑하기 위해서는 우리의 기능적인, 곧 선교적인 정체성에 대해서도 분명한 인식을 가지고 있어야 한다. 왜냐하면 우리가 이웃을 우리 자신처럼 사랑하는 것이 결국 그리스도인으로서의 기능이기 때문이다. 그것은 세상을 향한 선교적 태도이다. 우리는 분명히 하나님의 자녀요 백성이지만 그렇게 우리를 불러주신 목적과 방향이 따로 있다는 말씀이다. 그것은 한마디로 그리스도 안에서 하나님의 선한 일을 감당하는 것이다. 사명을 누구에게 맡기시는가? 사명을 감당할 만한 사람에게 맡기신다. 그리스도 안에서 자기 자신을 사랑하는 사람이 하나님의 일을 감당할 수 있다.

"우리는 그가 만드신 바라 그리스도 예수 안에서 선한 일을 위하여 지으심을 받은 자니 이 일은 하나님이 전에 예비하사 우리로 그 가운데서 행하게 하려 하심이니라"(엡 2:10)

그래서 사도 바울은 우리를 하나님의 동역자들이라고 말하는 것이다. 동역자는 하나님께서 하나님의 선한 일을 함께 감당하게 하시는 사람이라는 말이다. 세상의 목적에 대해서도 비전이라고 하면서 그 비전을 감당하는 사람들이 감동으로 함께한다. 우리는 사람의 일이 아니라 영원하신 하나님의 일을 함께 감당하는 위대한 일꾼들이다. 어찌 자기 자신을 사랑하지 않을 수 있겠는가? 사명을 감당한다고 하면서 자기욕심을 차리거나 육신적으로 일을 행하는 사람들은 하나님을 사랑하지 않는 사람들이며 동시에 그들은 자기 자신을 사랑할 수 없는 사람들이다.

"우리는 하나님의 동역자들이요 너희는 하나님의 밭이요 하나님의 집이니라"(고전 3:9)

하나님이 우리 아버지이시고 우리가 하나님의 백성들이라는 말씀은 하나님께서 우리와 항상 함께하신다는 말씀이고, 그것을 다른 말로 하면 우리가 하나님의 성전이라는 것을 뜻한다는 말씀이다(고후 6:16). 스스로 하나님의 성전인 것을 깨닫지 못하고 어떻게 하나님을 모시겠는가? 하나님을 모시지 않고, 곧 하나님의 성전이 되지 못하고 어떻게 하나님의 뜻을 이룰 수 있단 말인가? 그리스도인은 항상 하나님의 성전의식을 가지고 살아야 한다. 우리가 하나님의 성전이라는 사실은 성령님께서 우리 안에 거하심으로써 가능해진다. 이것은 구약에서나 신약에서나 마찬가지이다. 물론 구약의 성령님은 떠나기도 하시고 머물기도 하시는 반면에 예수님 이후에 성령님은 한 번 그리스도인의 몸에 거하시면 결코 떠나지 않으신다. 신약의 성도는 하나님을 믿지 않는 사람들과는 전혀 다른 인간이다. 오직 그리스도인들만이 성령님을 모시고 살아가는 존재들이기 때문이다. 우리가 성전, 곧 성령의 전이라는 말씀은 우리가 우리를 다스리는 것이 아니라 하나님께서 우리를 다스리시도록 내어드린다는 말씀이다. 그것은 우리의 주인이 우리 자신이 아니라 오직 하나님이시라는 말씀이다.

"너희 몸은 너희가 하나님께로부터 받은 바 너희 가운데 계신 성령의 전인 줄 알지 못하느냐 너희는 너희 자신의 것이 아니라"(고전 6:19)

그리스도의 피로 죄 사함 받고 구원받은 우리는 사실 우리를 미워할 권한이 없다. 우리가 그리스도의 것이라면 마땅히 사랑받아야 한다. 그런데도 자기 자신을 미워하거나 학대한다면 그는 자기 자신의 소유권을 스스로 주장하는 사람이다. 그리스도께서 우리를 위해 죽으신 것을 인정하지 않는다면 당연히 자기 소유권을 자기가 주장할 것이다. 그러나 우리 그리스도인들은 이미 예수님께서 마귀에게 피 값을 주시고 사신 존재들이다. 그러므로 하나님을 사랑한다면 우리는 자기 자신을 사랑해야 한다. 그래야 우리의 이웃들도 사랑을 받을 만한 사람들이라는 사실을 의식 속에 간직할 수 있다.

"값으로 산 것이 되었으니 그런즉 너희 몸으로 하나님께 영광을 돌리라"(고전 6:20)

우리는 우리를 사랑할 권리는 있지만 미워할 권리는 없다. 우리는 이웃을 미워할 권리는 없고 사랑할 권리만 가지고 있는 사람들이다. 왜 예수님은 다른 사람들을 비판하지 말고 미워하지도 말고 욕하지도 말라고 하셨는가? 우리에게는 남을 미워하거나 욕하거나 비판할 권리가 없다. 오직 그들을 사랑하고 인정하고 기도해줄 권리만 있다. 그들을 미워하고 비판하고 심판하실 분은 오직 그리스도뿐이시다. 그런데 이웃을 미워하고 비판하지 않으려면 그리스도 안에서 우리 자신을 사랑할 수 있어야 한다. 다른 사람을 미워하는 사람들을 보면 그들은 대개 자기 자신을 미워하는 사람들이다. 자기를 미워하기 때문에 그 보상으로 다른 사람을 비판하는 것이다. 그래서 그리스도인은 자기를 사랑할 수 있어야 모든 것이 가능해지는 것이다. 그리고 그것을 위해서는 그리스도인으로서의 자기 자신의 올바른 정체성을 깨달아야 한다.

자기 자신을 사랑하지 못하고 이웃을 사랑할 수는 없다. 자기 자신을 사랑하지 못한다면 이웃을 위해 자기 몸을 내어줄지언정 사랑은 빠져버리는 현상의 주인공이 될 뿐이다. 의무감이나 책임감 때문에 사명을 감당하면서도 하나님의 인정을 받지 못할 수도 있다는 사실을 아는가? 사명지상주의가 되어 겉으로는 충실하게 잘 감당하는데 속으로는 자기 자신을 사랑하지도 못하고 하나님을 사랑하지도 못하는 겉껍데기 사역자가 되고 싶은가? 마귀로부터 자유를 얻어놓고도 오히려 사명에 얽매이고 싶은가? 자기 자신을 사랑하지 못하면 모든 것이 헛될 수도 있다.

자기 자신을 사랑하면서 하나님의 일을 감당하고 이웃을 자기 자신처럼 사랑하는 사람에게서는 그리스도의 향기가 난다. 당연한 일이다. 때로는 힘들 때도 있지만 자기 자신을 사랑하는 사람은 하나님의 일을 감당하는 것이 즐겁다. 뒤로 돌아서서 짜증내는 것이 아니라 순수한 마음으로 이웃을 자기 자신처럼 사랑할 수 있다. 그 누구라도 완전할 수는 없다. 그러나 기본적으로 하나님을 사랑하고 자기 자신을 사랑한다면 모든 과정을 극복할 수 있다. 성경에는 마음과 목숨과 뜻과 힘을 다해서 하나님을 사랑하고 이웃을 자기 자신처럼 사랑하라고 하셨지만, 이웃이 아니라 먼저 자기 자신을 사랑하라는 말이 중간에 들어가야 하는 것이 아니겠는가? 왜냐하면 하나님 앞에서 자기 자신을 진정으로 사랑하지 못하는 사람은 이웃을 자기 자신처럼 사랑할 수 없기 때문이다. 자기 자신을 사랑하게 될 때 세상에서 그리스도의 향기가 될 수 있다.

"우리는 구원 받는 자들에게나 망하는 자들에게나 하나님 앞에서 그리스도의 향기니 이 사람에게는 사망으로부터 사망에 이르는 냄새요 저 사람에게는 생명으로부터 생명에 이르는 냄새라 누가 이 일을 감당하리요"(고후 2:15-16)

그렇게 되면 자연스럽게 세상의 빛과 소금이 되는 것이다. 정상적인 그리스도인이라면 억지로 빛과 소금이 되려고 노력하는 것이 아니다. 그는 이미 세상의 소금이요 빛이다. 예수님은 너희는 나가서 세상의 빛과 소금의 역할을 감당하라거나 그 사명을 다하기 위해 힘써 노력하라고 하지 않으셨다. 너희는 이미 세상의 소금이요 빛이라고 선포하셨다. 소금과 빛은 목표지점이 아니라 그리스도인의 정체성이다. 누가 세상의 소금과 빛이 될 수 있겠는가? 그리스도 안에서 자기 자신을 사랑하는 사람이다.

"너희는 세상의 소금이니 소금이 만일 그 맛을 잃으면 무엇으로 짜게 하리요 후에는 아무 쓸 데 없어 다만 밖에 버려져 사람에게 밟힐 뿐이니라 너희는 세상의 빛이라 산 위에 있는 동네가 숨겨지지 못할 것이요 사람이 등불을 켜서 말 아래에 두지 아니하고 등경 위에 두나니 이러므로 집 안 모든 사람에게 비치느니라"(마 5:13-15)

사명을 감당하려고 하기 전에 자기가 자기 자신을 정말 사랑하고 있는지를 분별해야 한다. 그래야 세상의 소금과 빛일 뿐 아니라 향기요(고후 2:15) 편지요(고후 3:3) 성전이요 택하신 족속이요 왕 같은 제사장이요 거룩한 나라요 그의 소유가 된 백성이 되는 것이다. 올바른 구원관을 가지고 있는 그리스도인이라면 마땅히 자기 자신을 진정으로 사랑할 수 있어야 한다. 그래야 성경의 모든 말씀이 자기 자신에게 그대로 성취될 수 있다. 그리스도인으로서 하나님 앞에서 우리 자신을 진정으로 사랑하는 모든 그리스도인들이 되어야 하겠다.

"그러나 너희는 택하신 족속이요 왕 같은 제사장들이요 거룩한 나라요 그의 소유가 된 백성이니 이는 너희를 어두운 데서 불러내어 그의 기이한 빛에 들어가게 하신 이의 아름다운 덕을 선포하게 하려 하심이라"(벧전 2:9)

자기사랑은 영혼사랑이다

그러면 자기사랑이란 구체적으로 어떤 것인가? 자기사랑이라는 말 속에는 참으로 여러 가지 의미가 내포되어 있다. 진정한 자기사랑이라고 할 수는 없겠지만 아무튼 이기적인 자기사랑도 포함될 수 있다. 자신에게 손해가 되는 일은 절대로 하지 않고 자기를 방어하거나 자기감정에 충실한 것도 자기사랑이라고 할 수 있다. 자기애착이나 편향적인 자기인식에서 비롯된 자기사랑도 있을 것이다. 물론 이런 것을 참된 자기사랑이라고 부르지는 않는다. 그것은 이기적인 자기사랑이라고 할 수 있다.

반면에 이기적인 자기사랑까지는 아니더라도 먼 미래의 자신을 위하여 모든 상황을 참는 것은 자기사랑과 혼동될 수 있는 여지가 있다. 남들로부터 비난이나 공격을 당해도 스스로를 긍정하며 타인을 비판하지 않는 것도 자기사랑이랄 수 있다. 하나님을 모르는 사람들에게 있어서 자기사랑이란 다양한 심리적인 현상이나 행동 반응을 나타낼 것이다. 계속해서 일에 실패하거나 타인과 비교해서 소외당할 수 있는 입장에 있더라도 비굴하게 자신을 학대하거나 열등감에 빠져서 삶의 의미를 잃어버리지 않고 긍정적으로 다시 일어서려는 사람도 자기를 사랑하는 사람이다.

그런데 일반적인 의미에서의 자기사랑은 자기가 하고자 하는 일이 부정적인 상태에 있더라도 자기를 향한 수용을 버리지 않는 현상으로 나타날 수도 있다. 예를 들어 물건을 훔치거나 사기를 치고 나서도 자기 생존을 위해 어쩔 수 없었다고 항변할 수도 있을 것이다. 물론 문자적으로는 다 같이 자기사랑이다. 보통 자기사랑은 자신의 자아에 대한 긍정적인 마음가짐과 태도를 말한다. 이것은 세상을 살아가는 데 있어서 대단히 중요한 역할과 기능을 한다. 이런 자기사랑의 심리는 어릴 때의 인간관계의 경험으로부터 형성된다. 유아기에 자아상이 거의 완성된다고 하지 않는가?

그러면 성경은 무엇이라고 말하는가? 물론 당연히 긍정적인 자아상 확립은 반드시 필요하다. 그리스도인이라고 해서, 자기를 낮추고 다른 사람을 낫게 여기라고 해서 자기 자신을 열등하게 여기고 심리적으로 학대해도 된다는 말은 아니다. 그것은 오히려 그리스도인으로서의 삶을 훼방할 뿐이다. 조금만 막히면 하나님의 사명을 중단하거나 희미해져버리게 될 것이기 때문이다. 하지만 성경에 나오는 자기사랑은 육적인 면에서 이기적인 사랑을 뜻하기도 한다. 물론 이것은 자기 육체를 위하는 일과 동의어로 말씀하는 것이다. 그래서 자기사랑을 돈을 사랑하고 자랑하고 교만한 태도와 동일한 것으로 말씀하고 있는 것이다.

"사람들이 자기를 사랑하며 돈을 사랑하며 자랑하며 교만하며 비방하며 부모를 거역하며 감사하지 아니하며 거룩하지 아니하며"(딤후 3:2)

그러니까 성경은 자기의 육체적, 세상적 유익을 위해 자기를 수용하는 것은 우리가 말하는 자기사랑이라고 하지 않는다는 말이다. 오히려 예수님은 육체적인 의미에서의 자기사랑이 아니라 자기를 미워하지 않으면 결코 예수님의 제자가 되지 못한다고 말씀하신다. 그래서 그리스도인들은 순교까지 기꺼이 감당할 때가 있지 않은가? 육체적인 자기사랑으로는 결코 하나님의 나라를 차지할 수 없다. 이것만 의식하고 있어도 사탄에게 번번이 패하지는 않을 것이다.

"무릇 내게 오는 자가 자기 부모와 처자와 형제와 자매와 더욱이 자기 목숨까지 미워하지 아니하면 능히 내 제자가 되지 못하고"(눅 14:26)

하지만 진정한 자기사랑은 자기 육체도 사랑하는 것이다. 물론 이 말씀은 부부사랑과 관련하여 주시는 말씀이지만, 우리가 거듭난 존재로 부활하여 천국에 갈 존재라고 해서 자기 육체를 억압하고 학대해도 된다는 말이 아니다. 육체를 미워하지 말라는 말은 그의 나라를 위해 육체를 사용하라는 말씀이고, 그것은 그리스도인으로서 하나님을 사랑하기 위해서는 육신을 아끼라는 말씀이다. 그것은 결국 자기영혼을 사랑하라는 말과 같은 뜻이 된다. 자기사랑은 영혼사랑이라는 것을 잊으면 안 된다. 자기 육체를 아끼는 것도 자기영혼을 사랑하기 위해 하라는 말씀이다.

"누구든지 언제나 자기 육체를 미워하지 않고 오직 양육하여 보호하기를 그리스도께서 교회에게 함과 같이 하나니 우리는 그 몸의 지체임이라"(엡 5:29-30)

그렇다. 성경이 말하는 그리스도인의 참된 자기사랑은 자기의 영혼을 사랑하는 것이다. 자기 영혼을 사랑한다는 말은 자기 영혼을 위하여 육체의 모든 조건을 버린다는 말이다. 심지어 자기 생명까지라도 잃어버리는 사람이 자기를 진짜로 사랑하는 사람이라고 하게 되는 것이다. 그래서 자기 생명을 사랑하는 사람은 자기 영혼을 잃어버리게 되는 것이고, 자기 생명을 아까워하지 않고 버릴 수 있는 사람은 오히려 자기 영혼을 영원토록 보전하는 사람이 되는 것이다.

"자기의 생명을 사랑하는 자는 잃어버릴 것이요 이 세상에서 자기의 생명

을 미워하는 자는 영생하도록 보전하리라"(요 12:25)

    이것은 어디에 근거를 둔 것인가? 하나님을 믿지 않는 사람들에게는 이 말씀은 전혀 통하지 않는다. 자기 영혼의 갈 바를 알지 못하기 때문이다. 그래서 저들에게는 자기 육체를 사랑하는 것이 자기를 사랑하는 것이 된다. 그리스도인은 전혀 다르다. 우리는 세상 사람들과 똑같이 이미 영적으로 죽었던 사람들이었다. 우리는 영혼이 죽어서 오직 마귀의 명령을 따라 살아가던 사람들이었다. 우리의 미래는 없었고 영문도 모르는 채 의미 없이 세상을 살다가 마귀의 처소인 지옥으로 떨어질 수밖에 없는 존재들이었다. 우리가 만약에 그대로 세상을 살고 있었다면 자기사랑이라는 말은 아무 의미도 없었을 것이다. 그것은 단지 자기의 육체사랑으로 그쳤을 것이다.

    그러나 우리는 전혀 다른 종류의 사람들이 되었다. 우리는 그리스도와 함께 우리의 육체를 십자가에 못 박아버린 사람들이다. 그리고 죽었던 영혼이 부활하여 진정한 생령이 된 사람들이다. 그리고 언젠가는 우리의 죽었던 육체마저도 신령한 몸으로 부활할 것이다. 육체 속에 살다가 지옥에 가는 사람들의 자기사랑과 거듭나서 천국을 향해 살아가는 사람들의 자기사랑이 똑같을 수는 없다. 믿음이 없는 사람들의 자기사랑은 육체사랑이고, 하나님 안에서 구원받은 백성들의 자기사랑은 영혼사랑이다. 우리는 우리의 것이 아니다. 그래서 자기사랑은 영혼사랑인 것이다.

"내가 그리스도와 함께 십자가에 못 박혔나니 그런즉 이제는 내가 사는 것이 아니요 오직 내 안에 그리스도께서 사시는 것이라 이제 내가 육체 가운데 사는 것은 나를 사랑하사 나를 위하여 자기 자신을 버리신 하나님의 아들을 믿는 믿음 안에서 사는 것이라"(갈 2:20)

그리스도인의 자기사랑은 하나님사랑이다. 하나님을 사랑하지 않고 자기를 사랑할 수 없기 때문이다. 만약에 하나님을 잃어버리는 사람이 있다면 그 사람은 자기 영혼을 해치는 사람이다. 하나님과 거리가 멀어진 채로 내버려두는 사람도 자기를 사랑하지 않는 사람이다. 하나님을 떠나는 사람은 자기 영혼을 학대하고 버리는 사람이다. 온전한 자기사랑은 하나님과의 관계가 정상적일 때에만 작동할 수 있다. 하나님과 가까이 하는 것이 자기 영혼을 제대로 사랑하는 지름길이다.

"그러나 나를 잃는 자는 자기의 영혼을 해하는 자라 나를 미워하는 자는 사망을 사랑하느니라"(잠 8:36)

더 나아가서 마음과 지혜와 힘을 다해 하나님을 사랑하는 사람만이 자기 자신을 진정으로 사랑할 수 있고, 동시에 이웃을 자기 자신처럼 사랑할 수 있게 된다. 이웃을 자기 자신처럼 사랑할 수 있는 근거가 바로 자기영혼을 사랑하는 것이다. 하나님사랑과 이웃사랑은 같은 의미를 가진다. 목숨을 다해 하나님을 사랑한다면서 이웃을 미워하는 일은 있을 수가 없고, 이웃을 자기 자신처럼

사랑한다고 하면서 하나님을 도외시하는 일도 있을 수 없다. 하나
님사랑과 이웃사랑을 연결하는 끈이 바로 자기사랑이다. 하나님사
랑과 자기사랑과 이웃사랑은 같은 말이다.

> "또 마음을 다하고 지혜를 다하고 힘을 다하여 하나님을 사랑하는 것과 또 이웃을 자기 자신과 같이 사랑하는 것이 전체로 드리는 모든 번제물과 기타 제물보다 나으니이다"(막 12:33)

자기를 사랑한다는 것은 자기영혼을 사랑하는 것이고 그것은 하나님을 사랑하는 것이지만, 동시에 세상의 미움을 받을 수 있다는 점도 염두에 두어야 한다. 물론 세상의 칭찬을 받아야 하고 또 받을 수 있다. 하지만 영적인 문제와 부딪히면 반드시 세상의 반대와 미움을 받게 되어 있다. 그럼에도 불구하고 하나님을 사랑하고 이웃을 자기 자신처럼 사랑하는 사람이 자기를 진정으로 사랑하는 사람인 것이다.

> "너희가 세상에 속하였으면 세상이 자기의 것을 사랑할 것이나 너희는 세상에 속한 자가 아니요 도리어 내가 너희를 세상에서 택하였기 때문에 세상이 너희를 미워하느니라"(요 15:19)

우리를 향한 하나님의 사랑

그런데 이런 모든 사실을 알고 있다고 해서 자기 자신을 진정으

로 사랑할 수 있는 것은 아니다. 우리 그리스도인들의 태생적인 정체성, 곧 신분적인 정체성을 깨닫고 하나님께서 그렇게 불러주셔야만 했던 선교적 정체성을 잘 이해했다고 해도, 그렇다고 곧바로 자기 자신을 사랑할 수 있게 되는 것은 아니다. 물론 우리는 자기사랑의 원리를 충실하게 배우고 깨닫고 느껴야 한다. 하지만 그것이 진짜 사랑으로 나타나서 진정한 자기사랑이 이루어지려면 누군가의 도움이 필요하다. 우리는 성령님의 도우심으로 비로소 진정한 자기사랑의 길을 갈 수 있다.

그 이전에 우리가 한 번 더 강조해야 할 것이 있다. 그것은 하나님께서 우리를 얼마나 사랑하시는가에 대한 이야기이다. 물론 우리는 이미 태생적 정체성이라는 복음의 근원적인 원리를 알고 있다. 우리 그리스도인들은 항상 하나님의 사랑 안에 거한다는 사실을 결코 잊지 말아야 한다. 이것은 어려운 문제를 만나거나 상처를 입었을 경우에 또다시 돌아와서 하나님의 사랑에 매달리는 일뿐 아니라, 세상 일에 바쁘거나 하나님의 일에 게을러져서 하나님이 희미해질 만한 때에도 반드시 하나님의 사랑 안에 거한다는 사실을 감정으로 느끼고 있어야 한다는 말이다.

누군가의 진정한 사랑을 받고 있다고 느끼는 사람은 마음가짐과 행동이 달라진다. 세속적으로 말하면 주머니에 현금을 두둑이 가지고 있는 사람은 언제 어디에서 누구를 만나도 자신감이 넘친다. 그러나 아무리 똑똑한 사람도 주머니에 한 푼도 가지고 있지 못하면 그에게서 자신감은 찾아볼 수 없을 것이다. 혹시 아무 것도 없는데도 겉으로 자신감이 넘친다면 그것은 자기과장이거나 사기

일 가능성이 농후해진다. 어릴 때부터 부모님의 사랑을 듬뿍 받고 자란 사람은 매사에 자신감이 있고 필요할 때 다른 사람을 사랑할 수 있다. 사랑도 받아보아야 다른 사람을 제대로 사랑할 수 있는 것이다.

우리 그리스도인들에게는 그것이 하나님의 사랑이다. 하나님의 사랑을 자주 경험한 사람은 아무리 급박한 상황을 만나도 하나님께 모든 것을 맡기고 평안할 수 있다. 하나님께서 이 모든 상황을 전부 보고 계시며 어떤 경우에도 반드시 자신에게 유익하게 하신다는 믿음은 하나님의 사랑에 대한 믿음이다. 아브라함이 어떻게 자기 생명보다도 소중한 이삭을 죽여서 제물로 바칠 수 있었겠는가? 그는 하나님의 사랑에 대한 믿음이 확고했었다. 우리 그리스도인들을 하나님께서는 눈동자처럼 살피시고 보호해주신다는 사실을 굳게 믿어야 자기를 사랑할 수 있고 이웃을 사랑할 수 있는 것이다.

"여호와께서 그를 황무지에서, 짐승이 부르짖는 광야에서 만나시고 호위하시며 보호하시며 자기의 눈동자 같이 지키셨도다"(신 32:10)

하나님은 우리 그리스도인들을 위해 모든 것을 준비해놓으셨다. 우리가 받은 사랑은 눈으로 보거나 귀로 듣거나 마음으로 생각하는 것 이상으로 대단하고 위대한 것들이다. 우리가 어떻게 이런 사랑과 은혜를 입을 수 있단 말인가? 우리가 우리를 사랑할 수 있는 최대한의 근거는 바로 하나님의 우리를 향하신 사랑이다. 우리가 비록 큰 죄인으로서 하나님을 멀리 떠난 사람들이었지만 그럼에도 불구하고 우리를 구원해주셨기 때문에 우리는 귀한 존재들이다. 그리고 그래서 우리 자신을 사랑할 수 있는 것이다.

"기록된 바 하나님이 자기를 사랑하는 자들을 위하여 예비하신 모든 것은 눈으로 보지 못하고 귀로 듣지 못하고 사람의 마음으로 생각하지도 못하였다 함과 같으니라"(고전 2:9)

사도 요한이 사도들 가운데 가장 장수를 누리면서 내린 마지막 결론은 하나님은 사랑이시라는 것이다. 복음을 짜고 또 짜고 마지막까지 짜냈을 때 남는 것이 하나님은 사랑이라는 말씀이다. 그러므로 복음을 받아들이고 구원받은 백성들은 모두 하나님의 사랑 안에 거하는 것이다. 그리고 하나님의 사랑도 우리 안에 거하는 것이다. 우리가 믿고 있는 것은 물론 죄 사함과 구원의 도리이지만, 그런 진리 속에 들어있는 것은 하나님의 전적인 사랑이다.

"하나님이 우리를 사랑하시는 사랑을 우리가 알고 믿었노니 하나님은 사랑이시라 사랑 안에 거하는 자는 하나님 안에 거하고 하나님도 그의 안에 거하시느니라"(요일 4:16)

이 세상의 어느 누가 이런 사랑을 받고 있겠는가? 지고한 어머니의 사랑도 하나님의 사랑만은 못하다. 육신을 가진 어머니는 장소에 제한을 받지만 하나님의 사랑은 때와 장소와 상황을 가리지 않고 베풀어진다. 이것만은 잊지 말아야 한다. 하나님은 언제나 우리를 사랑하신다. 신앙생활이 담대하지 못한 것은 하나님의 사랑을 믿지 못하는 것과 다름 아니다. 신앙생활에서 낙심하는 것도 하나님의 사랑의 진정성과 능력을 믿지 못하는 것이다. 물론 실망할 때도 있고 연약할 때도 있지만 하나님의 사랑 안에 거하는 사람은 결국 승리하게 된다.

> "여인이 어찌 그 젖 먹는 자식을 잊겠으며 자기 태에서 난 아들을 긍휼히 여기지 않겠느냐 그들은 혹시 잊을지라도 나는 너를 잊지 아니할 것이라"
> (사 49:15)

하나님의 사랑은 우리가 우리의 필요를 따라 울부짖으면서 쟁취하는 것이 아니다. 하나님은 우리가 태어나기 전부터 우리를 사랑하셨다. 예수님이 언제 십자가에서 죽으셨는가? 내가 죄를 지었을 때가 아니다. 내가 태어나기 2천 년 전에 이미 나를 위해 죽으셨다. 이런 사랑을 세상에서 들어본 적이 있는가? 하나님의 이런 사랑을 받고 있으면서도 육신을 이기지 못하고 세상 속에 빠져서 살 수 있겠는가?

> "하나님의 사랑이 우리에게 이렇게 나타난 바 되었으니 하나님이 자기의 독생자를 세상에 보내심은 그로 말미암아 우리를 살리려 하심이라 사랑은 여기 있으니 우리가 하나님을 사랑한 것이 아니요 하나님이 우리를 사랑하사 우리 죄를 속하기 위하여 화목제물로 그 아들을 보내셨음이라"(요일

4:9-10)

하나님은 하나님을 진정으로 사랑하는 사람들을 보호해주시고 길을 인도하시고 복을 쏟아부어주신다. 하나님을 사랑하고 하나님만을 의지하는 사람들을 하나님은 더욱 사랑해주신다. 그렇다고 하나님의 자녀 된 성도들이 일시적으로 하나님을 잊어버렸을 때에는 그들을 버리신다는 뜻이 아니다. 하나님은 우리가 하나님을 진정으로 사랑할 수 있을 때까지 기다려주신다. 다만 그때까지 우리에게 고난과 시련을 잠시 허락하기도 하신다. 하지만 그것은 하나님께서 우리를 사랑하시기 때문이지 우리를 내버려두시기 때문은 아니다.

"시험을 참는 자는 복이 있나니 이는 시련을 견디어 낸 자가 주께서 자기를 사랑하는 자들에게 약속하신 생명의 면류관을 얻을 것이기 때문이라"(약 1:12)

이제 하나님의 사랑을 자신에게 성취하는 일은 누구의 몫인가? 그것은 물론 자기 자신의 전적인 책임이다. 하지만 하나님의 사랑을 깨닫고 그 사랑을 자기 자신에게 투영하여 스스로 하나님을 사랑할 수 있게 만들어주시는 분은 성령님이다. 그리고 하나님의 사랑을 힘입어 자기 자신을 진정으로 사랑할 수 있도록 하시는 분도 성령님이시다. 하나님의 사랑은 성령님을 통해 우리의 심령 속에 거하신다. 사실상 진정한 자기사랑은 성령님이 아니시면 우리의 것이 될 수 없다. 우리 몸이 성령님의 전이라는 말씀은 우리 몸이 하나님의 사랑으로 채워져 있다는 말이다. 물론 우리를 향하신 그리스도의 사랑을 믿을 수 있게 하시는 분도 성령님이시다.

> "소망이 우리를 부끄럽게 하지 아니함은 우리에게 주신 성령으로 말미암아 하나님의 사랑이 우리 마음에 부은 바 됨이니 우리가 아직 연약할 때에 기약대로 그리스도께서 경건하지 않은 자를 위하여 죽으셨도다"(롬 5:5-6)

성령님도 역시 사랑이라는 사실을 잊어서는 안 된다. 우리가 하나님을 사랑하고 하나님의 전적인 사랑에 거하려면 사랑의 성령님의 능력을 힘입어야 한다. 우리가 우리 자신을 사랑할 수 없을 때에는 어떻게 해야 하겠는가? 하나님의 사랑을 다시 깨우치고 하나님께서 우리를 사랑하신 것처럼 우리가 우리 자신을 사랑할 수 있도록 성령님의 능력에 의지해야 한다. 마찬가지로 우리가 이웃을 우리 자신처럼 사랑해야 하는데 그 사랑을 줄 수 없을 때에도 성령님을 힘입기 위해 전적으로 매달려야 한다. 그래서 성령님으로 비롯되는 가장 첫 번째 열매가 바로 사랑인 것이다. 우리 그리스도인들은 당연히 하나님의 사랑을 믿고 우리 자신을 사랑하며 그 사랑으로 이웃을 자기 자신처럼 사랑할 수 있게 되는 것이다.

> "오직 성령의 열매는 사랑과 희락과 화평과 오래 참음과 자비와 양선과 충성과 온유와 절제니 이 같은 것을 금지할 법이 없느니라"(갈 5:22-23)

자기사랑 없이 이웃사랑 없다

이제 자기 자신처럼 이웃을 사랑하기 위한 준비는 다 끝났다. 마지막으로 자기사랑과 이웃사랑의 관계성을 살펴보아야 한다. 우선 우리는 이웃을 왜 자기 자신처럼 사랑해야 하는가에 대한 보다 직접적인 해답을 가지고 있어야 한다. 특별한 것이 아니다. 우리는 누구나 그 해답을 알고 있다. 그것은 우리의 형제도 역시 그리스도께서 위하여 죽으신 사람이기 때문이다. 마찬가지로 우리가 모르는 이웃이라고 할지라도 그들 역시 주께서 위하여 죽으신 사랑의 대상들이다. 이웃을 미워하거나 비난하는 사람들은 그리스도께서 죽으심으로 베풀어주신 사랑을 인정하지 않는 사람들이다.

> "지식 있는 네가 우상의 집에 앉아 먹는 것을 누구든지 보면 그 믿음이 약한 자들의 양심이 담력을 얻어 우상의 제물을 먹게 되지 않겠느냐 그러면 네 지식으로 그 믿음이 약한 자가 멸망하나니 그는 그리스도께서 위하여 죽으신 형제라"(고전 8:10-11)

위의 본문은 우상의 제물에 대해 설명하면서 그것이 이웃에게 상처가 되어 실족할 것을 염려하여 주는 말씀이다. 하지만 그것은 그리스도인의 인간관계에 전적으로 적용할 수 있는 원리이다. 만약에 이웃을 사랑하지 않는다면 그것은 그리스도께 죄를 짓는 것이다. 이웃은 사랑하면 좋고 사랑하지 않아도 별 탈 없는 것이 아니다. 이웃은 반드시 자기 자신처럼 사랑해야 하는 대상들이다. 물론 우리가 완벽하게 할 수는 없다. 그러나 적어도 거기에 대한 의식은 가지고 있어야 하고 책임감을 느끼고 있어야 한다.

"이같이 너희가 형제에게 죄를 지어 그 약한 양심을 상하게 하는 것이 곧 그리스도에게 죄를 짓는 것이니라"(고전 8:12)

하나님을 거부하고 자기 육신대로 살아가는 불신 이웃들을 주변에서 얼마든지 찾아볼 수 있다. 그렇다면 그들도 우리가 그렇게 사랑해야 할 대상들인가? 물론 그렇다. 왜냐하면 그리스도께서 그들을 위해서도 죽으셨기 때문이다. 비록 그들이 그 사실을 믿지 않고 있지만 그럼에도 불구하고 그리스도께서 모든 이웃들을 위해서 죽으신 것만은 틀림이 없다. 그렇다면 그 목적은 무엇인가? 그것은 아직 믿지 않지만 이미 그리스도께서 위하여 죽으신 사람들을 하나님 앞으로 인도하기 위함이다. 여기에 우리가 자기 자신처럼 이웃을 사랑해야 하는 당위성이 존재한다. 그리고 그것을 위해서 우리는 우리 자신을 사랑할 수 있어야 한다.

혹시 그것은 그리스도 안에서만의 이야기라고 할 수 있겠는가? 하지만 그리스도께서는 우리가 여전히 죄인이었을 때 우리를 위해 십자가에 죽으셨다. 무슨 말인가? 우리는 그리스도께서 그들을 위해 목숨을 버리신 사람들이 누군지를 모른다. 그들이 혹시 지금 예수님을 거부하고 뱀의 지배를 받고 살아가는 사람이라고 할지라도 그리스도는 이미 그를 위해 죽으셨다. 다만 그 사실을 받아들이는 사람에게만 구원의 선물은 주어진다. 그렇기 때문에 우리는 그리스도의 죽으심을 받아들일지도 모르는 모든 이웃을 사랑의 대상으로 삼아야 하고, 우리 자신과 연결되었을 때 우리는 우리가 우리 자신을 사랑하는 것처럼 그 사람을 사랑할 수 있게 되는 것이다.

> "우리가 아직 연약할 때에 기약대로 그리스도께서 경건하지 않은 자를 위하여 죽으셨도다 … 우리가 아직 죄인 되었을 때에 그리스도께서 우리를 위하여 죽으심으로 하나님께서 우리에 대한 자기의 사랑을 확증하셨느니라"(롬 5:6, 8)

우리가 우리 자신을 사랑해야 하는 또 다른 이유는 우리를 위해 죽으신 그리스도의 목적이 바로 우리로 하여금 그리스도와 함께 영원토록 살게 하시기 위함이었기 때문이다. 우리가 무엇이라고! 우리는 천하지만 그리스도께서 우리를 위해 목숨을 버리셨기 때문에 우리는 귀한 사람이 된 것이다. 더구나 우리와 함께 영원히 살기를 원하신다니! 형제나 이웃도 마찬가지이다. 그들도 우리만큼이나 고귀한 사람들이다. 자신의 고귀함을 깨닫지 않고는 이웃의 고귀함을 인정할 수 없다.

> "예수께서 우리를 위하여 죽으사 우리로 하여금 깨어 있든지 자든지 자기와 함께 살게 하려 하셨느니라"(살전 5:10)

그리고 그리스도께서 왜 죽으셨는가에 대해서 다시 한 번 살펴보면, 그것은 하나가 되게 하시기 위함이었음을 분명하게 말씀하고 계신다. 우리가 우리 자신을 사랑해야 하는 이유는 이웃을 우리 자신처럼 사랑할 수 있기 위해서이고, 그렇게 이웃을 자기 자신처럼 사랑해야 하는 이유는 바로 하나님의 자녀들을 불러 모아 하나가 되게 하시기 위함인 것이다. 하나님은 어찌 하든지 하나가 되게 하신다. 마귀는 어찌 하든지 나누이고 흩어지게 만든다. 우리가 우리 자신을 사랑할 수 있도록 그리스도께서 자기 몸을 버리신 것처럼 또한 우리가 이웃을 우리 자신처럼 사랑할 수 있게 하시기 위해 몸 버려 죽으셨던 것이다. 이것을 깨닫는 것이 그리스도인의 이웃 사랑의 출발점인 것이다.

"또 그 민족만 위할 뿐 아니라 흩어진 하나님의 자녀를 모아 하나가 되게 하기 위하여 죽으실 것을 미리 말함이러라"(요 11:52)

그리스도인은 반드시 자기를 진정으로 사랑하는 단계로 나아가야 한다. 우리는 마귀의 종들이 아니다. 우리는 그리스도의 종들이다. 그리스도의 종들은 죄로부터, 마귀로부터 자유를 얻은 사람들이다. 죄에 속해 있을 때에는 우리의 존재 자체가 무가치하므로 그것을 깨닫든지 못 깨닫든지 자기 자신의 실체를 정확하게 사랑할 수 없다. 그러나 우리가 죄의 종이 아닌 이상 우리는 마귀의 종들처럼 자기를 미워하거나 비관하거나 학대할 수 없다. 그리스도께서는 이미 우리를 위해 죄의 값을 마귀에게 다 지불하셨기 때문이다(고전 7:23). 이미 죄의 값을 다 지불하셨는데 또다시 죄의 종이 되어서는 안 된다. 우리는 자유의 종들이다.

그렇기 때문에 하나님은 우리가 하나 되어 서로 사랑할 것을 강하게 권면하고 계신다. 자기사랑과 이웃사랑은 마음과 목숨과 뜻과 힘을 다해 하나님을 사랑하는 것이다. 그리스도인이 그리스도인이라는 지표는 무엇인가? 그것은 사랑이다. 하나님사랑과 이웃사랑과 자기사랑이다. 거꾸로 말하면 이것이 없으면 참 그리스도인이 아니다. 사도 요한은 세상 사람들도 우리를 그렇게 분별한다고 말한다. 결국 세상이 우리 그리스도인들과 교회를 평가하는 기준은 우리가 형제와 이웃을 자기 자신처럼 사랑하는가에 있는 것이다.

> "어느 때나 하나님을 본 사람이 없으되 만일 우리가 서로 사랑하면 하나님이 우리 안에 거하시고 그의 사랑이 우리 안에 온전히 이루어지느니라"(요일 4:12)

자기를 사랑하는 사람은 세상에서 제멋대로 살지 않는다. 자기를 사랑한다는 것은 자기 영혼을 사랑하는 것이기 때문이다. 자기 영혼에 해가 되는 일을 하지 않는 사람이 자기를 사랑하는 사람이다. 하나님께서 싫어하시는 일을 아무 거리낌 없이 행하는 사람이 자기 영혼을 사랑하는 사람일 수 없다. 생각해보자. 하나님께서 우리를 사랑하신다는 말씀은 우리의 육체를 위함이겠는가, 아니면 우리의 영혼을 위함이겠는가? 세상에서 우리에게 남다른 복을 주신다고 해도 그것은 무엇을 위해서인가? 우리의 영혼을 위해서 주시는 도구나 수단에 불과하다. 우리가 하나님을 사랑하고 우리를 사랑하고 이웃을 사랑하는 것은 하나님께서 먼저 우리의 영혼을 사랑하셨기 때문이다(요일 4:19). 하나님의 사랑을 목숨을 걸고 받아들이고 우리도 목숨으로 하나님을 사랑하고 이웃을 자기 자신처럼 사랑하자.

그리스도는 우리를 위해 목숨을 버리셨다. 우리가 우리 자신을 정말 사랑한다면 이웃을 위해 모든 것을 줄 수 있어야 한다(요일 3:16). 억지로 결단하라는 것이 아니다. 정말 하나님의 사랑을 느끼고 있다면 우리는 우리 자신을 사랑할 수 있다. 그리고 동시에 이웃을 우리 자신과 같이 사랑할 수 있게 되는 것이다. 하나님의 사랑이 우리를 지배하고 있는 이상, 우리는 우리 자신을 사랑할 수 있고 이웃을 우리 자신처럼 사랑할 수 있게 된다. 자기를 사랑하지 않고 이웃을 자기 자신처럼 사랑할 수는 없다. 이웃을 자기 자신처럼 사랑하기 위해서 우리 자신을 먼저 사랑하자.

제2부

구약의 이웃사랑

제5장
율법이 말하는 이웃사랑

 우리가 이미 살펴본 바와 같이 이웃을 자기 자신처럼 사랑하는 일은 근본적으로 하나님의 마음이요 뜻이다. 이웃을 자기 자신처럼 사랑하게 되면 그것은 곧 한 사람이 된다는 것을 뜻한다. 그래서 어떤 단체가 한 가지 목표를 가지고 일치단결했을 때 그것을 우리는 하나 되었다고 말하는 것이 아닌가? 적어도 그 한 가지 목표에 대해서는 마치 한 사람이 된 것과 같게 된다. 한 가지 뜻에 대해 수십, 수백 명이 같은 마음을 품었다면 그것은 마치 수십, 수백 명의 힘을 가진 한 사람과 같아지게 되는 것이다. 하나님은 하나님으로 하나가 되기를 원하신다. 우리가 이웃을 우리 자신처럼 사랑해야 하는 이유는 원래 하나였기 때문이다. 하나가 되는 유일한 길이 다른 사람을 자기 자신처럼 사랑하는 것이다.
 알다시피 구약성경에는 이웃을 자기 자신처럼 사랑하라는 구절이 두 군데밖에 안 나온다(레 19:18, 34). 물론 그렇다고 해서 하나님의 뜻이 이웃을 자기 자신처럼 사랑하지 않고 대충 사랑하거나 모자라게 사랑해도 된다는 뜻은 아니다. 하나님은 성도들이 서로 사랑하기를 서로 자기 자신을 사랑하는 것처럼 하기를 원하신다. 하

지만 구약에서는 자기 자신처럼 사랑하라는 말씀은 크게 강조되지 않는다. 예수 그리스도께서 스스로 이웃을 자기 자신처럼 사람들을 사랑하시기 위해 스스로 목숨을 버림으로써 그 의미를 제시하기 이전이었기 때문이다. 그러나 이웃을 자기 자신처럼 사랑하는 일은 구약에서나 신약에서나 똑같은 하나님의 뜻이다.

십계명의 본질적 의미

제1장에서 설명했지만, 구약 율법의 핵심은 십계명 속에 전부 들어 있다. 나머지 규례들은 이 십계명의 해설과도 같다. 말하자면 세부적인 행동지침 혹은 법규와 같은 것이다. 그것은 이스라엘을 지탱하게 만드는 골격이다. 그러므로 십계명에서 하나님의 마음을 읽을 수 있다면 나머지는 아버지의 마음을 본받아서 이웃을 대하도록 하면 된다. 물론 사람이 어리석고 욕심이 있기 때문에 자유롭게 맡길 수는 없으므로 하나님께서 아주 세세하게 모든 규례를 주셨다.

십계명은 알다시피 열 가지 항목으로 되어 있다. 전통적으로 볼 때 처음 네 가지 항목은 하나님과의 관계에 관한 법이고, 나머지 여섯 가지 항목은 사람과의 관계에 관한 법이다. 그러니까 하나님과의 관계와 이웃과의 관계가 모든 신앙생활의 핵심이라는 것이다. 물론 굳이 그리스도인들이 겪어야 하는 관계들을 나누자면 마귀(뱀)과의 관계, 세상과의 관계, 자연과의 관계, 국가와의 관계 등 수많은 관계들에 둘러싸여 살고 있다. 하지만 이런 모든 일은 전부 하나님과의 관계와 이웃과의 관계 속에 다 들어있는 것이다.

"간음하지 말라, 살인하지 말라, 도둑질하지 말라, 탐내지 말라 한 것과 그 외에 다른 계명이 있을지라도 네 이웃을 네 자신과 같이 사랑하라 하신 그 말씀 가운데 다 들었느니라"(롬 13:9)

그러면 십계명 속에 들어있는 하나님과의 관계와 이웃과의 관계는 본질적으로 볼 때 과연 어떤 뜻이 들어있겠는가? 우리는 일찍이 하나님과 사람 사이를 가로막고 있는 뱀에 대해서 살펴보았다. 뱀이 개입하여 하나님과 하와 사이, 그리고 하와와 아담 사이를 갈라놓음으로서 세상을 자기 소유로 삼고자 했다는 사실을 알고 있다. 그렇다면 십계명은 이 문제를 어떻게 해결하고 있는가? 십계명 중 앞의 네 가지 하나님과의 관계는 다름 아니라 백성들과 하나님 사이를 가로막고 있는 뱀의 존재를 제거하라는 말씀이다.

하나님과의 관계 속에서 뱀의 존재를 제거해버린 사람에게 주시는 계명이 나머지 여섯 계명이다. 말하자면 1~4 계명은 5~10 계명의 전제조건이 되는 셈이다. 이웃을 자기 자신처럼 사랑하라는 말씀은 바로 이런 의도에서 출발하는 것이다. 그리고 나머지 명령들은 전부 이 십계명의 지침서라고 할 수 있다. 물론 구약의 모든 율법이 이웃을 자기 자신처럼 사랑하라는 내용을 강조하지는 않는다. 다만 구약의 율법은 예수님께서 친히 본으로 보여주신 모습, 곧 자기 자신처럼 사랑한다는 것의 의미를 예표하는 것이라고 할 수 있는 것이다.

십계명의 하나님과의 관계에 대한 계명은 실제로는 완전하게 성취될 수 없는 그리스도의 사랑의 사전설명서라고도 할 수 있다. 왜냐하면 그것은 성령 하나님의 개입이 없이는 온전하게 이루어질 수 없는 내용들이기 때문이다. 성령 충만하지 않고 뱀을 제거할 수 있겠는가? 비록 구약시대가 성령시대는 아니지만 구약의 인물들도 성령님께서 임하실 때에 이 모든 계명들을 온전하게 지킬 수가 있었다. 성령님이 임하실 때에는 큰 능력으로 승리하다가도 성령님이 떠나시면 그들은 나약한 인간으로서의 모습을 가감 없이 보여주지 않았던가? 실로 구약의 십계명은 예수님의 그 사랑과 희생 이후에 오시는 성령님의 시대에야 성취될 수 있는 하나님의 뜻이었던 것이다.

이스라엘은 이 십계명을 중심으로 하는 율법들을 생명처럼 여겼다. 물론 이스라엘 역사를 보면 전 기간 동안 이 율법들이 정확하게 지켜진 것은 아니었다. 심지어 요시야 때의 기록을 보면 사사시대로부터 요시야 때까지 유월절조차 지켜지지 않았었고, 포로귀환 이후인 에스라 시대의 기록을 보면 여호수아 때부터 초막절을 제대로 지킨 적도 없었다. 하기야 사사기 말기 때처럼 이스라엘의 근간을 이루는 모든 제도가 엉망이었던 시절도 있지 않았던가?

"사사가 이스라엘을 다스리던 시대부터 이스라엘 여러 왕의 시대와 유다 여러 왕의 시대에 이렇게 유월절을 지킨 일이 없었더니 요시야 왕 열여덟째 해에 예루살렘에서 여호와 앞에 이 유월절을 지켰더라"(왕하 23:22-23)

"사로잡혔다가 돌아온 회중이 다 초막을 짓고 그 안에서 거하니 눈의 아들 여호수아 때로부터 그 날까지 이스라엘 자손이 이같이 행한 일이 없었으므로 이에 크게 기뻐하며"(느 8:17)

하지만 그것이 어떤 식으로 지켜졌든지 간에 이스라엘은 여호와 하나님께서 선택하신 유일한 민족이라는 자부심으로 똘똘 뭉쳐 있었음에는 틀림이 없다. 그것을 지탱해주는 힘이 바로 율법이었다. 그런데 우리가 지금 이웃사랑이라는 주제를 가지고 이야기하고 있지만 구약 시대에는 사실상 이웃사랑이라는 개념으로 받아들이기보다는 공평이나 정의라는 차원에서 이해하고 있었음에 틀림없다. 말하자면 이스라엘이라는 한 민족의 유지와 지탱이라는 개념에서 율법이 이해되어 왔던 것이다.

이스라엘의 율법 속에 나타나는 이웃사랑은 최소한의 이웃사랑이었으며, 민족주의 안에서의 이웃사랑에 국한된다는 사실을 알아야 한다. 이방인에 대해서는 지독한 배척주의로 일관해온 것이 사실이다. 우리는 그 사실을 십계명에서 분명하게 찾을 수 있다. 우선 하나님에 관한 계명들은 전부 이방인 배척주의이다. 이방인에 대한 최소한의 배려도 보이지 않는다. 하나님을 인정하지 않는 민족들에게는 때에 따라 무자비한 살육만이 가해질 뿐이었다. 심지어 같은 민족 안에서도 금송아지를 만들어 찬양한 형제와 이웃들을 무차별적으로 죽인 기록이 나오지 않는가?(출 32:27) 그래 놓고도 심지어 모세는 여호와께 헌신된 일이고 하나님께서 복을 주실 것이라고까지 말한다.

"모세가 이르되 각 사람이 자기의 아들과 자기의 형제를 쳤으니 오늘 여호와께 헌신하게 되었느니라 그가 오늘 너희에게 복을 내리시리라"(출 32:29)

십계명은 분명히 이웃사랑의 근본적인 정신을 말씀하고 있지만 거기에는 확실한 경계를 두어야 한다. 구약의 이웃사랑은 예수님 이후의 개념과는 상당한 거리가 있음에 틀림이 없다. 물론 그렇다고 하나님의 뜻이 근본적으로 훼손되는 것은 결코 아니다. 하나님은 분명히 인간의 하나 됨이라는 목적을 가지고 계시고, 그것을 이루는 핵심가치를 자기 자신과 같이 이웃을 사랑하는 것에 두고 계시지만, 그 뜻을 이루어 가시는 데에는 점진적인 과정이 필요하기 때문이다.

그럼에도 불구하고 십계명과 율법들을 통해서 이웃에 대한 기본자세를 살펴보는 일은 대단히 중요하다. 물론 구약의 계명과 율법들을 오늘날 한국 사회과 교회에 그대로 적용할 수는 없다. 우선 한국은 하나님의 신정국가가 아니라 이방국가에 해당된다. 굳이 시대적인 연결을 해본다면 지금 한국은 마치 포로시대 페르시아에서 살고 있던 이스라엘과 오히려 더 유사하다. 세속국가 안에서 그리스도인으로서 살고 있는 것이기 때문이다. 때로는 지나치게 율법적인 사고방식으로 세상을 대하는 자세를 볼 때 더욱 깊은 영적 분별력으로 세상에 대한 태도를 결정해야 하겠다는 생각을 금하지 못할 때가 많다.

그렇지만 십계명과 율법에서 정한 이웃과의 관계를 살펴보는 일은 대단히 중요하다. 왜냐하면 그것은 하나님의 나라에서 통용되어야 할 대원칙이 되기 때문이다. 그리고 근본적이고 핵심적인 사상이기 때문이다. 비록 이스라엘이라는 여호와 공동체 안에서 주어지는 법이지만 그 속에는 하나님께서 원하시는 자기 자신처럼 이웃을 사랑하라는 근본정신이 들어있는 것이다. 하나님의 백성들이 아담과 하와의 범죄 이전으로 돌아가서 하나가 되는 원리를 제공하고 있는 것이다. 기본적인 원리들을 살펴보자.

이웃에 대해서 거짓 증언하지 말라

먼저 우리는 제9계명을 통해 이웃을 사랑한다는 것의 의미를 찾을 수 있다. 물론 제6~8계명인 살인, 간음, 도둑질은 꼭 십계명이 아니라도 인간사회에서는 대부분이 금하고 있는 도덕법규들이다. 하지만 거짓증언은 왜 십계명 중의 한 자리를 차지하고 있는가? 그것은 거짓이 인간관계를 근본적으로 깨어지게 만드는 가장 확실한 수단이기 때문이다. 뱀이 인간을 타락하게 만든 수단은 거짓이었다. 물론 진실 반 거짓 반으로 하와를 속였다. 거짓은 인간이 하나 되지 못하게 만드는 가장 강력한 수단이다. 그 어떤 경우에도 악의적인 거짓말을 사용하는 사람은 결코 하나님의 사람이 아니다. 그렇기 때문에 이웃에 대해서 거짓 증언을 하는 것은 이웃을 자기 자신처럼 사랑하기는커녕 아예 이웃을 허물어버리려는 의도가 있다고 간주하게 되는 것이다.

이 계명을 설명한 것으로 볼 수 있는 구절을 찾아보면 거짓증거의 다양한 실체를 살펴볼 수 있다. 우선 어떤 의도에서이든 간에 거짓된 소문을 퍼뜨리지 말 것을 명하고 있다. 어떤 이유에서이든 이것은 이웃에 대한 바른 자세가 아니다. 자기가 퍼뜨리는 거짓 소문을 통해서 분명히 손해를 보거나 억울한 사람이 생길 것이다. 이런 행위는 이웃사랑과는 정반대의 모습이다. 또한 악한 일을 공모하여 위증하는 증인이 되지 말 것을 권고한다. 이것은 재판과 관련되는 경우가 대부분이다. 그리고 거짓증언과 관련된 기본적인 태도로서 다수의 편을 들거나 부자를 위해 거짓증언하지 말라고 한다. 그 시대에나 현시대에나 사람을 차별하는 것은 분명한 죄악이라고 성경은 가르치는 것이다.

"너는 거짓된 풍설을 퍼뜨리지 말며 악인과 연합하여 위증하는 증인이 되지 말며 다수를 따라 악을 행하지 말며 송사에 다수를 따라 부당한 증언을 하지 말며 가난한 자의 송사라고 해서 편벽되이 두둔하지 말지니라"(출 23:1-3)

또한 거짓은 무죄한 자와 의로운 자를 죽이게 만들기 때문에 금하고 있다. 사실 거짓말만 사라진다면, 물론 불가능한 이야기이지만, 이 세상은 지금과는 완전히 다른 세상이 될 것이다. 의인은 의롭고 악인은 죄를 지은 대로 벌을 받으면 된다. 세상이 시끄럽지도 않고 편이 갈라지지도 않을 것이다. 재판은 공정하고 결과는 정의로울 것이다. 존경받아야 할 사람은 존경받고 회개하고 고쳐야 할 사람은 스스로 고쳐나갈 수 있을 것이다. 실로 거짓이란 공동체를 깨뜨려버릴 수도 있는 거대한 악이다. 도둑질이나 살인도 큰 악이지만 거짓에 비하면 국소적인 현상이 될 뿐이다. 거짓이 난무하는 한 공동체가 하나 되는 일은 불가능하다.

"거짓 일을 멀리 하며 무죄한 자와 의로운 자를 죽이지 말라 나는 악인을 의롭다 하지 아니하겠노라"(출 23:7)

거짓증언은 하나님의 이름으로 거짓 맹세하는 일과도 직통한다. 직접적으로 여호와의 이름을 들먹이며 거짓 맹세하는 일은 아주 나쁜 일이다. 왜냐하면 그런 거짓맹세는 하나님을 직접 속이려고 드는 죄이기 때문이다. 하나님께 직접 죄를 지으면 회개할 수 없다. 여호와의 이름으로 하는 거짓 맹세는 여호와의 이름을 욕되게 하는 일이기 때문이다. 하지만 여호와의 이름으로 하는 거짓맹세만 여호와 앞에 직접 지은 죄가 될까? 그렇지 않다. 사람을 서로 속이는 죄도 똑같이 하나님 앞에서 짓는 죄이다. 왜냐하면 여호와의 백성은 언제나 하나님 앞에서 사는 사람들이기 때문이다. 그들은 하나님을 의식하면서 살아야 하는 하나님의 권속들이다. 그들은 거짓말을 하면서도 하나님께서 다 보고 계신다는 사실을 믿는 사람들인 것이다.

"너희는 도둑질하지 말며 속이지 말며 서로 거짓말하지 말며 너희는 내 이름으로 거짓 맹세함으로 네 하나님의 이름을 욕되게 하지 말라 나는 여호와이니라"(레 19:11-12)

아울러 율법은 물건을 속이거나 도둑질하거나 착취하거나 주운 경우에 그 사실을 숨기거나 속이거나 거짓말하는 행위도 분명히 죄라고 못을 박고 있다. 이런 물건들에 대한 거짓말이 발각되면 똑같이 돌려주되 5분의 일을 덧붙여서 돌려주어야 한다. 그리고 그런 경우에 속건제를 드리도록 규정하고 있다. 그냥 20%를 덧붙여서 손해배상까지 하면 될 것 같은데 왜 숫양으로 속건제를 드리게 하셨을까? 사람에게 지은 죄는 당연히 죄대로 갚아야 하지만, 여호와의 백성들은 동시에 하나님 앞에서도 죄를 지은 것이므로 그것을 따로 하나님께 갚도록 한 것이다.

"남의 잃은 물건을 줍고도 사실을 부인하여 거짓 맹세하는 등 사람이 이 모든 일 중의 하나라도 행하여 범죄하면 … 그 거짓 맹세한 모든 물건을 돌려보내되 곧 그 본래 물건에 오분의 일을 더하여 돌려보낼 것이니 그 죄가 드러나는 날에 그 임자에게 줄 것이요 그는 또 그 속건제물을 여호와께 가져 갈지니 곧 네가 지정한 가치대로 양 떼 중 흠 없는 숫양을 속건제물을 위하여 제사장에게로 끌고 갈 것이요"(레 6:3, 5-6)

하지만 이것이 이웃사랑과 무슨 관계가 있다는 말인가? 비록 하나님께서 그 죄를 다 아신다고 해도 그것은 단지 그 죄에 대해서 이웃과 하나님께 죄를 지은 것에 그치고 또 그 배상과 제사를 통해서 관계를 다시 회복시키면 되는 것이 아닌가? 무슨 연좌제도 아니고 한번 거짓 증언한 것을 가지고 공동체에 큰 손실이나 나는 것처럼 그렇게 해야만 하겠는가? 앞으로 또다시 언급할 기회가 있겠지만, 우리가 반드시 알아야 할 것은 그리스도인이 사회의 질서를 잘 지키는 것도 분명히 이웃사랑의 관점에서 볼 수 있어야 한다는 것이다. 예수님께서 남을 비판하지 말고 용서하라고 하신 말씀의 근원적인 핵심은 무엇인가? 그것은 이웃사랑이다. 이웃사랑의 측면에서 바라보지 않으면 그것은 단지 규율에 그치게 될 뿐이다. 질서를 지키거나 다툼을 일으키지 말아야 하는 이유는 서로 사랑해야 할 대상들이기 때문이다.

보통은 이웃사랑이라고 하면 단지 가난하고 불쌍한 사람들을 도와주는 것이라고 생각하기 쉽지만, 그런 것은 이웃사랑의 결과로 나타나야 하는 일부 현상들일 뿐임을 알아야 한다. 나눔과 섬김을 통하여 이웃들에게 헌신적으로 봉사하는 그리스도인들이 다른 봉사자들이나 기관들과 다투고 경쟁하고 비판하는 일을 아무 거리낌 없이 행한다면 그 사람은 이웃을 자기 자신처럼 사랑하는 사람인가? 결코 그럴 수 없다. 그는 이웃뿐 아니라 하나님을 아예 사랑하지 못하는 사람일 뿐이다. 계명은 단지 율법적으로 지켜야 하는 규칙에 머무르는 것이 아니다. 그것은 이웃을 자기 자신처럼 사랑하는 전제조건이다. 그런 의식 없이 이웃을 사랑할 수는 없다.

거짓 증언하거나 거짓으로 남을 모함하는 것은 분명히 공동체를 파괴하는 악이다. 여호와 하나님께서 왜 모세를 통해 십계명과 율법을 주셨는가? 신앙 공동체를 지키라는 것이다. 하나님을 사랑하고 공동체를 사랑하고 이웃과 형제를 사랑하라는 것이다. 그것은 하나가 되라는 말씀이다. 하나가 되기 위해서 거짓이라는 악을 제거해야만 신실하고 온전한 신앙공동체가 될 수 있다는 것이다. 이웃을 자기 자신처럼 사랑해야 하는 이유는 하나님과 백성들이 완전한 하나가 되어야 하기 때문이다. 거기에 거짓이나 탐욕이나 명예심은 뱀처럼 작동될 뿐이다. 모든 악 중에서 거짓이라는 악은 너무 교묘하여 우리도 모르는 사이에 갈가리 흩어지게 만들기 때문에 가장 위험한 뱀이다. 거짓을 제하는 일은 이웃을 자기 자신처럼 사랑할 수 있는 뿌리가 되는 것이다.

> "재판장은 자세히 조사하여 그 증인이 거짓 증거하여 그 형제를 거짓으로 모함한 것이 판명되면 그가 그의 형제에게 행하려고 꾀한 그대로 그에게 행하여 너희 중에서 악을 제하라"(신 19:18-19)

이웃의 소유를 자기 소유처럼 인정하라

율법에서 강조하는 것은 이웃의 소유물을 자신이 자기 소유물을 아끼는 것처럼 아껴주라는 것이다. 여기에서 이웃은 고아나 과부나 나그네나 거류민만을 뜻하는 것이 아니다. 오히려 정상적으로 함께 살아가는 공동체 안의 이웃을 통칭하여 말하는 것이다. 이웃사랑의 기본정신은 어렵고 불쌍한 사람들을 돌보기 이전에 그냥 우리의 보통 이웃을 자기 자신처럼 생각하는 것이다. 고아나 과부를 돌보는 것은 이웃 중에서 그런 사람들이 발생하거나 만났을 때 거의 의무적으로 도와야 하는, 어찌 보면 거의 예외적인 경우라고 할 수 있는 것이다. 물론 그렇기 때문에 권고사항이 아니라 의무사항이 되는 것이다. 그 의무조차도 행하지 않거나 의무를 행하면서 자랑하거나 자기를 내세운다면 그것은 하나님의 마음과는 멀어도 한참 먼 일이다.

제10계명은 분명하게 이웃의 소유를 탐내지 말라고 가르친다. 이웃의 집이나 아내나 종들이나 짐승들이나 모든 소유를 탐내지 말라고 말씀한다. 이것이 탐욕과 관련된 가르침인가? 물론 탐욕과 직결되는 말씀이다. 탐욕이라는 것은 정당한 자기 소유 이외에 욕심을 내고 그것을 차지하고 싶은 마음을 말한다. 하지만 이 계명도 역시 이웃사랑에 대해서 주시는 말씀이다. 왜냐하면 이웃의 소유를 탐내고 언젠가는 기회가 왔을 때 정당하지 못한 방법으로 차지하려는 마음이 은근히 존재한다면 그것은 마치 뱀이 인간 사이를 가로막고 있는 것처럼 하나 되지 못하게 하고 결국 마음이 나누이고 사랑과는 거리가 멀게 만들기 때문이다.

"네 이웃의 집을 탐내지 말라 네 이웃의 아내나 그의 남종이나 그의 여종이나 그의 소나 그의 나귀나 무릇 네 이웃의 소유를 탐내지 말라"(출 20:17)

이웃을 자기 자신처럼 사랑하는 것이 하나님의 마음이며 뜻일진대, 자기 소유를 이웃에게 나누지는 못할망정 그 소유를 인정하지 못하고 탐낸다면 그것은 이웃을 대적하는 일일뿐 아니라 순간적으로나마 하나님을 대적하는 것과 같은 일이 될 뿐이다. 직접 이웃의 물건을 도둑질하는 것은 물론 절대 안 되지만, 혹시 다른 사람의 돈이나 물건을 임시로 맡았을 경우에도 정말 자기 물건처럼 소중하게 취급해야 한다. 어쩔 수 없는 경우도 있지만 자신이 훔치지 않았다는 것에 대해 재판장 앞에 가서 반드시 조사를 받도록 하고 있다. 이웃의 물건은 이웃에게 있어서 내 물건을 내가 아끼는 것처럼 그렇게 소중하게 여기는 마음을 가지고 있어야 최소한의 이웃사랑이 성립되는 것이다.

"사람이 돈이나 물품을 이웃에게 맡겨 지키게 하였다가 그 이웃집에서 도둑을 맞았는데 그 도둑이 잡히면 갑절을 배상할 것이요 도둑이 잡히지 아니하면 그 집 주인이 재판장 앞에 가서 자기가 그 이웃의 물품에 손 댄 여부의 조사를 받을 것이며"(출 22:7-8)

이웃의 가축들도 마치 자기의 소유인 것처럼 아끼고 돌보라고 말씀하신다. 이웃이 물건을 잃어버렸다면 마치 자기 자신이 물건을 잃어버렸을 때를 생각하고 그 이웃을 위해 되돌려 줄 수 있어야 한다. 짐승이든지 의복이든지 형제나 이웃이 그것을 잃어버렸을 때에는 똑같이 행해야 한다.

"네 형제의 소나 양이 길 잃은 것을 보거든 못 본 체하지 말고 너는 반드시 그것들을 끌어다가 네 형제에게 돌릴 것이요 네 형제가 네게서 멀거나 또는 네가 그를 알지 못하거든 그 짐승을 네 집으로 끌고 가서 네 형제가 찾기까지 네게 두었다가 그에게 돌려줄지니 나귀라도 그리하고 의복이라도 그리하고 형제가 잃어버린 어떤 것이든지 네가 얻거든 다 그리하고 못 본 체하지 말 것이며"(신 22:1-3)

심지어 이웃의 짐승이 길에 넘어져 있으면 마치 자기 짐승인 것처럼 보살피고 함께 일으켜야만 한다. 그것은 하면 좋고 안 해도 괜찮은 것이 아니라 반드시 해야 한다고 말씀하신다. 이웃사랑을 의무로 정해놓으신 것이다. 오죽했으면 그렇게까지 하셨을까 싶다. 근본적인 이웃사랑의 의미를 모르는 백성들을 위해 그렇게까지 하신 것이다. 바리새인들이 율법을 가장 크게 오해한 사람들이 아니었던가?

"네 형제의 나귀나 소가 길에 넘어진 것을 보거든 못 본 체하지 말고 너는 반드시 형제를 도와 그것들을 일으킬지니라"(신 22:4)

이런 모든 내용들은 율법적인 지시사항들이며 마치 법규나 규칙처럼 예외적인 경우까지 제시하면서 세심하게 법으로 정한 것이다. 하지만 만약에 이런 지시사항들을 그냥 법이라고만 생각한다면 그것은 율법을 오해한 것이라고 할 수 있다. 하나님께서 이렇게 세세하게 규정을 정해주신 것은 기계적으로 지켜야만 하는 로봇으로 만들기 위한 것은 아니다. 율법에 나와 있는 이웃에 관한 한 모든 규정들은 가장 최소한의 하한선만 그어 놓으신 것이다. 하나님께서 원하시는 본래의 마음은 이웃을 자기 자신처럼 사랑해야 한다는 것이었다. 왜냐하면 하나님은 모든 백성들이 하나님 안에서 진정한 하나가 되기를 원하시기 때문이다.

오늘날 그리스도인들은 하나님의 이런 마음을 너무나도 모른다. 나 자신이나 가족이나 형제만 복 받으면 다른 성도들에 대해서는 별로 개의치 않는다. 물론 도움을 줄 때도 많이 있지만 근본적으로 하나 되는 마음이 없다. 모든 교회는 다 하나라는 마음으로 생각해야 함에도 불구하고 내 교회만 잘 되면 옆 교회는 어떻게 되든지 별로 상관하지 않는다. 개교회주의, 개인주의가 팽배한 시대이기 때문에 그런 것인가? 그렇다면 교회와 그리스도인들은 더욱 하나라는 마음을 가져야 할 것이 아닌가? 세상이 개인주의라고 교회도 개인주의라야만 하는가?

하나님은 이웃에 관한 율법을 주실 때 모두가 하나라는 마음을 가지기를 원하셨다. 이스라엘이 하나 되지 못하면 그 나라는 하나님의 나라가 아니다. 적어도 여호와 신앙 안에서는 모든 이웃은 하나이다. 그래서 율법은 이웃의 생명, 몸까지도 자기 몸처럼 사랑할 것을 분명하게 밝히고 있다. 혹시 돈이 필요해서 의복을 전당물로 맡길 경우에는 해가 지기 전에는 돌려주어야 한다. 왜 그렇겠는가? 이스라엘에서 의복은 생명과 직결되기 때문이다. 겉옷은 낮에는 햇볕을 감추어주고 밤에는 덮고 자는 것이므로 추위에서 지켜주는 수단이다.

"네가 만일 이웃의 옷을 전당 잡거든 해가 지기 전에 그에게 돌려보내라"
(출 22:26)

특히 과부의 옷은 전당조차도 잡지 말라고 가르친다. 자기 소유가 거의 없는 과부들은 그마저도 전당잡히게 되면 정말 생명조차도 왔다 갔다 할 수 있을 정도로 비참하고 딱한 계층이기 때문이다. 다음 장에서 자세하게 다루겠지만, 여기에서는 율법의 이웃사랑의 정신에 대해서 설명하고 있다. 이웃의 몸조차도 배려하면서 도와주는 것이 실로 율법의 이웃사랑의 정신이다.

"너는 객이나 고아의 송사를 억울하게 하지 말며 과부의 옷을 전당 잡지 말라"(신 24:17)

이웃과의 관계에 있어서 만약에 어떤 사람을 종으로 삼은 것이 발각되면 그 사람은 죽게 되어 있었다. 물건을 탐내는 것도 모자라서 그 몸까지 종으로 삼는다면 그 사람은 이웃이 될 자격이 없는 사람이다. 그는 이스라엘의 악이다. 이웃을 사랑하지 못하는 것도 모자라서 이웃의 몸이나 생명을 소유하려고 한다면 이스라엘의 대적자가 될 뿐이다.

"사람이 자기 형제 곧 이스라엘 자손 중 한 사람을 유인하여 종으로 삼거나 판 것이 발견되면 그 유인한 자를 죽일지니 이같이 하여 너희 중에서 악을 제할지니라"(신 24:7)

율법을 율법으로만 보고 규칙을 규칙으로만 본다면 바리새인들과 조금도 다를 바가 없다. 바리새인들은 율법의 조문은 정확하게 알고 세세하게 지켰지만 율법 속에 담겨있는 정신, 하나님의 마음, 하나님의 뜻에는 전혀 관심이 없었다. 자기 자신을 사랑하는 것처럼 이웃을 사랑하라고 명하신 하나님께서 그보다 훨씬 모자라는 율법을 세밀하게 제시하신 이유는 무엇인가? 그것은 바로 선악열매와도 같은 것이다. 선악과는 하나님의 사랑의 증거였음에도 하와는 먹음직도 보암직도 한 겉모습에 끌려 선을 넘고 말았다. 율법은 마치 선악과와도 같아서 이것조차도 넘으면 안 되는 울타리인 것이다.

이스라엘은 그 속에 들어있는 하나님의 마음을 깨달아야만 했다. 우리가 구약 시대의 이웃사랑에 대해서 살펴보면서 율법의 조문 하나하나만을 본다면 그것은 그냥 종교에 머물 뿐이다. 신앙은 하나님의 뜻에서 하나님의 마음을 읽을 수 있어야 한다. 물론 사람이 어떻게 하나님의 마음을 읽을 수 있겠는가? 다만 성경말씀을 통하여 하나님의 마음을 일부나마 엿볼 뿐이다. 구약에서도 이웃사랑에 대해서는 분명하게 이야기하지만 예수님처럼 이웃을 자기 자신처럼 사랑하라고 강조하지는 않는다. 그렇다고 해서 자기 자신처럼 사랑하는 것이 신약시대에만 국한될 수는 없다. 구약의 모든 율법은 이웃을 자기 자신처럼 사랑하라는 메시지로 가득 차 있는 것이다.

안식일과 안식년

안식일, 안식년, 희년은 모두 같은 개념에서 출발한다. 여호와께서 창조를 마치시고 일곱째 날에 쉬셨으므로 모든 하나님의 백성들도 일곱째 날에는 쉬어야만 한다. 이것이 제4계명이다(출 20:8-9). 안식일 계명은 일반적으로 하나님께 대한 계명으로 통한다. 하나님을 섬기는 백성으로서 따로 구별하여 일곱째 날에 모든 일을 금함으로써 하나님의 안식을 기념하는 것이다. 엿새 동안은 열심히 일하지만 일곱째 날에는 안식해야 한다.

그런데 안식일을 지키는 방법은 모든 가족들과 종들과 가축과 방문한 나그네들까지 모든 일을 쉬는 것이다. 안식일에는 우선적으로 일을 하지 않는 데 초점이 있다. 거기에는 예외가 없다. 부자든 가난한 사람들이든, 주인이든 종이든, 왕이든 백성이든 마찬가지이다. 안식일은 하나님을 경배하기 위한 계명에 속하지만 동시에 사람을 위한 계명도 된다. 안식일 계명 역시 이웃사랑과 밀접한 관계가 있다. 모든 이웃들도 공평하게 안식해야 하며 그것은 서로가 자기 자신을 사랑하는 것처럼 인정해주어야 한다는 뜻이 들어있다. 나중에 토지(농토)의 안식과도 연관이 되어 희년개념이 성립되지만, 거기에도 역시 이웃을 자기 자신처럼 사랑해야 하는 사상이 깊이 들어있는 것이다.

"일곱째 날은 네 하나님 여호와의 안식일인즉 너나 네 아들이나 네 딸이나 네 남종이나 네 여종이나 네 가축이나 네 문안에 머무는 객이라도 아무 일도 하지 말라"(출 20:10)

여기에서 안식의 개념도 잠시 살펴보자. 하나님은 안식일을 지켜야 하는 이유를 천지창조와 결부시켜 말씀하고 계신다. 엿새 동안 일하시고 일곱째 날에 안식하셨기 때문에 하나님의 백성들도 안식일을 지켜야 한다고 하셨다. 그러면 여기에서 안식의 의미는 무엇인가? 천지창조에서의 하나님의 안식은 휴식이나 재충전의 개념이 아니었다. 안식은 완전을 의미한다. 엿새 동안 모든 일을 완전히 마친 상태, 곧 영원한 쉼을 뜻하는 것이다. 물론 인간은 영원하지 못하기 때문에 안식일을 지나면 또다시 일해야 한다. 그러나 그 일을 위한 재충전의 개념으로 안식일을 지킨다면 그것을 온전한 안식이라고 할 수는 없다. 그렇게 삶의 조그만 찌꺼기조차도 허락하지 않는 완전한 안식을 공동체 안의 모든 사람들에게 요구하는 것이 안식일이다.

> "이는 엿새 동안에 나 여호와가 하늘과 땅과 바다와 그 가운데 모든 것을 만들고 일곱째 날에 쉬었음이라 그러므로 나 여호와가 안식일을 복되게 하여 그 날을 거룩하게 하였느니라"(출 20:11)

물론 안식일에는 안식일에 맞는 제사법이 있다. 매일 아침과 저녁으로 드리는 제사는 그대로 드리되(민 28:3-8) 안식일에는 거기에 더하여 숫양 두 마리로 드리는 번제와 가루 십 분의 이 에바로 드리는 소제와 전제를 드리도록 되어 있었다. 이것만 보면 안식일은 하나님께 관한 계명임에 틀림이 없다.

> "안식일에는 일 년 되고 흠 없는 숫양 두 마리와 고운 가루 십 분의 이에 기름 섞은 소제와 그 전제를 드릴 것이니 이는 상번제와 그 전제 외에 매 안식일의 번제니라"(민 28:9-10)

그러나 백성들의 입장에서는 일을 전혀 하지 않고 쉬는 것이 안식일 계명이다. 일을 하지 않아야 하는데, 심지어 일을 하면 죽임을 당하게 되어 있었다. 왜 그렇게 해야만 할까? 안식일에 일을 하지 않고 철저하게 쉬는 것은 여호와께서 우리 하나님이심을 가리키는 표징이 되기 때문이다. 안식일에 일을 하면 죽여야 하는 이유는 일을 하는 사람은 하나님을 부정하는 결과를 가져오기 때문이다.

"너는 이스라엘 자손에게 말하여 이르기를 너희는 나의 안식일을 지키라 이는 나와 너희 사이에 너희 대대의 표징이니 나는 너희를 거룩하게 하는 여호와인 줄 너희가 알게 함이라 너희는 안식일을 지킬지니 이는 너희에게 거룩한 날이 됨이니라 그 날을 더럽히는 자는 모두 죽일지며 그 날에 일하는 자는 모두 그 백성 중에서 그 생명이 끊어지리라"(출 31:13-14)

그리고 반드시 안식일을 지켜야 하는 또 하나의 이유는 이스라엘을 애굽 땅에서 구원해내신 하나님을 기억해야 하기 때문이다. 안식일을 지킬 때마다 하나님께서 열 가지 재앙으로 애굽에서 구원해내시고 광야 40년 동안 안식일을 제외한 매일의 만나와 메추라기를 내려주심으로써 백성들의 생명을 지켜주셨고 구름기둥과 불기둥으로 갈 방향을 인도해주신 것을 기억해야 하는 것이다. 곧 하나님의 크신 은혜를 굳게 믿으라는 뜻이다.

"너는 기억하라 네가 애굽 땅에서 종이 되었더니 네 하나님 여호와가 강한 손과 편 팔로 거기서 너를 인도하여 내었나니 그러므로 네 하나님 여호와가 네게 명령하여 안식일을 지키라 하느니라"(신 5:15)

그렇다면 안식일의 무노동 원칙은 어마어마한 하나님의 지엄하신 명령인 것이다. 노동을 하면 하나님을 부인하는 것이고 출애굽의 은혜조차도 완전히 망각하는 사람이 되는 것이다. 일을 안 하면 벌을 내리시는 것이 아니라 일을 하면 벌을 주시는데 그 벌은 죽음이다. 얼마나 대단하고 준엄하신 명령인가? 그런데도 안식일에 일을 한다면 그 사람은 죽어 마땅하다. 실제로 안식일에 나무를 하다가 백성들의 돌에 맞아 죽은 사람이 있었는데 그것은 여호와의 명령이었다.

"이스라엘 자손이 광야에 거류할 때에 안식일에 어떤 사람이 나무하는 것을 발견한지라 … 여호와께서 모세에게 이르시되 그 사람을 반드시 죽일지니 온 회중이 진영 밖에서 돌로 그를 칠지니라 온 회중이 곧 그를 진영 밖으로 끌어내고 돌로 그를 쳐 죽여서 여호와께서 모세에게 명령하신 대로 하니라"(민 15:32, 35-36)

무시무시한 법이 안식일의 법이다. 그러면 왜 안식일에 일을 하는 데 대해서 이토록 강경하신가? 물론 하나님의 지엄하신 명령은 강경해야 한다. 하지만 이 안식일 계명을 이웃사랑과 연결하여 설명한다면 어떻게 되겠는가? 안식일 무노동의 원칙은 생명을 걸고 지켜야 한다. 만약에 주인이 있고 일꾼이 있는데 안식 후 첫날에 반드시 납품해야 하는 수확물이 있다고 하자. 이럴 때 주인이 일꾼에게 안식일에 나와서 1시간만 일하면 다음 날에 정상적으로 납품할 수 있다면서 일을 더 할 것을 종용한다면 어떻게 해야 할까? 율법에는 이런 경우는 나와 있지 않지만, 만약에 주인의 뜻을 따라 일꾼이 안식일에 1시간 일했을 경우에 율법대로 하면 어떻게 되겠는가? 아마도 두 사람 모두 죽음을 면치 못할 것이다.

안식일의 법은 하나님께 대한 신앙고백으로 지켜야 하지만, 그것은 동시에 다른 사람, 종이든 일꾼이든 나그네든 모든 이웃을 동등하게 여겨야 한다는 이웃사랑의 계명인 것이다. 만약에 안식일을 단지 하나님께 대한 계명으로만 생각해서 율법에 기록된 내용 그대로만 하면 된다고 생각한다면 안식일은 반쪽짜리 계명밖에 되지 않는다. 안식일 계명에는 이웃사랑의 정신, 마음이 들어있다. 하나님사랑과 이웃사랑이 고스란히 녹아 있는 것이다.

안식일의 무노동 원칙은 나와 이웃에게 동등하게 적용되어야 하는 법이다. 무노동은 내 입장에서나 이웃의 입장에서나 동등하다. 곧 이웃의 입장을 나의 입장으로 헤아릴 수 있는 원칙이다. 사람은 누구나 이기심이 있고 욕심이 있지만 그 모든 것을 뛰어넘어 하나님의 백성이라면 누구에게나 동등하게 적용되는 원칙을 제시하신 것이다. 안식일을 범하는 사람은 이웃을 인정하지 않는 사람이다. 만약에 현대사회에서도 모든 사람들에게 동등하게 적용되는 노동원칙을 지킬 수만 있다면 세상의 정의가 다시 살아날 수 있을 것이다.

안식일 정신은 이웃사랑의 근간이 되는 대원칙이다. 하나님의 마음과 뜻은 모든 백성들이 서로가 자신을 생각하듯이 이웃을 생각하고 배려하고 자기 자신처럼 서로 사랑하는 것이다. 안식년도 안식일의 개념에서 확대된 개념이다. 안식년은 육 년 동안 가꾸어 거두던 땅을 일 년 동안 가꾸지 않고 땅을 쉬게 하는 것이다. 하지만 이것도 땅을 위한 법이 아니라 사람을 위하는 법이다. 안식년 법은 현재의 이웃뿐만 아니라 후대의 이웃들까지 다 배려하는 법이다. 분명히 땅의 안식년이라고 못 박고 있지만, 그것이 사람을 위한 법이 아니면 무엇이겠는가?

> "너는 육 년 동안 그 밭에 파종하며 육 년 동안 그 포도원을 가꾸어 그 소출을 거둘 것이나 일곱째 해에는 그 땅이 쉬어 안식하게 할지니 여호와께 대한 안식이라 너는 그 밭에 파종하거나 포도원을 가꾸지 말며 네가 거둔 후에 자라난 것을 거두지 말고 가꾸지 아니한 포도나무가 맺은 열매를 거두지 말라 이는 땅의 안식년임이니라"(레 25:3-5)

또한 안식년의 개념이 이웃을 배려하는 법임에 틀림없는 것은 안식년의 소출은 안식일의 무노동 원칙처럼 가족들과 종들과 거류민들과 가축들까지 포함하는 모두의 소유가 되기 때문이다. 심지어 들짐승까지 여기에 참여하게 한다. 아무튼 안식년이란 땅의 능력이 영원토록 지속되게 할 수 있는 동시에 백성들의 식량이 줄어들지 않고 모든 백성들, 이웃들과 함께 누릴 수 있도록 만들어주는 이웃사랑의 법인 것이다. 이웃사랑과 관계없이 단지 규칙으로만 생각할 수도 있지만, 정말 안식일과 안식년을 제대로 지키려면 하나님의 마음과 그 의도를 정확하게 알고 있어야만 할 것이다. 자기 자신처럼 이웃을 사랑하는 일은 그리스도인의 기본적인 생각이고 사상이 되어야 한다.

"안식년의 소출은 너희가 먹을 것이니 너와 네 남종과 네 여종과 네 품꾼과 너와 함께 거류하는 자들과 네 가축과 네 땅에 있는 들짐승들이 다 그 소출로 먹을 것을 삼을지니라"(레 25:6-7)

이것이 더욱 확실한 증거는 바로 면제년이라는 개념이다. 안식년이 바로 면제년인데 그것은 안식년의 끝에 모든 빚을 면제해주어야 하는 법이다. 안식년은 땅을 쉬게 하는 법이지만, 동시에 이웃이 진 부채를 탕감해주는 제도이기도 하다. 이것은 희년의 노예해방과도 맞물려 있는데, 마치 안식일에 육체를 쉬게 하는 것처럼 인간을 얽매고 있는 물질관계를 풀어주게 함으로써 이웃관계를 사랑의 관계로 회복시키는 법인 것이다. 하나님을 믿는 백성으로서 인간끼리 억압하는 것은 하나님의 마음이 결코 아니다.

"매 칠 년 끝에는 면제하라 면제의 규례는 이러하니라 그의 이웃에게 꾸어 준 모든 채주는 그것을 면제하고 그의 이웃에게나 그 형제에게 독촉하지 말지니 이는 여호와를 위하여 면제를 선포하였음이라"(신 15:1-2)

그리고 그렇게 이웃을 배려하고 관계를 회복시키고 쉬어야 할 때에는 쉬면서 여호와의 계명을 그 마음까지 지키면 어떤 일이 일어나는가? 하나님은 그렇게 할 때 백성들 중에 가난한 사람이 없어질 것이라고 말씀하신다. 이것은 완전을 말하는 것이다. 천국을 말하는 것이다. 천국에는 가난한 사람도 부족한 사람도 연약한 사람도 없다. 이 땅이 천국이 될 수 있는 것은 아니지만 하나님의 마음은 천국과 같은 세상을 백성들에게 제공하시는 것이다. 그 의미를 이해하고 하나님의 마음을 깨닫고 안식일의 개념을 우리의 삶에 적용한다면 그는 천국백성인 것이다.

"네가 만일 네 하나님 여호와의 말씀만 듣고 내가 오늘 네게 내리는 그 명령을 다 지켜 행하면 네 하나님 여호와께서 네게 기업으로 주신 땅에서 네가 반드시 복을 받으리니 너희 중에 가난한 자가 없으리라"(신 15:4-5)

희년은 정의가 아니라 사랑이다

이제 안식일 개념의 가장 큰 제도인 희년을 잠시 살펴보자. 희년을 단지 땅의 개념으로만 보고 사람들을 생각하지 않는다면 그것은 율법적인 조항에 지나지 않는다. 그리고 정의의 개념으로만 보는 것도 바람직하지 않다. 희년은 그리스도인의 이웃사랑의 개념으로 보아야 그 정신이 뚜렷해진다. 특히 자기 자신처럼 이웃을 사랑하는 마음으로 들여다보아야 정확한 희년개념이 성립되는 것이다.

안식일과 안식년의 개념은 인간의 구속에서의 해방과 소유된 땅의 해방으로 확대된다. 우선 어떤 상황에서라도 모든 백성들은 자유롭게 될 수 있었다. 50년째 되는 해에는 어디에 묶여있든지 관계없이 자유롭게 집과 가족에게로 돌아갈 수 있었다. 비록 오랫동안 누군가에게 속해 있었더라도 희년이 되면 거기에서 완전히 해방되어 원래의 소유지로 돌아갈 수 있었다. 하나님께서 이스라엘에게 허락하신 땅은 이스라엘이 노력하여 얻은 땅이 아니었다. 비록 하나님께서 각 지파에게 따로따로 땅을 분배해주셨지만 그렇다고 각 지파가 그 땅의 소유주는 아니었다. 어느 누구도 땅의 소유권을 주장할 수는 없었다.

"너희는 오십 년째 해를 거룩하게 하여 그 땅에 있는 모든 주민을 위하여 자유를 공포하라 이 해는 너희에게 희년이니 너희는 각각 자기의 소유지로 돌아가며 각각 자기의 가족에게로 돌아갈지며"(레 25:10)

왜냐하면 하나님은 모든 백성들이 차별 없이 사랑하고 사랑을 받기를 원하셨기 때문이다. 사실 희년이 정해진 것은 부유한 사람들을 위한 것은 아니었다. 어딘가 남들보다 가난하거나 아프거나 소외된 사람들을 위한 법이다. 어떤 사정에 의해 땅을 팔았거나(이것도 희년을 염두에 두고 가격이 정해졌다.) 다른 사람의 일꾼이 되어 자기 소유지를 떠났거나 아무튼 정상적인 사람들보다 불이익을 당하고 있는 백성들을 위한 법이었다. 그렇게 보면 그것은 정의를 위한 법임에는 틀림이 없다. 하지만 모자랄 것이 없는 사람들이 모자라는 사람들을 생각해서 희년에 원상태로 돌아가게 하는 것은 백성들이 자기들의 이웃을 자기 자신처럼 사랑하기 원하시는 하나님의 마음이었다. 이 하나님의 마음이 더해져야 희년은 완성될 수 있는 것이다.

이웃을 자유롭게 해방시켜주기를 원하는 마음이 이웃사랑의 마음이다. 가난한 사람도 없고 부자도 없는 것이 천국이 아니던가? 희년은 보이는 천국의 역할을 다하게 하기 위해 제정하신 이웃사랑의 법이었다. 만약에 젊은 아들 가족이 다른 사람의 집에서 소작을 한다든가 일꾼으로 매여 있다면 그 자식을 바라보는 늙은 부모의 마음이 어떻겠는가? 늙은 부모는 자나 깨나 그 아들이 돌아오기만을 기다릴 것이다. 언제나 어깨에 무거운 짐을 가득 짊어지고 살게 될 것이다. 이런 부모의 마음이 바로 이웃사랑의 마음이다. 하나님은 그렇게 자유롭게 되어 온전한 삶이 영위되기를 바라시는 것이다.

그렇지만 꼭 사람의 해방을 뜻하는 것만은 아니다. 땅, 곧 농지에 대한 해방도 동시에 이루어지게 하신다. 50년째 되는 희년에는 농사를 지으면 안 된다. 그리고 저절로 난 것을 거두어서도 안 된다. 백성의 희년과 함께 땅의 희년을 통하여 하나님의 토지가 영구해질 것을 원하시는 것이다. 그것이 영구해져야 백성들의 생존도 영구해지는 것이다. 사실 이웃사랑이란 근본적으로 어려운 사람들이 있기에 성립되는 개념이다. 모든 사람이 부유하고 부족함이 없다면 특별한 배려나 사랑이 필요하지는 않을 것이기 때문이다. 인간세상에서 어쩔 수 없이 파생될 수밖에 없는 가난하고 소외된 사람들이 사랑의 대상이고 복지의 대상이다. 그래서 부족하고 억압받는 사람들이 채워지고 자유롭게 되는 것이 희년제도인 것이다.

"그 오십 년째 해는 너희의 희년이니 너희는 파종하지 말며 스스로 난 것을 거두지 말며 가꾸지 아니한 포도를 거두지 말라 이는 희년이니 너희에게 거룩함이니라 너희는 밭의 소출을 먹으리라"(레 25:11-12)

농사를 짓지 말라는 말씀은 안식년의 제도와 동일하다. 그런데 희년은 안식년 다음 해에 오게 되어 있으므로 안식년과 희년을 지내야 하는 백성들의 입장에서는 2년 연속으로 농사를 지을 수 없게 된다. 그러면 무엇을 먹고 살까 하는 걱정이 생길 수도 있지만, 하나님은 이 사실을 또한 너무나도 잘 아시기 때문에 3년 동안 쓰기에 족하도록 소출을 많아지게 하신다고 약속하셨다. 곧 희년 직전의 안식년 바로 전 해에는 소출을 세 배가 더 많게 해 주시겠다는 말씀이다.

"만일 너희가 말하기를 우리가 만일 일곱째 해에 심지도 못하고 소출을 거두지도 못하면 우리가 무엇을 먹으리요 하겠으나 내가 명령하여 여섯째 해에 내 복을 너희에게 주어 그 소출이 삼 년 동안 쓰기에 족하게 하리라 너희가 여덟째 해에는 파종하려니와 묵은 소출을 먹을 것이며 아홉째 해에 그 땅에 소출이 들어오기까지 너희는 묵은 것을 먹으리라"(레 25:20-22)

희년개념은 모든 이스라엘 백성들이 가난하거나 소외되거나 억압을 받지 않고 안식할 수 있는 환경을 제공하시는 것이다. 거기에는 공동체의식이 전제되어야 하고, 서로 사랑하되 이웃을 자기 자신처럼 사랑하는 마음이 전제되어야 한다. 희년제도가 정상적으로 지켜지려면 토지의 영구한 소유가 사라져야만 한다. 어느 누구도 땅을 49년 이상 소유할 수는 없다. 왜냐하면 땅의 영구한 소유자는 오직 여호와 하나님만이 되실 수 있기 때문이다. 만약에 어느 누가 땅을 영구하게 소유할 수 있다면 이스라엘의 정의는 실현될 수 없다. 여호와의 백성이라면 누구든지 새로운 기회를 부여받을 수 있다.

> "토지를 영구히 팔지 말 것은 토지는 다 내 것임이니라 너희는 거류민이요 동거하는 자로서 나와 함께 있느니라"(레 25:23)

땅의 해방, 육신의 해방은 무엇을 의미하는가? 선민이라 할지라도 여러 사유로 인해 일시적으로 자신의 소유를 잃어버릴 수 있다. 그대로 방치하면 격차는 영구해질 것이고 태어날 때부터 신분도 정해질 것이요 빈부의 차이는 더욱 벌어지고 고착화될 수밖에 없다. 아무리 이웃을 자기 자신처럼 사랑한다고 해도 그런 격차를 뛰어넘을 만큼 되기는 어렵다. 그래서 하나님은 이웃사랑의 원리에 따라 아예 제도적으로 이웃사랑이 가능하도록 만들어주신 것이었다.

이 희년제도에는 아주 합리적으로 시행될 수 있는 몇 가지 배려가 들어있다. 땅을 영구히 사고 팔 수는 없지만 희년 안에서는 사고 팔 수가 있다. 이 때 땅값의 중대한 요소는 희년까지 몇 년이나 남았는가이다. 희년이 많이 남아있으면 비싸게 팔 수 있고 희년이 가까우면 싸게 팔 수밖에 없다. 희년이 되면 전부 원주인에게 돌려주어야 하기 때문이다. 이것도 역시 땅을 영구하게 소유함으로써 발생하는 부의 편중현상과 하나님의 소유인 땅이 재정축적의 수단이 되어서는 안 된다는 뜻이다. 누군가가 소외되거나 가난해질 가능성을 최소화함으로써 이스라엘에는 가난한 사람이 없게 하기를 힘쓰시며 동시에 백성들에게는 이웃을 자기 자신처럼 사랑할 수 있는 기회를 허용하는 것이 희년개념인 것이다.

> "그 희년 후의 연수를 따라서 너는 이웃에게서 살 것이요 그도 소출을 얻을 연수를 따라서 네게 팔 것인즉 연수가 많으면 너는 그것의 값을 많이 매기고 연수가 적으면 너는 그것의 값을 적게 매길지니 곧 그가 소출의 다소를 따라서 네게 팔 것이라"(레 25:15-16)

희년은 성경에서 그 후에 용어 자체가 사라졌다. 에스겔이 하나님의 지시를 받아 군주와 희년에 대해서 언급한 적은 있지만(겔 46:17) 사실상 이 희년의 규례가 그대로 지켜졌는지는 알 수가 없다. 그러나 희년정신이 사라진 것은 결코 아니었다. 왜냐하면 여호와의 나라는 여호와의 마음과 뜻이 그대로 성취되는 나라이기 때문이다. 하나님께서 존재하시는 한, 희년의 개념과 명령은 결코 지워질 수 없다. 예수님은 일찍이 이 희년이 성취되었음을 선포하셨다. 예수님께서 바로 영적인 희년을 완성하기 위해 오셨다는 뜻이다. 예수님은 이사야의 예언을 인용하셨다.

> "주의 성령이 내게 임하셨으니 이는 가난한 자에게 복음을 전하게 하시려

고 내게 기름을 부으시고 나를 보내사 포로 된 자에게 자유를, 눈 먼 자에게 다시 보게 함을 전파하며 눌린 자를 자유롭게 하고 주의 은혜의 해를 전파하게 하심이라 하였더라"(눅 4:18-19)

그리고 분명하게 예수님으로 인하여 이 희년이 완성되었음을 선포하신 것이었다. 사람들은 꼭 눈에 보이는 해방과 자유와 회복을 원하지만 하늘나라 백성들에게 더 중요한 것은 실체의 성취, 곧 영적인 성취이다. 육신의 해방과 자유와 회복은 또 다른 억압과 소외와 가난을 불러올 수 있지만 영적인 희년은 영원토록 변하지 않는, 영원한 해방과 자유와 회복인 것이다. 물론 예수님은 영적인 희년의 성취의 증거로 육적인 해방과 자유와 회복을 주셨다. 그것은 그리스도로서의 증거를 밝히 보여주신 것이었다(눅 4:21).

우리는 구약의 희년 정신을 따라 이웃을 자기 자신처럼 사랑할 수 있어야 한다. 상황과 환경은 전혀 다르지만 이웃사랑의 근원적인 원리는 동일하다. 율법이 직접적으로 이웃을 자기 자신처럼 사랑하라고 강하게 권면하지는 않지만 우리는 구약에서도 역시 이웃을 자기 자신처럼 사랑하는 것이 하나님의 마음임을 가르치고 있다는 사실을 알아야 한다. 그리하여 이웃을 자기 자신처럼 사랑하는 일은 그리스도인이라면 누구나 행해야 할 일이며, 목숨을 다해 지켜야 하는 율법처럼 그리스도인의 생명으로 여길 줄 알 때에 하나님의 백성으로서의 삶은 보다 온전해질 것이다.

제6장
고아와 과부를 돌보는 것이다

구약에 나타나는 이웃사랑의 내용들을 보면 그 세밀함에 놀라움을 감추지 못할 정도이다. 소외되고 가난하고 억압받기 쉬운 대상들에 대해서 세세하게 그 신분까지 정해 놓고, 특히 그런 사람들에게 사랑의 눈길을 반드시 주어야 할 것을 강조하고 있다. 하나님 보시기에는 부자나 가난한 사람이나 소외된 사람이나 전부 똑같은 자녀들일 뿐이라는 점을 지속적으로 강조하고 있는 것이다. 사실 백성들이 이것을 율법으로만 알고 지켜야 한다고 생각하지만 그 속에 들어있는 기본적인 마음가짐은 이웃을 자기 자신처럼 생각하라는 것이었다.

구약에서 백성들이 돕고 배려해야 할 계층으로는 고아, 과부, 거류민, 객, 나그네, 곤란한 자, 궁핍한 자, 가난한 자 등이 있다. 이들은 모두 형제들이지만 무엇인가의 결핍으로 말미암아 소외된 계층으로 전락한 사람들이다. 이들은 모두 가족들이고 형제들이고 자매들이다. 이들을 만나거나 관계가 이루어질 때 이들을 자신처럼, 자신의 가족처럼 생각하라는 것이 율법의 기본자세이다. 소외된 사람들을 돌보는 것은 자비나 자선이 아니라 이들의 의무이다.

당연히 도와야 하고 마땅히 감당해야 하는 일들이다.

오늘 우리 그리스도인들의 이웃사랑도 이와 똑같다는 사실을 알아야 한다. 구제나 나눔이나 섬김은 그리스도인으로서 마땅히 감당해야 할 책무이다. 물론 구약에서 말하는 이웃사랑이란 엄밀하게 말하면 형제사랑이다. 같은 동족에게 국한되는 사랑이라는 말이다. 심지어 같은 동족 중에서도 하나님의 백성으로서 마땅히 도리를 지키는 사람들에게 한정된 개념이다. 오늘날 우리가 이웃사랑이라고 하면 교회 안의 형제들도 포함되지만 하나님을 믿지 않는 주변의 모든 이웃들을 가리키는 경우가 많다. 그렇다고 해서 구약의 이웃사랑과 현대의 이웃사랑을 구분해서 행할 길을 정하라는 것은 아니다. 구약이든 신약이든 하나님은 한 분이시고 하나님의 마음, 뜻은 하나이기 때문이다. 이웃사랑은 율법이나 복음을 구분하지 않고 하나님의 일관된 마음과 뜻을 실천하는 일이다. 구약의 이웃사랑의 원리가 더 확대되고 강조되어 예수님의 자기 자신처럼 이웃을 사랑하라는 새로운 계명으로 우리 곁에 와 있다. 하지만 오히려 뭉뚱그려서 이웃을 사랑하라는 말씀보다는 차라리 구약에서의 이웃사랑의 원리를 깨달아서 그대로 삶에서 적용한다면 그것은 더욱 완전한 이웃사랑이 될 것이다. 실제로 우리 신약성도들은 구약에서 명하는 율법의 원리를 거의 따라가지 못하고 있는 것이 현실이다.

이웃을 돕는 일은 의무이다

구약에서 이웃사랑은 선택사항이 아니다. 여호와의 백성이라면 마땅하고 당연히 어려운 이웃들을 도와야 한다. 궁핍한 사람들을 돕는 일은 하나님의 명령이다. 하나님께서 복을 더해 주시는 것은 틀림이 없지만, 가난한 사람들을 돕는다고 상을 받는 것이 아니라 상과는 관계없이 의무적으로 도와야 한다. 힘이 있는 가족이 어려운 가족을 돌보는 것이 당연한 것과 같다. 삶의 공동체 안에서 어쩔 수 없이 발생하는 곤란한 자와 궁핍한 자는 공동체의 모든 일원들이 책임져야 할 대상들이다. 그리스도인은 언제나 이런 일을 예상하고 있어야 하고 감당할 준비가 되어 있어야 한다.

"땅에는 언제든지 가난한 자가 그치지 아니하겠으므로 내가 네게 명령하여 이르노니 너는 반드시 네 땅 안에 네 형제 중 곤란한 자와 궁핍한 자에게 네 손을 펼지니라"(신 15:11)

오늘날 그리스도인들 중에서 이런 생각을 가지고 있는 사람들이 많지는 않을 것이다. 물론 우리는 이웃을 자기 자신처럼 사랑하라는 예수님의 명령을 알고 있다. 그럼에도 불구하고 실제 삶에서 이웃의 어려운 형편에 관심을 가지고 무엇이라도 함께 하려는 경우는 많지 않다. 우리는 복음서에 나오는 부자청년에 대한 이야기를 잘 알고 있다. 그는 어릴 때부터 율법을 잘 지켰고 계명을 어긴 적이 없었다. 그런데 예수님은 영생을 얻으려면 모든 소유를 팔아 가난한 사람들에게 주라고 명하신다. 이 부자는 돈이 많기 때문에 근심하면서 돌아가 버린다. 이 때 우리의 초점은 이 부자의 믿음이나 그가 전 재산을 팔아서 구제하는 것이나 실행했을 때의 하늘에서 쏟아질 보화에 맞추어진다. 물론 그런 측면으로 이 기사를 통해 은혜를 받아야 한다. 하지만 더 나아가서 누가 될지 모르지만 불특정 다수의 가난한 사람들에게 초점이 맞추어진다면 엄청난 이야기들이 쏟아질 것이다.

> "예수께서 이르시되 네가 온전하고자 할진대 가서 네 소유를 팔아 가난한 자들에게 주라 그리하면 하늘에서 보화가 네게 있으리라 그리고 와서 나를 따르라 하시니 그 청년이 재물이 많으므로 이 말씀을 듣고 근심하며 가니라"(마 19:21-22)

모든 소유를 팔아서 가난한 사람들에게 나누어준다고 했을 때 영생이나 보화나 구제를 상상하는 것이 아니라 그 가난한 사람들에게서 일어날 일들을 상상해 보았는가? 예수님은 소유와 영생의 관계에 대해서, 우선순위에 대해서 말씀하셨지만, 구약의 이웃사랑의 측면에서 본다면 그것은 마치 희년의 해방과 자유와 회복으로 성취되지 않겠는가? 이웃을 자기 자신처럼 사랑하라는 구약의 의미는 바로 혜택을 입을 그 소외된 사람들에게 초점이 맞추어질 때 더욱 의미가 부각될 수 있는 것이다. 이웃을 자기 자신처럼 사랑하는 일은 이웃의 입장이 되어보는 것을 뛰어넘는다. 하지만 진정으로 이웃의 입장이 되어보는 것만으로도 엄청난 도전을 받을 수 있다. 부자의 전 재산에만 초점을 맞출 것이 아니라 그 재산을 나눔 받을 사람들을 생각해보면 감격과 감동을 얻을 수 있을 것이다. 우리의 이웃사랑은 이웃의 입장이 되는 것이 첫 단계이다.

이 부자청년과 대조적인 사람으로 우리는 삭개오를 생각한다. 삭개오는 누가 요구한 것도 아닌데 자기 재산의 절반을 팔아서 가난한 사람들에게 나누겠다고 선포한다. 삭개오에게 가난한 사람들의 이웃이 되어서 그들을 자기 자신처럼 사랑해야겠다는 마음까지 있었을까? 아마 거기까지는 생각하지 못했을 것이다. 그러나 적어도 삭개오에게는 이웃사람들의 입장이 되어서 생각하기는 했으리라 여겨진다. 왜냐하면 그는 혹시 자신이 모르는 사이에 지나치게 거둔 것은 없는가를 생각했기 때문이다. 물론 자신의 결백을 위해서 그렇게 생각할 수 있겠지만, 적어도 다른 사람을 생각했다는 점에서는 이웃의 입장에 선 것이라고 간주할 수 있을 것이다.

"삭개오가 서서 주께 여짜오되 주여 보시옵소서 내 소유의 절반을 가난한 자들에게 주겠사오며 만일 누구의 것을 속여 빼앗은 일이 있으면 네 갑절이나 갚겠나이다"(눅 19:8)

이렇게 형제 중에 가난하거나 곤란한 사람을 그들의 입장에서 돕는 것이 하나님의 마음이요 뜻이지만, 단지 율법을 지키는 데에만 급급한 것을 하나님은 원하지 않으신다. 하나님은 마음으로 율법을 지키기를 원하시는 것이다. 곧 사랑으로 이웃을 도와야 한다는 것이다. 율법을 오해하면 마치 헌법이나 법률처럼 생각하기 쉽다. 하지만 헌법이나 법률에도 법 정신이 있지 않은가? 그렇다면 하나님의 마음인 율법 속에서 하나님의 마음을 찾지 못한다면 그 사람에게는 율법이 될 수가 없다.

그래서 성경은 어려운 이웃과 형제를 대할 때 같은 식구로 대우하라고 명령하고 있는 것이다. 시대를 따라 환경이 바뀌겠지만, 가난하게 된 형제를 함께 생활하는 동거인으로 대우하라고 가르친다. 이런 마음은 참 선한 마음일 수밖에 없다. 가족 같이 품어주라는 말씀이다. 어려움 당한 이웃을 도와야 하는데 마음에 없이 그냥 의무적으로만 도움을 준다면 그 이웃은 스스로 일어나기 힘들 것이다. 어려움 당한다는 의미는 스스로 일어설 수 없다는 뜻이다. 그러므로 마치 자기 가족처럼 가난한 이웃을 생각해야 하는 것이다. 혹시 그런 가난한 사람들에게 돈을 빌려주더라도 이자 같은 것은 받을 생각 하지 말라는 것이다.

> "네 형제가 가난하게 되어 빈 손으로 네 곁에 있거든 너는 그를 도와 거류민이나 동거인처럼 너와 함께 생활하게 하되 너는 그에게 이자를 받지 말고 네 하나님을 경외하여 네 형제로 너와 함께 생활하게 할 것인즉"(레 25:35-36)

또 같은 개념이지만 형제가 극한 어려움을 당해서 자신에게 몸이 팔려서 왔다 하더라도 이방인들을 종으로 삼듯이 그렇게 종으로 부리지 말라고 말씀하신다. 희년이 되어 자기 소유지로 돌아갈 때까지 품꾼처럼 그를 대하라고 명령하신다. 어차피 희년이 되면 그는 해방되어 자기 위치를 회복할 것이기 때문에 단지 그때까지 돌본다는 마음으로 대하라는 것이다.

"너와 함께 있는 네 형제가 가난하게 되어 네게 몸이 팔리거든 너는 그를 종으로 부리지 말고 품꾼이나 동거인과 같이 함께 있게 하여 희년까지 너를 섬기게 하라"(레 25:39-40)

하지만 이웃을 자기 자신처럼 사랑하기 위해서는 그것만 가지고는 많은 어려움이 따를 수도 있다. 아무리 마음으로 하려고 해도 마음대로 되지 않을 수도 있다. 그래서 성경은 어려운 이웃을 자기 자신처럼 도와주기 위해서는 그들과 함께 즐거워하고 기뻐할 수 있어야 한다고 가르친다. 이 말씀은 칠칠절과 초막절을 지킬 때에 공동체 안에 거주하는 소외된 사람들과 함께 즐거워하라는 말씀이지만, 즐거워해야 하는 이유가 여호와께서 택하신 곳에서 고아와 과부들과 객들과 함께 즐거워하라는 것이기 때문에 이스라엘의 모든 삶의 영역에서 적용되어야 하는 것도 사실이다. 이웃과 함께 즐거워해야 하는 이유는 단지 여호와 앞에 모였기 때문인 것이다.

"너와 네 자녀와 노비와 네 성중에 있는 레위인과 및 너희 중에 있는 객과 고아와 과부가 함께 네 하나님 여호와께서 자기의 이름을 두시려고 택하신 곳에서 네 하나님 여호와 앞에서 즐거워할지니라 … 절기를 지킬 때에는 너와 네 자녀와 노비와 네 성중에 거주하는 레위인과 객과 고아와 과부가 함께 즐거워하되"(신 16:11, 14)

그와 동시에 그들과 함께 즐거워해야 하는 다른 이유 하나는 하나님께서 베풀어주신 모든 복에 대해서 함께 즐거워해야 하기 때문이다. 그것은 감사와 직결된다. 감사가 크면 하나님께 헌금을 드리는 것과 동시에 소외된 이웃들과 함께 즐거워해야 하는 것이다. 그들을 종이나 노예로 생각하는 것이 아니라 같은 입장에서 하나님의 은혜를 나누면서 즐거워하라는 말씀인 것이다. 이웃사랑은 의무에 덧붙여 마음으로 사랑하며 거기에다가 함께 즐거워할 때 참된 의미가 드러나는 것이다.

"네 하나님 여호와께서 너와 네 집에 주신 모든 복으로 말미암아 너는 레위인과 너희 가운데에 거류하는 객과 함께 즐거워할지니라"(신 26:11)

구약의 이웃사랑은 흔히 고아와 과부를 도와주는 것으로 표현되지만, 그 깊이를 들여다보면 하나님께서 우리들에게 원하시는 이웃사랑의 모든 원리를 발견할 수 있다. 물론 예수님께서 말씀하시는 이웃을 자기 자신처럼 사랑하라는 말씀에는 훨씬 더 깊은 의미가 들어있다. 그것은 예수님께서 친히 사람들을 사랑하시어 고난과 희생으로 우리 죄를 대신하신 것이다. 현대 그리스도인들은 이 예수님의 십자가 사랑을 품고 이웃을 섬겨야 한다. 그 일상의 원리가 바로 구약의 이웃사랑에 들어 있다. 우리 그리스도인들은 구약의 이스라엘보다 훨씬 강하게 이웃을 자기 자신처럼 사랑할 수 있어야 한다.

수확물은 반드시 남겨두라

율법은 누군지 알지 못하는 사람을 위해서도 최소한의 배려를 명하고 있다. 고아나 과부나 객이나 거류민 등 상호관계를 통해 신분이 밝혀져 있는 사람들에 대해서도 자기 자신이나 가족과 같은 입장에서 살펴보아야 하지만, 그 밖에도 생명을 연장해야 하는 절박한 입장에 처한 사람들에 대한 배려도 결코 빠뜨리지 않고 있다. 사실 이 율법은 율법을 제정해주신 광야에서 지켜야 할 법이 아닌 경우가 많다. 앞으로 농경사회인 가나안 땅에 들어가서 지켜야 할 법들이 그 중심이 된다. 비록 가나안 족속들은 정복의 대상이고 또 진멸하고 쫓아낼 것을 명하신 바가 있지만 그럼에도 타국인 가운데 절박한 사람들에 대한 배려까지 율법은 베풀고 있는 것이다.

추수할 때 일부 곡물을 남겨두고 추수하라는 명령은 마치 안식년이나 희년과 같이 이스라엘의 독특한 제도로서 어려운 이웃, 특히 배고픈 이웃들을 내버려두지 말라는 하나님의 마음을 보여주신 것이었다. 성경은 배고픈 이들을 위해 곡물의 일부를 남기라는 명령을 하나님께서 직접 내리신 것으로 분명하게 밝히고 있다. 또한 하나님은 이렇게 마음에서 우러나오는 긍휼에 관해서 복을 주신다고 약속하셨다. 하나님의 마음을 알고 자기 입장에서 이웃을 사랑하는 사람에게는 행하는 모든 일에 복을 주신다는 것이다.

"네가 밭에서 곡식을 벨 때에 그 한 뭇을 밭에 잊어버렸거든 다시 가서 가져오지 말고 나그네와 고아와 과부를 위하여 남겨두라 그리하면 네 하나님

여호와께서 네 손으로 하는 모든 일에 복을 내리시리라"(신 24:19)

곡식뿐만 아니라 과일도 똑같은 마음으로 배려해야 한다. 곡식을 일부 남겨두는 것처럼 포도나무나 감람나무를 수확할 때에도 반드시 일부를 남겨두어야 하며 땅에 떨어진 것을 다시 거두어서는 안 된다. 이것을 아예 법으로 제정해서 백성들이 의무적으로 이웃을 도울 수 있도록 하는 것이 구약의 이웃사랑의 정신이다.

"네가 네 감람나무를 떤 후에 그 가지를 다시 살피지 말고 그 남은 것은 객과 고아와 과부를 위하여 남겨두며 네가 네 포도원의 포도를 딴 후에 그 남은 것을 다시 따지 말고 객과 고아와 과부를 위하여 남겨두라"(신 24:20-21)

여기에 대한 구체적인 예가 다윗의 증조할머니 룻의 경우에 잘 나타난다. 고향을 떠나 모압으로 이주했다가 두 아들과 남편을 잃은 나오미가 자기를 떠나지 않겠다는 작은 며느리 룻과 함께 고향을 돌아오지만, 무일푼으로 먹고 사는 것 자체를 힘겨워하는 입장일 뿐이었다. 과부가 된 며느리 룻은 어떻게 해서든지 시어머니를 먹여 살려야만 했기에 추수가 끝난 곡식밭에서 이삭을 줍는 딱한 처지가 되었다. 이렇게든 저렇게든 굶어죽을 위기에 있는 사람들에게 곡식밭의 일부와 이삭을 줍게 하는 이 제도는 마치 생명줄과 같았을 것이다.

"룻이 가서 베는 자를 따라 밭에서 이삭을 줍는데 우연히 엘리멜렉의 친족 보아스에게 속한 밭에 이르렀더라 … 이에 룻이 보아스의 소녀들에게 가까이 있어서 보리 추수와 밀 추수를 마치기까지 이삭을 주우며 그의 시어머니와 함께 거주하니라"(룻 2:3, 23)

룻과 나오미가 살아날 수 있었던 이유는 바로 이 제도 덕분이었다고 할 수도 있다. 룻과 나오미는 두 사람 모두 과부였다. 그 당시 과부는 딱히 생계수단을 얻을 수 없는 사람들이었다. 고아도 마찬가지였다. 어디에도 기댈 데가 없이 하루하루를 연명해야 하는 사람들이었다. 소외된 계층이었던 나그네나 타국인들도 마찬가지 입장이었다. 추수밭에서 곡식의 일부와 이삭을 남기고 과일의 일부와 떨어진 열매를 거두지 말라는 명령은 이렇게 곤란을 당하고 소외된 사람들에게는 한 줄기 희망이었던 것이다.

현대 사회를 살아가는 우리 그리스도인들에게 이런 제도는 어떤 식으로 받아들여져야 할까? 일종의 사회적 책임이 아니던가? 가난한 사람들이 더 이상 억압당하지 않고 최소한의 생계를 유지할 수 있도록 만들어주는 탁월한 제도가 아닌가? 현대국가에서는 물론 국민들로부터 거둔 세금으로 각종 어려움 당하는 사람들을 위한 복지사회를 만들어가고 있다. 선진국일수록 복지제도가 잘 되어 있다. 사회가 발전되어갈수록 어찌 보면 지나칠 정도로 복지제도를 빈틈없이 만들어가고 있다.

그렇다면 우리 그리스도인들은 어떻게 행동해야 할 것인가? 헌금으로만 이웃사랑의 모든 의무를 다하고 있는 것인가? 아니다.

현대 사회에서도 고아와 과부와 나그네와 궁핍한 사람들과 타국인들이 존재한다. 그렇다면 구약 시대처럼 하나님의 백성들에게 일종의 의무가 생겨야 한다. 이스라엘에서 농사를 짓는 백성이라면 당연히 일부 곡식과 이삭을 남겨두어야 한다. 그렇다면 우리들도 이삭기금 같은 것을 만들어야 하지 않겠는가? 모든 그리스도인들이 수입의 1%라도 모아서 어려움 당하는 사람들이나 지역을 위해 함께 사용할 수 있는 창구 같은 것을 만든다면 구약 율법의 생활화가 가능해지지 않겠는가? 그렇지 않으면 각 교회에서 모여지는 십일조 중에서 1%씩 떼어서 기금을 만들면 어떻겠는가?

　구약의 이웃사랑에는 우리 그리스도인들이 실제 생활에서 별로 의식하지 못하고 있는 세세한 규정들이 포함되어 있다. 그것은 실질적인 이웃사랑이다. 신약 성도들은 입으로는 항상 이웃사랑을 달고 살지만 구약 백성들에 비하면 거의 생활화가 되어 있지 못하다. 거기에다가 자기 자신처럼 이웃을 사랑하라는 예수님의 명령은 우리 가슴을 파고들지 못한다. 그렇게 하고 싶어도 할 수 있는 길이 별로 없다. 율법은 그냥 법이 아니다. 그것은 하나님의 마음이다. 표면적으로 지켜야 할 것만 가르치고 있다고 비판할 때가 많지만 율법은 지키는 것이 아니라 살아가는 것이다. 구약의 이웃사랑을 살펴보면서 신약백성으로서 많은 부끄러움을 느낀다. 그저 옛날 이스라엘이라는 공동체 나라 안에서 자기들끼리 지켜야 할 법이 율법이라고 생각할 수 있겠지만 그 안에 오히려 자기 이웃을 자기 자신처럼 사랑하면서 살아야 한다는 하나님의 마음이 깊이 흐르고 있었던 것이다.

한편, 이삭이라도 얻기를 원해서 곡식밭에 들어간 딱한 형편의 백성들에게도 한계를 분명하게 정해주고 있다. 배가 고파서 손으로 이삭을 잘라 먹는 정도는 허용이 되지만 곡식에 낫을 대어서는 안 된다. 그 이상은 도둑이 되는 것이다. 포도원에 들어가서도 마찬가지이다. 그 자리에서 배불리 먹을 정도까지는 허용이 되지만 그릇에 담는 행위는 허용될 수가 없다. 그렇게 포도를 따서 밖으로 가지고 나간다면 포도원 주인에게 심각한 손실이 발생할 수 있다. 그렇게 되면 그것은 도둑이 되어버리는 것이다.

"네 이웃의 포도원에 들어갈 때에는 마음대로 그 포도를 배불리 먹어도 되느니라 그러나 그릇에 담지는 말 것이요 네 이웃의 곡식밭에 들어갈 때에는 네가 손으로 그 이삭을 따도 되느니라 그러나 네 이웃의 곡식밭에 낫을 대지는 말지니라"(신 23:24-25)

이스라엘의 이웃사랑의 정신 속에는 서로 하나가 되어야 한다는 분명한 목적이 들어있다. 고아나 과부나 나그네나 타국인들을 마치 자기 자신을 사랑하는 것같이 도와주고 배려해 주고 사랑해 주는 목적은 하나님 안에서 하나가 되라는 것이다. 같은 공동체 안에 있어도 마음이 하나 되지 않고 서로 사랑해주지 않는다면 그것은 공동체가 아니다. 하나님께서 명하시는 이웃사랑의 목적은 서로 사랑함으로써 하나가 되는 것이다. 왜냐하면 모든 사람은 원래 하나였기 때문이다. 구약에서는 이런 사상을 제도로 정해놓음으로써 하나님의 마음과 뜻을 이해할 수 있도록 만들었다. 신약백성으로서 우리는 어떻게 구약의 이웃사랑의 정신을 실제 삶에 적용할 것인지를 고민하는 성도들이 되어야 할 것이다.

하나님께 공의이고 백성에게 복이다

십일조라는 것도 생활능력이 없는 레위인들과 고아와 과부들을 위한 제도임을 우리는 기억해야 한다. 구약 백성들은 매년마다 모든 소출의 십일조를 드렸는데 이것은 레위인들의 생활에 사용되도록 했었다. 제2의 십일조(축제의 십일조)라는 것이 있는데 그것은 정상적인 십일조를 드리고 나서 다시 십일조를 드리는 것으로, 주로 제사나 절기(축제)를 지키는 데 사용되도록 했다(신 14:23). 그런데 제2의 십일조 중에서 안식년 후 셋째 해와 여섯째 해(신 14:28)에는 주로 경제적으로 어려운 사람들을 위해 사용하도록 하셨다. 이것을 제3의 십일조(구제의 십일조)라고 부른다.

> "셋째 해 곧 십일조를 드리는 해에 네 모든 소산의 십일조 내기를 마친 후에 그것을 레위인과 객과 고아와 과부에게 주어 네 성읍 안에서 먹고 배부르게 하라"(신 26:12)

물론 십일조는 모든 것이 하나님의 것이며 하나님으로부터 나왔다는 신앙고백으로 드리는 것이다. 그것은 기본적으로 하나님의 예식을 집행하기 위해 따로 분깃이 주어지지 않은 레위인들을 위해 사용되는 것이고, 그 중에 소외당하는 사람들을 위한 십일조를 따로 구별하도록 하셨다. 이것은 하나님의 명령이다. 십일조를 정확하게 드린다는 것은 하나님을 잊지 않고 있다는 증거가 된다. 그것은 하나님의 말씀을 잊지 않고 순종하고 있다는 표현이다.

"그리 할 때에 네 하나님 여호와 앞에 아뢰기를 내가 성물을 내 집에서 내어 레위인과 객과 고아와 과부에게 주기를 주께서 내게 명령하신 명령대로 하였사오니 내가 주의 명령을 범하지도 아니하였고 잊지도 아니하였나이다"(신 26:13)

그런데 하나님의 명령을 마음과 행동으로 지키면 하나님도 그 순종을 잊지 않으신다. 하나님은 하나님을 의지하는 사람에게 복을 내려주신다. 백성들이 하나님의 명령대로 순종하여 행하면 하나님께서도 백성들의 순종을 알고 있다는 표시를 해주신다. 하나님의 뜻을 따를 때 하나님께서 복을 주시는 것을 기복신앙으로 간주하면 안 된다. 만약에 백성이 하나님의 율법을 따라 마음으로 순종하고 있는데 10년이든 20년이든 아무런 변화나 증거가 없다면 신앙생활을 끝까지 잘 감당할 수 있겠는가? 범사에 주시는 복은 일종의 믿음의 증거가 될 수 있는 것이다.

"매 삼 년 끝에 그 해 소산의 십분의 일을 다 내어 네 성읍에 저축하여 너희 중에 분깃이나 기업이 없는 레위인과 네 성중에 거류하는 객과 및 고아와 과부들이 와서 먹고 배부르게 하라 그리하면 네 하나님 여호와께서 네 손으로 하는 범사에 네게 복을 주시리라"(신 14:28-29)

물론 복 받을 것을 전제로 하고 십일조를 한다든가 이웃을 돕는다면 하나님의 마음을 온전히 기쁘게 할 수 없다. 만약에 벌 받을 것이 두려워서 눈에 보이는 율법을 철저하게 순종했다고 하자. 그러면 그에게는 하나님께서 기뻐하실 만한 믿음이 있는 것일까? 하나님은 외식하는 행위를 극도로 싫어하신다. 그래서 예수님도 이런 외식하는 율법주의자들인 바리새인들을 향하여 얼마나 비판하셨는가?(마 23:23) 형식은 반드시 필요하다. 우리가 구약의 이웃사랑을 살펴보면서도 그 속에 담겨있는 하나님의 사랑을 발견하면서 놀라움을 금치 못한다. 그러나 하나님의 마음과 뜻을 모른다면 얼마나 허망한 일이겠는가?

하나님은 하나님의 명령을 마음으로 지키고 하나님의 뜻을 이해한다면 틀림없이 복을 주신다. 하지만 하나님께서 주시는 복은 백성들이 철저하게 마음으로 순종한다고 해서만 주시는 것은 아니다. 그것이 하나님의 정의를 만족시키는 일이기 때문에 복을 주시는 것이다. 하나님께서 고아와 과부와 나그네와 가난한 사람들을 마음을 다해 돕도록 명령하신 이유는 이스라엘 공동체의 존속이라는 부차적인 뜻도 있지만 더 중요한 것은 그런 행위가 하나님의 정의를 만족시킬 수 있는 것이기 때문이다.

하나님은 고아와 과부에게 억울한 일이 없도록 정의를 베푸신다. 하나님은 고아와 과부처럼 어디에도 기댈 데가 없는 사람들이 하나님을 의지할 때 쉽게 응답하신다. 부자들은 그렇게 모든 것을 내려놓고 기도하는 경우가 많지 않다. 하지만 가난한 사람들은 날마다 간절하게 하나님을 의지할 수밖에 없다. 하나님께서 고아와 과부에게 베푸시는 정의를 백성들이 따라서 행하면 하나님은 그것을 정의롭게 여기신다. 하나님께서 정의를 베푸시는데 백성들이 그에 따르지 않거나 정의로운 마음이 아니라 복 받을 욕심 때문이거나 자기 자신을 정의롭게 보이고 싶어서 외식하는 사람이라면 하나님께서 그 사람을 어떻게 정의롭게 여기실 수가 있겠는가?

"고아와 과부를 위하여 정의를 행하시며 나그네를 사랑하여 그에게 떡과 옷을 주시나니"(신 10:18)

그래서 예수님은 바리새인들의 가장 흔한 모습인 외식하는 행태를 강하게 비판하셨던 것이다. 바리새인들이 천국에 갈 가능성이 있을까? 일부 예외적인 경우는 있겠지만 전형적인 바리새인들은 결코 천국백성이 될 수 없다. 그들은 오히려 정의를 행하는 백성들의 길을 가로막고 있는 존재들이다. 가장 율법적인 사람들로 보이고 싶어 하겠지만 사실은 가장 반율법적인 사람들이다. 오히려 하나님의 대적자의 행세를 하고 마는 것이다.

"화 있을진저 외식하는 서기관들과 바리새인들이여 너희는 천국 문을 사람들 앞에서 닫고 너희도 들어가지 않고 들어가려 하는 자도 들어가지 못하게 하는도다"(마 23:13)

십일조를 비롯하여 이웃사랑하기를 자기 자신에게 하는 것처럼 하려는 마음을 가진 사람은 하나님 앞에 공의로운 사람이 된다. 하나님께서 그 사람의 공의를 인정하신다는 말이다. 겉옷 한 벌밖에 없는 사람이 배고픔을 면하기 위해 겉옷을 저당 잡혔을 때 그 겉옷은 해 지기 전에 반드시 돌려주어야 한다. 그 행위 자체로 공의를 인정받을 수 있지만, 그렇게 돈을 갚지 못하고도 겉옷을 입고 자는 가난한 사람의 감사와 축복이 하나님께 상달되는 것이다. 이래저래 하나님의 공의를 만족시키는 사람에게 복을 주시지 않을 수가 없는 것이다.

"그가 가난한 자이면 너는 그의 전당물을 가지고 자지 말고 해 질 때에 그 전당물을 반드시 그에게 돌려줄 것이라 그리하면 그가 그 옷을 입고 자며 너를 위하여 축복하리니 그 일이 네 하나님 여호와 앞에서 네 공의로움이 되리라"(신 24:12-13)

그리스도인은 스스로의 정의나 공의를 만족시키기 전에 하나님의 정의와 공의를 만족시켜야 하는 사람들이다. 하나님의 성품은 자비와 정의이다. 자비와 정의는 얼핏 전혀 상반되는 개념 같지만 자비가 정의를 만족시키고 정의가 자비로 표출되는 것이다. 자비는 사랑이다. 그것은 하나님의 성품이다. 이웃사랑은 하나님의 성품을 만족시키는 일이 된다. 이웃을 자기 자신처럼 사랑할 수 있다면 그것은 결코 손해가 아니다. 그렇게 사랑하려면 손해를 보거나 불이익을 당하거나 자신을 위해 해야 할 일을 다 하지 못할 수도 있지만 그럴수록 오히려 하나님의 정의를 만족시키는 것이다.

사랑은 허다한 죄까지도 다 덮는 지고한 개념이다. 죄 값을 치러야 하나님의 정의가 만족되는 것 같지만 오히려 용서와 사랑이 죄를 덮는 정의가 될 수 있다는 것이다.

"무엇보다도 뜨겁게 서로 사랑할지니 사랑은 허다한 죄를 덮느니라"(벧전 4:8)

그래서 율법은 자기 이익을 위해서나 이자를 받기 위해 가난한 사람에게 돈을 빌려주지 말라고 명하는 것이다. 그것은 사랑하는 마음이다. 불쌍히 여기는 마음이다. 하나님의 정의와 공의를 만족시키는 마음이다. 하나님께서 바라시는 것은 그 행위를 이끌어내는 마음이다. 우리에게 더 중요한 것은 하나님을 만족시키는 일이다. 물론 사람이 어떻게 하나님을 만족시킬 수 있겠는가마는, 이웃을 자기 자신처럼 마음으로 사랑하면 하나님을 만족시키는 것이다. 기도를 엄청나게 많이 하고 말씀을 매일같이 읽고 내용을 잘 안다고 해서 하나님의 정의와 공의를 만족시키는 것은 아니다. 마음과 뜻과 힘을 다해서 하나님을 사랑하라고 하셨지만 동시에 이웃도 마음과 뜻과 힘을 다해서 사랑하는 것이 이웃을 자기 자신처럼 사랑하는 것이다. 구약의 이웃사랑은 이런 개념을 너무나도 밝히 드러내고 있는 것이다.

"너는 그에게 이자를 받지 말고 네 하나님을 경외하여 네 형제로 너와 함께 생활하게 할 것인즉 너는 그에게 이자를 위하여 돈을 꾸어 주지 말고 이익

을 위하여 네 양식을 꾸어 주지 말라"(레 25:36-37)

그런 마음이 하나님의 정의를 만족시키고 백성들에게는 복이 되는 것이다. 동족에게서는, 특히 가난한 형제로부터는 어떤 이자도 받지 말아야 한다. 물론 사업상 금전거래에 있어서라면 이자를 받을 수도 있겠지만 적어도 가난한 사람들에게서는 이자를 취하면 안 된다. 손해를 보더라도 이웃에게 사랑을 행한다면 하나님은 반드시 만족하시고 범사에 복을 주시는 것이다.

"타국인에게 네가 꾸어주면 이자를 받아도 되거니와 네 형제에게 꾸어주거든 이자를 받지 말라 그리하면 네 하나님 여호와께서 네가 들어가서 차지할 땅에서 네 손으로 하는 범사에 복을 내리시리라"(신 23:20)

하나님은 우리에게서 하나님의 정의와 공의가 성취되기를 원하신다. 오늘날 스스로의 의로움을 위해 행하는 사람은 있지만 진정으로 하나님의 정의를 만족시키기 위해 살아가는 그리스도인은 적은 것이 현실이다. 어쩌면 하나님의 정의와 공의라는 개념조차도 무시하고 살아가는 사람들이 우리 그리스도인들일 수 있다. 하나님의 정의와 공의는 우리 자신을 지켜 정결하게 하는 것도 포함하지만, 하나님께서 진정으로 원하시는 것은 이웃을 자기 자신처럼 사랑하는 일이다. 이웃사랑이야말로 하나님의 정의와 공의를 세울 수 있는 강력한 수단이다.

행하지 않으면 죄가 된다

우리는 이웃사랑에 대한 하나님의 명령을 다각도로 살펴보고 있는 중이다. 마지막으로 이웃사랑을 행하지 않으면 과연 어떻게 될 것인가를 생각해보고자 한다. 이웃을 자기 자신처럼 사랑하면 하나님의 정의와 공의가 만족된다. 그렇다면 이웃사랑이 제대로 행해지지 않는다면 거꾸로 하나님의 정의와 공의는 성립될 수가 없다. 그러면 이웃을 자기 자신처럼 사랑하지 않는 것은 하나님께 죄가 된다. 물론 이것은 적극적인 죄는 아니다. 성물을 취한다거나 거짓을 말한다거나 십계명을 범하는 것 같은 적극적인 죄에 대해서는 하나님은 물론 철저하게 심판하신다. 그렇지만 이웃을 사랑하지 않는다고 하나님께 죄가 된다면 너무 가혹한 것은 아닐까?

사실 하나님께서 백성들의 이웃사랑에 대해서 판단하실 때의 기준은 크고 막대한 것이 아닐 경우가 많다. 예를 들어 품삯을 며칠 미룬다거나 하는, 어쩌면 별로 신경 쓰지 않아도 될 것 같은 작은 일인 경우가 더 많다. 하나님은 품삯을 며칠이 아니라 몇 시간 미루는 일에 대해서도 죄를 물으신다고 하셨다. 왜냐하면 사람의 행위는 그의 마음의 반영일 수 있기 때문이다. 작은 행위는 숨겨진 그의 마음의 틈새이다. 동시에 그것을 당하는 사람들의 간절한 마음을 무시하는 것이다.

"그 품삯을 당일에 주고 해 진 후까지 미루지 말라 이는 그가 가난하므로 그 품삯을 간절히 바람이라 그가 너를 여호와께 호소하지 않게 하라 그렇

지 않으면 그것이 네게 죄가 될 것임이라"(신 24:15)

사람을 무시하는 일은 은연중에 드러나게 된다. 자신은 미처 의식하지 못하고 행동하지만 그 결과는 상대방에게 큰 어려움을 안겨줄 수가 있다. 이런 이웃의 마음을 이해하거나 공감하지 못한다면 그 사람은 이웃을 자기 자신처럼 사랑할 수 없다. 그런데 그렇게 어려움을 당하고 있는 사람의 마음이 하나님께 전달된다는 것이다. 하나님께서는 물론 모든 것을 다 아시지만 특히 이웃을 무시하거나 차별하는 마음과 행위는 그것을 당하는 사람들의 신음이나 호소를 통해서 하늘에 상달된다는 것이다. 그것은 이웃에게 죄를 짓는 것임과 동시에 하나님께도 죄를 짓는 것이 되는 것이다.

이웃을 자기 자신처럼 사랑하는 일은 그리스도인으로서 마땅히 가져야 할 삶의 자세이다. 하나님은 과거나 오늘이나 바로 그것을 원하신다. 한국교회가 많은 비판을 받는 이유 중의 하나가 바로 이웃사랑의 결핍이 아니겠는가? 이웃사랑의 정신과 명령은 구약시대보다 오늘날 현대교회에 더욱 절실하게 필요하다. 사업을 한다면서 얼마나 많은 부정과 불공정의 죄가 저질러지는가? 예배당 건축을 하면서도 수많은 편법이 행해지고 있다. 물론 이웃사랑의 계명에 직접 저촉되는 것은 아니지만 밑바닥을 보면 그것은 이웃을 무시하는 것이 아니겠는가? 자기 이익을 위해 이웃의 권리를 빼앗는 것은 아닌가? 복음시대라고 하면서, 죄에서 자유롭게 되었다고 하면서 구약의 율법조차도 전혀 따라가지 못하는 행태를 보이는 것은 너무나도 아쉬운 일들이 아닐 수 없다.

하나님은 면제년에 궁핍한 자가 면제된다고 해서 악하게 대하지 말라고 하신다. 안식년에는 부채를 면제해 주어야 하는데 면제년이 가까울수록 면제해 주는 일에 대해서 아깝다는 생각이 들어 그를 무시하는 것은 명백한 죄가 되는 것이라고 하신다. 어렵고 궁핍한 이웃을 바라볼 때에는 그 이웃의 입장에서 생각해주고 공감해줄 수 있어야 하는데 오직 자신이 조금 손해 볼 듯한 데에만 관심이 집중되는 것은 분명히 죄가 된다는 것이다. 이 경우에도 그 궁핍한 형제가 하나님께 호소하게 되기 때문에 더욱 죄가 된다고 하신다. 빚을 면제해주어야 할 주인의 입장에서는 큰 비중을 차지하지 않을 것이나 빚을 면제받을 수 있는 궁핍한 사람의 입장에서는 엄청나게 큰 비중을 차지하는 것이다. 이처럼 어려운 사람들의 입장과 마음을 이해하는 것으로부터 출발하는 것이 진정한 이웃사랑이다.

"삼가 너는 마음에 악한 생각을 품지 말라 곧 이르기를 일곱째 해 면제년이 가까이 왔다 하고 네 궁핍한 형제를 악한 눈으로 바라보며 아무것도 주지 아니하면 그가 너를 여호와께 호소하리니 그것이 네게 죄가 되리라"(신 15:9)

그러면 이웃을 사랑하지 못하고 불이익을 주는 일이 하나님께 죄가 된다는 말은 무슨 뜻일까? 죄를 지었으면 벌을 받아야 한다. 대가를 치러야 한다. 어떤 대가를 치르게 되겠는가? 하나님은 고아나 과부를 해롭게 하는 사람에게는 바로 그 고아나 과부처럼 되게 하겠다고 하신다. 무시무시한 이야기이다. 당장 무슨 심판을 받는 것은 아니지만 그 죄에 대한 대가는 반드시 치르게 된다. 그것도 가난한 사람들의 부르짖음을 통하여 하나님께서 들으시고 그것 때문에 하나님께서 맹렬한 노를 발하신다고 말씀하신다.

"너는 과부나 고아를 해롭게 하지 말라 네가 만일 그들을 해롭게 하므로 그들이 내게 부르짖으면 내가 반드시 그 부르짖음을 들으리라 나의 노가 맹렬하므로 내가 칼로 너희를 죽이리니 너희의 아내는 과부가 되고 너희 자녀는 고아가 되리라"(출 22:22-24)

이 말씀을 가볍게 들어서는 안 되는 이유는 여호와께서 맹렬한 노를 발하실 때가 그리 많지 않다는 데에 있다. 하나님은 백성들이 우상숭배를 할 때에 주로 진노하신다. 그런데 고아나 과부를 해롭게 할 때에도 맹렬한 노를 발하신다. 무슨 뜻인가? 궁핍한 사람들에게 해를 입히는 것은 마치 우상숭배만큼이나 하나님을 노하시게 만든다는 것이다. 하나님은 어떻게 하든지 하나님 안에서 하나가 되기를 원하시는데 고아나 과부를 해롭게 하는 일은 우상숭배만큼이나 하나 되지 못하고 나누이게 만들기 때문인 것이다.

구약의 마지막 성경인 말라기에서도 분명하게 구별하여 심판을 내리실 것이라고 말씀하셨다. 점치는 자와 간음하는 자와 거짓 맹세하는 자와 여호와를 경외하지 않는 자들에게는 당연히 심판이 내려지지만, 그와 동시에 이웃을 사랑하는 것이 아니라 품삯을 속이거나 빼앗고 고아와 과부를 무시하고 압제하며 나그네를 억울하게 하는 사람에게도 똑같은 심판이 내려진다. 왜 그래야 하는 것일까? 그것은 그런 사람들은 하나님의 백성이 될 수가 없기 때문이다. 다른 말로 하면 하나님의 백성이라면 당연히 이웃을 자기 자신처럼 사랑한다는 것이다. 이웃사랑은 배우거나 훈련해서 되는 것이라기보다는 하나님의 백성으로서의 정체성이라는 것을 분명하게 가르치시는 것이다. 이웃을 자기 자신처럼 사랑하지 못하는 것은 하나님의 백성으로서의 정체성이 사라졌기 때문이다.

> "내가 심판하러 너희에게 임할 것이라 점치는 자에게와 간음하는 자에게와 거짓 맹세하는 자에게와 품꾼의 삯에 대하여 억울하게 하며 과부와 고아를 압제하며 나그네를 억울하게 하며 나를 경외하지 아니하는 자들에게 속히 증언하리라 만군의 여호와가 말하였느니라"(말 3:5)

신약성경에서도 고아나 과부를 돌보는 일을 가장 핵심적인 이웃사랑으로 간주하고 있다. 하나님 앞에 경건하고 순종하는 사람은 곧 고아와 과부를 돌보는 사람이다. 물론 꼭 고아와 과부만을 뜻하는 것은 아니다. 우리의 주변에서 어려움 당하는 사람들을 보면 그저 남의 일처럼 바라보는 것이 아니라 관심을 가지고 그 사람에게 필요한 것이 무엇일까를 고민해보는 사람들이 참 그리스도인들이다. 그런 마음이 없다면 복음을 잘못 받았거나 자기중심적으로 모든 훈련을 받았거나 혹은 단지 복음을 종교적으로만 알고 있기 때문일 것이다.

"하나님 아버지 앞에서 정결하고 더러움이 없는 경건은 곧 고아와 과부를 그 환난 중에 돌보고 또 자기를 지켜 세속에 물들지 아니하는 그것이니라"(약 1:27)

구약의 이웃사랑은 예수님 이후처럼 자기를 희생하고 이웃을 대신하는 사랑까지는 아니지만 율법에서 제시하는 이웃사랑의 계명을 삶 속에서 지킬 수 있도록 하는 측면에서는 매우 자세하고 구체적으로 되어 있다. 우리 그리스도인들은 절대로 우리 자신이나 가족이나 동료들만을 위해서 살도록 되어있지 않다. 물론 자신의 삶을 영위해야 하는 것은 맞지만 또 다른 삶의 목적이 바로 이웃을 사랑하는 것이라는 말이다. 이런 의식 없이 자신의 필요에만 반응하는 믿음이라면 하나님의 정의와 공의를 만족시키지 못한다. 우리는 다시 한 번 우리의 신앙생활을 점검해보아야 한다. 그리하여 이웃사랑에서 부족한 부분이 발견된다면 최우선적으로 회복하는 데에 힘을 쏟아야 할 것이다.

제7장
차별하지 않는 것이다

하나님은 사람을 보실 때 벌거벗은 그대로를 정확하게 보신다. 그 사람의 의복이나 차림새 같은 것을 다 벗겨버리고, 사회적 지위나 외적인 조건들 속에 들어있는 사람 그 자체를 다 아신다. 특히 사람의 감추어진 속마음을 다 아신다. 사람이 사람을 대할 때의 말의 의도와 감정적인 반응들과 상대방을 대하는 무의식적인 반응들까지 다 살피신다. 그렇기 때문에 하나님의 판단은 사람의 분별과 결코 같을 수 없다. 물론 사람이 하나님을 대하는 것까지 다 파악하고 계신다. 그저 종교적인 의식으로 하나님을 대할 수도 있고 자기 이익을 위해서 하나님을 이용할 수도 있고 자신의 종교적 만족감을 위해서 하나님을 만나는 척할 수도 있다.

하나님께서 가장 참으실 수 없는 일은 아마도 하나님 이외에 다른 잡신을 섬기거나 이웃에게 몰래 전파하는 사람이겠지만, 그와 동일하게 참을 수 없으신 일은 아마도 인간들끼리 차별하는 것이 아닐까 생각된다. 왜냐하면 하나님은 인간끼리 부딪치는 모든 일의 내막을 너무나도 잘 아시기 때문이다. 순수하게 상대방을 이해하고 사랑하고 인정하는 입장과 함께 상대방을 미워하고 차별하고 이용하고 지배하려는 모든 욕구를 하나님은 너무나도 정확하게 아신다. 그런데 인간들 사이에는 별의별 일이 다 일어난다. 상대방을 위해 목숨을 버리는 일에서부터 상대방의 목숨을 빼앗는 일까지 수많은 모든 일들이 가능하다. 그렇게 하나님 앞에 벌거벗고 서 있는 사람들이 자기보다 조금 약하거나 자신에게 손해가 될 수 있다고 해서 다른 사람을 차별한다면 모든 것을 아시는 하나님은 분노를 일으키실 것이다.

우리는 그 하나님 앞에 서 있는 사람들이다. 특히 그리스도인들은 하나님의 언약과 맹세에 참여하기 위해서 하나님 앞에 서 있다. 하나님을 모르는 사람들과는 아무 상관이 없다. 오직 여호와의 백성들은 여호와 하나님 앞에 서서 살아가는 사람들이다. 구약의 백성들에게는 이것은 더욱 명확하였다. 이방인들에게는 여호와의 언약과 맹세가 아무런 효력을 미칠 수 없다. 이웃사랑은 바로 이 지점에서부터 출발하는 것이다. 참된 이웃사랑은 하나님의 시각에서부터 시작되어야 한다. 단지 고아와 과부를 불쌍히 여기고 도와주는 것이 아니라 이웃사랑의 원리가 어디에서부터 비롯되는가를 알아야 그 당위성이 성립되는 것이다.

"너희의 유아들과 너희의 아내와 및 네 진중에 있는 객과 너를 위하여 나무를 패는 자로부터 물 긷는 자까지 다 너희의 하나님 여호와 앞에 서 있는 것은"(신 29:11)

재판을 정의롭게 하라

구약 시대에나 현대에나 재판은 억울한 사람을 가장 많이 생산하는 현장일 것이다. 재판이란 큰 범위에서 보자면 하나님을 대신해서 인간이 결론을 내리는 행위이다. 올바른 재판이 다수를 차지하겠지만 그릇된 판결로 인하여 재판 당사자에게 평생 씻을 수 없는 상처를 남기는 경우도 허다하다. 죄의 유무는 물론이고 형량에 있어서 어느 한 쪽은 수용하기 어려운 일이 많을 것이다. 그런데 구약에서는 이 재판을 이웃사랑의 한 가지 줄기로 보아야 한다고 가르치고 있다. 이웃사랑이란 공동체 안에서 함께 살아가는 사람들끼리 하나가 되기 위한 최소한의 행위를 말하는데, 그 안에서 억울한 사람들이 많이 나올수록 하나가 되는 일은 더욱 멀어질 것이기 때문이다.

하나님은 재판은 하나님 앞에서 하는 것이라고 말씀하신다. 재판은 하나님께 속한 것이기 때문에 그 어떤 조건에도 차별을 두어서는 안 된다는 것이다. 재판이란 원래 정의를 행하기 위해 존재하는 것이다. 그렇지만 이스라엘 백성의 재판은 사회의 정의가 아니라 하나님의 정의를 세우는 일이었다. 사람들을 두려워하여 외모나 귀천에 따라 재판을 결정하는 것은 물론 안 되는 일이지만, 하나님께 속한 재판에 대해서 생각할 때 그 속에 들어있는 율법 정신을 검토하는 것이 먼저일 것이다.

"재판은 하나님께 속한 것인즉 너희는 재판할 때에 외모를 보지 말고 귀천을 차별 없이 듣고 사람의 낯을 두려워하지 말 것이며 스스로 결단하기 어려운 일이 있거든 내게로 돌리라 내가 들으리라 하였고 내가 너희의 행할 모든 일을 그 때에 너희에게 다 명령하였느니라"(신 1:17-18)

하나님은 만약에 여러 가지 내용이 얽히고설켜 결단하기 어려운 일일 때에는 하나님께 물어야 한다고 하셨다. 이 말씀은 모세가 지도자로서 이스라엘의 출애굽을 이끌었던 초기의 이야기이기 때문에 모세를 통해 말씀하시겠다는 뜻으로도 읽힐 수 있겠지만, 더 나아가 하나님은 이미 모든 경우에 관한 '말씀'을 주셨기 때문에 '말씀'에 의지하라는 뜻으로 읽어도 될 것 같다. 이스라엘 백성들에게 있어서 중요한 것은 율법은 사회법보다 상위에 있다는 사실이다. 물론 이스라엘에서는 율법이 사회법이었다. 아무튼 하나님은 재판에서 억울한 일을 당하는 사람들에게 관심을 가지고 계신다. 재판의 결과보다는 한 사람 한 사람의 삶을 우선적으로 배려하시려는 하나님의 뜻을 알 수 있을 것이다. 결국 모든 재판은 이웃사랑의 원리로 접근해야 한다.

일반적으로 재산이 많거나 권세가 있는 사람들은 재판에서도 유리하게 이끌어가려고 할 것이고, 돈도 없고 연줄도 없는 소외된 사람들은 스스로 유리하게 이끌 수 있는 그 어떤 수단도 가지고 있지 못하다. 그러나 성경에 의하면 하나님께서 그런 사람들을 변호하신다. 그들의 억울함이 간절함과 절박함이 되어 하나님의 귀에 들리면 재판을 자기들에게 유리하게 마음대로 이끈 사람들이나 그것을 위해 힘쓴 사람들에게 저주가 내려진다. 그런 사람들이 어려운 이웃에게 뭔가 도움을 준다고 해도 그들이 이웃을 진짜 사랑하는 것은 아닐 수 있다. 하나님은 너무나도 잘 알고 계신다.

"객이나 고아나 과부의 송사를 억울하게 하는 자는 저주를 받을 것이라 할 것이요 모든 백성은 아멘 할지니라"(신 27:19)

이웃사랑이란 무엇인가 결핍된 사람들의 필요를 채워주고 문제를 들어주고 함께 해결하는 행위이다. 하지만 하나님께서 다 알고 계시듯이 정말 그 사람에게 이웃을 사랑하는 마음이 있는가는 별개의 문제이다. 하나님은 물론 가난한 사람들을 도와주면 기뻐하신다. 하지만 진심으로, 하나님의 마음과 뜻을 이해하고 돕는 것과 단지 의무나 책임으로 또는 자기 의를 위해 돕는 것은 차원이 다른 문제이다. 하나님께서 공동체 백성들이 하나가 되는 일에 모든 초점을 맞추고 계신다면 먼저 하나님의 마음과 뜻을 이해하는 일이 우선되어야 한다.

하나님께서 왜 가난한 사람들이 재판에서 불이익을 당하지 않도록 하라고 명령하셨는가? 백성들끼리 하나가 되고 하나님과 하나가 되기를 원하시는 것이다. 그렇기 때문에 무조건 가난한 사람의 편이 되라는 말씀이 아니다. 만약에 그렇게 된다면 하나님의 정의와 공의는 이 땅에 조금도 실현될 수 없다. 가난한 사람들에게 불이익이 돌아가지 않도록 하라는 것이지 가난한 사람들에게 유리하게 재판하라고 하신 것은 아니다. 모든 송사에는 하나님의 정의가 실현될 수 있게 해야 한다.

"다수를 따라 악을 행하지 말며 송사에 다수를 따라 부당한 증언을 하지 말며 가난한 자의 송사라고 해서 편벽되이 두둔하지 말지니라"(출 23:2-3)

현대 세계에서도 사회적으로 소외된 사람들의 편을 들어 그들의 이익을 대변하려는 단체나 기관들이 존재한다. 하지만 대부분의 경우에는 무조건적으로 자기들이 변호하는 사람들의 편이 되려고 한다. 그렇게 하다가 보면 자신들과 반대편이나 방관자들을 공격하게 되는 경우가 비일비재하다. 억울한 사람들 편이 되어 그들을 도와주려고 하다가 오히려 그들에게 불이익이 되거나 비판적인 반응을 일으켜 도리어 손해가 되게 하고 세상을 둘로 나누이게 하는 일이 다수를 차지한다. 물론 하나님 밖에 있는 사람들의 일이므로 그런 측면은 어쩔 수 없다 하더라도 신앙 안에 있는 사람들이나 단체나 기관들에서도 이렇게 행하는 것은 하나님의 정의를 무시하는 결과만 가져올 뿐이다.

과연 그렇게 하는 것이 이웃을 진정으로 사랑하는 일인가? 물론 그 의도와 목적은 충분히 이해한다. 하지만 그런 입장 이전에 하나님의 정의는 과연 무엇인가를 먼저 생각해야 할 것이다. 특정한 사람들의 편이 되어준다고 하면서 믿음의 형제를 공격하는 일이 어떻게 이웃사랑이 될 수 있는가? 재판이나 송사에 대해서 살펴볼 때 우리는 먼저 이웃사랑의 측면에서 깊이 생각해보아야 한다. 물론 가난하고 억울하고 소외된 사람들을 돌보아야 한다. 하지만 그 이전에 전체 공동체의 하나 됨을 생각할 수 있어야 한다.

우리는 정의를 말하기 이전에 먼저 사랑을 말해야 한다. 정의는 심판으로 이어지고 사랑은 용서로 이어지지만 하나님은 이 모순되는 개념을 같은 것으로 판단하신다. 하나님의 정의는 사랑과 용서로 성취될 수 있다. 재판과 이웃사랑이 무슨 관계인가 할 수 있겠지만 재판을 통해서 이웃사랑의 결과가 이루어질 수 있다는 것을 하나님은 말씀하시는 것이다. 그것은 세상의 정의가 아니라 하나님의 정의이기 때문이다. 가난하든 부자이든 이웃은 사랑의 대상이다. 사랑의 눈길로 재판상황을 바라본다면 무조건적으로 어느 한 쪽에 유리하게 판단할 수는 없다. 구약 율법의 사랑은 서로사랑인 것이다.

하나님의 이런 정의는 꼭 이스라엘 백성들 사이에서만 통용되는 것은 아니다. 공동체 안의 타국인에 대해서도 똑같이 재판해야 한다. 사실 가장 차별을 많이 받을 수 있는 사람들이 공동체 안에 거주하는 타국인들일 것이다. 그런데 하나님은 이 타국인들에 대해서도 결코 차별하여 판결하지 말라고 강조하신다. 이스라엘의 이웃사랑은 누구를 도와주고 보호해주기 이전에 사람들에 대해서 편견을 가지지 말고 공의의 시선으로 바라보는 일이 우선이다. 왜냐하면 차별은 타인을 무시하고 미워하는 마음으로부터 나오는 결과일 뿐이기 때문이다.

"내가 그 때에 너희의 재판장들에게 명하여 이르기를 너희가 너희의 형제 중에서 송사를 들을 때에 쌍방 간에 공정히 판결할 것이며 그들 중에 있는 타국인에게도 그리 할 것이라"(신 1:16)

하나님은 분명하게 모든 이웃을 공평하게 대하고 사랑하며 하나님 앞에서 똑같은 입장에 서서 하나가 되기를 원하신다. 당장 가난한 사람을 돕는 일보다 먼저 이런 의식을 가질 때 이웃사랑은 자연스럽게 행해질 수 있다. 율법은 이런 모든 요소들을 충분히 반영하여 하나님의 법 안에서 믿음의 공동체를 이루어가기를 원하셨던 것이다. 물론 오늘날도 동일하다. 이방 나라에 흩어져 살고 있는 그리스도인들도 같은 믿음의 형제들을 향하여 하나가 되는 마음가짐을 소유해야 한다. 구약에서 오히려 더 상세하고 깊이 다루고 있는 이웃사랑의 정신, 하나님의 마음을 모든 그리스도인들이 가지고 있어야 한다.

속이거나 학대하지 말라

재판의 특성이 차별의 가장 두드러진 결과를 만들 수 있다는 측면에서 재판이야기를 먼저 했지만, 하나님은 꼭 이스라엘 백성들뿐만 아니라 공동체 안에 함께 거하는 타국인과 나그네에게도 동일하게 사랑을 베풀 것을 원하신다. 거류민을 어느 정도로 생각해야 하는가 하면 마치 자기처럼 사랑하라고 명하신다. 가장 불이익을 많이 받을 수 있는 사람들인 타국인들에 대한 배려를 말씀하시는 내용이다. 어떤 형태로든 학대하지 말고 사랑하라고 가르친다. 물론 사랑하면 학대할 수 없다. 미워하니까 학대하는 것이다. 타국인은 가장 미움이나 차별을 당하기 쉬운 부류이다.

그런데 거류민을 학대하지 말고 사랑하라는 직접적인 이유를 하나님은 이스라엘도 애굽에서 타국인이었었기 때문이라고 말씀하신다. 이런 말씀은 구약에서 여러 번 나오는데 이것은 상대방의 입장에서 보고 또 자신의 입장도 돌아보라는 말씀이다. 이웃사랑은 먼저 이웃의 입장에 서 보고 또 자신이 그런 입장에 있었을 때를 생각하는 것으로부터 출발한다. 같은 말이라고 볼 수 있겠지만 어떤 상황에서 이웃과의 동일시가 이루어지지 않으면 이런 감정은 일어날 수 없다는 말이다. 이웃사랑은 감정까지 동원이 되어야 제대로 작동할 수 있는 것이다.

"너희와 함께 있는 거류민을 너희 중에서 낳은 자 같이 여기며 자기 같이 사랑하라 너희도 애굽 땅에서 거류민이 되었었느니라 나는 너희의 하나님 여호와이니라"(레 19:34)

어떻게 타국인을 대해야 하는가? 그 타국인을 마치 자기 형제인 것처럼 여기고 동족으로 태어난 사람처럼 사랑해주라는 것이다. 그것이 타국인을 자기처럼 사랑하는 길이다. 인간은 누구나 비슷한 삶을 살아간다. 하는 일은 달라도 인간관계의 다양성은 누구나 똑같이 겪어야 한다. 내가 과거에 겪어보지 못한 일이라도 언젠가는 똑같이 겪을 수 있다. 이 말씀을 다르게 표현하면 주변에서 어떤 관계로든 만나는 사람들을 마치 가족들을 대하는 것처럼 생각해야 한다는 뜻이다. 물론 주변의 '모든' 사람들을 그렇게 대해야 한다는 것은 아니다. 자신과 연관성이 있어서 만나는 사람들 중에서 어떤 문제를 드러낼 때, 곧 우리의 도움이나 협력이 필요할 때 마치 자기 가족을 돌보는 것처럼 사랑해야 한다는 뜻이다. 그런 마음을 가지고 있다면 타인을 압제할 필요도 없고 학대할 필요도 없어진다. 그리스도인은 언제나 다른 사람들의 입장에서 생각하는 방법을 터득하고 있어야 한다.

사실 자신이 어려움을 겪어보지 않으면 다른 사람의 어려움을 모르게 마련이다. 다른 사람의 사정을 모르면 제대로 도와줄 수 없다. 그런데 이스라엘 백성들이 외국 나그네들이나 타국인들을 사랑할 수 있는 이유는 이스라엘 자신도 나그네 되고 타국인이었기 때문이다. 나그네 사정은 나그네가 알아준다. 과거에 나그네였으면서도 지금의 나그네를 미워하고 압제하고 학대한다면 그 사람은 하나님의 백성이 아니다. 그래서 하나님은 "나는 너희의 하나님 여호와이니라"(레 19:34下)라고 하시는 것이다. 하나님의 백성들은 이웃의 사정을 알아주는 사람들이다.

"너는 이방 나그네를 압제하지 말라 너희가 애굽 땅에서 나그네 되었었은즉 나그네의 사정을 아느니라"(출 23:9)

그래서 이웃사랑은 이웃의 사정을 알려고 하는 데에서 출발하는 것이다. 잠언에서는 의인의 특징 중 하나를 가난한 자의 사정을 알아주는 것이라고 말한다. 사실 교만하거나 어려움을 겪어보지 못한 사람은 이웃의 사정을 전혀 알려고 하지 않는다. 누군가의 도움을 요청받을 때 상대의 사정을 전혀 알려고 하지 않고 오직 자기 입장에서 왜 도움을 받으러 오는지 이해할 수 없다는 반응을 보인다면 그는 그리스도인이 아닐 가능성이 크다. 의인과 악인의 차이는 가난한 자의 사정을 알아주느냐 모르느냐의 차이인 것이다.

"의인은 가난한 자의 사정을 알아주나 악인은 알아 줄 지식이 없느니라"(잠 29:7)

꼭 이방 나그네만을 사랑으로 대해야 한다는 것은 아니다. 이방인이든 타국인이든 곤궁하고 어려움 당하는 사람들에게는 동일하게 대해주어야 한다. 하나님은 이스라엘 공동체 내의 그 어떤 사람에게도 차별이 가해지는 것을 싫어하신다. 가난하고 어려운 사람들이 오히려 더 큰 사랑의 대상이다. 마음에서 우러나오는 사랑을 어려움 당하는 사람들을 위해 배려하는 것이 하나님의 마음이요 뜻이다.

"곤궁하고 빈한한 품꾼은 너희 형제든지 네 땅 성문 안에 우거하는 객이든지 그를 학대하지 말며"(신 24:14)

그러면 자기를 미워하는 사람들에 대해서는 어떻게 대해야 하겠는가? 원수의 소나 양이 길을 잃은 것을 보았다면 어떻게 해야 하겠는가? 물론 이것은 공평에 관한 법이지만, 역시 이웃을 어떻게 대해야 할 것인가에 관한 법이라고 할 수 있다. 이웃이라고 해도 천차만별이다. 자기 자식이나 부모처럼 가까운 이웃도 있고 사업상 만나는 이웃도 있으며 이해관계가 얽혀서 원수처럼 대하는 이웃도 있다. 문제는 어떤 이웃이든지 그 이웃이 어려움이나 곤란을 당했을 때이다. 하나님은 어떤 이웃이라도 차별을 두지 말고 그 어려움을 도와야 한다고 말씀하신다. 그것이 구약의 이웃사랑의 원리이다.

> "네가 만일 네 원수의 길 잃은 소나 나귀를 보거든 반드시 그 사람에게로 돌릴지며 네가 만일 너를 미워하는 자의 나귀가 짐을 싣고 엎드러짐을 보거든 그것을 버려두지 말고 그것을 도와 그 짐을 부릴지니라"(출 23:4-5)

특히 경제적인 문제와 부딪칠 때에도 결코 속이거나 차별을 두고 착취하지 말라고 말씀하신다. 일용직 품삯도 결코 미루지 말라고 하신다. 가난한 품꾼의 사정을 알아주라는 것이다. 이유 없는 차별은 별로 없다. 특히 돈 문제에 걸리면 서로가 마음 상하는 일이 많이 일어날 수 있다. 품삯이 지나치다고 생각할 수도 있고 너무 적다고 원망할 수도 있다. 그러나 적어도 절실하게 필요로 하는 품꾼의 품삯을 미루지는 말아야 한다. 그들에게는 그 날 먹을 양식이 되기 때문이다.

> "너는 네 이웃을 억압하지 말며 착취하지 말며 품꾼의 삯을 아침까지 밤새도록 네게 두지 말며"(레 19:13)

돈 문제와 함께 가장 자주 일어날 수 있는 일은 속이는 것이다. 속이는 목적이 무엇이겠는가? 돈을 조금이라도 더 남기고자 하는 것이 아닌가? 하나님은 속이는 사람을 가장 싫어하신다. 왜냐하면 하나님은 다 보고 계시기 때문이다. 특히 가난하고 어려운 사람을 속이는 일은 하나님을 속이는 일이다. 사업을 하면서 지나치게 이득을 획득하는 일도 이웃을 속이는 것이다. 불법적으로 건축허가를 받는다든지 이웃이 알지 못하는 정보를 이용해서 이익을 보는 것도 이웃을 속이는 것이다. 우리는 불신자에 둘러싸여 살아가고 있다. 그렇지만 하나님은 백성들 속에 거주하는 타국인을 속이지 말아야 하는 것처럼, 우리와 신앙이 다른 이웃들도 여전히 속이지 말라고 하시는 것이다.

> "너희 각 사람은 자기 이웃을 속이지 말고 네 하나님을 경외하라 나는 너희의 하나님 여호와이니라"(레 25:17)

성경은 희년에 대해서도 역시 같은 잣대를 제시하신다. 희년이란 소외되고 고통당하는 백성들의 해방과 자유와 회복을 의미한다. 그것은 하나님께서 명하시는 이웃사랑의 대원칙이다. 만약에 희년의 개념을 그렇게 이해하지 못하는 사람이 있다면 그는 희년으로 인해 자신에게 발생할지도 모르는 손실을 조금이라도 줄이기 위해 애를 쓰게 될 것이다. 그러면 그것은 이웃을 미워하고 속이고 압제하고 착취하는 일이 될 것이다. 그는 하나님의 백성이 아니다.

> "네 이웃에게 팔든지 네 이웃의 손에서 사거든 너희 각 사람은 그의 형제를 속이지 말라 그 희년 후의 연수를 따라서 너는 이웃에게서 살 것이요 그도

소출을 얻을 연수를 따라서 네게 팔 것인즉"(레 25:14-15)

그리스도인으로서 세상을 살면서 그것이 이웃을 차별하는 것임을 모르고 행하는 일은 엄청나게 많을 것이다. 교회 내의 형제에게만 해당되는 이야기가 아니다. 그리스도인으로서 기업을 운영한다거나 장사를 할 때에 많이 발생할 수 있다. 돈을 많이 벌 때에 이런 일은 더욱 빈번하게 일어날 것이다. 이윤이란 이웃사람들로부터 발생하는 것이다. 이웃이 물건을 구입해서 사용해주지 않는다면 이윤이 날 수가 없다.

이윤이 많이 난다는 것은 더 많은 이웃들이 구입한다는 말이며, 그것이 많이 쌓이면 하나님의 정의에서 보자면 부당이득이 될 수도 있다는 사실을 알아야 한다. 만약에 하나에 1,000원의 이윤이 나는 물건이 있다면, 100개 팔릴 때와 1,000개 팔릴 때와 만 개 팔릴 때 전혀 다른 현상이 일어난다. 100개 팔리면 살아가기 힘든 수준일 것이고 1,000개 팔린다는 것은 좀 여유 있게 된다는 뜻이고 만 개가 팔린다면 부자가 된다는 이야기이다. 그렇다면 그것은 하나님이 보시기에는 지나친 이윤추구가 될 수 있는 것이고, 결국 초과이득으로 자신에게 돌아오게 된다는 뜻이다. 많이 팔리면 그만큼 이익률을 낮추는 것이 성경적인 장사이다. 돈이 목적이 아닌 사람들이 그리스도인들이다. 물론 경제개념으로 보자면 전혀 부당이득이 아니다. 그러나 하나님께서 보시기에는 부당이득이 될 수 있는 것이고 조금 심하게 보면 착취에 해당될 수 있는 것이고 그것은 이웃을 사랑하라는 근본적인 취지에서 벗어나게 될 수 있는 것이다.

우리는 이방세계에서 살고 있는 하나님의 백성들이다. 구약의 이웃사랑의 개념을 그대로 대입하기는 어려운 부분도 있을 것이다. 구약의 이웃사랑은 공동체의 건강에 목적이 있는 것이기 때문이다. 신약 백성들에게도 물론 공동체의 건강을 위하는 측면이 분명히 있다. 사실 그것조차도 거의 인식이 없기 때문에 심히 안타깝기는 하다. 교회와 그리스도인들이 전부 주님의 제자들로서 하나라는 인식을 가지고 살아가는 그리스도인들이 얼마나 되겠는가? 하지만 여기에서는 교회 안에 적용되어야 할 이웃사랑의 원리를 하나님을 모르는 사람들에게까지도 확장하여 적용하면서 세상을 살아가야 할 것을 이야기하고 싶은 것이다.

구약의 이웃사랑의 원리는 이방세계에서 살아가는 우리들에게는 더욱 더 지켜져야 할 대전제이다. 오히려 예수 그리스도로 말미암아 구약의 이웃사랑의 개념을 대체해야 함에도 불구하고 오히려 구약의 이웃사랑의 개념조차도 이해하지 못하고 있는 현대교회가 아쉬울 따름이다. 구약의 이웃사랑의 원리를 뛰어넘어야 그리스도의 자기희생의 사랑의 개념을 배울 수 있는데 오늘날에는 구약의 개념조차 수용하지 못하고 있다는 이야기이다. 구약에서 배울 이웃사랑의 원리부터라도 실제 삶에서 적용할 수 있는 그리스도인들이 되면 좋겠다.

차별하지 말라

이제 본론이자 결론이다. 하나님은 어떤 세상을 원하실까? 아모

스는 정의가 물 같이, 공의가 강 같이 흐르는 세상을 바라보았다. 정의는 재판에서 이루어져야 할 의로움이고 공의는 가난한 사람들에게 적용되어야 할 의로움이다. 두 가지 모두 차별 없는 의로움을 뜻한다. 그것이 구약의 이웃사랑의 본질이다. 물론 그런 세상은 존재할 수 없다. 저 천국 말고 어떻게 그런 세상이 올 수 있단 말인가? 그러나 그것은 우리가 추구해야 할 이상향이다. 하나님을 주인으로 섬기는 사람들에게는 불완전하고 일시적이기는 하지만 가능할 때가 있다.

"오직 정의를 물 같이, 공의를 마르지 않는 강 같이 흐르게 할지어다"(암 5:24)

이스라엘 왕 중에서도 오직 다윗만이 정의와 공의로 백성을 다스렸다고 기록되어 있다. 솔로몬에 대해서도 정의와 공의로 다스린다는 구절이 있지만 그것은 스바 여왕의 입에서 나온 말이었다(왕상 10:9). 다윗이 어디를 가든지 백성들의 존경을 받고 항상 이기게 하시는 것은 그가 행하는 정의와 공의 때문이었다.

"다윗이 어디로 가든지 여호와께서 이기게 하셨더라 다윗이 온 이스라엘을 다스려 다윗이 모든 백성에게 정의와 공의를 행할새"(삼하 8:14下-15)

예레미야 선지자는 정의와 공의가 모든 왕들과 백성들이 지향해 나아가야 할 유일한 가치기준이라고 대언하였다. 그런데 그 정의와 공의의 결과가 무엇인가? 그것은 탈취당하는 자를 건지고 이방인과 고아와 과부를 학대하지 않으며 무죄한 피를 흘리지 않는 것이라고 선포하였다. 정의와 공의가 어떻게 이웃사랑과 연결되는지를 말하는 것이다. 그것은 차별 없는 세상이다. 그것은 불이익이 없는 세상이고 억울함이 없는 세상이고 평등이 성취되는 세상이다. 이웃사랑은 평등과 동등한 개념이다. 모든 사람이 똑같아지는 세상이 아니고 인간의 권리와 특성을 보장하는 세상이다.

> "여호와께서 이와 같이 말씀하시되 너희가 정의와 공의를 행하여 탈취 당한 자를 압박하는 자의 손에서 건지고 이방인과 고아와 과부를 압제하거나 학대하지 말며 이 곳에서 무죄한 피를 흘리지 말라"(렘 22:3)

하지만 그 세상은 어떤 사람이나 세력에 의해서 이루어질 수 있는 세상이 아니다. 선거공약이나 구호로 정의와 공의가 강 같이 흐를 수 있는 것이 아니다. 그 세상은 오직 하나님에 의해서만 올 수 있는 세상이다. 정의와 공의라고 하면 딱딱하고 경직된 세상을 가리키는 것 같지만 하나님의 정의와 공의는 그런 것이 아니다. 정의와 공의를 사랑하시는 하나님의 성품은 인자하심이다. 물론 악인들에게는 정의와 공의가 억울함으로 돌아올 수 있다. 그들에게는 하나님의 인자하심이 아니라 심판하심으로 죄를 갚아주실 것이다. 하나님의 사랑 안에 들어올 수 있는 사람에게만 정의와 공의는 행해질 것이다.

"그는 공의와 정의를 사랑하심이여 세상에는 여호와의 인자하심이 충만하도다"(시 33:5)

이렇게 구약의 이웃사랑은 하나님의 정의와 공의로부터 비롯되는 개념이다. 정의와 공의의 개념은 심판의 개념이 아니라 사랑의 개념이다. 사랑에는 차이는 있지만 차별은 없다. 차이가 없다면 그것은 공산주의이다. 그런 세상은 하나님의 나라가 아니다. 거기에 이웃사랑이란 존재할 수 없다. 차별 없는 세상에서는 우선 속이거나 빼앗거나 불이익이나 손해가 사라진다. 모든 경우에 공평하게 하는 것이 하나님의 정의이다. 그것은 하나님의 뜻이요 명령이다. 하나님은 다 보고 계시기 때문이다.

"공평한 저울과 공평한 추와 공평한 에바와 공평한 힌을 사용하라 나는 너희를 인도하여 애굽 땅에서 나오게 한 너희의 하나님 여호와이니라"(레 19:36)

그리고 그렇게 모든 일을 공평하게 처리하면 하나님은 복을 아끼지 않고 부어주신다. 왜냐하면 하나님의 성품을 만족시키는 일이기 때문이다. 가난한 사람들을 마음으로 돕는 사람들에게 왜 복을 내리시겠는가? 그 사람들의 정의와 공의 때문이 아니라 하님의 정의와 공의를 만족시키는 것이기 때문이다. 모든 차별은 하나님을 의식하지 못하고 하나님을 외면하기 때문에 일어나는 현상이다. 이웃을 왜 자기 자신처럼 사랑할 수 없겠는가? 하나님을 의식하지 않기 때문이다.

"오직 온전하고 공정한 저울추를 두며 온전하고 공정한 되를 둘 것이라 그리하면 네 하나님 여호와께서 네게 주시는 땅에서 네 날이 길리라"(신 25:15)

우리가 선행을 했을 때 우리의 정의와 공의 때문에 복을 주신다고 착각해서는 안 된다. 우리의 사랑이 하나님을 감동시켰다고 여겨서는 안 된다. 하나님의 성품을 만족시키지 못한다면 우리에게는 아무런 복도 상도 주어질 수 없다. 우리가 정의와 공의를 행했다고 해도 결코 우리의 공로가 되는 것은 아니다. 우리는 그저 하나님의 능력으로 이웃을 우리 자신처럼 사랑하려고 할 뿐이다. 그것은 하나님의 성품이다. 하나님께서 하나님의 사랑을 주지 않으시면 우리는 하나님의 사랑으로 이웃을 사랑할 수 없다. 인간이 어떻게 이웃을 자기 자신처럼 온전하게 사랑할 수 있겠는가?

"네가 가서 그 땅을 차지함은 네 공의로 말미암음도 아니며 네 마음이 정직함으로 말미암음도 아니요 이 민족들이 악함으로 말미암아 네 하나님 여호와께서 그들을 네 앞에서 쫓아내심이라 여호와께서 이같이 하심은 네 조상 아브라함과 이삭과 야곱에게 하신 맹세를 이루려 하심이니라"(신 9:5)

결국 하나님은 차별이 없는 세상을 원하신다. 그것은 정의와 공의를 통해 이루어지는 세상이다. 하나님은 성전에서 드려지는 제사에 마음을 두지만 더 중요한 것은 정의와 공의로 사람들을 대하는 것을 기뻐하신다는 사실을 알아야 한다. 하나님을 기쁘시게 하고 싶은가? 정의와 공의의 정신, 곧 사람들을 사랑하는 마음으로 차별 없이 어려운 이웃을 돌보면 하나님은 지극히 기뻐하신다.

> "공의와 정의를 행하는 것은 제사 드리는 것보다 여호와께서 기쁘게 여기시느니라"(잠 21:3)

구약의 이웃사랑은 그 어떤 조건으로도 사람을 차별하지 않는 정신에서 비롯된다. 정의와 공의를 행하는 사람은 스스로를 불의와 불공평에 내맡기지 않는다. 억울한 사람이 나오기 때문이다. 거꾸로 이웃을 사랑하는 사람은 세상에서 정의와 공의를 꿈꾸면서 돌보는 사람이다. 이웃사랑은 무조건 편이 되어 그들만은 돌보라고 하지 않는다. 어려운 사람들을 돌봄으로써 하나님의 정의와 공의가 성취되는 것을 바라보는 사랑이다. 하나님의 백성은 당연히 하나님의 정의와 공의를 따르는 사람들이다. 그리고 하나님의 정의와 공의로 이웃을 돌보는 사람에게 하나님은 반드시 복을 주신다.

> "너는 마땅히 공의만을 따르라 그리하면 네가 살겠고 네 하나님 여호와께서 네게 주시는 땅을 차지하리라"(신 16:20)

하나님은 하나님의 공동체의 일원으로, 곧 같은 믿음의 형제로 받아들일 이방인들도 차별 없이 사랑해야 함을 강조하고 계신다. 유월절은 온전한 이스라엘 백성들에게만 참여가 허용되지만 예외적으로 공동체 안의 거류민들이나 이방인 품꾼 같은 사람들에게도 똑같이 허용된다. 다만 믿음을 고백한 사람들에게만 허락된 예외조항이었다. 신앙공동체의 일원이 되기 위해 이스라엘의 율법을 따라 할례를 행하는 이방인들에게는 본토인과 차별 없는 삶의 기회가 제공되는 것이었다.

> "만일 타국인이 너희 중에 거류하여 여호와 앞에 유월절을 지키고자 하면 유월절 율례대로 그 규례를 따라서 행할지니 거류민에게나 본토인에게나 그 율례는 동일할 것이니라"(민 9:14)

오늘날 그리스도 안에서 이웃사랑을 행해야 할 우리 신앙인들에게 구약이 제시하는 이웃사랑은 너무나도 구체적이고 실무적이다. 하지만 그 속에 들어있는 하나님의 섭리를 생각하지 못한다면 결국 그냥 껍데기 율법일 수도 있게 된다. 구약 백성들은 그리스도의 오심을 알지 못하는 사람들이었기 때문에 그냥 규칙 정도로 받아들일 수도 있었을 것이다. 그래서 하나님은 더욱 구체적으로 세세하게 이웃사랑의 틀을 제공하신 것이다. 그러나 그리스도의 십자가 사랑을 알고 있고 그 사랑에 의해 구원받은 신약백성들은 이웃사랑이라는 명령 속에 깊이 들어 있는 하나님의 사랑을 깨달아야 한다. 그런데도 우리 신약백성들의 이웃사랑은 구약백성들보다 훨씬 미약한 경우가 많다.

우리는 구약의 이웃사랑의 출발이 서로 차별하지 말라는 하나님의 마음과 뜻으로부터 비롯된 것임을 다시 깊이 새겨야 한다. 복음으로 죄에서 자유롭게 되었다고 하지만 오히려 그것 때문에 자유가 지나쳐 방종으로까지 흐르게 된 것이 아닌가 하는 두려운 마음이 있다. 자유롭게 되었기 때문에 오히려 더욱 자발적으로 진정한 그리스도의 사랑으로 이웃을 사랑해야 하지 않겠는가? 세상에서 자기 자신처럼 이웃을 사랑할 수 있기 위해 구약의 이웃사랑에 대해서 더욱 많이 생각하고 배워야 할 것 같다.

실수한 사람을 용납하라

마지막으로 우리는 도피성 제도를 살펴보아야 한다. 그것은 의도적인 악행이 아니라 실수로 인한 범죄인에 대한 이웃사랑이기 때문이다. 무조건 이웃을 자기 자신처럼 사랑해야 하는 것이 율법이 아니다. 각 사람의 형편과 처지를 전부 다 고려해야 하는 것이 이스라엘의 율법이다. 율법에는 부지중에 실수로 죄를 지었을 때의 해결방법을 소상하게 언급하고 있다. 일반적으로 신앙생활 가운데에서 지은 죄의 경우에는, 무의식중에 모르고 행한 일임을 전제로 하고, 제사를 지냄으로써 사함을 받도록 되어 있었다. 그것이 속죄제 규정이다.

"만일 기름 부음을 받은 제사장이 범죄하여 백성의 허물이 되었으면 그가 범한 죄로 말미암아 흠 없는 수송아지로 속죄제물을 삼아 여호와께 드릴지

니"(레 4:3)

속죄제물은 신분에 따라 다양했다. 제사장이 부지중 저지른 범죄에는 흠 없는 수송아지를 드리지만, 온 회중이 범하면 수송아지, 족장의 실수에는 흠 없는 숫염소, 평민의 실수에는 흠 없는 암염소를 속죄 제물로 드리도록 했다(레 4:13-14, 22-23, 27-28). 물론 이런 규례들은 제사법 중에 정해진 것이지만, 가난하고 소외된 사람들뿐 아니라 일상적인 상황에서 어쩌다가 부지불식간에 이웃에게 상해를 입히거나 손해를 끼침으로써 일시적으로 소외될 수 있는 상황까지도 배려했다는 점에서 이웃사랑의 연장선으로 볼 수 있는 것이다.

하지만 여기에서 더 깊이 생각해보려고 하는 것은 실수로 사람을 죽인 경우에 공정하게 재판을 받기 전에 피해자에 의해 죽는 것을 방지하고 정의와 공의가 행해지도록 하는 도피성 법이다. 물론 법이라는 것은 일어날 가능성이 있는 모든 사항을 따져서 공정하게 기록되어야만 한다. 그래서 율법은 이스라엘 공동체 안에서 일어날 수 있는 모든 경우를 위해 기록해 놓은 것이다. 하지만 그 율법의 기본정신을 살펴보면 이 역시 이웃사랑의 법에서 벗어나지는 않는다. 물질이나 신분의 틈을 메우는 것이 이웃사랑의 법일진대 실수로 인한 가해자와 피해자의 틈을 메우는 것이 도피성이라는 말이다.

"너희를 위하여 성읍을 도피성으로 정하여 부지중에 살인한 자가 그리로 피하게 하라 이는 너희가 복수할 자에게서 도피하는 성을 삼아 살인자가 회중 앞에 서서 판결을 받기까지 죽지 않게 하기 위함이니라"(민 35:11-12)

그래서 도피성에 해당되는 경우 또한 명확한 기준을 정하고 있다. 가령 도끼로 나무를 하다가 도끼날이 나무에서 빠져서 옆 사람을 죽게 했다든가, 우연히 다른 사람과 부딪혔는데 죽었다든가, 돌이나 물건을 무의식중에 던졌는데 지나가던 사람이 맞아서 죽었다든가 하는 아주 예외적인 경우들로 한정시켰던 것이다(민 35:22-25).

"가령 사람이 그 이웃과 함께 벌목하러 삼림에 들어가서 손에 도끼를 들고 벌목하려고 찍을 때에 도끼가 자루에서 빠져 그의 이웃을 맞춰 그를 죽게 함과 같은 것이라 이런 사람은 그 성읍 중 하나로 도피하여 생명을 보존할 것이니라"(신 19:5)

물론 도피성이 있다 하더라도 살인자가 의도적으로 사람을 죽인 경우에는 그 죄를 사함 받을 수가 없었다. 그는 마땅히 죽어야만 했다. 그런 사람에게는 이웃사랑이 적용되는 것이 아니라 오히려 제거되어야 할 불순물로 간주될 뿐이었다. 그것은 이웃사랑이 아니다. 고의로 사람을 죽인 경우가 아니라고 하더라도 피해자는 억울하게 마련이다. 율법이 억울한 사람을 배려하여 최대한 차별 없이 다스려지기 위한 법이라면 억울한 피해자에 대한 배려가 있는 것이 마땅할 것이다. 그러나 그것은 별개의 문제이다. 어쩔 수 없이 일어나는 피해도 있을 수 있다. 전혀 예상치 못하게 살인자가 된 사람은 다른 소외된 사람들과 마찬가지로 배려해 주어야 할 대상이다.

> "그러나 만일 어떤 사람이 그의 이웃을 미워하여 엎드려 그를 기다리다가 일어나 상처를 입혀 죽게 하고 이 한 성읍으로 도피하면 그 본 성읍 장로들이 사람을 보내어 그를 거기서 잡아다가 보복자의 손에 넘겨 죽이게 할 것이라 네 눈이 그를 긍휼히 여기지 말고 무죄한 피를 흘린 죄를 이스라엘에서 제하라 그리하면 네게 복이 있으리라"(신 19:11-13)

물론 이 도피성 제도도 역시 차별 없이 제공되어야만 했다(민 15:29-30). 그렇지 않으면 하나님의 정의와 공의가 작동한다고 볼 수는 없을 것이다. 본토인이든지 거류하는 외국인이든지 모두에게 똑같이 적용되는 법이 도피성 법이다. 구약의 이웃사랑의 정신이 바로 차별 없는 세상이라면 부지중에 사람을 죽인 사람도 분명히 여기에 해당될 여지가 충분하다고 할 것이다. 차별 없는 세상이란 무조건 공정한 세상이 아니라 차별의 피해를 입고 힘들어하는 모든 사람들에게 그 차별을 최소한으로 줄여주는 하나님의 뜻이라고 할 수 있다.

결국 이스라엘에는 여섯 군데의 도피성을 설치하게 된다. 거리가 너무 멀어 도피성으로 피하다가 피해자에게 붙잡혀 죽는 일이 일어나지 않도록 지역을 안배하여 정해주셨다. 하나님은 혹시 실수로 인하여 백성들이 차별을 받을 수도 있는 의도 없는 살인죄에 대해서까지도 배려하심으로써 이웃사랑의 기본 정신, 곧 하나님 안에서의 하나 됨이라는 소기의 목적을 백성들이 알 수 있도록 명하셨던 것이다.

> "이에 그들이 납달리의 산지 갈릴리 게데스와 에브라임 산지의 세겜과 유다 산지의 기럇 아르바 곧 헤브론과 여리고 동쪽 요단 저쪽 르우벤 지파 중에서 평지 광야의 베셀과 갓 지파 중에서 길르앗 라못과 므낫세 지파 중에서 바산 골란을 구별하였으니"(수 20:7-8)

구약 백성들을 비롯해서 모든 사람은 언제라도 실수할 가능성이 있는 존재들이다. 물론 무의식적으로는 무수한 실수들이 나올 수 있고 혹 의도적으로 행했다고 하더라도 순간적인 심리적 실수로 인해서 범죄를 저지를 가능성도 있는 존재들이다. 알다시피 하나님은 정의로 심판하시는 분이시다. 하나님은 죄를 참으실 수 없는 분이다. 아무리 사소한 죄라도 반드시 멸하셔야만 정의를 만족시킬 수 있는 분이시다. 오죽하면 인간의 죄를 씻어주시기 위해 아들 되시는 예수님을 이 땅에 내려 보내셔서 인간의 모든 사소한 죄까지도 십자가의 보혈로 말끔하게 씻도록 하셨는가? 그렇게 하심으로써 하나님의 공의의 성품을 만족시키셔야만 하시는 분인 것이다. 예수님의 자기희생의 사랑은 바로 그 정의를 위한 것이었다.

그러나 하나님의 의로우심은 분명히 죄의 유무를 칼날처럼 구분해내신다. 똑같이 사람이 죽는 일이 일어나도 가해자의 죄가 과연 얼마나 되는지를 하나님은 아신다. 그리고 비록 피해를 입히기는 했지만 부지중에 살인을 저지른 사람에게는 하나님의 정의의 기준으로는 죄를 묻지 않으신다. 사회법으로는 가해자는 분명히 벌을 받게 되어 있지만 하나님의 법으로 보면 벌을 내리시지 않을 정도의 여지도 있는 것이다. 이것이 죄인 된 사람들을 향한 하나님 아버지의 진정한 사랑이다.

살인죄까지는 아니지만 우리는 다른 사람의 실수에 관대하지 못한 존재들이다. 자기 실수는 언제라도 용납하지만 상대방의 실수, 그 중에서도 자기 자신에게 해가 끼쳐지는 실수에 대해서는 원한까지 가질 때가 많다. 그러나 그런 마음가짐을 가지고는 하나님께서 바라시는 자기 자신처럼 이웃을 사랑하는 데까지 결코 도달할 수 없다. 누구도 그런 경지까지 올라가는 사람은 없겠지만 적어도 도피성을 준비해주시는 하나님의 마음 정도는 이해하고 있어야 그나마 참된 이웃사랑을 흉내라도 내보지 않겠는가? 예수님의 명령, 네 이웃을 자기 자신처럼 사랑하라는 계명은 하나님의 마음을 이해하고 그 원리를 소화해야 비로소 성령님의 능력에 힘입어 실천해볼 수 있게 될 것이다.

제8장
이웃사랑의 범위

우리가 알아야 할 것은 구약의 이웃사랑의 출발점과 정신 속에 하나님의 마음과 뜻이 담겨있지만, 구약에서 말하는 이웃과 오늘날 우리 그리스도인들이 가지고 있는 이웃의 개념 사이에는 상당한 차이점이 발견된다는 점이다. 오늘날 교회에서는 교회 안의 형제 이외에 모든 사람들을 전부 이웃으로 간주하고 있다. 무조건 어려운 사람들이 우리가 돌보아야 할 이웃들인가? 각종 사고나 사회 취약계층에서 일어나는 모든 희생자 또는 피해자들이 교회에서 돌보아야 할 모든 이웃들인가? 물론 그들은 우리의 지역과 나라 안에서 서로 부딪치며 살아가는 사람들이다. 당연히 그들에 대한 관심과 사랑과 섬김이 뒤따라야 한다. 하지만 어디까지 그래야 할까? 어디까지가 교회의 사회적 책임인가?

내가 거룩하니 너희도 거룩하라

우리는 그 해답의 근원을 뒤따라 여기까지 왔다. 하나님은 일단 이스라엘이라는 신앙공동체가 거룩해지기를 원하셨다. 물론 이스라엘은 인류구원의 막중한 책임을 지고 있다. 이스라엘만 모를 뿐이었다. 인간구원의 근원이 되게 하시기 위해 아브라함을 인도하신 것을 왜 모르고 있었을까? 하나님은 일찍이 아브라함을 통해 모든 민족이 복을 받을 것이라고 하지 않으셨던가?

"너를 축복하는 자에게는 내가 복을 내리고 너를 저주하는 자에게는 내가 저주하리니 땅의 모든 족속이 너로 말미암아 복을 얻을 것이라 하신지라"(창 12:3)

하나님께서 아브라함의 편이 되어 복과 저주를 내리겠다고 하신 다음에 모든 족속이 아브라함으로 말미암아 복을 얻을 것이라고 하셨다. 목적은 '모든 족속'에 있다. 아브라함의 편이 되어주시는 것은 과정이요 수단이다. 정말 하나님은 모든 경우에 아브라함의 편이 되어 주셨다. 몇 가지 불순종한 일이 있었고 믿음의 연약하여 아내를 누이라고 속이는 경우가 있었지만 하나님은 모든 경우에 아브라함에게 오히려 복이 되도록 하셨다. 늦게 낳은 보석과도 같은 아들 이삭을 제물로 바치라고 하기 전까지는. 하나님은 아브라함의 순수하고 절대적인 믿음을 보시고서야 마침내 아브라함의 믿음을 인정해주셨다.

"사자가 이르시되 그 아이에게 네 손을 대지 말라 그에게 아무 일도 하지 말라 네가 네 아들 네 독자까지도 내게 아끼지 아니하였으니 내가 이제야 네가 하나님을 경외하는 줄을 아노라"(창 22:12)

하나님은 세상에 구원을 펼쳐 가시기 전에 아브라함의 믿음을 키우셨다. 절대적인 믿음, 소중한 아들의 목숨이라도 하나님께 완전히 맡길 수 있는 신뢰가 생길 때까지 기다리셨던 것이다. 아브라함이 거룩하지 못하면 결코 인류구원은 일어날 수 없다. 가족구원조차 일어날 수 없다. 하나님은 인류구원을 위해 아브라함의 후손들로 하여금 민족을 이루게 하셨다. 그리고 아브라함의 민족을 세상 속으로 파송하셨다. 그것이 출애굽이다. 이스라엘이 하나님의 이런 마음과 뜻을 이해할 리가 만무했다. 당연한 이야기였다.

그런데 오히려 하나님은 이방인을 사랑의 대상이 아니라 척결과 진멸의 대상으로 삼으셨다. 그것은 이방국가들이 여호와 신앙을 무너뜨리려고 할 것이 확실하기 때문이었다. 하나님은 끊임없이 여호와 이외의 신을 섬기도록 유혹하는 사람들과 스스로 우상을 섬기는 사람들을 진멸하라고 하셨다. 지속적으로 경계하라는 말씀을 주셨고, 때로는 같은 이스라엘 백성들일지라도 우상을 섬기는 사람들을 수천 명, 수만 명을 아까워하지 않고 멸하게 하셨다. 인류구원이든 이방선교이든 이스라엘이 거룩하지 않으면 그 어떤 이상적인 목표도 아무 소용이 없기 때문이었다.

오늘날 교회도 마찬가지이다. 교회가 스스로 거룩하지 않고 어떻게 세상을 구원할 수 있겠는가? 교회가 세속화되어서 세상과 차이가 없는데 어떻게 사회에 영향력을 행사할 수 있겠는가? 교회는 세상이 보기에 고유한 윤리도덕으로 무장되어 있어야 한다. 그것이 순결이든 거룩이든 성결이든 세상과 달라야 한다. 그래서 교회의 윤리는 세상보다 훨씬 엄격하고 까다로워야 한다. 세상이 아무리 썩어도 교회를 바라볼 수 있도록 그 기준을 제시할 수 있어야 하는 것이다. 교회는 죄인들이 모인 곳이지만 적어도 가치기준을 성취하려는 방향으로 나아가야 한다.

이웃사랑에 무슨 윤리도덕이니 거룩이니 하는 잣대를 들이밀어야 하겠는가? 왜냐하면 윤리도덕과 거룩은 참된 이웃사랑의 본질이기 때문이다. 이것이 본질이 되지 않으면 아무리 이웃을 사랑하는 것 같아도 전부 자기중심적이 될 수밖에 없다. 그것은 하나님의 사랑이 아니다. 그것은 바리새적이다. 전부 위선이고 욕심이고 사람들에게 보이려고 행하는 것밖에 되지 않는다. 더 나아가면 이제는 하나님마저 속이려고 들게 된다. 예수님께서 그래서 바리새인들을 저주하신 것이 아니겠는가? 영적으로 거룩해지지 않으면 전부 종교적이 될 수밖에 없는 것이다.

하나님은 영적인 거룩에 모든 것을 거신 분이다. 사람의 입장에서는 억울하거나 지나치다는 생각이 들 수도 있겠지만 그것은 아무리 강조해도 지나치는 법이 없는 본질이다. 그렇다고 영적인 거룩에만 초점을 맞추시는 것은 결코 아니다. 삶 속에서의 윤리도덕적인 거룩도 너무나도 중요하다. 왜냐하면 육체가 거룩하지 못하면 그것을 따라서 영혼의 더러움이 스며드는 것이기 때문이다. 하나님은 그래서 이스라엘의 거룩을 지나칠 정도로 강조하시고 경계하시고 심판하시고 설득하시는 것이다.

출애굽 백성들을 향하신 하나님의 마음과 뜻은 민족의 거룩성이다. 거룩하지 못하면 세상을 바꿀 수 없다. 거룩하지 못하면 하나님은 민족을 사용하실 수가 없다. 오히려 이웃 나라들로부터 화려해보이고 쾌락을 즐길 수 있으며 멋있어 보이는 우상숭배만 들여올 뿐이다. 이웃사랑이 이스라엘의 특성이 되어야 하지만 거룩하지 않고는 이웃사랑도 소용이 없다. 왜 이스라엘은 이웃사랑이라고 하면서도 극단적으로 폐쇄적이고 배타적이어야만 했겠는가? 신앙공동체 내에서는 이방인이라도 마치 자기처럼 사랑하라고 하시면서 왜 이웃 나라를 칠 때에는 다른 사람의 목숨을 전혀 불쌍하게 여기지 말고 무자비하고 잔인하게 학살하라는 진멸명령을 내리시는가? 이스라엘이 거룩하지 않으면 하나님의 뜻을 실현할 수 없기 때문이다. 민족 안에서만 이웃사랑을 강조하는 이유는 바로 하나님의 나라가 세상에 실현되기를 원하시기 때문이다.

물론 그런 나라는 이 세상에서는 존재할 수 없다. 저 영원한 천국에서만 가능한 나라이기 때문이다. 하지만 하나님은 이 땅에서 부분적일지라도 하나님의 통치가 미치는 그런 나라를 필요로 하신다. 온 세상에 구원의 복된 소식이 전파되게 하시기 위해서이다. 이스라엘을 통해서, 예수님 이후에는 그리스도인들과 교회를 통해 구원의 기쁜 소식이 전파되어야 하기 때문이다. 그래서 하나님은 지속적으로 하나님의 거룩성을 이스라엘에 요구하셨던 것이다.

"너희는 나에게 거룩할지어다 이는 나 여호와가 거룩하고 내가 또 너희를 나의 소유로 삼으려고 너희를 만민 중에서 구별하였음이니라"(레 20:26)

이제 우리는 왜 이웃의 개념이 달라야 하는지를 이해할 수 있을 것이다. 하나님은 이웃사랑을 강조하시면서도 공동체의 거룩성을 해칠 우려가 있는 모든 요소들을 철저하게 제거하기를 원하셨다. 이웃나라를 철저하게 배격하시는 것도 공동체의 거룩성을 지켜야 하기 때문이다. 이것이 허물어지는 것을 이스라엘은 가장 두려워 해야 했지만 그들이 본질을 이해할 수 없으므로 하나님은 거기에 대한 규례를 아주 세밀하게 제시하시고 그것을 지킬 것을 명령하신 것이었다. 그래서 우리는 하나님께서 어떻게 민족의 거룩성을 보존하려고 하시는지를 살펴보아야 하는 것이다. 구약의 이웃사랑은 왜 공동체 안에서의 폐쇄적인 사랑이어야 하는지를 더 깊이 느껴야 한다.

구약의 이웃과 오늘날의 이웃은 분명히 대상이 다르다. 그렇다고 구약의 이웃사랑의 개념이 모자라거나 약한 것이 결코 아니다. 구약의 이웃사랑의 개념은 오늘날 교회 안에서의 거룩성을 어떻게 지켜나갈 것인지에 대한 고민이 되어야 한다. 교회는 거룩해야 한다. 지금 그것이 무너져 있다. 세상이 교회를 얕잡아 보고 있다. 거룩하지 못하기 때문이다. 교회를 두려움 없이 공격하고 비난하고 있다. 교회가 깨끗하지 못하기 때문이다. 물론 교회가 거룩해져야 한다고 해서 영적으로 강경해서 극보수적이 되어야 한다는 뜻은 아니다. 신앙은 보수적이어야 하지만 세상을 향해서는 윤리적으로 거룩해져야 한다. 교회가 거룩해야 전도도 이루어질 수 있고 복음화도 가능하다. 우리는 어떻게 교회가 거룩성을 지켜나갈 수 있을지를 생각하면서, 구약의 이웃사랑으로부터 교훈과 지혜를 얻기를 원한다.

우상숭배한 사람은 반드시 죽이라

구약의 율법은 결국 십계명의 해설이다. 십계명을 실천할 수 있는 세세한 규정을 제시한 지침서와 같다. 그 중에서도 가장 핵심적인 것은 물론 여호와신앙이다. 십계명의 1~4계명에 해당되는 부분이다. 그것은 이스라엘의 가장 중심적인 존재이유이다. 하나님을 섬기지 않으면 그는 이스라엘이 아니다. 반면에 이방인이라도 하나님을 섬기로 하면 그는 이스라엘에 속하는 사람이다. 그러니까 이방인을 적대시하는 것은 맞지만 그 이유는 이방 나라이기 때문이 아니라 그들이 여호와 신앙을 변개시키려고 하기 때문이다. 그래서 하나님은 이방인의 풍속을 따르지 말라고 강조하신다. 눈에 보이는 이방인들을 다 쫓아낸다고 해도 만약에 그들의 풍속이 남아 있다면 그것은 쫓아낸 것이 아니다.

"너희는 내가 너희 앞에서 쫓아내는 족속의 풍속을 따르지 말라 그들이 이 모든 일을 행하므로 내가 그들을 가증히 여기노라"(레 20:23)

이방인의 풍속을 따르지 말아야 하는 이유는 명백하다. 그 풍속에 우상숭배의 모든 요소가 다 들어있기 때문이다. 그 풍속 가운데에는 이방인들의 인신제사도 포함되어 있다. 머리는 소의 형상이고 몸은 사람인 몰렉은 암몬 족속의 우상인데 이들은 유아를 불에 던지는 방식으로 몰렉을 섬기고 있었다. 그런데 무슨 영문인지 이스라엘 자손도 이 풍속을 따라서 행하는 사람들이 있었던 모양이다. 이럴 때에는 반드시 군중들이 돌로 쳐서 죽이도록 되어 있었다. 무리들이 돌로 쳐서 죽이는 것은 가장 극렬한 방식의 사형이었다.

> "너는 이스라엘 자손에게 또 이르라 그가 이스라엘 자손이든지 이스라엘에 거류하는 거류민이든지 그의 자식을 몰렉에게 주면 반드시 죽이되 그 지방 사람이 돌로 칠 것이요"(레 20:2)

우상숭배자가 죽어야 하는 이유는 물론 명백하다. 그것은 참 신이 아닌 만들어진 우상을 숭배함으로써 여호와 하나님을 무시하고 우상에게 영광을 돌림으로써 하나님을 욕되게 하는 것이기 때문이다. 이방인들이야 그렇게 멸망해 가는 것이 당연하지만 여호와의 백성이 그 풍속을 쫓아가는 것은 하나님께서 참으실 수 없는 일이었다. 사람들이 돌로 쳐서 사형시키는 것과는 별개로 하나님은 따로 또 진노하신다. 그들은 영원토록 이스라엘에서 끊겨버린다.

> "나도 그 사람에게 진노하여 그를 그의 백성 중에서 끊으리니 이는 그가 그의 자식을 몰렉에게 주어서 내 성소를 더럽히고 내 성호를 욕되게 하였음이라"(레 20:3)

그런데 하나님은 그렇게 몰렉에게 자식을 바친 사람을 사형시킬 때 반드시 그의 이웃들에게 그 일을 맡기신다. 친족이든 이웃이든 같은 삶의 범주 안에 있는 사람들에게 사형을 맡김으로써 우상숭배의 심각성을 실제로 체험할 수 있도록 하고, 신앙공동체의 하나 됨을 분명하게 기억하게 만들며, 모든 우상숭배에 대한 경각심을 불러일으키게 하신다. 만약에 그 이웃들이 우상 숭배자를 응징하지 않으면 그 이웃들도 죽여야만 했다. 여호와 신앙을 조금이라도 훼방할 수 있는 모든 요소들을 철저하게 배격하시는 하나님이시다.

"그가 그의 자식을 몰렉에게 주는 것을 그 지방 사람이 못 본 체하고 그를 죽이지 아니하면 내가 그 사람과 그의 권속에게 진노하여 그와 그를 본받아 몰렉을 음란하게 섬기는 모든 사람을 그들의 백성 중에서 끊으리라"(레 20:4-5)

출애굽 초기의 이야기이지만, 모세가 시내산에 가서 40일 금식을 하면서 하나님의 말씀을 듣는 동안, 산 아래에서는 모세의 형 아론의 주도 아래 우상숭배를 분명하게 보여주는 축제가 벌어지고 있었다. 각자가 가지고 있던 금고리를 바치게 하고 그것을 모아다가 금송아지 형상을 만들고 그것을 향하여 제단을 쌓고 제사를 드린 후에 백성들이 먹고 마시고 춤을 추고 즐기는 희한한 일이 일어나게 되었다. 여기에 대한 심판으로 모세는 무려 3,000명의 목숨을 아까워하지 않고 주동자들을 칼로 죽이게 했는데, 이 때 형제나 친구나 이웃이 죽이도록 명령했다. 민족의 순수성, 공동체의 거룩성이 얼마나 중요한 것인지를 모든 민족에게 뼈저리게 경험하게 하시는 하나님이었다.

"모세가 그들에게 이르되 이스라엘의 하나님 여호와께서 이렇게 말씀하시기를 너희는 각각 허리에 칼을 차고 진 이 문에서 저 문까지 왕래하며 각 사람이 그 형제를, 각 사람이 자기의 친구를, 각 사람이 자기의 이웃을 죽이라 하셨느니라 레위 자손이 모세의 말대로 행하매 이 날에 백성 중에 삼천 명 가량이 죽임을 당하니라"(출 32:27-28)

여호와 신앙을 더럽히고 모욕한 사람은 3,000명이 아니라 30,000명이라도 하나님은 아까워하지 않으신다. 그런 사람들은 하나님의 백성도 아니고 공동체의 일원도 아니고 이웃도 아니다. 그들은 이웃사랑의 대상이 결코 아니다. 공동체를 망하게 하는 대적자일 뿐이다. 모세의 믿음은 하나님께서 친구라고 하실 만큼 헌신된 믿음이었다. 거룩성을 훼손하는 우상숭배자들을 친 것이 하나님께 오히려 속죄가 되어서 공동체의 순수성을 보존하게 되었던 것이다.

"이튿날 모세가 백성에게 이르되 너희가 큰 죄를 범하였도다 내가 이제 여호와께로 올라가노니 혹 너희를 위하여 속죄가 될까 하노라 하고"(출 32:30)

우상숭배의 죄가 얼마나 컸던지 하나님의 심판으로 염병이 돌아 24,000명이나 전염된 일이 있었다. 모압의 바알브올에게 제사를 하는데 여사제들의 음행에 이스라엘 백성들이 미혹되어서 우상숭배에 참여했었기 때문이었다. 그리하여 우상숭배자들뿐 아니라 그것을 주동하거나 방조한 수령들도 죽이고 가담한 사람들을 죽이라고 했는데, 엘르아살의 아들 비느하스가 마침 음행하려고 들어오는 남녀를 '여호와의 질투심'(민 25:11)으로 창으로 찔러 죽인 후에야 하나님은 노여움을 멈추시고 염병을 그치게 하셨다. 여호와 하나님을 배반하거나 대적한 사람들은 이웃의 범주에 결코 들어올 수 없으며 사랑의 대상이 아니다.

> "이스라엘 자손의 온 회중이 회막 문에서 울 때에 이스라엘 자손 한 사람이 모세와 온 회중의 눈앞에 미디안의 한 여인을 데리고 그의 형제에게로 온지라 제사장 아론의 손자 엘르아살의 아들 비느하스가 보고 회중 가운데에서 일어나 손에 창을 들고 그 이스라엘 남자를 따라 그의 막사에 들어가 이스라엘 남자와 그 여인의 배를 꿰뚫어서 두 사람을 죽이니 염병이 이스라엘 자손에게서 그쳤더라 그 염병으로 죽은 자가 이만 사천 명이었더라"(민 25:6-9)

물론 이런 개념을 우리들에게 그대로 적용할 수는 없다. 하지만 우리는 얼마든지 이런 원리와 원칙을 따를 수는 있다. 현대세계에 적용하는 이웃사랑의 개념이라고 할지라도 먼저는 교회의 거룩성을 지켜야 한다. 거기에 초점을 두지 않고 세상의 풍속을 따르다가는 하나님의 거룩한 공동체는 흔적도 없이 사라지게 될 뿐인 것이다. 교회의 거룩성으로 이웃을 사랑하는 것이지 이웃을 사랑하기 위해서 교회의 거룩성을 포기하라는 말이 아니다. 오늘날 이웃을 사랑하기 위해서 교회의 거룩성을 훼손하게 만들려는 시도가 너무나도 빈번하게 존재하고 있다. 진보적이든 보수적이든 교회의 거룩성을 지켜야 한다. 하나님의 정의와 공의는 사랑이 밑받침이 되어야 하지만, 정의와 공의가 없는 이웃사랑은 하나님과 오히려 멀어지게 할 뿐인 것이다.

이스라엘의 율법은 이처럼 여호와 신앙을 훼손하고 거룩성을 더럽히며 하나님의 사랑이 사라진 공허한 공동체가 되는 것을 한사코 금지하는 법이다. 아무리 이웃과 친해도 그들이 무당이나 박수가 되면 반드시 돌로 쳐서 죽여야 했고(레 20:27), 무당까지 아니더라도 하나님을 저주하거나 여호와의 이름을 모욕하는 사람도 반드시 돌로 쳐서 죽여야만 했다(레 24:15-16). 왜 꼭 죽여야만 했는가? 그들이 여호와를 지우려는 자들이었기 때문이고, 여호와의 거룩하신 이름이 사라진 여호와의 공동체는 빈껍데기일 뿐이기 때문이다. 거룩성을 지키고 나서 이웃사랑이지 이웃의 불의한 사정만 불쌍히 여기는 것이 사랑은 아닌 것이다.

그래서 이스라엘은 극단적으로 배타적인 공동체가 될 수밖에 없었던 것이다. 하나님은 여호와 신앙을 무너뜨리는 민족은 진멸시키라고 하셨다. 그들과는 어떤 언약도 하지 말고 그들을 불쌍하게 여기지도 말아야 한다. 진멸하라고 하셨으면 그들의 짐승뿐 아니라 여인들이나 아이들까지 죽여야 할 때도 있었다. 그럴 때는 절대 망설이지 말고 결단을 해야 여호와의 거룩성이 지켜지는 것이다.

"네 하나님 여호와께서 그들을 네게 넘겨 네게 치게 하시리니 그 때에 너는 그들을 진멸할 것이라 그들과 어떤 언약도 하지 말 것이요 그들을 불쌍히

여기지도 말 것이며"(신 7:2)

적어도 여호와 이외에 그 어떤 신을 부르거나 찾거나 경배해서는 안 되고, 그 어떤 것이라도 우상을 만들어서 절하거나 섬겨서도 안 되며, 여호와 하나님의 이름을 망령되게 저주하거나 모욕해서도 안 되고, 하루를 구별하여 하나님과 교제하는 안식일을 범해서도 안 된다. 그것이 무너지면 이스라엘도 무너지고 사람들에게 하나님도 잊히게 된다. 그렇게 되면 아무리 자기 몸을 불살라서 이웃을 위해 희생해도 결국 빈껍데기일 뿐인 것이다.

이 시대에도 마찬가지이다. 이웃을 사랑한다면서 '오직 예수' 신앙을 포기한다면 그 사랑은 그냥 자기식구 사랑하는 것밖에는 아무런 의미가 없게 된다. 도둑들도 그것은 한다. 먼저는 신앙이다. 신앙만으로는 사람이 아무런 능력을 발휘할 수 없지만, 신앙이 빠진 사랑도 하나님께는 아무 의미가 없다. 오늘날 교회들도 거룩성을 유지하지 못한다면 아무리 주민들을 열심히 사랑하고 섬겨도 그냥 전도하기 위해 하는 것으로밖에 보이지 않는다. 교회 숫자 채우고 부흥하기 위해서 섬기는 것이라는 속셈을 다 안다. 부흥하기 전에, 커지기 전에 거룩성을 유지하는 데에 더 힘을 쏟아야 한다. 커지면 거룩성을 유지하기가 더 힘들어지기 때문이다.

율법을 범하는 사람은 죽이라

놀라운 것은 십계명에 반하는 행동을 한 사람에게도 죽음으로 책임을 묻는다는 것이다. 신앙에 관계되는 것뿐 아니다. 살인한 사람은 물론이고, 부모에게 불경한 사람이나 남의 것을 도둑질한 사람이나 거짓말한 사람까지도 죄의 경중에 따라 죽음으로 죄를 벌한다는 것이다. 우선 부모를 치거나 저주하는 자는 죽음으로 죄 값을 치러야 한다(출 21:15). 그런 자는 하나님의 창조질서에 정면으로 도전하는 자로서 결코 민족의 구성원이 될 수 없고 오히려 하나님의 사랑의 걸림돌이 되는 자이기 때문에 자기의 피가 자신에게 돌아가게 되는 것이다. 그런 사람은 반드시 죽이도록 명령하셨다.

"만일 누구든지 자기의 아버지나 어머니를 저주하는 자는 반드시 죽일지니 그가 자기의 아버지나 어머니를 저주하였은즉 그의 피가 자기에게로 돌아가리라"(레 20:9)

같은 의미의 반복이지만, 부모에게 패역한 자식은 죽이라고 하셨다. 본문 말씀처럼 직접 그 부모가 장로들에게 고발할 정도라면 어느 정도 패역한 자인가를 짐작할 수 있겠지만, 실제로 자식을 고발하는 부모가 있을까에 대해서는 의문이 갈 수도 있을 것이다. 그러나 그 당시 여호와 하나님의 준엄하신 명령이라면 그 시대에는 가능한 이야기가 아닐까 생각하게 된다. 아무튼 돌로 쳐서 죽게 하도록 그렇게 엄하게 하시는 이유를 성경은 온 이스라엘이 듣고 두려워하게 함으로써 이스라엘의 거룩성을 지키게 하시기 위함이라고 말씀하고 있는 것이다.

"사람에게 완악하고 패역한 아들이 있어 그의 아버지의 말이나 그 어머니의 말을 순종하지 아니하고 부모가 징계하여도 순종하지 아니하거든 그의 부모가 그를 끌고 성문에 이르러 그 성읍 장로들에게 나아가서 그 성읍 장로들에게 말하기를 우리의 이 자식은 완악하고 패역하여 우리 말을 듣지 아니하며 방탕하며 술에 잠긴 자라 하면 그 성읍의 모든 사람들이 그를 돌로 쳐 죽일지니 이같이 네가 너희 중에서 악을 제하라 그리하면 온 이스라엘이 듣고 두려워하리라"(신 21:18-21)

물론 부모는 권위를 지킬 만해야 한다. 오늘날 부모나 선생님이나 상사의 권위가 극도로 추락하고 있는데, 권위를 위한 권위나 윗사람의 이익을 위한 지나친 권위가 아니라면 스스로 그 권위를 인정하는 것이 더 바람직할 것이다. 교회 내에서도 똑같이 그 풍속을 따라가게 되는데, 물론 권위자의 지나친 권위주의에 대해서 깨뜨려져야 할 부분도 상당히 많이 있지만 그 영적 권위를 정당화시킬 만한 분위기를 만듦으로써 아름다운 권위가 이루어지게 할 필요가 있을 것이다. 권위와 질서가 무너진 교회를 향하여 그 어떤 사람도 긍정적으로 말하지는 못하게 될 것이기 때문이다. 아름다운 권위는 교회의 거룩성을 지탱하게 만드는 수단이 될 수 있다.

그 다음 계명은 6계명이다. 살인한 사람은 반드시 죽어야만 한다. 당연한 이야기이다. 물론 우연히 또는 부지중에 사람을 죽게 했다면 그 사람은 도피성으로 피신하여 생명을 유지할 수 있었다. 우리는 여기에서 '동해보복법'의 내용을 살펴볼 수 있게 되는데, 이것은 복수에 관한 법이 아니라 복수하지 말라는 법이라는 사실을 알아야 한다. 왜냐하면 내가 '당한 대로' 갚아주는 것이 아니라 '당한 만큼'까지만 갚아주라는 법이기 때문이다. 더 이상 복수를 확대해서는 안 된다는 법이다. 이것은 공동체의 거룩성을 더 이상 확대하여 해치지 말 것을 말씀하신 것이다.

> "사람을 쳐 죽인 자는 반드시 죽일 것이요 … 상처에는 상처로, 눈에는 눈으로, 이에는 이로 갚을지라 남에게 상해를 입힌 그대로 그에게 그렇게 할 것이며 짐승을 죽인 자는 그것을 물어 줄 것이요 사람을 죽인 자는 죽일지니 거류민에게든지 본토인에게든지 그 법을 동일하게 할 것은 나는 너희의 하나님 여호와임이니라"(레 24:17, 20-22)

이 법은 거룩한 공동체의 최소한의 정체성을 유지하게 하기 위해 지시하신 것이지만, 예수님은 이것을 확대하여 악을 악으로 갚지 말고 선으로 갚을 것을 말씀하셨다. 율법과 복음의 차이가 바로 여기에 있다. 이스라엘은 공동체적 정체성의 최소한의 거룩성을 유지하기 위해 율법을 제시하셨고, 그 율법을 지키는 일에 최선을 다함으로써 그 최소한의 공동체성을 유지하도록 하셨지만, 그래서 그 징벌을 최종적으로는 죽음으로 갚게 하셨지만, 복음에서는 동해보복법이 아니라 아예 보복하지 말라고 가르치신 것을 기억해야 한다. 오히려 원수와 같은 사람에게 똑같이 갚지 말고 미워하지 말고 사랑하라고 가르치신다. 그것이 거룩한 공동체를 지키는 복음적인 교회의 모습이다.

"또 네 이웃을 사랑하고 네 원수를 미워하라 하였다는 것을 너희가 들었으나 나는 너희에게 이르노니 너희 원수를 사랑하며 너희를 박해하는 자를 위하여 기도하라"(마 5:43)

교회의 거룩성은 반드시 지켜져야 한다. 구약에서는 죽음으로 순수성을 지켜야 하지만 교회에서는 용서와 사랑으로 거룩성을 지키는 것이다. 그렇다고 징계와 치리를 없애라는 말이 아니다. 다만 원수도 사랑하는 그 사랑의 원리로 치리하고 징계를 가해야 해당자도 받아들인다는 말이다. 신약의 교회는 반드시 교회 안의 형제들에게만 그리스도의 사랑을 행하라고 가르치지는 않는다. 이웃사랑의 개념을 어디까지 적용해야 하는가의 문제는 차후에 다루어보아야 하지만, 그럼에도 불구하고 구약의 이웃사랑과 관련한 내용들을 살펴보면서 우리는 그 철저함에 귀를 기울여야 한다. 구약에서는 민족의 거룩성을 지키기 위해 목숨을 아까워하지 않았다. 신약시대에는 너무나도 은혜, 은혜 하는 바람에 거룩성을 지키기 위한 적극성이 사라지고 말았다.

정말 구약처럼 인정사정없이 법대로 해야 한다는 의미는 아니다. 하지만 성도 스스로도 절박함이 사라졌고 지도자들도 순수성을 지키기 위한 적극성이 다 사라져버렸다. 그렇게 해서 교회의 거룩성이 보존될 수 있겠는가? 그렇게 해서 그리스도의 사랑으로부터 비롯되는 이웃사랑이 실현될 수 있겠는가? 적어도 교회 내부의 거룩성을 지켜내기 위해서는 마치 구약의 율법처럼 철저함이 있어야 한다. 전부 용서하더라도 그 결과가 거룩하고 순수해야 한다.

전부 용서했는데 분열과 다툼이 오히려 증폭된다면 그것이 진정한 용서일 수 있겠는가?

율법은 공동체의 순수성과 거룩성을 유지하기 위해, 그리고 공동체가 여호와 신앙으로 하나 될 수 있게 하기 위한 최소한의 원칙이다. 영혼으로 하나님을 사랑하고 마음으로 이웃을 사랑해야 하지만 아직 그것을 이해하고 받아들이지 못하는 백성들을 위한 최소한의 테두리를 정한 것이라는 말이다. 이미 이야기했지만 선악을 알게 하는 열매와 같은 기능을 하는 것이 율법이다. 율법의 테두리 안에 있으면 서로가 하나 될 수 있는데, 그 테두리를 벗어나면 죽음이 있을 뿐인 것이다. 왜 그래야 하겠는가? 하나가 되어야 하기 때문이다. 왜 죄를 철저하게 벌해야 하는가? 거룩성을 위해서이다. 거룩하지 않은 공동체는 여호와의 백성이 될 수 없다. 단지 권선징악의 차원이 아니다. 하나님과 백성들, 백성과 백성들이 하나가 되어야 하기 때문이다.

십자가에 달리시기 전, 예수님의 소원인 기도내용이 무엇이었는가? 그것은 제자들의 하나 됨이었다. 이제 곧 체포되셔야 하는데, 급박하게 돌아가는 그 시간에 예수님은 하나님께 제자들이 하나가 되게 해 달라고 기도하고 계셨다. 제자들이 어떻게 하나가 되게 해 달라고 하셨는가? 예수님과 하나님이 하나이신 것처럼 제자들도 하나가 되게 해달라고 하셨다. 제자들이 하나가 되어 하나님 안에 거함으로써 세상이 교회를 알고 하나님을 믿게 해달라는 기도였던 것이다.

"아버지여, 아버지께서 내 안에, 내가 아버지 안에 있는 것 같이 그들도 다 하나가 되어 우리 안에 있게 하사 세상으로 아버지께서 나를 보내신 것을 믿게 하옵소서"(요 17:21)

그러면 제자들이 하나가 되어 어떤 공동체를 만들어내야만 했을까? 그것 역시 진리로 거룩하게 됨으로써만 가능한 일이다. 교회는 세상에 속한 것이 아니라 하나님께 속해 있어야 하는 공동체이기 때문에 그 공동체가 하나님의 공동체가 되려면 역시 거룩성이 보존되어야 한다는 말씀이다. 거룩하지 못한 교회는 교회의 기능을 감당할 수 없다. 오늘날 흔하게 보이는 현상이 아니던가?

"내가 비옵는 것은 그들을 세상에서 데려가시기를 위함이 아니요 다만 악에 빠지지 않게 보전하시기를 위함이니이다 내가 세상에 속하지 아니함 같이 그들도 세상에 속하지 아니하였사옵나이다 그들을 진리로 거룩하게 하옵소서 아버지의 말씀은 진리니이다"(요 17:15-17)

이 거룩성을 기반으로 하는 이웃사랑이 진심으로 행해질 때 세상은 교회가 하나님의 공동체인 줄 알게 되는 것이다. 율법은 눈에 보이는 실천적인 면에서 그 사실을 너무나도 명확하게 보여주고 있다. 누구도 율법을 지킬 수 있는 사람은 없다. 왜 그렇겠는가? 율법에 담긴 하나님의 마음과 뜻을 온전하게 따르기는 어렵기 때문이다. 껍데기 율법은 지킬 수 있다. 일단 살인만 하지 않으면 제6계명은 지킨 것이니까. 그러나 하나님께서 율법을 주신 목적과 뜻을 안다면 내가 율법을 다 지키고 있다고 말할 수는 없다. 바리새인들은 이 껍데기 율법을 지키는 것으로 온전하다고 생각했었다. 그러므로 복음이 아니면 율법을 뛰어넘을 수 없는 것이다.

율법은 시대와 환경이 전혀 다른 한 민족이 가지고 있는 특수한 법이 아니다. 율법을 그냥 객관적으로 생각하면 우리에게 아무런 유익도 줄 수 없다. 율법은 우리의 주관 속으로 들어와야 한다. 아니, 우리가 율법 속으로 들어가야 한다. 그리고 그 속에서 어떻게 교회의 거룩성을 지켜나갈 수 있을지에 대한 해답을 얻어야 한다. 율법에 나오는 그대로 육체적인 처벌로 가능한 일은 아니다. 하지만 우리는 교회의 거룩성을 어떻게 하든지 지켜내려는 간절함을 배워야 한다. 하나님께서 지혜를 주심으로써 우리는 교회를 교회 되게 할 수 있을 것이다.

죄와 악을 제하라

이미 결론이 나와 있지만, 하나님께서는 율법을 범한 사람들을 죽이라고 하신 목적을 여러 번 밝혀주셨다. 그것은 죄와 악을 무리 가운데에서 제하기 위한 것이었다. 특히 하나님은 제사장의 직무를 거룩하게 구별하심으로써 하나님을 대리하는 레위인들에게 거룩한 권한을 주셨다. 여호와의 지엄하심을 두려움으로 대해야 다른 모든 율법도 그 권위가 살아나기 때문이다. 하나님께서 레위인을 거룩하게 하신 것인가? 그들이 거룩한 것이 아니라 하나님의 명령이 거룩한 것이고 그들의 직분이 거룩한 것이고 하나님께서 구별하신 성물이 거룩한 것이고 레위인들에게 주신 하나님의 권한이 거룩한 것이다.

> "그 때에 여호와께서 레위 지파를 구별하여 여호와의 언약 궤를 메게 하며 여호와 앞에 서서 그를 섬기며 또 여호와의 이름으로 축복하게 하셨으니 그 일은 오늘까지 이르느니라 그러므로 레위는 그의 형제 중에 분깃이 없으며 기업이 없고 네 하나님 여호와께서 그에게 말씀하심 같이 여호와가 그의 기업이시니라"(신 10:8-9)

그러므로 일반인이 제사장의 일을 간섭하면 죽이라고 하신 것이다. 레위인 때문이 아니라 하나님의 일이 거룩해야 하고 백성들이 그 거룩함을 두려움으로 대해야 하고 그럼으로써 하나님의 거룩하심이 백성들과 공동체를 거룩하게 하는 것이기 때문이다. 그것 때문에 성막을 운반할 때에든지 성막을 세울 때에든지 오직 레위인만 그것을 수행할 수 있었던 것이다. 만약에 레위인 외에 다른 지파 사람들이 가까이 오면 그들을 죽이라고 하신다. 무서운 법이다. 그냥 가까이 갔을 뿐인데 꼭 죽음을 당해야만 할까? 하나님은 그만큼 죄와 악이 없는 완전함만을 바라신다는 것이다.

> "성막을 운반할 때에는 레위인이 그것을 걷고 성막을 세울 때에는 레위인이 그것을 세울 것이요 외인이 가까이 오면 죽일지며"(민 1:51)

레위인들은 성막을 치는 일과 제사에 쓰는 모든 성물들을 관리

하는 일을 맡았다. 증거궤와 상과 등잔대와 제단들과 성소에서 봉사하는 데 쓰는 기구들과 휘장과 그것에 쓰는 모든 것들(민 3:31), 성막의 널판과 그 띠와 그 기둥과 그 받침과 그 모든 기구와 그것에 쓰는 모든 것들, 뜰 사방 기둥과 받침과 말뚝과 줄들을 맡도록 했다(민 3:36-37). 모세와 아론의 직계들은 성소의 직무를 수행하도록 했다. 그리고 역시 이런 일들에 외인이 가까이 오면 다 죽이도록 하셨다.

> "성막 앞 동쪽 곧 회막 앞 해 돋는 쪽에는 모세와 아론과 아론의 아들들이 진을 치고 이스라엘 자손의 직무를 위하여 성소의 직무를 수행할 것이며 외인이 가까이 하면 죽일지니라"(민 3:38)

이렇게 철저하게 모든 일들을 수행하도록 명하신 이유는 공동체의 거룩성 때문이다. 실로 이것은 하나님께서 죄로 물든 세상에서 거룩한 공동체를 지키는 일이 얼마나 힘든 일인가를 웅변적으로 대변해 주는 것이다. 죄로 가득한 세상에서 순수성을 지키려면 지나칠 정도로 엄격하게 하지 않으면 안 된다. 생각해보라. 만약에 공동체의 거룩성에 한 점 오물이 묻었다고 한다면 그것은 이미 거룩한 공동체가 아니다. 그것은 공동체 전체가 오물을 뒤집어쓴 것과 동일한 것이다. 그래서 구약의 이웃사랑은 공동체 안에서의 사랑에 머물 수밖에 없었던 것이다. 이스라엘 밖을 향한 이웃사랑이 존재한다고 하더라도 이스라엘의 거룩성 안에 들어와야 가능해지는 것이다.

하나님은 레위인에게만 이 거룩성을 맡기시는 것은 아니었다. 여호와의 임재인 성막과 관련되는 일은 레위인들에게 맡기셨지만, 일상의 삶 가운데에서의 거룩성은 재판관들에게 맡기셨다. 제사장의 실무는 성막과 관련된 일이지만 그들에게 실제로 원하시는 것은 거룩성의 보존이다. 마찬가지로 이스라엘의 관리들에게는 삶에서의 악을 제거하는 일을 맡기셨다. 그러므로 제사장이나 재판관들의 판결에 대항하거나 무시하는 일은 있을 수 없다. 그런 사람도 이스라엘의 거룩성을 훼손하는 것이기 때문에 죽음으로써 악을 제해 버리라고 하셨다. 하나님의 권위는 거룩한 질서 속에 그대로 들어있는 것이다.

> "사람이 만일 무법하게 행하고 네 하나님 여호와 앞에 서서 섬기는 제사장이나 재판장에게 듣지 아니하거든 그 사람을 죽여 이스라엘 중에서 악을 제하여 버리라 그리하면 온 백성이 듣고 두려워하여 다시는 무법하게 행하지 아니하리라"(신 17:12-13)

우리가 이미 살펴본 율법 조항들은 그 목적을 분명하게 밝히고 있는데, 그렇게 율법을 범한 사람을 죽이는 것은 바로 이스라엘에서 죄와 악을 근원부터 제해버리셔야 하기 때문이었던 것이다. 하나님은 수도 없이 너희 중에서 악을 제하라고 명령하시는 것을 볼 수 있다. 선지자나 꿈꾸는 자를 제거함으로써 악을 제하라고 하셨다(신 13:5). 죄를 그대로 두고서는 하나님의 거룩하심을 만방에 알릴 수가 없었다. 결국 창조주 하나님의 거룩하심을 통해 하나님의 일은 성취될 수 있는 것이었다.

심지어 악을 범한 사람을 밝혀내지 못했다고 해서 미제 사건으로 남겨두는 것이 아니었다. 사건이 일어난 데에서 가장 가까운 성의 사람들이 암송아지를 하나 취하여 거룩한 제사를 드려야만 했다(신 21:1, 3, 8-9). 출처를 알 수 없는 죄라도 하나님께는 다 동일한 죄일 뿐이다. 율법이란 공동체의 건강한 존속을 위해서 할 수 있는 모든 일을 규정한 법이다. 죄가 존재하느냐 아니냐는 굉장히 중요한 일이다. 마치 전염병 바이러스가 어딘가에 남아있으면 언제라도 전염병이 발생할 수 있는 것과 같은 이치이다.

우리는 공동체 안에 악이 남아있을 때 일어날 수 있는 일을 여호수아의 아이성 공격에서 살펴볼 수 있다. 가나안 정복시대 초기에 아이성 공격에 실패하자 이스라엘은 공황상태에 빠져버렸다. 여호수아조차도 생전 처음 겪은 실패 앞에서 망연자실, 어찌 할 바를 모르고 있었다. 왜 그렇게 실패했는가? 바로 직전의 큰 성 여리고성 공략에는 법궤를 앞세우고 소리만 질렀을 뿐인데 대승리를 거두지 않았던가? 작은 아이성 점령에 실패한 것은 딱 한 사람이 저지른 죄 때문이었다. 아간이 외투 한 벌과 50세겔짜리 금덩이에 현혹되어 그것들을 자기 장막에 감추었기 때문이었다. 전체 전리품 중에 외투와 금덩이는 사소한 것에 불과했다. 그러나 하나님은 그 사소한 죄 때문에 이스라엘에 경종을 울리셨다. 거룩성과 순결성은 얼마나 중대한 것인가? 사람들은 사소하게 여기지만 하나님이 보시기에는 너무나도 큰 죄였다. 그것은 이스라엘 전체가 저지른 죄와 조금도 다를 것이 없었다.

"너는 일어나서 백성을 거룩하게 하여 이르기를 너희는 내일을 위하여 스스로 거룩하게 하라 이스라엘의 하나님 여호와의 말씀에 이스라엘아 너희 가운데에 온전히 바친 물건이 있나니 너희가 그 온전히 바친 물건을 너희 가운데에서 제하기까지는 네 원수들 앞에 능히 맞서지 못하리라"(수 7:13)

오늘날 교회도 마찬가지이다. 율법적인 처벌을 그대로 적용해서는 안 되지만, 교회가 우상과 죄로 물들면 어떤 결과가 나오는지에 대해서 엄청나게 두려워해야 한다. 어느 교회에 아무도 모르게 신천지 한 사람이 교묘하게 들어와 이리저리 휘저으며 교회를 온통 혼란의 도가니로 만들거나 성도들을 신천지화시켜서 결국 교회가 무너지게 만드는 경우가 실제로 존재하지 않았던가? 교회의 거룩성을 해치는 일은 아무리 작은 것이라도 철저하게 제할 수 있어야 한다. 왜 하나님은 율법을 위반한 자들에게 죽음이라는 형벌을 내리시는가? 작은 죄나 악이 공동체 전체를 흐려지게 만들기 때문이다. 결국 여호와의 거룩한 교회는 더럽혀지고 세상에 아무런 영향력도 끼칠 수 없는 무용지물이 될 뿐이기 때문인 것이다.

우상을 제하고 여호와만 섬기면 백성이 곤고를 당할 때 여호와께서 근심하신다. 그들이 바알을 섬겼으므로 블레셋과 암몬의 손에 18년을 맡기셨지만, 백성들이 바알을 섬기던 일을 회개하고 이방신을 제해 버리자 하나님은 오히려 백성들의 노고를 걱정하시고 마침내 입다 사사를 일으키셔서 백성들을 구원하시기에 이른다. 우리가 기도하기 전에 먼저 우리 가운데에서 죄와 악을 제해야 하는 것이다. 이웃사랑은 교회가 정결할 때, 곧 거룩성을 유지할 때 하나님께 영광이 된다. 하나님께 영광이 되지 않는 이웃사랑은 자기자랑일 뿐이다.

"자기 가운데에서 이방 신들을 제하여 버리고 여호와를 섬기매 여호와께서 이스라엘의 곤고로 말미암아 마음에 근심하시니라"(삿 10:16)

여기까지 구약의 이웃사랑에 관한 내용들을 살펴보았다. 신약교회는 성령님의 임재가 있는 곳이다. 현대교회도 성령님께서 간섭하시는 교회이다. 구약에서는 공동체의 순수성과 거룩성을 지켜내기 위해 율법을 범한 사람들을 제거함으로써 악을 제하게 하셨다. 현대교회에서 악을 제하는 방법이 무엇인가? 물론 징계와 치리가 살아있어 하나님의 뜻을 분명하게 드러내야 하고 또 거기에 순복해야 한다. 그러나 최종적으로는 그리스도의 사랑에 기댈 수밖에 없다.

그리스도의 사랑은 십자가 보혈로 나타난다. 결론은 십자가 보혈이다. 십자가에서 하나님의 법을 범한 사람이 죽어야 하고, 십자가에서 우상 숭배하던 사람이 죽어야 하며, 온갖 세상 욕심과 물질을 따라가던 사람도 십자가에서 죽어야 한다. 아무튼 교회에서는 죄와 악이 제거되고 순수성과 거룩성이 지켜져야 한다. 그럴 때 참다운 이웃사랑을 통해 하나님의 거룩하심이 전파될 수 있는 것이다. 십자가 보혈로 거룩해진 교회를 통하여 하나님의 구원계획은 차근차근 성취되어갈 것이다.

제3부

자기 자신처럼 사랑하기

제9장
먼저 형제를 사랑하라

이제 우리는 어떻게 이웃을 자기 자신처럼 사랑해야 하는가에 대한 구체적인 문제로 넘어가야 한다. 모든 그리스도인들은 나름대로 이웃을 자기 자신처럼 사랑하라는 성경의 말씀에 대한 판단기준이 있을 것이다. 어디까지 사랑하는 것이 참된 이웃사랑이란 말인가? 예수님은 모든 것을 버리고 주를 따라야 한다고 강조하셨는데, 그 말씀의 실천적인 의미는 무엇인가? 현실 속에서 부양가족들이 여럿 있는데 정말 모든 재산을 다 팔아서 가난한 사람들에게 나누어주어야 한다는 말인가? 때로 많은 재산을 내놓았다든가 평생 모은 돈을 전부 기부한다든가 하는 미담들을 많이 듣는데, 그렇다면 모든 성도들이 다 그렇게 해야 한다는 말인가? 그런데 그런 미담들 뒤에 왜 예수님에 대해서는 한 마디도 나오지 않는 것일까? 그리스도인들 중에는 그런 사람이 전혀 없다는 말인가?

우리는 그리스도인으로서 예수님의 말씀을 어떤 식으로든 실천해야 한다. 예수님의 말씀을 액면 그대로 받아들여 그대로 실천하거나 반만 받아들여 현실과 타협하거나 아니면 예수님의 말씀의 의미를 머리로만 받아들이거나 혹은 그것은 단지 책에만 나오는 이야기로 생각하고 세상 사람들과 거의 비슷하게 살아가거나 아무튼 선택을 해야 한다. 하지만 우리는 자기 자신처럼 이웃을 사랑하라는 예수님의 말씀의 본질적인 의미를 먼저 배워야 한다. 물론 모르고 있지는 않다. 그러나 종교적인 전통이나 사회적인 분위기를 뛰어넘지는 못한다. 기독교 지도자들의 가르침과 삶 이상으로 성도가 거룩한 삶을 살 수는 없다.

어쩌면 더 이상 성경의 본질을 가르치지 않기 때문일 수 있다. 그게 무슨 말인가? 수많은 설교자들이 성경을 얼마나 깊이 있게 가르치고 있는가? 뛰어난 신학자나 기독교 저자들로 인하여 얼마나 많은 도서가 날마다 쏟아져 나오고 있는가? 그런데 본질을 가르치지 않는다고? 하지만 그것은 사실인 것 같다. 도무지 실천을 강조하는 가르침들이 없다. 그리스도인으로서의 삶의 방향을 제시하고 실천적인 방법론을 말하는 가르침을 찾아보기 힘들다. 보편적인 신앙상식을 뛰어넘어 정말로 행해야 할 담대한 방향을 제시하는 책이 드물다. 신앙적 가르침, 딱 거기까지이다. 혹시 그런 책들이 나온다고 하더라도 금방 반품되어 창고에 묻혀버린다. 그렇기 때문에 그런 책들을 쓰려고 하지 않는다. 그런 책을 집필하는 사람을 향해 독자를 생각하지 않고 자기 할 말만 한다고 비판한다. 개혁을 무수하게 외치기는 하는데 비난과 공격 일변도이거나 아니면 말로만 개혁을 외친다.

우리는 어떻게 하든지 말씀대로 실천할 수 있는 방향성을 가르쳐야 한다. 말씀은 실천하라고 주신 것이지 적당하게 현실과 타협하라고 주신 것이 아니다. 실천하지 않으려면 말씀을 왜 배우는가? 축복이니 치유니 권능이니 하지만 전부 자기중심적이다. 신앙이 자기중심적이면 그것은 바른 신앙일 수 없다. 물론 신앙이 어릴 때에나 또 기본적으로 힘들 때 자기중심적이 될 수밖에 없다. 하나님의 일을 하다가 힘들면 자기중심적이 될 수 있고 치유가 필요하다. 그러나 신앙이 성장했을 때에도 매사에 자기중심적이라면 결코 하나님의 일을 올바로 감당할 수 없다. 지금 수많은 그리스도인들이 전부 영적인 영아이거나 유아 상태에 머무르고 있다. 실천이 없으면 양식을 취해도 소화가 되지 않고 더 이상 성장할 수 없으며 지속적으로 치유를 받아야 한다. 그것이 바로 자기중심적인 신앙이다.

그러면 어떻게 하면 성장이 될 수 있는가? 그것은 한마디로 이웃사랑이다. 신앙은 하나님사랑과 이웃사랑이다. 다들 하나님사랑은 잘 하려고 한다. 하지만 이웃사랑은 잘 하지 못할 뿐 아니라 하려고 하지도 않고 하는 방법도 잘 모른다. 하나님사랑에만 머무르고 있다면 그것은 엄마 품에 계속 안겨있고자 하는 어린아이에 불과하다. 그리스도인의 현실적인 삶은 이웃사랑을 통해 하나님사랑을 표현하는 과정들이다. 이웃을 사랑하지 않으면 하나님을 사랑하는 것이 아니고 또 이웃사랑이 아니면 하나님을 사랑할 수도 없다. 그렇다면 이웃을 사랑하는 일은 얼마나 중요한 일인가? 예배를 아무리 잘 드려도 세상에서 이웃을 사랑하지 못한다면 그 예배는 아무것도 아닌 것이 되고 만다.

"누구든지 하나님을 사랑하노라 하고 그 형제를 미워하면 이는 거짓말하는 자니 보는 바 그 형제를 사랑하지 아니하는 자는 보지 못하는 바 하나님을 사랑할 수 없느니라 우리가 이 계명을 주께 받았나니 하나님을 사랑하는 자는 또한 그 형제를 사랑할지니라"(요일 4:20–21)

지금까지 우리는 이웃사랑의 본질과 방향에 대해서 살펴보았다. 이웃사랑은 하나님의 소원이다. 그것은 하나님 안에서 모든 사람이 하나 되는 것이다. 그 이웃사랑이 예수 그리스도로 인해 이 땅에 성취되었다. 우리의 푯대는 그리스도의 이웃사랑이다. 하지만 이웃사랑이 살아나려면 우리가 그리스도 안에 있는 우리 자신을 사랑하지 않으면 안 된다는 점을 이야기했다. 그리고 구약의 이웃사랑을 살펴보았다. 율법의 실체를 살펴보고 그것이 하나님 안에서 하나가 되게 하기 위한 최소한의 조치였음을 살펴보았다. 그리고 그것은 사랑이 밑바탕이 되어야 함을 설명했다.

또한 하나님의 정의와 공의에 대해서도 생각해보았다. 우리가 가난한 사람을 도와주는 것은 우리의 정의가 아니라 하나님의 정의를 만족시키는 일이기 때문에 하나님께서 기뻐하신다. 그런 관점에서 하나님은 백성들 간에 차별이 생기는 것을 싫어하셨다. 하나님은 공동체의 거룩성을 지키기 위해 모든 죄를 죽음으로 제하게 하셨고 이스라엘의 절대순수성을 바라고 원하셨다고 이야기했다. 오늘날도 교회의 순수성과 거룩성을 지키지 않으면 죽음으로 이웃을 사랑한다고 해도 한낱 사람의 선한 행위에 머물 뿐이라고 이야기했다. 교회 밖의 이웃을 사랑하기 전에 교회가 하나님의 정의가 흐르는 거룩한 곳이어야만 한다. 그것이 율법을 주신 하나님께서 오늘 우리들에게 주시는 도전이다.

"내가 내게 있는 모든 것으로 구제하고 또 내 몸을 불사르게 내줄지라도 사랑이 없으면 내게 아무 유익이 없느니라"(고전 13:3)

누가 형제인가?

구약의 이웃사랑은 신앙공동체인 이스라엘의 순수성을 지키기 위한 최소한의 조치였다. 순수성과 거룩성을 지키는 것이 구약의 이웃사랑의 방향이었다. 물론 오늘날도 그 방향에는 변함이 없다. 하나님은 동일하신 하나님이시기 때문이다. 구약은 민족공동체였고 오늘날은 이방나라 가운데 흩어져 살아가야 하는 포로시대와 같다. 이스라엘은 배타적이고 민족 중심적이 될 수밖에 없었다. 그것은 하나님께서 온 인류에게 구원의 길을 열어주시기 위한 과정이었다. 하나님의 나라 이스라엘이 거룩하지 못하다면 더 이상 진전할 수가 없다. 하지만 결국 구약 이스라엘은 그 사명을 잃어버리고 말았다. 그래서 이스라엘은 멸망당했고, 더 완전한 나라를 위해 그리스도께서 오셔서 이웃사랑을 완성하셨다. 이제 이스라엘의 거룩성은 교회의 거룩성으로 성취되어야만 한다. 이스라엘은 실패했지만 예수 그리스도의 능력으로 하나님의 거룩하신 목적은 계승될 수 있었던 것이다.

교회공동체에도 구약공동체와 같은 원리가 필요하다. 구약공동체는 엄격한 율법으로 거룩성을 유지하게 하셨지만, 신약공동체는 그렇게 육체적인 엄격함으로는 더 이상 유지될 수 없다. 이미 그리스도의 보혈로 인간의 모든 죄를 용서받는 길이 열렸기 때문이다. 그렇다고 지구 위에 생존하는 모든 인간들에게 똑같이 적용되는 것은 아니었다. 그렇기 때문에 교회공동체도 역시 구약공동체와 같이 공동체의 거룩성을 지킬 수 있어야 한다. 육체에서 영으로 바뀌었지만 원리는 동일하다. 마귀의 지배 아래 있는 세상 속에서 구별된 교회공동체가 그 영적, 육적인 거룩성을 유지하지 못한다면, 그렇다면 교회와 세상이 다른 점이 무엇인가? 공통적으로 마귀의 통치 아래 놓이게 되는 것이 아닌가?

우리가 이웃사랑이라고 하지만 성경은 먼저 이웃이 아니라 형제를 사랑하라고 가르친다. 형제는 물론 그리스도 안에서의 성도들의 관계이다. 율법이 그토록 여호와 신앙을 훼방하고 변개시키려는 세력들에게 가혹하리만큼 철저하게 대했던 이유가 그것이 아닌가? 먼저 공동체 사랑이 강력해야 하나님을 방해하는 모든 세력들을 제할 수 있고 공동체의 거룩성을 지킬 수 있는 것이다. 하나님은 신약 시대에도 이와 같은 원리를 적용하라고 하신다. 성경에 이웃사랑에 대한 말씀들이 많이 나오지만 먼저는 형제사랑이라는 사실을 반드시 알고 있어야 한다. 형제사랑으로 교회공동체의 거룩성을 지키지 못한다면 그것은 기껏 교회 안에 가두어진 진리일 뿐이다. 성경에 기록된 이웃을 사랑하라는 말씀도 거의 모두 형제를 사랑하라는 말씀과 동의어인 것이다.

사람들이 착각하여 믿지 않는 이웃들에 대해서는 한없이 관대하고 그들의 편이 되어주려고 하면서도 오히려 교회를 비판하고 공격하는 것은 이 형제사랑과 이웃사랑의 정의를 잘못 알고 있기 때문이다. 우리는 믿지 않는 이웃들을 자기 자신처럼 사랑해야 한다. 하지만 그렇다고 교회공동체를 해치는 언행을 해도 된다는 말이 아니다. 어떤 사람들은 어려운 사람들을 위한 나눔과 섬김의 사역을 열심히 감당하면서도 자신과 입장이 다른 교회를 향해 지나치게 비난하고 싸우는 모습을 보여주고 있는데, 그것은 진정한 이웃사랑이 아니다. 왜냐하면 교회의 거룩성을 해치는 행위가 될 수 있기 때문이다. 교회 안에서 형제사랑의 본을 보여주지 못하면서 교회 밖에서 형제를 비난한다면 하나님께서 그것을 받아들이시겠는가? 형제인가 이웃인가의 물리적인 우선순위의 문제가 아니라 초점과 본질의 문제이다.

그렇기 때문에 성경이 말하는 원형으로서의 이웃사랑은 바로 형제사랑이라는 사실을 우리는 분명하게 인식하고 있어야 한다. 그렇다면 구약 이스라엘의 이웃사랑이 뜻하는 공동체의 하나 됨이라는 본질이 신약시대에 와서도 그대로 적용된다는 말인가? 만약에 교회 안에서만 서로 사랑하고 하나가 되고 거룩성을 지키는 것이 기독교 신앙이라면 구약과 무슨 차이가 있을까? 교회 안에서 자기들끼리 좋아 못살고 날마다 어울려 다니면서 바깥에서도 똘똘 뭉치는 모습을 세상 사람들이 곱게 바라볼까? 오히려 우리의 세상 이웃들이 교회를 적대시하거나 공격하는 현상이 발생할 것이 아니겠는가? 그렇다면 이방나라와 이방인들을 멸절의 대상으로 보고 여호와 신앙으로 똘똘 뭉친 구약의 이스라엘과 무엇이 다르다는 말인가?

사실 그것이 문제가 될 때가 있기는 하다. 그릇된 교회관으로 인한 개교회 중심적인 사고방식이 오늘날 우리도 모르는 사이에 교회의 일반적인 모습이 되어버린 것은 사실이다. 그래서 아픈 것이다. 이웃사랑의 개념이 잘못되었거나 본질적인 이웃사랑의 의미가 왜곡되어 버린 결과일 것이다. 오로지 교회부흥, 교회성장만을 외치다가 보니까 옆을 돌아볼 만한 여유가 사라졌고, 전도도 문화사역도 지역 섬김도 전부 개교회 부흥만을 지향하게 되었던 것이다. 그래서 이웃사랑의 본질을 다시 되찾아야 한다는 것이다. 교회 공동체가 거룩해지고 하나가 되어야 한다는 말은 그것을 목적으로 하라는 말이 아니라 진짜 세상을 향한 이웃사랑의 준비를 철저하게 하라는 뜻이다. 말하자면 이웃사랑의 수원지가 되어야 한다는 말이다. 교회에 가장 필요한 것이 바로 이런 관점이다. 그것은 오늘날 이웃사랑의 방식이 전혀 실현되지 못하고 있다는 말과 같다. 그래서 오늘날 교회가 많은 비난을 받고 있는 것이다.

우리는 세상을 향한 이웃사랑을 위해 우선 형제를 자기 자신처럼 사랑할 수 있어야 한다. 그래서 이번 장에서는 형제사랑에 대해서 살펴보려고 한다. 물론 형제사랑이든 이웃사랑이든 원리와 핵심은 똑같다. 이웃을 자기 자신처럼 사랑하는 일에 대해서는 다음 장에서 살펴보겠지만, 일단 교회 안의 형제를 어떻게 대해야 하고 어떻게 섬겨야 할지에 대해서 이야기하려고 한다. 우리 그리스도인들의 형제는 정확하게 누구를 가리키는 것인가? 예수님은 이 형제에 대해서 아주 명확한 개념을 주신다. 물론 예수님의 형제요 자매요 부모를 말씀하시면서 주신 이야기이다. 그러나 우리는 모두

주 안에서 한 형제이다. 예수님은 주님의 형제를 하나님의 뜻대로 하는 사람이라고 분명하게 못 박으신다. 그리스도의 복음을 믿는 사람들이 우리의 형제들인 것이다.

> "손을 내밀어 제자들을 가리켜 이르시되 나의 어머니와 나의 동생들을 보라 누구든지 하늘에 계신 내 아버지의 뜻대로 하는 자가 내 형제요 자매요 어머니이니라 하시더라"(마 12:49-50)

예수님을 구주로 영접한 사람들은 전부 우리의 형제들이다. 그렇다면 우리의 1차적인 형제는 같은 교회에 출석하는 성도들이다. 이것을 부인할 사람은 거의 없을 것이다. 하지만 그리스도인들에게 있어서 형제라는 말은 훨씬 광의의 개념이라는 사실을 알아야 한다. 그것은 내가 만날 수 있고 접촉 가능한 모든 그리스도인들을 가리키는 것이다. 우선적으로 그것은 같은 지역 안의 타 교회 성도들이라는 사실을 꼭 말하고 싶다. 물론 교회는 일반적으로 총회와 노회(지방회, 연회)에 가입되어 있기 때문에 깊게 교제하는 형제는 주로 노회 안에 있는 교회와 성도들일 것이다. 그러나 실제 삶에서 매일같이 만날 수 있는 모든 그리스도인들을 형제로 생각하지 않고는 형제의 하나 됨은 일어날 수 없다. 같은 지역 안에 있는 교회들이 서로 교류는 하면서도 경쟁자라는 입장을 가지고 있는 한 형제개념은 성립될 수 없는 것이다.

교회는 모두 하나여야 하고 성도는 모두 형제여야 한다. 똑같이 예수님을 믿는다고 하면서도 왜 이런 의식이 없는지 모르겠다. 믿지 않는 세상의 이웃에 대해서는 열심히 나누고 섬기면서 왜 교회 안의 이웃, 어려운 교회에는 관심조차 없단 말인가? 물론 교회 안의 성도들에 대해서는 목회자를 중심으로 관심과 돌봄을 통해 형제사랑이 이루어지고 있다. 하지만 그것도 교회 규모나 특성 때문에 전혀 형제사랑이 존재하지 않는 경우도 많다. 다른 이야기지만 왜 교회에 자꾸 분란이 일어나고 쪼개지고 예배를 따로 드리는 일들이 일어나겠는가? 각 경우마다 상황이 다르겠지만 일반적으로 말한다면 형제사랑의 개념을 가지고 있지 못하기 때문이다. 형제를 사랑하지 못한다면 전도도 섬김도 별 소용이 없어진다.

성도들은 전부 형제들이다. 교회도 형제들이다. 작은 교회도 큰 교회도 전부 형제들이다. 교단이 달라도 그리스도를 부인하지 않는다면 전부 같은 형제들이다. 특히 한 지역에서 공존하는 교회들은 전부 친형제와 같은 존재들이다. 큰 교회에서 왜 작은 교회를 도와주지 않는가? 교단, 교파와 관계없다. 오히려 같은 지역의 교회들이 더 친형제처럼 지내야 한다. 작은 교회 목사는 능력이 없거나 자격이 안 된다고 생각하는가? 큰 교회에서 작은 교회를 돕는 것을 낭비가 될 것이라고 생각해서 돕지 않는다면 그러면 정말 큰 일이 아닐 수 없다. 물론 작은 교회를 담임하는 목사가 부흥 면에서 좀 부족한 경우는 있다. 그러나 주님을 향한 열정과 성도를 향한 사랑과 인내는 큰 교회 목사보다 훨씬 더 강할 수 있는 것이다. 오히려 어려운 형제들과 이웃들을 헌신적으로 돌보고 있는 경우가 많다.

목회자 이야기가 아니라 주님 안에서 한 형제 된 도리를 말하고 있는 것이다. 다른 교회에 다니는 성도가 어려움을 당하면 오히려 더 도와야 한다. 물론 그 교회 목회자와 성도들의 몫이다. 다만 형제사랑의 마음가짐을 말하는 것이다. 모든 성도들은 다 한 형제요 모든 교회도 같은 형제요 목회자들도 다 형제들이다. 이런 개념을 가지고 있어야 그 다음에 형제를 어떻게 대해야 하는 것인지에 대한 이야기로 나아갈 수가 있다. 예수님은 사도 요한에게 예수님의 어머니 마리아를 모시라고 하셨다(요 19:27). 예수님의 동생들도 있었고, 또 요한에게도 자기 어머니가 있었는데 왜 예수님은 요한에게 어머니를 맡기셨는가? 예수님께서 어머니를 자기에게 맡기실 때 요한의 머릿속에는 바로 위의 말씀이 떠올랐을 것이다. 하나님의 뜻대로 하는 사람들이 예수님의 어머니요 동생들이요 형제들이라는 말씀 말이다.

사도 요한에게는 예수님의 어머니 마리아뿐 아니라 모든 믿음의 어머니들을 자기 어머니로 섬기라는 말씀으로 들렸을 것이다. 혹시 십자가 밑에서는 그런 생각을 하지 못했을지는 몰라도 그 후에 그는 모든 믿음의 사람들을 자기 형제로 사랑하게 되었다. 우레의 아들에서 사랑의 사도로 바뀐 것은 예수님의 형제사랑의 명령 때문이었다. 형제를 사랑하는 것이 이웃사랑의 출발점이고, 이웃을 사랑하는 것이 하나님을 사랑하는 것이다. 사도 요한의 권면처럼 형제를 그리스도의 사랑으로 사랑하는 것이 복음의 본질인 것이다.

"사랑은 여기 있으니 우리가 하나님을 사랑한 것이 아니요 하나님이 우리를 사랑하사 우리 죄를 속하기 위하여 화목제물로 그 아들을 보내셨음이라 사랑하는 자들아 하나님이 이같이 우리를 사랑하셨은즉 우리도 서로 사랑하는 것이 마땅하도다"(요일 4:10-11)

용서하고 비판하지 말라

너무 쉽게 들린다. 형제를 사랑하는 것은 형제의 잘못을 용서하는 것이다. 너무나도 자주 듣는 말씀이고 또 우리들 자신이 용서받아서 구원받은 백성들이다. 그런데도 우리는 용서하기를 참으로 어려워한다. 우리의 의지로 용서하고 싶은데 마음으로는 용서가 안 된다. 그래서 우리는 우리가 다른 사람을 용서할 수 있도록 해 달라고 성령님께 간구하게 된다. 하지만 더 중요한 것은 우리가 그리스도의 용서의 사랑에 얼마나 깊이 담겨져 있는가이다. 절대로 용서받을 수 없는 나의 죄를 위해 십자가에서 내가 당해야 할 온갖 고통과 모욕을 참으시고 돌아가신 예수 그리스도 안에 깊이 들어갈수록 우리는 남을 용서하기가 더 쉬워진다. 용서는 그리스도인들의 특징이며 우리가 이웃을 사랑하고 있다는 가장 큰 증거가 될 수 있는 것이다. 사랑하면 용서하게 되어 있다. 자식을 사랑하면 자식의 모든 잘못을 전부 용서하게 되는 것과 같은 이치이다.

그러면 형제를 왜 용서해야 하는가? 물론 주님께서 우리를 용서하셨기 때문에 우리도 형제를 용서해야 한다. 하지만 구약에서는 왜 용서라는 개념이 등장하지 않았는가? 율법 속에는 왜 용서라는 말이 전혀 나오지 않는가? 구약공동체의 거룩성을 지켜내려면 용서가 있어야 하지 않겠는가? 왜 전부 죽음으로 죄와 악을 갚게 하셨는가? 그것은 공동체의 거룩성을 지키는 방식이 변화되었기 때문이다. 구약에서는 율법의 엄격한 적용으로 거룩성을 지향해 나갔지만 예수님 이후로는 용서로써 교회의 거룩성을 지키도록 하셨다. 구약에서는 죽음으로 악을 제거함으로써 거룩함과 순수함을 지켜냈다면 신약에서는 용서로써 악을 제거하고 거룩성을 지키도록 하셨다는 것이다.

그렇다고 지은 죄를 무조건 내버려두라는 뜻은 아니다. 분명히 잘못했으면 벌을 받고 대가를 치러야 한다. 그러나 그 바탕은 용서라야 한다는 것이다. 용서 없이 육체적인 벌만을 내리는 것으로는 죄와 악을 제거할 수가 없다. 죄는 벌로 다 치렀는데 용서가 없다면 죄와 악은 무한 반복될 뿐이다. 구약의 정의와 공의의 바탕에는 사랑이 흘러야 한다고 했다. 마찬가지로 신약에서는 용서라는 구체적인 행위나 결단이 따라야 오히려 정의가 세워진다. 심판으로서의 정의가 아니라 용서로서의 정의이다. 심판으로 죄를 없앨 수는 없지만 용서로서는 가능하다. 치리와 징계는 대단히 중요하고 반드시 행해져야 한다. 그러나 용서라는 흐름은 서론부터 결론에 이르기까지 지속되어야 한다.

형제는 용서하고 용서받는 사람이다. 누구도 완벽할 수는 없기 때문에 서로에게 죄를 지을 가능성이 충분한 것이 인간이다. 그래서 언제라도 용서의 대상이 되거나 용서하는 사람이 될 수 있는 것이다. 용서는 어디까지 해야 할까? 예수님은 베드로를 통해 이미 용서의 한계를 말씀해 주셨다. 일곱 번씩 일흔 번이라도 용서하라고 하셨다. 그것은 무한용서이다. 그것은 서로 진심으로 사랑하라는 말씀과 통한다. 그것은 형제를 자기 자신처럼 사랑하라는 말씀으로 이해된다. 왜냐하면 형제를 자기 자신처럼 사랑하지 않고는 무한용서가 불가능하기 때문이다. 형제가 지은 죄를 자신이 지은 죄처럼 생각해야 무한용서가 가능하다. 자신도 형제에게 똑같은 죄를 짓는 것이 인간이다.

"그 때에 베드로가 나아와 이르되 주여 형제가 내게 죄를 범하면 몇 번이나 용서하여 주리이까 일곱 번까지 하오리이까 예수께서 이르시되 네게 이르노니 일곱 번뿐 아니라 일곱 번을 일흔 번까지라도 할지니라"(마 18:21-22)

물론 그런 용서는 외적으로 그렇게 할 수 있는 것은 아니다. 마음으로 형제를 용서하지 않으면 무한용서는 불가능하다. 사도 요한은 무서운 말씀을 준다. 형제를 미워하는 것은 살인하는 것이라고 일갈한다. 그리스도인은 형제를 사랑하는 사람들이다. 형제를 사랑함으로써 구원에 이르게 된다고까지 말씀한다. 형제를 사랑하지 않는 그리스도인은 아직 사망에 머물러있다는 것이다. 죽어서도 천국에 갈 수 없다는 말과 같다. 이 말씀을 어디까지 받아들여야 할까? 그러면 예수님을 구주로 고백하면 구원받게 된다는 말씀은 거짓이던가? 우리는 구원의 진리가 얼마나 엄중한 것인가를 늘 새기고 있어야 한다. 예수님께서 나를 위해 대신 십자가에 죽으신 것은 얼마나 엄중한 사건이던가? 예수님께서 주신 구원은 생명을 바쳐서 지켜내야 하는 진리이다. 그렇게 본다면 형제를 미워하는 것은 살인하는 것과 같고 그런 사람은 그 속에 영생이 없다는 말씀은 옳은 말씀이다.

> "우리는 형제를 사랑함으로 사망에서 옮겨 생명으로 들어간 줄을 알거니와 사랑하지 아니하는 자는 사망에 머물러 있느니라 그 형제를 미워하는 자마다 살인하는 자니 살인하는 자마다 영생이 그 속에 거하지 아니하는 것을 너희가 아는 바라"(요일 3:14-15)

사도 요한은 그보다 더 무서운 말씀을 준다. 극한 상황이 아니면 일어날 수 없는 일이기는 하지만 형제사랑이란 형제를 위해 목숨까지 버리는 것이라고 가르친다. 이런 말씀은 가능하면 피하고 싶어진다. 이런 말씀을 태연하게 주고받을 수는 없다. 하지만 우리는 그리스도께서 우리를 위해 목숨을 버리신 것을 가슴 깊은 곳에서 끄집어내야 한다. 만약에 우리가 십자가 앞에 서서 예수님께서 나를 위해 십자가에 매달리시고 온몸이 피투성이가 되어 죽어 가시는 모습을 두 눈으로 직접 보았다면 우리는 그 어떤 경우에라도 형제를 위해 자기 목숨을 버릴 수 있을 것이다. 그러므로 예수님께서 십자가에서 고통당하시면서 돌아가신 것이 현실이었다면 우리가 형제를 위해 목숨을 버리는 일도 현실이다. 그런 상황을 만나는 일은 좀처럼 없을 테지만, 우리는 그런 생각으로 형제를 사랑하고 용서해야 하는 것이다.

"그가 우리를 위하여 목숨을 버리셨으니 우리가 이로써 사랑을 알고 우리도 형제들을 위하여 목숨을 버리는 것이 마땅하니라"(요일 3:16)

예수님은 그것이 거듭난 그리스도인의 모습이라고 강조하신다. 왜냐하면 그렇게 마음으로부터 진심으로 형제를 용서하지 못하면 하나님께서도 우리를 그렇게 용서하실 수 없다는 말씀이기 때문이다. 형제를 용서하는 사람이 바로 그리스도인들이라는 말씀이다. 우리가 형제를 용서해야 하겠는가, 아니면 감정이 가리키는 대로 미워해야 할 것인가? 어떤 의미에서는 용서하지 않는 것은 미워하는 것과 같다는 말씀이다.

"너희가 각각 마음으로부터 형제를 용서하지 아니하면 나의 하늘 아버지께서도 너희에게 이와 같이 하시리라"(마 18:35)

여기에서 우리는 형제를 어떤 시각으로 보고 반응해야 할 것인지에 대한 말씀과 연결해야 한다. 그렇게 형제를 마음으로 자기 자신처럼 사랑한다면 형제를 비판할 수 있을까? 이미 용서했는데 무엇을 비판한다는 말인가? 누군가를 비판하고 있다면 그것은 그 사람을 용서하지 않고 있는 것이다. 용서하지 않고 미워하고 비판하는 일은 무서운 죄임을 우리는 깨달아야 한다. 오죽하면 형제에게 화를 내는 경우와 '라가'라는 가벼운 욕을 했을 뿐인 사람은 지옥 불에 들어가게 된다고 하셨겠는가? 예수님의 용서를 받았음에도 불구하고 형제를 용서하지 못하는 것은 그리스도인으로서는 있을 수 없는 일이라는 것이다.

"나는 너희에게 이르노니 형제에게 노하는 자마다 심판을 받게 되고 형제를 대하여 라가라 하는 자는 공회에 잡혀가게 되고 미련한 놈이라 하는 자는 지옥 불에 들어가게 되리라"(마 5:22)

    우리가 형제를 용서하지 못하고 비판하는 것은 상대방의 입장에 서지 못하기 때문이다. 스스로의 허물과 잘못을 깨닫지 못하면서 다른 사람의 허물을 탓할 수는 없다. 우리가 형제의 허물을 잘 발견하는 까닭은 우리가 형제보다 더 큰 허물을 가지고 있기 때문이다. 자신의 허물이 너무 커서 다른 사람의 장점이 보이지 않을 뿐 아니라 다른 사람의 작은 허물은 크게 보인다는 것이다. 내 눈 속의 들보는 다른 사람에게 확대경으로 작용하여 타인의 작은 죄도 크게 보이게 만든다. 그렇더라도 형제를 사랑하면 그 허물을 용서하고 덮어주게 되어 있는 것이 아닌가? 자신의 큰 죄를 먼저 고백하고 하나님께 용서를 얻었다면 다른 사람의 작은 허물은 다 용서하고 사랑하게 되어있다. 어쩌면 허물이 허물로 보이지 않을 정도까지 될 수 있지 않겠는가? 다른 사람에게서 비판할 거리가 보인다면 아직 형제를 사랑하는 것이 아니다.

"어찌하여 형제의 눈 속에 있는 티는 보고 네 눈 속에 있는 들보는 깨닫지 못하느냐 보라 네 눈 속에 들보가 있는데 어찌하여 형제에게 말하기를 나로 네 눈 속에 있는 티를 빼게 하라 하겠느냐 외식하는 자여 먼저 네 눈 속에서 들보를 빼어라 그 후에야 밝히 보고 형제의 눈 속에서 티를 빼리라"
(마 7:3-5)

결국 형제를 비판하는 사람은 말씀을 비판하는 사람이고 그 사람은 하나님을 비판하는 사람이다. 비판하는 사람을 보면 몇 가지 특징이 발견되는데, 우선 완전한 정보를 가지지 못한 상태에서 일부 드러나는 모습만을 보고 비판한다는 점이다. 그리고 자신만의 판단기준을 가지고 공격한다는 것이다. 또한 스스로의 잘못된 경험이나 시각을 생각하지 않고 일방적으로 비난한다는 것이다. 이것을 한 마디로 하면 스스로가 재판관이 된다는 것을 의미한다. 그것도 최후의 심판자이신 하나님 대신 결론을 내리는 심판자가 된다는 것이다. 형제를 비판하는 일이 얼마나 무서운 일인가를 우리는 심각하게 깨달아야 한다. 비판하고 싶으면 충분히 더 생각해보고 비판해야 한다. 꼭 형제를 비판하고 싶으면 심각하게 기도해 보고 나서 비판하라고 하고 싶다.

"형제들아 서로 비방하지 말라 형제를 비방하는 자나 형제를 판단하는 자는 곧 율법을 비방하고 율법을 판단하는 것이라 네가 만일 율법을 판단하면 율법의 준행자가 아니요 재판관이로다"(약 4:11)

형제를 비판한다는 말은 형제를 업신여긴다는 말과 같다. 예수님도 우리를 업신여기지 않으시고 오히려 우리를 위해 목숨을 버리셨다. 어떻게 감히 같은 형제가 다른 형제를 업신여길 수 있다는 말인가? 우리는 모두 결국에는 심판대 앞에 설 사람들이다. 모두 하나님 앞에서는 평등하다. 모두 하나님의 사랑을 힘입은 사람들이다. 거룩한 백성들이다. 어떻게 거룩한 백성을 비판할 수 있겠는가?

> "네가 어찌하여 네 형제를 비판하느냐 어찌하여 네 형제를 업신여기느냐 우리가 다 하나님의 심판대 앞에 서리라"(롬 14:10)

우리는 형제를 배려해야 한다. 사랑하고 용서한다면 형제의 입장에서 형제를 생각해야 한다. 오히려 그 사람에게 해가 되거나 그를 다치게 할 수 있는 가능성까지 제거할 수 있어야 한다. 형제사랑은 순전히 형제의 입장에서 우리가 할 수 있는 일을 찾는 것이다. 물론 우리는 그 형제가 되어야 진정으로 그를 사랑할 수 있다. 자신을 위해서는 하지 않을 일도 형제를 위해서는 기꺼이 감당하는 것이 형제사랑이다. 그렇게 허물을 비판하지 않고 오히려 용서로 사랑함으로써 신앙공동체 내의 죄와 악은 제거되어 가는 것이다.

> "그런즉 우리가 다시는 서로 비판하지 말고 도리어 부딪칠 것이나 거칠 것을 형제 앞에 두지 아니하도록 주의하라"(롬 14:13)

적극적인 형제사랑

그리스도인의 형제사랑은 소극적으로는 용서하고 비판하지 않는 것이다. 물론 이 소극적이라는 말이 중대하지 않다는 말이 아니다. 소극적이라는 말은 자신의 내면에서 사랑해야 한다는 의미가 들어있다. 그것은 기본이며 기초이며 그리스도인의 모든 언행과 삶의 기본 토대가 되어야 한다는 뜻이다. 하지만 때로는 무관심, 불간섭이라는 말과 연결될 수도 있다. 멀리 떨어진 채 형제의 일에 적절한 거리를 둔다는 의미로도 해석될 수 있다. 여기에서는 이런 것을 도외시하고 참된 이웃사랑에 대해서 이야기하고 있다. 소극적으로 보이지만 자신과 직간접적인 관련성에 있는 형제를 마음으로, 진심으로 용서하는 것이 핵심적이고 본질적인 형제사랑이다.

그러면 형제사랑에도 적극적인 것과 소극적인 것이 따로 있는가? 물론 딱히 구별할 수 있는 것은 아니다. 마음으로 용서하면 그것은 반드시 행동으로 드러나게 되어있다. 말로만 사랑한다고 하면서 그 어떤 도움의 손길도 내밀지 않는다면 그것은 거짓일 수밖에 없다. 그러나 적절한 기회를 얻지 못해서 사랑하는 마음만 가지고 살아가고 있는 것일 수도 있다. 아무튼 그리스도인의 신앙생활의 출발은 형제사랑으로부터 시작되어야 한다. 그것이 가르쳐지고 훈련이 되고 본이 되어져야 하는 것이다. 그러면 밑바탕으로부터 형제사랑의 원리를 가지고 살아갈 수 있게 될 것이다. 즉, 그리스도인의 실제 삶은 형제사랑의 뿌리로부터 시작되어야 한다는 뜻이다. 물론 형제사랑의 근원은 그리스도의 사랑이다.

우리는 이제 어떻게 구체적으로 형제사랑이 실현되어야 하는지를 살펴보려고 한다. 형제사랑의 모습은 어떤 모습으로 나타나야 하겠는가? 형제를 사랑하여 잘못이 있어도 마음으로 용서하고 자연스럽게 비판하고자 하는 마음이 사라졌다면, 그 다음 단계는 형제를 높이는 것이다. 용서했다고 하면서 형제를 깔볼 수는 없다. 비판하지는 않는데 속으로 은근히 낮추어본다면 그것은 용서일 수 없고 그것은 형제사랑이 아니다. 하나님은 우리의 속마음을 훤히 알고 계신다. 우리는 먼저 자신을 낮출 줄 알아야 한다. 자신을 낮추지 않고 형제를 높일 수 있는 방법이 있는가? 사도 바울은 스스로 겸손하여 형제를 자기보다 낫게 여기는 일의 전제조건으로 모든 일을 다툼이나 허영으로 하지 말아야 할 것을 강조하고 있다. 교만의 원인이 스스로의 뜻을 이루기 위한 강한 입장과 주님의 영광을 위한 것이 아니라 스스로의 자랑을 위해 일하는 것으로 본 것이다. 그런 마음을 가지고는 결코 형제를 높게 인정할 수 없을 것이다.

> "아무 일에든지 다툼이나 허영으로 하지 말고 오직 겸손한 마음으로 각각 자기보다 남을 낫게 여기고"(빌 2:3)

어린아이가 어른을 돕는 것이 아니라 어른이 어린아이를 돕는다. 형제를 섬기는 사람이 지도자이고 그렇게 섬길 때 사랑과 존경을 받는다. 교회 안에서 스스로를 낮추고 상대방을 높여주는 분위기가 조성되지 않으면 교회가 아름다워질 수 없다. 형제들보다 자기가 더 잘나고 자기가 더 옳다고 생각하는데 자기를 낮출 수 있겠는가? 일시적으로 겉으로는 그렇게 할 수 있을지 몰라도 상황에 따라서 자신의 생각을 여지없이 드러내게 되어 있다. 우리는 어찌

하든지 형제의 장점을 인정할 수 있어야 한다. 모든 면에서 다 잘난 사람은 없다. 비록 사회적으로 높은 위치에 있더라도 그 사람이 처한 위치만큼 모든 것이 올바른 것은 아니다. 누구에게나 단점이 있지만 또 누구에게나 장점이 있다. 이것을 인정함으로써 서로 장점을 발견하려는 마음으로 형제를 낫게 여길 수 있는 것이다.

> "너희 중에 큰 자는 너희를 섬기는 자가 되어야 하리라 누구든지 자기를 높이는 자는 낮아지고 누구든지 자기를 낮추는 자는 높아지리라"(마 23:11-12)

하지만 그런 생각을 가지고 있다고 하더라도 현실을 완전히 무시할 수는 없다. 그래서 우리가 알아야 할 것은 우리의 겸손과 낮춤이 그 형제에게만 해당되는 것이 아니라는 점이다. 우리가 형제 앞에서 자기를 낮추고 상대를 높여주는 것은 바로 주님 앞에서 하는 것이다. 신실한 그리스도인은 하나님 존전의식을 항상 가지고 있는 사람이다. 모든 것은 하나님 앞에서 하는 것이다. 그러니까 인간적인 겸손함이 넘치는 사람이라 할지라도 그 모든 것이 하나님 앞에서 하는 일이라는 사실을 인식하지 못하고 있으면 온전한 의미의 겸손함이 존재하기 어렵다는 말이다.

> "주 앞에서 낮추라 그리하면 주께서 너희를 높이시리라"(약 4:10)

형제를 자기보다 낮게 여기는 마음과 자세가 형제사랑의 구체적인 과정이 된다. 용서와 인정이 형제사랑의 뿌리라면 자기보다 형제를 낫게 여기는 겸손한 마음은 마치 식물의 줄기와 같은 것이다. 그러면 구체적으로 어떻게 형제를 사랑할 것인가? 가장 먼저는 우선 할 수 있는 일을 찾아서 하는 것이다. 교회에서든 세상에서든 마찬가지이지만, 작은 일에 마음을 다해 힘을 쏟을 때 그것이 형제를 사랑하는 실체적인 일이 된다. 형제사랑을 위해 무슨 거창한 일을 꾸미려고 하는가? 물론 그렇게 해야 할 때도 있겠지만, 기본적으로는 늘 부딪칠 수 있는 작고 사소한 일을 찾아서 마음을 다해 도와주는 것이다.

"임금이 대답하여 이르시되 내가 진실로 너희에게 이르노니 너희가 여기 내 형제 중에 지극히 작은 자 하나에게 한 것이 곧 내게 한 것이니라 하시고"(마 25:40)

그리고 형제를 사랑하되 형제에게 늘 관심을 가져주는 것이다. 그것은 형제의 형편이나 마음을 살피고 배려해주는 일이다. 그렇게 관심을 가지다가 보면 형제가 시험당할 만한 일을 발견하게 되어 조심스럽게 접근할 수 있게 되는 것이다. 누구든지 무의식중에 사람에게 상처를 줄 가능성은 언제나 존재하게 마련이지만, 그러는 중에서도 우리는 형제를 배려하는 마음가짐을 늘 가지고 있어야 할 것이다. 바울은 특히 교회 안에서 행해지는 음식으로 인해 형제가 시험에 들지 않을까를 심각하게 생각했다. 그러므로 바울은 만약에 형제가 고기나 포도주로 인해 마음에 거리낌이 생기게 한다면 평생 동안 고기도 포도주도 마시지 않을 것이라고 공언한 바가 있었다. 이것이 형제사랑이 아닌가?

> "만일 음식으로 말미암아 네 형제가 근심하게 되면 이는 네가 사랑으로 행하지 아니함이라 그리스도께서 대신하여 죽으신 형제를 네 음식으로 망하게 하지 말라 … 고기도 먹지 아니하고 포도주도 마시지 아니하고 무엇이든지 네 형제로 거리끼게 하는 일을 아니함이 아름다우니라"(롬 14:15, 21)

우리가 신앙생활을 하다가 보면 형제 중 누군가에게 상처가 되는 일을 할 때가 간혹 생길 수 있다. 그것이 심각한 것이든 사소한 것이든 수시로 겪을 수밖에 없는 것이 현실이다. 어떤 때는 가까운 사이에서 그런 일이 더 자주 일어날 수도 있다. 그런 일이 일어나지 않도록 형제들의 사정을 살피면서 최소화하고 또 그런 일이 생겼을 때 서로 용서하면서 사랑으로 잘 해결하는 것도 굉장히 중요한 일이 된다. 그것이 공동체의 거룩성을 지키는 가장 중요한 해결책이 될 수 있을 것이다.

그러나 서로 용서할 수 있는 범위를 넘어가는 상황이 생길 때도 많이 있다. 그것은 진리를 훼손하는 일과 관련되는 상황이나 명백하게 죄를 짓고도 회개하지 않을 경우의 처리방법이다. 이럴 때 구약공동체에서는 재판을 해서 정도가 심각한 경우에는 죽음으로 문제를 제거하게 될 것이다. 이 때에는 죄의 경중만 따져서 결정하고 그가 회개하는가에 대해서는 거의 고려하지 않는다. 그러나 신약

공동체에서는 그런 식으로 문제를 해결할 수 없다. 그리스도 이후에는 용서의 공동체가 되어야 하기 때문이다. 구약에서는 죄만 보고 심판하지만 신약교회에서는 죄의 문제만 보는 것이 아니라 그 사람이 회개하는가의 여부가 굉장히 중요하게 작용한다. 회개한다는 것은 스스로가 공동체의 한 형제임을 인정하고 공동체의 일원으로 남기를 원하는 것이기 때문이다.

그래서 교회공동체에서는 형제들로 하여금 죄를 돌이킬 수 있도록 단계적으로 권면해야 한다. 예수님은 이런 문제에 대해서 아주 명확한 지침을 주신다. 형제에게 죄가 있는 것을 알게 되면 그것을 아는 사람만 형제를 찾아가서 권고하라고 하신다. 여기저기 떠벌림으로써 오히려 문제가 더 확대되어 돌이킬 수 없는 상황을 만들지 말라는 것이다. 그러나 그럼에도 죄를 인정하지 않고 회개하지 않으면 그 죄를 입증한 만한 증인들을 두세 명 더 데리고 가서 다시 권면해야 한다. 그렇게 해서 듣고 회개하면 다행이지만 거부하면 그 때에야 비로소 공회에 안건을 올려서 교회 차원에서 권고하게 해야 한다. 만약에 그것도 받아들이지 않는다면 그때에는 형제로서의 교제를 끊어버리고 회개하지 않을 이방인처럼 여기라는 것이다. 교회공동체의 일원으로 인정하지 말라는 것이다.

"네 형제가 죄를 범하거든 가서 너와 그 사람과만 상대하여 권고하라 만일 들으면 네가 네 형제를 얻은 것이요 만일 듣지 않거든 한두 사람을 데리고 가서 두세 증인의 입으로 말마다 확증하게 하라 만일 그들의 말도 듣지 않거든 교회에 말하고 교회의 말도 듣지 않거든 이방인과 세리와 같이 여기

라"(마 18:15-17)

형제사랑에는 용서하고 사랑할 책임도 있지만 죄를 돌이키게 할 책임도 있다. 그것은 무엇인가? 그의 영혼을 위해서이다. 진정한 의미의 형제사랑은 형제의 영혼사랑이다. 비록 교회공동체의 거룩성을 보존하기 위해서 형제사랑이 반드시 필요하지만 교회의 거룩성과 함께 한 형제의 영혼을 세워주는 일은 그에 못지않게 중요한 일인 것이다. 형제를 세우는 것은 교회의 유지가 아니라 그 형제의 영혼이 바로 세워지게 하기 위한 중대한 일인 것이다.

"누구든지 형제가 사망에 이르지 아니하는 죄 범하는 것을 보거든 구하라 그리하면 사망에 이르지 아니하는 범죄자들을 위하여 그에게 생명을 주시리라 사망에 이르는 죄가 있으니 이에 관하여 나는 구하라 하지 않노라"(요일 5:16)

이렇게 구체적으로 지침에 해당하는 형제사랑의 방식을 보여주는 것은 지혜를 다해 교회공동체를 세워가는 과정을 통해서 이웃사랑의 통로가 되게 하기 위함이다. 알다시피 우리는 이방인(불신자)들에 둘러싸여 있다. 교회가 거룩하지 않고는 이방인들에게 아무런 본을 보여줄 수가 없다. 교회가 사랑의 공동체가 되지 않는 한 이웃사람을 사랑으로 끌어들일 수는 없다. 끌어들이더라도 온전한 복음이 아니라 그릇된 신앙이 생기게 할 수도 있는 것이다. 형제사랑은 그리스도인의 특징이며 의무이다. 마찬가지로 이웃사랑도 그리스도인의 정체성이요 본질이 되는 것이다.

형제사랑은 서로사랑이다

이웃사랑은 일방적일 수 있다. 예수님도 일방적으로 우리를 사랑하셨다. 얼마나 사랑하셨든지 목숨까지 주셨다. 하지만 교회공동체 내에서는 일방적인 사랑이 아니라 서로의 사랑에 화답하는 쌍방 간의 사랑으로 넘쳐야 한다. 물이 끓지 않으면 음식물을 익힐 수 없는 것처럼 그렇게 서로사랑으로 뜨거워져야 한다. 또한 물이 끓어야 살균이 가능한 것처럼 서로사랑으로 교회의 거룩성을 지킬 수 있는 것이다. 엄격한 율법이 아니라 용서하고 세워주는 서로사랑이 교회의 순수성을 유지하게 만든다. 그래서 교회공동체 안에서의 사랑은 서로사랑이어야 하는 것이다. 형제간에 서로 사랑하기를 자기 자신을 사랑하는 것처럼 사랑하는 것이 교회이다.

형제사랑의 키워드는 '먼저'이다. 신앙생활에서는 우선순위가 굉장히 중요하다. 어떤 결정을 내릴 때 무엇을 가장 큰 기준으로 여기느냐가 우선순위이다. 꼭 시간적, 물리적인 순서를 말하는 것만은 아니다. 겉으로 드러나는 결과가 아니라 스스로가 세워둔 우선순위가 그 사람을 결정하는 것이다. 그리스도인에게 있어서 가장 기본적인 명령은 먼저 무엇을 구해야 하는지에 대한 것이다. 먼저 하나님의 나라와 의를 구하는 사람들이 바로 그리스도인들이다. 그러면 나머지 우리의 삶과 미래에 관해서는 하나님께서 다 책임지신다. 그런데 우리는 먼저 모든 것을 위해 기도하고 하나님의 나라와 의는 나중으로 미루거나 아니면 양념처럼 덧붙일 뿐이다.

"그런즉 너희는 먼저 그의 나라와 그의 의를 구하라 그리하면 이 모든 것을 너희에게 더하시리라"(마 6:33)

형제사랑에도 똑같은 원리가 적용되어야 한다. 무엇을 위해서 형제사랑이 이루어져야 하며 그것을 위해서 무엇을 먼저 해야 하겠는가? 물론 우리는 그 나라와 의를 위해서 형제를 사랑해야 한다. 최종적인 목적이 하나님 나라와 그 의에 있다고 생각하는 사람과 교회에 있다고 생각하는 사람과 교회의 평화에 있다고만 생각하는 사람 사이에는 커다란 차이가 있을 것이다. 그리스도인의 모든 삶의 목적을 하나님의 나라와 그 의에 두고 있는 사람은 어떤 경우에도 형제를 먼저 존중할 수 있다. 우리 그리스도인들은 특히 공동체 내에서 다른 형제들을 사랑하고 배려하고 존경하기를 먼저 하는 사람들이어야 한다. 그것이 건강한 교회를 만들어나가는 원동력이 되는 것이다.

"형제를 사랑하여 서로 우애하고 존경하기를 서로 먼저 하며"(롬 12:10)

왜 먼저 내가 손을 내밀어야 하는가? 아무나 존경하고 사랑하면 되는 것이 아닌가? 하지만 먼저 손을 내민다는 뜻은 영적으로 더 건강하다는 의미와 함께 영적인 시야가 더 성장해있는 사람이라는 뜻이 아닐까? 먼저 깨달은 사람이 먼저 사랑하는 것이다. 우리도 이미 그리스도의 먼저사랑을 경험하지 않았던가? 그것 때문에 우리가 구원에 이르게 된 것이 아닌가? 만약에 그리스도께서 우리를 먼저 사랑하지 않으셨더라면 우리는 그리스도를 결코 발견할 수 없었다. 영안이 닫혀있는 상태로 어떻게 거룩하신 하나님을 발견할 수 있겠는가? 그리스도께서 우리를 먼저 사랑하심으로써 우리의 영안이 열렸다. 우리가 먼저 형제를 사랑하지 않고 형제가 먼저 반응해오기를 기다린다면 형제사랑은 이루어질 수 없다.

"우리가 사랑함은 그가 먼저 우리를 사랑하셨음이라"(요일 4:19)

아울러 우리가 먼저 형제를 사랑해야 하는 까닭은 우리가 형제에게 본을 보여야 하기 때문이다. 예수님께서 먼저 우리에게 사랑을 보이셨고 먼저 그리스도인의 삶의 모범을 보여주셨다. 아울러 형제사랑의 본을 보여주셨는데, 그것은 일체 오래 참으심으로써 인 것이다. 예수님은 먼저 일체의 오래 참으심의 본을 보여주셨다. 만약에 예수님께서 참지 않으셨다면 우리가 아무리 영안이 열리고 신령하다고 해도 우리는 이미 멸망의 자식들일 뿐이다. 형제사랑은 좀 더 자란 형제가 덜 자란 형제를 먼저 사랑하고 일체의 참음으로써 본을 보여주어야 한다.

"그러나 내가 긍휼을 입은 까닭은 예수 그리스도께서 내게 먼저 일체 오래 참으심을 보이사 후에 주를 믿어 영생 얻는 자들에게 본이 되게 하려 하심이라"(딤전 1:16)

만약에 형제를 그렇게 사랑의 눈으로 보지 않는다면 어떻게 되겠는가? 형제의 단점이나 약점이나 잘못된 행동에 대해서 삐딱하게 볼 수밖에 없을 것이다. 사실은 형제의 허물이 그렇게 자기 눈에 비친다면 얼른 회개해야 한다. 왜냐하면 그는 신앙이 어린 사람일뿐 아니라 잘못된 사람일 수 있기 때문이다. 그런 사람은 먼저 자기 눈 속의 들보를 빼어내야 한다. 세상과 형제가 삐딱하게 보이는 것은 자신의 허물과 미성숙이 원인이라는 사실을 깨달아야 한다. 그렇지 않으면 자신에게도 손해고 형제에게도 상처이고 교회 공동체에는 걸림돌이 될 것이 확실하다.

"외식하는 자여 먼저 네 눈 속에서 들보를 빼어라 그 후에야 밝히 보고 형제의 눈 속에서 티를 빼리라"(마 7:5)

그래서 예수님께서 가르쳐주신 형제와의 화목에 대한 말씀에서 예물과 예배보다 형제사랑이 먼저라고 하신 것이다. 사실 예물을 드리다가 형제와 불화한 일이 생각나는 사람은 신앙이 어느 정도 성장한 사람이다. 그의 믿음을 증명하는 일은 진짜로 예물을 제단에 두고 먼저 형제에게 가서 화목을 청하는 일이 될 것이다. 형제와 싸우거나 불화하면서 예배를 드린다고 해보자. 그러면 그것이 그 자신에게 은혜가 되겠는가? 더구나 예배를 받으시는 하나님은 그가 예물을 드리든 경배를 드리든 그 자체를 받으실 수가 없다. 형제와 다툼을 일으키면서 거룩한 예배가 성립될 수 없다. 그것은 자칫 가인의 제사가 될 뿐이다.

"그러므로 예물을 제단에 드리려다가 거기서 네 형제에게 원망들을 만한 일이 있는 것이 생각나거든 예물을 제단 앞에 두고 먼저 가서 형제와 화목하고 그 후에 와서 예물을 드리라"(마 5:24)

이렇게 '먼저' 사랑해야 하는 형제사랑은 서로에 대한 섬김으로 나타나야 한다. 바울은 그것을 서로 종노릇하라는 말로 강하게 권면한다. 종노릇이라고 해서 서로 얽매이라는 말은 아니다. 이미 서로 먼저 사랑해야 한다는 본래의 의미를 알았으니 그 다음에는 순전히 자기의지로 형제를 위해 무엇인가를 하려고 해야 한다. 무엇 때문에 형제끼리 서로 종노릇하겠는가? 그것은 적극적인 사랑의 표현이다. 자연스럽게 서로 섬김의 현상이 일어나야 한다. 다만 스스로 마음의 빚이 싫어서 사랑을 갚으려고 한다거나 어떤 대가를 바라고 한다면 그것은 더 이상의 섬김이 아니다. 누군가를 도와주고 대신해주고 어려운 문제를 함께 해 주고 함께 고민해주는 것이 섬김이다.

"형제들아 너희가 자유를 위하여 부르심을 입었으나 그러나 그 자유로 육체의 기회를 삼지 말고 오직 사랑으로 서로 종노릇하라"(갈 5:13)

형제사랑은 믿음이 자라야 성숙해지는 것이 현실이다. 형제사랑을 아무리 설명하고 적용하려고 해도 초보신앙으로는 삶에 적용하기가 어려울 것이다. 형제사랑이 안 된다고 책망할 일은 아니다. 함께 신앙이 자라갈 수 있도록 말씀을 더 깊이 배우고 훈련하고 형제사랑 가운데 거할 수 있도록 도와 줄 때 교회공동체는 그 순수성과 거룩성을 지켜낼 수 있을 것이다.

"형제들아 우리가 너희를 위하여 항상 하나님께 감사할지니 이것이 당연함은 너희의 믿음이 더욱 자라고 너희가 다 각기 서로 사랑함이 풍성함이니" (살후 1:3)

비슷한 의미일 수 있지만, 형제사랑은 서로의 영혼이 깨끗할 때 진정으로 이루어질 수 있다. 영혼이 깨끗하다는 말은 자기의 욕심이나 이기심이나 본능을 이겨낼 수 있다는 뜻이다. 그것은 말씀에 얼마나 순종하는가를 보면 알 수 있다. 진리에 순종할 정도가 되려면 말씀의 은혜와 깊이를 깨달아야 하고 자신을 내려놓고 포기할 줄 알아야 되는 것이기 때문이다. 공동체교회가 전체적으로 성숙해지지 않으면 형제사랑은 충분이 이루어질 수 없고 그렇게 되면 교회는 거룩성이 아니라 영적으로 더럽혀진 인본주의적 단체에 머물 뿐이다. 우리는 형제사랑의 목표를 가지고 나아가야 한다. 형제사랑의 개념을 확신하며 나아가야 교회는 복음을 순수하게 지킬 수 있다.

"너희가 진리를 순종함으로 너희 영혼을 깨끗하게 하여 거짓이 없이 형제를 사랑하기에 이르렀으니 마음으로 뜨겁게 서로 사랑하라"(벧전 1:22)

그것이 이루어질 때 그 교회는 더 거룩해지고 다른 많은 교회공동체의 모범이 될 것이고 세상에서는 사랑의 공동체로서의 교회로 인정받음으로써 복음은 주변에 널리 퍼져나가고 하나님께 영광이 돌려지게 될 것이다. 이런 밑바탕 위에서 이웃사랑은 자기 자신을 사랑하는 것처럼 그렇게 아름답게 세상에 펼쳐질 것이다.

> "형제 사랑에 관하여는 너희에게 쓸 것이 없음은 너희들 자신이 하나님의 가르치심을 받아 서로 사랑함이라 너희가 온 마게도냐 모든 형제에 대하여 과연 이것을 행하도다 형제들아 권하노니 더욱 그렇게 행하고"(살전 4:9-10)

형제 속의 마귀에 대하여

형제사랑의 마지막 단계로 교회의 하나 됨을 훼방하는 현상에 대해 살펴보아야 한다. 우선 우리는 형제간에 지나치게 뭉치면 걸림돌이 될 수도 있다는 사실을 이야기해야 한다. 아무리 형제간에 서로사랑이 이루어져야 한다고 강조해도 지나치면 오히려 교회의 영적 건강을 해치게 된다. 왜냐하면 서로사랑이 지나치면 공동체 전체가 아니라 어느 한 집단이 형성되어 같은 공동체 안에서도 폐쇄적이고 공격적이 될 수 있기 때문이다. 정상세포와 암세포의 가장 큰 차이는 무엇인가? 암세포는 엄청난 결집력을 가지고 뭉친다는 것이다. 질병으로 인한 육체의 죽음은 몸 전체가 병들어서 죽는 것이 아니다. 신체의 어느 한 부분의 질병으로 인해서 죽는 것이다. 형제간의 서로사랑은 필수적이지만 지나치지 않도록 조심해야 한다. 교회 안의 기존 성도의 세력으로 인하여 교회의 성장에 오히려 방해가 되는 경우가 얼마나 많은가?

그것은 복음 속의 형제사랑의 의미를 전혀 깨닫지 못하고 육신의 소견대로만 모든 것을 바라보기 때문에 생기는 현상일 것이다. 하지만 우리는 그것이 단지 미숙한 성도들이 일으킬 수 있는 단편적인 현상이라고만 보면 안 된다. 왜냐하면 성도들의 인본적인 사고방식의 틈으로 마귀가 침투해 들어오기 때문이다. 무슨 마귀냐고 할 수도 있겠지만, 마귀는 그리스도인들의 육신적인 생각이나 일시적인 감정의 상처, 세상적인 인간관계의 틈을 파고 들어와서 성도 개인을 무너뜨리고 그것을 공동체에 퍼뜨림으로써 교회를 어지럽히고 하나가 되지 못하게 훼방한다는 사실을 알아야 한다. 그것은 비단 악한 생각이나 의도적인 시도에서만 나타나는 것은 아니다. 베드로는 예수님을 사랑하여 십자가 사역을 막았다가 예수님으로부터 사탄이라는 소리를 들어야 했다(마 16:23).

화가 나거나 억울한 마음을 통해 마귀가 주는 생각에 점령당할 수도 있다. 그래서 화가 나도 오래 간직하지 말고 빨리 해결하라고 한다(엡 4:26-27). 왜냐하면 화가 나거나 억울한 마음을 오래 품고 있으면 다른 죄로 연결될 수 있기 때문이다. 특히 형제를 미워하는 죄를 범할 수 있다. 마귀가 개인에게만 나쁜 영향을 주는 것 같지만 그것이 교회공동체를 무너뜨릴 수도 있다는 사실을 우리는 깨달아야 한다. 교회가 갈라지고 분란이 생기지만 처음에는 작은 틈이었을 수도 있다. 기도하고 성령님께 지혜를 구하여 잘 해결할 수 있는 일도 오래 방치하거나 무리를 만듦으로써 교회가 쪼개지는 결과가 나올 수 있는 것이다.

  여기에 덧붙여서 거짓된 진리를 가지고 몰래 들어와서 그것으로 성도들을 미혹하는 경우도 많이 있다. 거룩한 백성으로서의 의무를 행하지 않고 오히려 무리지어 지도자들에게 악한 말을 퍼붓거나 형제를 갈라놓고 거룩한 교회를 만들기 위해 애쓰는 형제를 오히려 배척하거나 아예 교회에 들어오지 못하도록 내쫓는 일도 많다. 사도 요한의 교회에서도 이런 일이 발생했던 것 같다. 다른 말로 하면 이들은 형제가 아니다. 형제가 아닌 자들이 교회 안에서 뿌리를 내리고 때가 되었을 때 그 본성을 드러내게 되는 것이다.

> "그러므로 내가 가면 그 행한 일을 잊지 아니하리라 그가 악한 말로 우리를 비방하고도 오히려 부족하여 형제들을 맞아들이지도 아니하고 맞아들이고자 하는 자를 금하여 교회에서 내쫓는도다"(요삼 1:10)

  물론 이 거짓 형제를 분별하는 일은 결코 쉽지 않다. 어떻게 그가 마귀에게 속한 사람인지 그리스도께 속한 사람인지를 금방 알 수 있단 말인가? 우리는 그의 행실과 열매를 보고 알 수 있다. 그러나 마귀의 특징이 거짓과 속임수인데 어느 시점까지 자기를 속이고 있으면 아무도 알 수 없다. 원래 거짓 형제인지 아니면 신앙이 자라지 못하여 인간적인 속성 때문에 그런 것인지를 우리는 정확하게 알 수 없다. 그러나 어떤 경우이건 거짓 형제들의 목적은 무엇인가? 그것은 하나님의 자녀들을 마귀의 종으로 삼는 것이다. 어떤 이유에서이든 형제사랑을 통한 교회의 거룩성 유지라는 틀을 깨는 것은 마찬가지이다. 형제사랑이 깨지면 이웃사랑의 통로가 될 수 없다.

> "이는 가만히 들어온 거짓 형제들 때문이라 그들이 가만히 들어온 것은 그리스도 예수 안에서 우리가 가진 자유를 엿보고 우리를 종으로 삼고자 함이로되"(갈 2:4)

사실 예수님은 이미 그런 세력들을 '가라지'라고 말씀하신 적이 있다. 때로는 이 가라지로 인하여 오히려 영적 분별력을 강화하고 신앙훈련을 통해 형제사랑을 실천할 수 있는 힘을 얻기도 한다. 형제들로 하여금 더욱 단단해지게 하는 도구로 하나님께서 허락하시는 경우가 있다는 말이다. 하지만 하나님께서 가라지를 허락하신다고 해도 그 가라지의 주인공은 마귀라는 것을 알아야 한다. 교회공동체는 끊임없이 마귀의 공격을 받게 되어 있다. 마귀는 어떤 수단을 쓰든지 교회공동체의 형제사랑을 깸으로써 거룩성을 훼손하고 하나님과 자녀들 간의 하나 됨을 훼방한다. 마귀의 궤계는 종말이 올 때까지 지속될 것이다.

> "가라지를 뿌린 원수는 마귀요 추수 때는 세상 끝이요 추수꾼은 천사들이니"(마 13:39)

마귀는 가라지를 뿌리는 한편, 성도들의 심령밭에 떨어진 복음의 씨를 없애버리는 일에도 혈안이 되어 있다. 씨 뿌리는 비유에서 예수님은 길가에 떨어진 씨에 대해서 말씀해 주신다. 세상의 모든 풍파와 사건과 유혹으로 인하여 심령밭이 단단해진 곳에는 말씀의 씨가 떨어져도 흙 속으로 스며들지 않을 뿐 아니라 마귀가 아예 그 심령에서 말씀의 씨를 먹어치워 버린다. 돌밭이나 가시덤불 밭에는 씨앗이 떨어져 싹이 나고 자라기는 하는데 각각 세상의 시련이나 염려나 향락에 더 이상 자라지 못하고 열매 맺지 못하게 되는데, 이 또한 마귀의 지대한 영향력 때문인 것이다.

"길 가에 있다는 것은 말씀을 들은 자니 이에 마귀가 가서 그들이 믿어 구원을 얻지 못하게 하려고 말씀을 그 마음에서 빼앗는 것이요"(눅 8:12)

중요한 것은 교회공동체 안에 기생하는 이런 무리들에게는 가장 핵심적인 공통점이 있다는 것이다. 그것은 그리스도를 부인하는 것이다. 물론 겉으로 그리스도 자체를 부인하지는 않는다. 이단과 사이비들도 그리스도 자체를 부인하는 것은 아니다. 하지만 그리스도를 인정하는 것처럼 보이지만 조금만 깊이 들어가면 그리스도의 신성과 인성을 부인하고 있다는 것을 알 수 있다. 사실 이단들만 이단인 것은 아니다. 진리를 오해함으로써 마치 이단의 한 분파와도 같은 믿음을 가지고 있는 사람들도 무수하게 존재한다. 이런 성도들은 스스로 이단적인 활동을 하는 것은 아니지만 행동의 동기나 과정이나 결과가 마치 그리스도의 성육신을 부인하는 사람들처럼 보일 수도 있는 것이다.

"미혹하는 자가 세상에 많이 나왔나니 이는 예수 그리스도께서 육체로 오심을 부인하는 자라 이런 자가 미혹하는 자요 적그리스도니"(요이 1:7)

꼭 이렇게 공동체에 해를 끼치는 사람들만 형제사랑을 깨는 것은 아니다. 그리스도 안의 성도이면서도 형제를 사랑하지 않고 미워하는 사람은 엄밀하게 말해서 그리스도의 신성을 부인하는 사람과 같다. 실제로 그것을 부인하는 것은 아니면서도 형제를 사랑하지 못함으로써 마치 그리스도를 부인하는 사람과 같은 행동을 보이고 있는 것이다. 마귀는 바로 이런 사람들을 미혹한다. 그러므로 예수님을 그리스도로 영접했으면서도 자신의 허물로 인해 마치 마귀의 자녀처럼 보일 수도 있다는 사실을 잘 깨닫고 하나님의 자녀로서의 삶을 살기 위해 힘써야 하겠다.

"이러므로 하나님의 자녀들과 마귀의 자녀들이 드러나나니 무릇 의를 행하지 아니하는 자나 또는 그 형제를 사랑하지 아니하는 자는 하나님께 속하지 아니하니라"(요일 3:10)

자기 욕심이나 자존심 등에 이끌려서 마귀의 앞잡이와 같은 역할을 하는 사람들도 자주 볼 수 있다. 맹수들은 주로 허약한 초식동물을 먹잇감으로 겨냥한다. 사자가 아무 영양이나 공격하는 것이 아니라 어린 영양이나 병들었거나 허약해서 무리로부터 떨어져 있는 영양을 공격의 대상으로 삼는다. 마귀도 마찬가지이다. 정면에서 공격하는 것이 아니라 언제나 거짓과 속임수와 유혹을 수단으로 하여 중심에서 떨어진 성도들을 겨냥한다. 마귀가 이렇게 하는 것은 성도 개개인을 공격하기 위함이기도 하지만 그보다는 교회공동체를 흔들어서 틈이 벌어지게 하고 하나가 되지 못하게 하여 거룩성을 잃어버리게 만들기 위함이다. 그렇기 때문에 때때로 마귀는 지도자를 넘어뜨림으로써 공동체가 무너지게 만들기도 하는 것이다.

"이 같은 자들은 우리 주 그리스도를 섬기지 아니하고 다만 자기들의 배만 섬기나니 교활한 말과 아첨하는 말로 순진한 자들의 마음을 미혹하느니라"(롬 16:18)

마지막으로 만약에 그런 일이 교회 안에 일어난다면 어떻게 해야 하겠는가? 가장 좋은 방법은 수시로 거룩성을 유지하도록 하는 것이다. 큰 일이 닥친 후에야 무슨 조치를 내릴 것이 아니라 항상 경계하고 형제사랑을 점검하면서 그 때마다 깨어 기도하며 문제를 해결해야 한다. 실수나 연약함 때문이 아니라 마귀의 짓으로 여겨지는 일이 생기면 마치 율법의 지시처럼 그것을 제해 버려야 한다. 구약에서는 죽음으로 해결했지만 오늘날에는 관계를 끊어버림으로써 거룩성을 유지해야 하는 것이다.

"이제 내가 너희에게 쓴 것은 만일 어떤 형제라 일컫는 자가 음행하거나 탐욕을 부리거나 우상 숭배를 하거나 모욕하거나 술 취하거나 속여 빼앗거든 사귀지도 말고 그런 자와는 함께 먹지도 말라 함이라"(고전 5:11)

연약하거나 깨닫지 못하는 형제를 대할 때에는 용서와 사랑과 배려와 가르침으로 형제사랑의 본질을 보여주어야 하지만, 마귀의 궤계로 인한 거짓 선지자나 거짓 형제로 판단되면 당장 공동체에서 함께하지 못하도록 해야 한다. 형제사랑이야말로 교회공동체를 지킬 수 있는 유일한 길이며, 이웃사랑으로 복음을 널리 전파하는 통로의 역할을 하지만, 그렇기 때문에 마귀의 공격에 쉽게 노출될 수 있으므로 늘 기도와 말씀으로 분별하고 성령님께 지혜를 구하여 영적 거룩성을 유지할 수 있어야 할 것이다.

"형제들아 우리 주 예수 그리스도의 이름으로 너희를 명하노니 게으르게 행하고 우리에게서 받은 전통대로 행하지 아니하는 모든 형제에게서 떠나라"(살후 3:6)

제10장
이웃이 되는 것이다

 이제 비로소 이웃사랑에 대해서 본격적으로 이야기할 수 있게 되었다. 왜냐하면 우리가 말하는 이웃사랑에 대한 본질적인 밑바탕이 깔려졌기 때문이다. 우리는 흔히 이웃사랑을 나눔이나 섬김으로 한정지을 뿐만 아니라 그 이웃이라는 개념을 우리들 주변에 살고 있는 어려운 사람들을 돕는 것으로만 생각하기 쉽다. 그러나 그런 개념은 이웃사랑이란 하나님의 무한하신 사랑과 예수님의 목숨을 버리는 희생적인 사랑의 풍성함에서 기인된다는 사실과, 그리스도의 희생적인 사랑이 교회와 성도들을 통해 세상으로 흘러들어가는 것이라는 전체적인 의미가 희미한 상태에서 성립되는 경우가 많다. 돕는 일 자체가 이웃사랑이기는 하지만 그 이전에 전체적으로 그리스도의 사랑으로 무장한 상태에서 마음으로부터 그들을 사랑할 수 있어야 한다는 것이다. 곧 그리스도의 사랑으로 충만하게 채워지지 못한 상태에서의 이웃사랑은 지극히 한정적일 수밖에 없다는 이야기이다.
 물론 사랑은 행위를 통해서 전달된다. 나눔이나 섬김이라는 행위가 없다면 어떻게 그리스도의 사랑이든 개인적인 사랑이든 전달

될 수 있겠는가? 하지만 믿음과 행함의 문제가 언제나 영적 갈등을 일으키는 것과 마찬가지로, 사랑과 섬김의 문제는 하나님께서 어떻게 받으시는가의 문제로 확대되어야 한다. 왜냐하면 그리스도의 사랑 없이 자신의 의나 공로에 기인하는 나눔이나 섬김이 얼마든지 가능하기 때문이다. 이런 문제제기를 하는 것은 실제로 사랑으로 나눔과 섬김에 진력하는 분들 중에 오히려 다른 사람이나 단체와 싸우거나 자기 세력 확장이나 자랑을 위해서 행하는 경우가 자주 발견되기 때문이다.

실로 그리스도의 사랑으로 충만한 상태에서 나눔과 섬김이라는 이웃사랑이 일어나지 못한다면 그 이웃사랑은 단지 인본적인 자선 행위에 불과할 수도 있다. 물론 나눔과 섬김의 행위 자체를 폄하하려는 의도는 전혀 없다. 오히려 그런 선한 행위들을 많이 강조하여 실천적인 신앙생활이 일어날 수 있도록 격려하고 길을 만들어 주어야 한다. 하지만 그런 노력과 헌신에도 불구하고, 사람들로부터는 찬사를 받을 수 있을지 몰라도, 하나님께서 전혀 인정하지 않는 섬김이 된다면 얼마나 허무하겠는가? 종말의 때에 주님 앞에 섰을 때에 주님께서 나는 너를 모른다고 하신다면 얼마나 헛된 일이겠는가?

"그 때에 내가 그들에게 밝히 말하되 내가 너희를 도무지 알지 못하니 불법을 행하는 자들아 내게서 떠나가라 하리라"(마 7:23)

내 이웃이 누구입니까?

예수님께서 이웃사랑의 의미를 설명하려고 들려주신 예화에는 강도 만나서 거반 죽어가고 있는 사람과 지나가던 세 사람의 이야기가 나온다. 이 이야기는 어떤 율법 교사의 질문에서부터 시작된다. "누가 우리의 이웃입니까?"라는 질문이지만 사실 이 질문은 자기를 의롭게 보이고 사람들로부터 인정받으려는 이론적인 질문일 뿐이었다. 오늘날 기독교 지도자들 가운데 이 율법 교사처럼 말하지 않는 사람은 많지 않으리라고 생각된다. 성경을 말하고 묵상을 말하면서 정말 그대로 실천하려는 의도를 가지고 자기주장을 말하는 사람은 거의 없으니 말이다. 성경이 이 율법 교사의 말의 의도를 정확하게 짚어주고 있는데 사소한 일 같지만 사실은 엄청난 가르침을 주고 있는 것이다.

> "그 사람이 자기를 옳게 보이려고 예수께 여짜오되 그러면 내 이웃이 누구니이까"(눅 10:29)

'자기를 옳게 보이려고'라는 성경구절이 이웃사랑과 어떻게 관련되는지를 설명하자면, 이웃사랑으로 보이는 행위들 가운데 어쩌면 위선적이거나 우월적인 시각으로 사랑이라는 행위를 보여주는 부분이 상당하다고 판단되기 때문이다. 양심적으로 말해서 우리가 보통 이웃사랑이라고 하여 나눔이나 섬김 등을 하는 많은 경우에 이 율법 교사와도 같은 시각이 들어있음을 부인하기는 힘들 것이다. 곧 이 율법 교사는 오늘날 목사, 선교사들에 해당되는 셈인 것이다.

뭐가 그렇게 어렵냐고 할 수 있다. 그냥 이웃을 위해 나누어주고 섬겨주면 되는 것이지, 그것을 격려하지는 못할망정 계속 그건 아니고, 그것으로는 부족하다고 한다면 누가 봉사활동을 하겠느냐고 할 수 있다. 하지만 이웃사랑을 더욱 완전하게 행하자는 의미에서 이렇게 말하는 것은 아니다. 이웃사랑의 본질을 말하고 근원을 알고 참된 이웃사랑을 행하자는 말이다. 무엇인가 어려운 사람들에게 나누고 베푸는 것으로 자랑스러워하거나 스스로 의로움을 느끼는 것은 진짜 이웃사랑이 아니라는 말을 하는 것이다. 무엇에 근거를 두고 이런 말을 하겠는가? 이 율법 교사가 '자기를 옳게 보이려고' "내 이웃이 누구입니까?"라는 질문을 한 데에서 근거를 찾을 수 있다.

사실 이 율법 교사는 이미 예수님께 진지한 질문을 드렸다. 그것은 영생 곧 구원에 관한 질문이었다. 그는 이미 율법에 능통했었고 영생에 대한 해답을 스스로 가지고 있었다. 그러나 그는 예수님을 시험하려고 이 질문을 던졌다. 오늘날로 하면 어떻게 해야 구원을 받을 수 있는가, 무엇을 해야 천국에 갈 수 있는가라는 질문과 유사한 질문으로, 수많은 설교나 경건서적 등을 통해 좋은 방향을 인도하고 있는 주제였다. 하지만 그것은 생명이나 영생의 차원이 아니라 율법 교사나 그 당시 종교지도자들 사이에 마치 상식처럼 되어 있는 일종의 지식적인 논의에 그치고 있었던 것이다. 그것은 오늘날도 비슷하다. 수많은 성경적, 신학적, 신앙적 논의들은 왕성하지만 교회가 변화되지는 못하고 오히려 퇴보하고 있는 현상과 유사하다고 할 수 있을 것이다.

"어떤 율법교사가 일어나 예수를 시험하여 이르되 선생님 내가 무엇을 하여야 영생을 얻으리이까"(눅 10:25)

예수님은 율법을 말씀하실 뿐이었다. 이미 성경 속에 해답은 너무나도 명료하게 제시되어 있었다. 몰라서 못하는 것이 아니다. 이미 다 알고 있을 뿐만 아니라 신앙상식이 되어버린 말씀들이다. 그런데 대부분 지식을 충족시키는 것으로 굳어져버렸다. 다만 스스로 알고 있는 것을 가지고 행하고 있다고 착각하는 일종의 자기최면에 걸려있을 뿐이다. 예수님도 이것을 전제하고 이 율법 교사에게 되물으신다.

"예수께서 이르시되 율법에 무엇이라 기록되었으며 네가 어떻게 읽느냐"
(눅 10:26)

그러자 이 율법 교사는 참된 진리의 말씀을 너무나도 당연하고 자신 있게 대답한다. 마음과 목숨과 힘과 뜻을 다해 하나님을 사랑하고 이웃을 자기 자신처럼 사랑하라(레 19:18)는 하나님의 말씀이었다. 이것은 꼭 율법 교사나 바리새인들만 알고 있는 말씀이 아니라 이스라엘 백성들이라면 누구나 알고 있는 신앙상식이었다. 마치 주 예수를 믿기만 하면 구원받고 천국에 간다는 오늘날의 신앙상식과도 같은 말씀이었던 것이다. 너무나도 잘 알고 있지만 너무나도 교리적인 요소만 강조되어 삶이 없는 신앙생활로 만드는 표면적인 신앙상식이었던 것이다.

"대답하여 이르되 네 마음을 다하며 목숨을 다하며 힘을 다하며 뜻을 다하여 주 너의 하나님을 사랑하고 또한 네 이웃을 네 자신 같이 사랑하라 하였나이다"(눅 10:27)

예수님의 대답은, 당연한 것이지만, 단지 그 말씀대로 행하라는 것이었다. 영생을 얻는 길은 그 말씀대로 행하는 것이다. 말씀을 배우고 알고 깨닫기만 해서는 영생을 얻을 수 없고 알고 있는 말씀을 행할 때 능력이 되고 힘이 되고 영생이 된다. 우리가 사는 길은 알고 있는 말씀을 행하는 것이다. 행함이 없는 믿음은 죽은 믿음이고 믿음 없는 행함은 아무것도 아니다. 내가 믿는다고 하면 행함이 반드시 따라오는 것이고 구원받는 믿음 곧 참된 행함은 믿음을 근거로 이루어지는 것이다. 그렇게 할 때 영생을 얻게 되는 것이다.

"예수께서 이르시되 네 대답이 옳도다 이를 행하라 그러면 살리라 하시니"
(눅 10:28)

마찬가지로 이웃사랑의 행위는 사랑이 근거가 되지 않으면 영적 영향력을 얻을 수 없다. 우리는 흔히 이웃사랑을 전도와 연결 짓곤 한다. '영혼사랑'이 아니라 '전도'라는 데에 강조점을 두고자 한다. 물론 전도는 영혼사랑 없이는 불가능하지만, 전도라는 개념이 교회부흥과 직결되는 것으로 인식되고 있기 때문에 이런 말을 하지 않을 수가 없는 것이다. 전도의 가장 기본적인 개념은 영혼구원이지만, 영혼사랑이라는 개념이 쏙 빠진 채 교회부흥, 숫자 채우기, 전도실적 등과 같은 외적인 개념과 연결되면 전도의 본질은 사라지게 된다. 자기 의나 자랑이나 공로를 위해서 이웃사랑이라는 수단을 사용하는 경우와 교회를 부흥시키고 전도실적을 얻기 위해서 이웃사랑이라는 수단을 사용하는 것은 모두 동일한 개념이라고 할 수밖에 없다는 것이다.

그리스도의 사랑에 감사하고 감격하여 그 사랑을 형제와 이웃에게 베풀기를 원하는 것이 진정한 이웃사랑의 출발이지만, 그 근원조차 파악하지 못하고 외적이고 율법적인 행동에만 초점을 맞춘다면 거기에는 주님께서 바라고 원하시는 이웃사랑은 존재할 수 없게 된다. 자기를 옳게 보이려고 "누가 우리의 이웃입니까?"라는 질문을 던졌던 이 율법 교사처럼 수박겉핥기식으로 말씀의 외적인 모습에만 신경을 쓴다면 거기에는 그리스도의 사랑의 통로로서의 이웃사랑은 존재할 수 없다는 말이다. 우리를 위해 목숨까지 버리신 그리스도의 사랑에 근거하여 우리의 인간적인 사랑이 아니라 그리스도의 사랑이 우리의 삶을 통해서 흘러가도록 하는 것이 참된 이웃사랑이라는 것이다.

"누가 우리의 이웃입니까?"라는 율법 교사의 질문에 대해 예수님은 오히려 이웃에게 어떻게 행할 것인가를 설명하심으로써 아주 훌륭한 답변을 해주신다. 그것은 강도를 만나 돈을 다 빼앗길 뿐 아니라 얻어맞아서 거반 죽을 정도로까지 상처를 입은 한 사람의 이야기였다. 누가 우리의 이웃인가 하는 질문에 대한 예수님의 대답은 강도를 만나 다 죽어가는 어떤 사람이 바로 우리의 이웃이라는 말씀이었다. 곧 형제인가 아닌가는 관계없이 무조건 고난당하고 어려움당하는 주변의 사람이라면 누구나 우리의 이웃이 된다는 말씀인 것이다.

> "예수께서 대답하여 이르시되 어떤 사람이 예루살렘에서 여리고로 내려가다가 강도를 만나매 강도들이 그 옷을 벗기고 때려 거의 죽은 것을 버리고 갔더라"(눅 10:30)

복음서 전체를 볼 때 예수님의 가르침은 일단 같은 동족, 곧 형제들을 대하여 주시는 말씀임에는 틀림이 없다. 사도행전 이후에는 이방인 전도라는 개념이 들어오게 되지만 그 이전에 주시는 모든 말씀은 이스라엘 공동체 내의 가치기준을 그대로 보여주고 있는 것이 복음서의 내용이다. 그러나 예수님께서 말씀하시는 이 예화 속에는 이스라엘 공동체가 아니라 이방인보다도 못한 취급을 받고 있는 어떤 사마리아 사람이 등장한다. 그런데 예수님은 그 사마리아 사람을 말씀하시기 전에 제사장과 레위인을 등장시키신다. 제사장과 레위인은 하나님께서 거룩하게 구별하신 직분자들이다. 하지만 여호와의 율법, 곧 본문에서는 이웃을 자기 자신처럼 사랑하라는 하나님의 말씀을 반드시 행해야 할 이 성직자들은 그 율법을 무시하고 그 강도 만나서 죽어가는 사람을 피해서 지나가버린다.

"마침 한 제사장이 그 길로 내려가다가 그를 보고 피하여 지나가고 또 이와 같이 한 레위인도 그 곳에 이르러 그를 보고 피하여 지나가되"(눅 10:31-32)

제사장과 레위인은 또 다른 율법 곧 시신을 만지지 말라는 명령에 순종한 것일 수도 있다. 율법에는 분명히 제사장이 죽은 자의 시신을 만짐으로써 스스로를 더럽히지 말라고 명령하고 있기 때문이다. 하지만 예수님께서 왜 인간취급도 받지 못하던 사마리아 사람과 성직을 맡아서 수행하던 제사장을 대비시키셨는가? 이 강도 만난 사람은 죽은 것처럼 보였을 뿐이지 실제로 죽은 것이 아니었다. 만약에 죽은 것처럼 보였다고 하더라도 그 사실을 확인은 해 보아야만 했을 것이다. 그러나 그들은 그 시신과도 같은 사람을 보자 피해서 지나가버렸다.

"여호와께서 모세에게 이르시되 아론의 자손 제사장들에게 말하여 이르라 그의 백성 중에서 죽은 자를 만짐으로 말미암아 스스로를 더럽히지 말려니와"(레 21:1)

하지만 여행을 하다가 그곳을 지나가던 어떤 사마리아 사람은 그 시신과도 같은 사람을 확인해보고 강도 만난 그 사람에게 가장 필요한 응급조치를 취하게 된다. 기름과 포도주를 상처에 붓고 상처를 싸매고 숙소로 데리고 가서 돌보아주었던 것이다. 뿐만 아니라 그 상처가 다 나을 때까지 주막 주인에게 비용을 대주면서 돌보아달라고 요청한다. 또한 비용이 더 들면 돌아오는 길에 다 갚겠다고까지 했다. 한마디로 이 죽어가던 사람을 살리는 데 필요한 모든 조치를 취했다.

> "어떤 사마리아 사람은 여행하는 중 거기 이르러 그를 보고 불쌍히 여겨 가까이 가서 기름과 포도주를 그 상처에 붓고 싸매고 자기 짐승에 태워 주막으로 데리고 가서 돌보아 주니라 그 이튿날 그가 주막 주인에게 데나리온 둘을 내어 주며 이르되 이 사람을 돌보아 주라 비용이 더 들면 내가 돌아올 때에 갚으리라 하였으니"(눅 10:33-35)

그리고 예수님은 마지막 질문을 하신다. "우리 이웃이 누구입니까?"라는 질문에 대한 대답 대신 오히려 강도 만난 사람의 이웃이 누구냐는 질문으로 대치하심으로써 참된 이웃사랑의 정의와 실천 요강까지 제시하셨다. 진리는 추상적이거나 관념적으로 구원의 길을 제시하는 것이 아니다. 참된 믿음은 그 믿음의 실체화가 이루어지기 전까지는 아직 믿음이 아닌 것이다. 만약에 제사장이 강도 만난 사람을 피해서 지나가버린 이유가 제사장으로서 시신을 만지는 것이 금지되어 있기 때문이라고 해도, 물론 그것은 하나님을 섬기는 정당한 태도라고 이야기할 수도 있겠지만, 믿음은 현실 속에서 이웃을 대하면서 증명되어야 하는 것을 생각한다면 그 제사장의 믿음이 거짓믿음이라고 할 수도 있다.

"네 생각에는 이 세 사람 중에 누가 강도 만난 자의 이웃이 되겠느냐 이르

되 자비를 베푼 자니이다 예수께서 이르시되 가서 너도 이와 같이 하라 하시니라"(눅 10:36-37)

이웃이 된다는 의미

예수님의 말씀 중 핵심구절은 "누가 강도 만난 자의 이웃이 되겠느냐?"이다. 이 말씀은 강도 만난 사람의 옆에서 이웃으로서의 역할을 감당하라는 말씀이다. 하지만 더 나아가 이웃사랑의 본질을 생각한다면 그리스도인의 이웃사랑은 이웃의 처지에서 생각해보는 것이 아니라 아예 그 이웃이 되어버리는 것으로부터 시작되는 것이다. 이웃을 자기 자신과 같이 사랑한다는 것은 아예 그 사람이 되어버리는 경우가 아니면 불가능에 가깝기 때문이다. 생각해보라. 자기 자신과 같이 이웃을 사랑하기 위해서는 이웃의 입장이 되어보는 것으로 충분하겠는가, 아니면 아예 그 사람이 되어주어야 가능하겠는가? 개역개정판 성경에는 "네 이웃을 자기 자신과 같이 사랑하라"고 되어 있지만 개역한글판에는 "네 이웃을 네 몸과 같이 사랑하라"고 되어 있다. 이웃을 자기 몸처럼 사랑하라는 말씀이 훨씬 더 명료하게 그 의미를 전달해주고 있다.

"둘째는 이것이니 네 이웃을 네 몸과 같이 사랑하라 하신 것이라 이에서 더 큰 계명이 없느니라"(막 12:31/개역한글판)

물론 우리는 이웃의 몸이 될 수는 없다. 하지만 개념적으로 상대방의 몸이 되지 않는 한 그 사람을 완전하게 이해할 수는 없을 것이다. 완전하게 이해하지 못한다면 이웃을 자기 자신처럼 사랑하는 일은 불가능할 수밖에 없다. 그렇기 때문에 우리는 어려운 일을 당한 이웃에 대해 아예 내가 그 사람이 된다는 생각의 변화가 필요한 것이다. 사실상 이웃을 자기 몸처럼 사랑하는 일은 몹시 어렵지만 그러나 내가 만약에 그 사람이 되어버리는 생각을 하게 된다면 그 때부터는 그 사람을 돕는 것이 아니라 내가 나 자신을 돕게 되는 것이다. 그렇게 되면 우리는 아무리 어려운 일을 만나도 내가 내 일을 하게 되는 것이며, 그렇게 될 때 우리의 이웃사랑은 그 진정성을 인정받게 되는 것이다.

하지만 왜 그렇게까지 해야 하는가? 그저 할 수 있는 데까지 힘쓰고 애써서 사람들을 도우려고 하면 되는 것이지 무엇 때문에 그 사람이 되라고까지 요구해야 하겠는가? 무슨 동양사상의 자기희생의 철학도 아니고 도를 닦아 선문답을 하는 것도 아닌데 무엇 하러 그렇게까지 무리해서 이야기해야 하겠는가? 물론 우리의 근거는 주 예수 그리스도이시다. 만약에 구약백성들에게 이런 이야기를 한다면 아무도 받아들이지 않을 것이다. 그들에게는 아브라함의 이삭 제사 외에는 아무런 근거가 없다. 하지만 신약 백성들에게는 그리스도의 희생이 모델로 주어져 있다. 우리가 그런 사랑을 아낌없이 받았으니 우리도 그런 사랑을 아낌없이 베풀어야 하는 것이다. 사도 요한의 권면(요일 3:16)은 비록 형제사랑에 관한 내용이지만 이웃사랑에도 동일한 원리가 적용되어야 하는 것이다.

예수님은 사마리아 사람이 강도 만나 죽어가던 사람을 보살핀 것과 같이 행하라고 말씀하신다. 그 사마리아 사람은 우선 그 사람을 발견하고 불쌍히 여기는 마음을 가진다. 상대방을 향한 긍휼의 마음, 불쌍히 여기는 마음이 이웃사랑의 출발점이다. 불쌍히 여기는 마음으로 이웃을 돕지 않는 것이라면 그것은 껍데기 사랑일 수밖에 없다. 불쌍히 여긴다는 말은 내 마음이 그 어려움 당하는 사람의 마음으로 변한다는 의미일 것이다. 그렇지 않고 그냥 아무 관계없는 어떤 사람의 일이라면 무관심하고 아무런 감정의 동요도 일어나지 않을 것이기 때문이다.

"어떤 사마리아인은 여행하는 중 거기 이르러 그를 보고 불쌍히 여겨"(눅 10:33)

불쌍히 여기는 마음은 바로 하나님의 마음이다. 예수님도 백성들을 불쌍히 여기셨다. 영적으로 방황하거나 질병으로 힘들어할 때에나 어려움을 만나 슬플 때에도 예수님은 불쌍히 여기셨다. 불쌍히 여김은 사랑이다. 내 마음이 어려움 당하는 이웃의 마음이 될 때, 곧 이웃이 되어줄 때 그때 불쌍히 여기는 마음이 생긴다. 다음 장에서 다시 살펴보겠지만 그리스도인의 이웃사랑은 행위 이전에 그리스도의 사랑으로 충만할 때 자연스럽게 발생하는 정체성인 것이다.

"예수께서 불쌍히 여기사 손을 내밀어 그에게 대시며 이르시되 내가 원하

노니 깨끗함을 받으라 하시니"(막 1:41)

이웃이 된다는 의미는 그 이웃 가까이로 다가간다는 것을 의미한다. 정도의 차이는 있겠지만 사람은 사람을 만나면 일단 경계하게 된다. 경계까지는 아닐지라도 긴장하거나 상황을 파악하려고 하게 된다. 그런데 이웃에게 가까이 다가간다는 말은 마음의 경계를 해제한다는 뜻이 된다. 이웃사랑이란 마음이 무장 해제되지 않으면 성립될 수가 없다. 불쌍히 여기는 그 순간부터 마음의 경계는 다 사라진다. 가까이 간다는 말은 마음을 허물어뜨린다는 의미이다. 내가 어려움을 만나면 아무리 힘이 들어도 스스로 하려고 할 수밖에 없게 된다. 거기에는 좋고 싫고 귀찮고 즐겁고의 차이가 없다. 그냥 자연스럽게 행동하게 된다. 이웃에게 가까이 다가간다는 것은 이와 같이 자연스러운 현상인 것이다.

"가까이 가서 기름과 포도주를 그 상처에 붓고 싸매고 자기 짐승에 태워 주막으로 데리고 가서 돌보아 주고"(눅 10:34)

그리고 당장 필요한 조치를 취하게 된다. 더 이상 심해지지 않도록 일단 상처를 치료하고 나서 고정시키고 싸매야 한다. 이것은 현재 이웃을 위해 할 수 있는 최대한의 조치이다. 만약에 나 자신이 이런 일을 당했다면 똑같은 순서대로 처리하게 될 것이다. 그것은 내가 이웃이라고 생각하기 전에는 온전하게 행할 수 없는 일이다. 이 사마리아 사람의 행동이 이웃사랑의 본이 될 수 있는 이유는 그 다음 행동에서 보다 분명해진다. 당장 상처를 돌보는 일을 마치고 나서 그는 이 환자를 자기 짐승에 태워 주막으로 데리고 간다. 그리고 밤새도록 돌보아주기에 이른다. 이 행동까지 볼 때 이 사마리아 사람은 자기 자신이 마치 강도 만난 사람이 된 것처럼 여기는 것이 확실해 보인다. 왜냐하면 대개의 경우에 이렇게 숙소에까지 데리고 가서 밤새도록 돌보지는 않을 것이기 때문이다.

하지만 우리는 이 사마리아 사람의 진심을 다시 한 번 명확하게 발견하는 장면을 보게 된다. 그는 밤새도록 환자를 돌보고 나서 아침에 볼일을 보러 떠나면서 마지막 치유와 회복의 과정까지 책임지려고 한다. 지금까지 들어간 비용을 기꺼이 지출한 것은 물론 이 강도 만난 사람이 정상적인 생활이 가능해질 때까지 추가 비용도 지불한다. 우리는 그 사람이 드러내는 행동을 통해서 그의 진실한 마음을 어느 정도 확인할 수 있는데, 이 사마리아 사람이 끝까지 행한 행동을 볼 때 하나님의 아낌없는 칭찬을 받기에 부족함이 없어 보이는 것이다.

"이튿날에 데나리온 둘을 내어 주막 주인에게 주며 가로되 이 사람을 돌보아 주라 부비가 더 들면 내가 돌아 올 때에 갚으리라 하였으니"(눅 10:35)

이 이야기는 비유의 말씀이다. 그러나 이 비유 속에는 이웃사랑의 원형이 고스란히 들어 있다. 예수님께서 이 비유의 말씀으로 이웃을 자기 자신과 같이 사랑하라는 말씀의 실체적 현상을 제시하시는 것이다. 이 비유에는 이 사마리아 사람의 마음에 대한 해설이나 설명은 전혀 없다. 그러나 그의 첫 조치에서부터 마지막 행동까지 살펴볼 때 이 사람은 이웃이 어려움을 당한 것을 보고 자기 자신이 마치 그 사람이 된 것과 같은 마음으로 행동한 것을 우리는 알 수 있다. 게다가 이 사마리아 사람은 심지어 유대 사람이 다친 것을 끝까지 돌보아주었다. 본문에 다친 사람이 유대 사람이라는 말은 없지만 예루살렘과 여리고 사이의 길에서 강도를 만났고 또 제사장과 레위인까지 등장하는 것을 볼 때 아마도 유대 사람이었을 것이다. 자신을 천시하는 유대 사람이 다쳤는데 천대를 받는 사람으로서 그 사람을 돌보아주고 싶겠는가? 그런데 그 사람은 예수님께서 바라시는 그런 마음으로 다친 사람을 마치 자기 자신처럼 돌보아주었다. 오늘날에도 예수님은 이 사마리아 사람처럼 행동하라고 명하신다.

"예수께서 이르시되 가서 너도 이와 같이 하라 하시니라"(눅 10:37下)

이웃을 자기 자신처럼 사랑하라는 말 속에는 그 사람의 입장이 되어 그 이웃을 도와주는 것이라든가 그 사람의 종이 되어 섬기라든가 부모가 자식을 사랑하는 것같이 그런 사랑으로 섬기라든가 하는 깊은 의미의 이웃사랑 이상의 것임을 깨달아 알게 하시려는 의도가 들어있다. 자기 자신처럼 사랑해야 하는 이웃사랑이란 아예 그 사람이 되어버리는 것이라는 사실이었다. 이웃을 자기 자신과 같이 사랑하는 일은 먼저 마음으로부터 사랑이 일어나야 한다. 사실상 감정적인 사랑이 우러나오지 않을 수도 있을 것이다. 그러나 그리스도의 사랑으로 도움의 손길을 내미는 순간에는 반드시 성령께서 임하셔서 우리가 그 이웃이 되는 마음을 주실 것이다. 그렇지 않으면 우리들 자신처럼 이웃을 사랑하는 일은 불가능할 것이다.

이웃에게 무엇을 나눈다거나 섬길 때, 가장 가지기 쉬운 태도는 내가 이웃에게 무엇인가를 베푼다는 생각이다. 내가 가진 것을 어려운 사람에게 나누어줄 때 자신이 주체가 되면 그것은 진정한 이웃사랑의 태도는 아니다. 내가 가진 것을 나누는 것이 아니라 하나님께서 내게 허락하신 것을 하나님의 뜻을 따라 전달해주는 것이 이웃사랑이다. 그런데 그렇게 하나님의 뜻을 따라 순수하게 나누어주는 것은 내가 그 사람의 입장에서 나누어주는 것이 아니라 내가 아예 그 사람이 되어서 나눌 때에야 가능해지는 마음가짐일 것이다.

그러므로 이웃을 자기 자신처럼 사랑하라는 성경 말씀은 순수한 의미에서 이웃의 입장이 되라는 말보다 더 깊은 의미가 들어 있다. 물론 모든 이웃을 위하여 전 시간을 그렇게 할 수 있는 사람은 아무도 없다. 오직 그리스도 예수님 밖에는. 하지만 하나님께서 우리에게 허락해주시는 사람을 만난다면 적어도 그 한 사람에 대해서는 바로 그 사람이 되어서 섬기는 것이라는 말은 맞는 말이다. 그러니까 내가 만나는 사람, 내 도움을 필요로 하는 사람, 무엇인가 내가 해 줄 수 있는 일이 있는 사람을 대할 때에는 내가 바로 그 사람이라는 마음으로 나 자신을 돕는 것이어야 한다는 말이다.

마음으로 사랑하는 것이다

이미 언급했지만, 이웃사랑은 마음으로부터 우러나오는 것이어야 한다. 사도 바울의 아름다운 사랑의 고백에서처럼 모든 것으로 구제하고 몸을 불사르게 내어줄지라도 사랑이 없다면 그것은 아무 것도 아닌 것이다(고전 13:3). 아무리 위대하고 희생적인 행위로 이웃을 살리더라도 거기에 그리스도의 사랑이 들어있지 않다면 섬기는 사람에게 아무런 유익이 없다. 그것은 이웃사랑의 모든 행동의 동기와 목적이 하나님의 사랑으로부터 비롯되는 것이어야 함을 말하고 있는 것이다.

모든 것으로 구제하고 몸을 불사르게 내어준다고 할 때 그 섬김의 대상이 되는 사람에게는 엄청난 도움이 될 것이다. 모든 것으로 구제하고 몸을 희생해서 어떤 사람을 돕는다면 그것은 얼마나 고귀하고 값진 일인가? 세상에서도 이런 희생으로 다른 사람을 돕는다면 엄청난 반향을 불러일으키고 의인으로 추대 받을 것이며 인류애의 표상처럼 대접을 받을 것이다. 혹시 사랑하는 마음이 없이 이런 일을 행해도 그렇게 인정받을 것이다. 그것이 사랑에서 비롯되었든 자기책임에서 비롯되었든 관계없다. 실제로 다른 사람을 살리고 자신이 희생됨으로써 수십 년이 지나도록 의인으로 추앙받는 사람들이 있다. 아무나 그렇게 할 수 있는 일은 아니다. 위대한 사람이다.

세상에서는 그렇게 인정받게 되지만 성경에서 말하는 이웃사랑의 잣대로 비쳐보면 조금 달라질 수 있다. 물론 은혜를 입은 사람에게 나타나는 현상은 동일하다. 어려움에서 벗어나거나 아니면 그 사람 덕분에 죽을 뻔한 목숨이 살아난 것일 수도 있다. 그런데 그런 희생을 베푼 사람에 초점을 맞춘다면 다른 이야기가 될 수도 있다. 왜냐하면 은혜를 입은 사람이 어떤 경우에도 동일한 혜택을 입는 것과는 달리 은혜를 베푼 사람에게는 그 위대한 행위가 아무 것도 아닌 일이 될 수도 있기 때문이다. 그 희생의 가치는 변함이 없지만 희생한 사람의 마음가짐에 따라 위대한 일이 될 수도 있고 자기 의가 될 수도 있는 것이다.

어떤 대상에 대해서 그렇게 큰 희생을 치를 수 있다는 것 자체가 대단한 일임에는 틀림이 없지만, 그 행위가 사랑에서 비롯되는 경우와 인간적인 의무나 자기 신념을 따라 움직인 경우는, 그 희생자의 입장에서는, 완전히 반대의 평가로 나타날 수 있다는 사실을 우리는 알아야 한다. 진정한 사랑으로부터 비롯되는 행동이라면 거기에 자랑도 들어있지 않고 공로도 들어있지 않을 것이다. 그냥 사랑하기 때문에 자연스럽게 일어난 행위일 뿐이다. 정말로 사랑한다면 다른 사람이나 환경을 의식하지 않고 저절로 일어나는 반응을 나타낼 것이다. 하지만 왜 이렇게까지 따져야 할까? 그냥 선하고 의로운 행위라면 그 자체로 인정하면 될 것이 아닌가? 그러나 우리는 하나님 앞에 서 있는 사람들이다. 그리고 그리스도의 이웃사랑에 근거한 사랑만이 하나님의 인정을 받을 것이기 때문이다.

그리스도인의 이웃사랑은 하나님 앞에서 하는 것이다. 스스로 이웃사람들을 도와주고 스스로 만족하는 것이 아니다. 믿음이 없는 사람들 가운데에서도 그리스도인들보다 훨씬 희생적으로 사람들을 도와주고 돌보는 사람들이 많이 있다. 인간적으로 그런 분들을 인정하고 존경할 수 있다. 다만 영생을 생각하는 그리스도인으로서는 하나님 앞에 어떤 평가를 받을 것인가의 문제가 대두될 수밖에 없다. 우리는 그리스도의 사랑으로 이웃을 자기 자신처럼 사랑해야 하는 사람들인데, 그렇다면 사람의 마음을 다 아시는 하나님 앞에서 가면을 쓰고 사랑이 풍성한 사람처럼 행동할 수는 없다. 그것은 스스로 바리새인이 되는 것이다.

사도 바울의 그 말은 물론 비유적인 표현이다. '만약에 자신의 모든 것을 들여서 구제하고 자기 몸을 불사르게 내어주는 사람이 있다면'이라는 가정법에 근거한다. 하지만 그렇기 때문에 그리스도의 사랑으로 이웃을 사랑하는 일은 그만큼 중대하고 우리의 생명을 걸어야 할 정도로 핵심적인 내용이 되는 것이다. 그러므로 마음으로부터 그리스도의 사랑으로 행해지지 않는 이웃사랑은 하나님이 보시기에는 별 의미가 없을 수도 있다는 사실을 가슴깊이 새겨야 할 것이다. 이웃사랑을 저해하는 것이 아니라 더욱 뜻 깊은 이웃사랑, 하나님께서 100% 고스란히 인정하시는 이웃사랑으로 만들기 위함이다. 이웃사랑은 마음으로부터 우러나오는 희생이 아니면 그 가치가 반감될 수도 있는 것이다.

우리는 그 사마리아인의 이웃사랑의 출발점이 예수님과 동일하게 상대방을 불쌍히 여기는 마음이라고 이야기했다. 예수님께서 자주 무리들을 불쌍하게 여기셨는데, 그것은 바로 그들과 동일시하는 마음이라고 할 수 있고, 그것은 바로 그 사람이 되어주는 것이라고 말할 수 있다. 예수님께서 군중들을 불쌍히 여기신 가장 큰 이유는 그들이 목자 없는 양처럼 생각되었기 때문이었다. '목자 없는 양'이라고? 바로 우리들이 아니었던가? 우리들도 얼마 전까지는 혹은 어느 시점까지는 목자 없는 양들이었다.

> "예수께서 나오사 큰 무리를 보시고 그 목자 없는 양 같음으로 인하여 불쌍히 여기사 이에 여러 가지로 가르치시더라"(막 6:34)

그리스도인의 이웃사랑은 이 불쌍히 여기는 마음으로부터 출발한다. 사실 이 불쌍히 여기는 마음은 영혼사랑으로부터 우러나오는 것이어야 한다. 물론 어려운 형편이나 상한 마음 등을 보면 우리는 불쌍히 여기는 마음을 가지게 된다. 그러나 우리의 이웃사랑이 그리스도의 사랑으로부터 비롯되는 것임을 생각한다면 그 근원이 영혼사랑에 기인해야 하는 것임을 알 수 있는 것이다. 우리도 불쌍한 사람들이었다. 하물며 이웃을 불쌍히 여기지 않는다면 온전한 그리스도인이라고 할 수 없고 거기에 이웃을 자기 자신과 같이 사랑할 수 있는 틈은 사라지게 된다. 그래서 일만 달란트의 빚을 탕감 받은 사람이 자신에게 백 데나리온 빚진 사람을 용서하지 못했을 때 그 탕감 받은 일만 달란트가 다시 짐 지워지는 비유의 말씀을 해주셨던 것이다.

> "이에 주인이 그를 불러다가 말하되 악한 종아 네가 빌기에 내가 네 빚을 전부 탕감하여 주었거늘 내가 너를 불쌍히 여김과 같이 너도 네 동료를 불

"너희가 만일 성경에 기록된 대로 네 이웃사랑하기를 네 몸과 같이 하라 하신 최고의 법을 지키면 잘하는 것이거니와 만일 너희가 사람을 차별하여 대하면 죄를 짓는 것이니 율법이 너희를 범법자로 정죄하리라"(약 2:8–9)

구약공동체 안에서도 이 차별문제는 큰 죄로 취급되어왔는데 그것은 율법공동체의 거룩성을 해치는 행위일 수 있기 때문이었다. 하지만 우리는 지금 교회공동체 안에서의 이웃사랑을 이야기하는 것이 아니라 그리스도인으로 세상을 살아가면서 이루어나가야 할 이웃사랑의 개념을 이야기하고 있는 중이다. 그리스도인의 이웃사랑은 형제사랑의 확대개념이며, 형제사랑은 그리스도의 사랑의 적용개념이다. 아무리 형제를 위해 죽는 희생으로 사랑한다고 해도 또 다른 사람들을 불쌍히 여기지 못하고 사람을 차별하여 대한다면 그에게는 그리스도의 이웃사랑이 들어있지 않은 것이다. 그것은 마음으로 이웃을 자기 자신처럼 사랑하는 사람이 결코 될 수 없음을 이야기하는 것이다. 누군가는 사랑하고 누군가는 미워한다면 거기에 그리스도의 사랑이 들어있다고 할 수 있겠는가? 그리스도께서 모든 사람을 위해서 십자가에서 못 박혀 돌아가셨다는 사실을 잊으면 이웃사랑은 공허한 외침이 될 뿐이다. 마음으로부터 이웃을 사랑함으로써 자연스러운 이웃사랑이 이루어지도록 해야 하겠다.

"사랑은 이웃에게 악을 행하지 아니하나니 그러므로 사랑은 율법의 완성이니라"(롬 13:10)

몸으로 사랑하는 것이다

오늘날 우리 그리스도인들에게 있어서 가장 부족한 것은 무엇이겠는가? 그것은 실천과 행동이 결여되어 있고 말과 혀로만 사랑하는 경우가 너무 많다는 점일 것이다. 믿음이 희미해지는 이유는 실천과 순종이 실종되었기 때문이고, 교회가 세상의 손가락질을 받게 된 이유는 세상 속에서의 복음적 삶의 부재 때문일 것이다. 이웃사랑은 실제로 이루어져야 한다. 아무리 이웃을 불쌍히 여기는 마음으로 채워져 있다 하더라도 만약에 그 이웃에게 실제로 도움이 되지 못한다면 그것은 이웃사랑이 아니라 자기 의만 내세우는 결과가 되어버릴 것이다. 물론 물질적이거나 육체적인 도움이 되지 못하더라도 심리적, 정신적으로 큰 도움이 되는 경우도 여기에 포함된다. 그것은 이웃을 불쌍히 여기는 마음을 가지고 그 이웃과의 동일시가 이루어진다면 분명 효과적일 수 있기 때문이다. 복음은 언어가 아니라 사랑이며, 사랑은 삶으로 이어져야 한다.

"누가 이 세상의 재물을 가지고 형제의 궁핍함을 보고도 도와 줄 마음을 닫으면 하나님의 사랑이 어찌 그 속에 거하겠느냐 자녀들아 우리가 말과 혀로만 사랑하지 말고 행함과 진실함으로 하자"(요일 3:17-18)

우리는 하나님으로부터 너무나도 큰 은혜를 입고 있는 사람들이다. 하나님은 인간을 너무나도 사랑하셔서 아브라함이라는 한 사람을 통하여 민족을 일으키셨고, 그 후손 모세를 통해 율법을 허락하셨다. 그러나 율법은 구원의 수단이 아니라 구원의 경계일 뿐이었다. 하나님은 죄의 문제를 근원적으로 해결해주시기 위해 그리스도를 이 땅에 내려 보내셨다. 하나님은 천사를 통해서도 인간을 구원할 수 있으셨지만 천사가 아니라 독생자 예수님을 땅에 내려 보내시고 몸으로 죽음을 맞이하게 만드셨다. 인간의 구원은 그리스도의 몸이 죽으심으로써 비로소 온전해질 수 있었던 것이다. 만약에 말씀으로써만 인간을 구원하실 수 있었다면 그렇게 하셨을 것이다. 그러나 인간의 구원은 직접 인간의 몸을 사용하지 않고서는 불가능한 일이었다. 그리스도는 자기 몸으로써 인간을 구원하셨던 것이다.

"그리스도께서 하나님 곧 우리 아버지의 뜻을 따라 이 악한 세대에서 우리를 건지시려고 우리 죄를 대속하기 위하여 자기 몸을 주셨으니 영광이 그에게 세세토록 있을지어다 아멘"(갈 1:4–5)

이웃사랑도 마찬가지이다. 아무리 진정한 사랑으로 이웃을 불쌍히 여기는 깊은 마음이 있었다고 해도 만약에 몸으로 이웃을 위한 섬김이 일어나지 않는다면 그것은 이웃사랑이 결코 될 수 없다. 물론 꼭 노동이나 섬김이 일어나야 한다는 뜻은 아니다. 실제로 이웃에게 도움이 될 수 있는 행동을 말하는 것이다. 이웃사랑의 정의와 본질을 아무리 깊이 있고 정확하게 깨닫고 가르친다고 해도 실제로 이웃에 대한 도움이 일어나지 않는다면 그것은 아무 의미도 없게 된다. 그뿐만 아니라 행함이 없는 이웃사랑은 오히려 위선이나 자기 의로 이어질 수도 있음을 알아야 한다.

　오늘날은 정말 실천과 행동이 없는 시대이다. 성경의 말씀들이 의미하는 바를 너무나도 잘 알고 있고 또 정확하게 가르쳐지고 있다. 또한 말씀을 묵상하고 연구하면서 깨달은 의미를 서로 자랑하듯이 이야기하고 있다. 그런데 세상은 좀처럼 그리스도의 사랑의 실체를 경험할 수 없는 시대가 되었다. 말과 혀로는 하나님의 사랑, 그리스도의 희생을 널리널리 퍼뜨리지만 그것이 사람들에게 실체적으로 거의 느껴지지 못한다. 물론 복음은 말로 전해져야 한다. 결국 언어로써 그리스도의 사랑은 이웃들에게 전파되어야 한다. 하지만 그것은 반쪽에 그칠 수도 있다. 따라서 복음은 몸으로 전파된다는 말이 더 정확할 수 있다. 말과 몸으로 전파되는 것이 그리스도의 복음이다. 그 매개역할을 하는 것이 몸으로 펼쳐지는 이웃사랑이라는 말이다. 그리스도는 몸을 단번에 드림으로써 모든 인간의 죄 사함의 통로가 되셨다. 복음을 받아들인 사람들이 거룩함을 입은 것이다.

> "이 뜻을 따라 예수 그리스도의 몸을 단번에 드리심으로 말미암아 우리가 거룩함을 얻었노라"(히 10:10)

　이웃을 몸으로 사랑하면 크게 세 가지 놀라운 결과를 가져올 수 있다. 첫 번째 결과는 하나님께 큰 영광을 돌려드리는 일이 된다는 것이다. 그러니까 마음으로 이웃을 불쌍히 여기고 스스로 그들 자신이 되어줌으로써 그리스도의 사랑이 흘러 들어가면 하나님은 크게 기뻐하신다는 것이다. 물론 하늘 창고에 보화로 쌓여갈 것이다. 두 번째 결과는 모든 사람들에게 그리스도의 사랑이 전달되어 그들이 하나님을 찾게 만들어준다는 것이다. 복음은 삶의 방식을 통해서 이웃들에게 널리널리 전파되는 것이다. 그 다음 세 번째 놀라운 결과는 그렇게 몸으로 이웃을 사랑한 후에는 말씀의 깊이가 남다르게 커지고 놀랄 만한 깨달음과 영적 성장과 열매가 주어진다는 것이다. 그것은 몸으로 이웃사랑을 행함으로써 비로소 하나님의 마음, 그리스도의 마음을 조금이나마 깨달아 알게 되기 때문이다. 그렇게 되면 더욱 하나님의 마음으로 이웃을 불쌍히 여기고 몸으로 돌봄으로써 하나님의 사랑이 만천하게 퍼져가게 되는 것이다.

"네가 보거니와 믿음이 그의 행함과 함께 일하고 행함으로 믿음이 온전하게 되었느니라"(약 2:22)

야고보는 이 점에 대해서 매우 정확하고 구체적으로 가르침을 주고 있다. 오늘날 말로만 하는 신앙생활을 여지없이 비판하고 있다. 오늘 이 시대는 말로만 불쌍하다, 안 됐다, 도와줘야 한다고 이야기하고 있다. 물론 신실하게 이웃을 자기 자신처럼 사랑하는 수많은 사역자들과 성도들이 존재한다. 다만 전체적인 분위기를 말하는 것이다. 사람들이 교회를 평가할 때 정말 행동으로 돕는 사람들이라고 생각하는 것이 아니라 말로만 모든 것을 하는 사람들이라고 인식하고 있다. 실제로는 수많은 구제와 섬김이 교회를 통해서 일어나고 있음에도 사람들이 이렇게 평가한다는 것은 너무나도 충분하지 못하다는 이야기와 같은 것이다. 믿음과 행함의 이야기이기도 하지만 사랑과 실천의 이야기이기도 한 것이다.

> "내 형제들아 만일 사람이 믿음이 있노라 하고 행함이 없으면 무슨 유익이 있으리요 그 믿음이 능히 자기를 구원하겠느냐 만일 형제나 자매가 헐벗고 일용할 양식이 없는데 너희 중에 누구든지 그에게 이르되 평안히 가라, 덥게 하라, 배부르게 하라 하며 그 몸에 쓸 것을 주지 아니하면 무슨 유익이 있으리요 이와 같이 행함이 없는 믿음은 그 자체가 죽은 것이라"(약 2:14-17)

교회는 몸으로 이웃을 사랑할 수 있는 길을 많이 만들어놓아야 한다. 복음이 너무 교회 안에 갇혀 있는 것이 현실이다. 교회에서 "부디 여러분 자신과 같이 이웃을 사랑하시기 바랍니다." 하고 아무리 강조해도 막상 이웃을 어떻게 사랑해야 할지에 대해서는 막막하게 마련이다. 1년 내내 이웃사랑에 대해서 설교를 했다고 해도 그 길을 구체적으로 열어주지 못하면 이웃사랑은 몸으로 행해질 수 없다. 그렇다고 오늘날의 고아와 과부에 해당되는 고아원이나 노숙인이나 외국인들에게만 모든 이웃사랑을 집중하라는 이야기는 아니다. 당연히 그런 사람들에게도 이웃사랑이 행해져야 하지만, 이미 앞에서 설명한 바와 같이 마음으로 이웃사랑을 행할 수 있는 대상들을 주변에서 발견할 수 있어야 한다.

그것은 실생활에서 만나는 모든 사람들이다. 어떤 관계이든 무슨 관련이 있든 우리의 도움이나 협조가 필요한 모든 사람들이 이웃사랑의 대상들이다. 무거운 손수레를 밀어준다든지, 동네 초상난 집에 문상을 간다든지, 때때로 동네를 청소한다든지, 담배꽁초를 정기적으로 줍는다든지, 눈이 많이 왔을 때 솔선하여 치우는 일을 한다든지, 박스 줍는 어르신들을 정기적으로 소액으로라도 돕는다든지, 길을 묻는 사람들에게 친절하게 안내한다든지 하는 일 등이 모두 몸으로 이웃을 사랑하는 다양한 방법들이다. 왜 교회에서 이런 일들에 대해서 가르치지 않는가?

물론 물질을 들여 구제한다든지, 일부러 찾아가서 연탄배달 봉사를 한다든지, 장애인의 안내자가 되어준다든지 하는 일들도 찾아서 해야 한다. 그러나 여건이 되지 않는 많은 성도들은 지역 안에서 얼마든지 이웃을 직접 사랑할 수 있는 길을 찾을 수 있다. 마음만 있으면 된다. 마음만 있으면 이웃사랑은 실천할 수 있는 길이 아주 많이 있다. 이웃사랑의 본질과 구체적 실천요소들이 연결되지 않았을 뿐이다. 반드시 사람에게 행해야 이웃사랑인 것은 아니다. 지역의 골목을 정기적으로 청소하는 일도 이웃을 사랑하는 것이다. 생활 가운데에서 누군가 해 주었으면 하는 바람이 생긴다면 바로 그것이 우리 그리스도인의 이웃사랑의 실천의 장이 되는 것이다.

"그러므로 무엇이든지 남에게 대접을 받고자 하는 대로 너희도 남을 대접하라 이것이 율법이요 선지자니라"(마 7:12)

그리스도인의 이웃사랑은 그리스도의 사랑에서 비롯되는 것이어야 하지만, 그런 마음을 가지고 있다면 당연히 이웃을 사랑하는 일을 몸으로 행할 수 있게 될 것이다. 우리는 그저 그리스도의 사랑의 마음을 품고 세상을 불쌍히 여기면서 이웃을 기쁘게 하는 일을 해야 한다. 그것이 어떤 일이든지 간에 언제라도 우리가 이웃을 기쁘고 즐겁게 할 수 있는 일을 찾아서 행한다면 그것은 섬김의 크기와는 관계없이 하나님은 크게 기뻐하실 것이며 그것이 바로 선이고 덕이 되는 것이다.

"우리 각 사람이 이웃을 기쁘게 하되 선을 이루고 덕을 세우도록 할지니라"(롬 15:2)

사도 바울은 우리 그리스도인들을 향하여 우리 몸을 거룩한 산 제물로 하나님께 드릴 때 하나님께서 기뻐하시는 영적 예배라고 하였다. 산 제물이 무엇인가? 그것은 이웃을 자기 몸처럼 사랑하는 것이다. 예배당에서 찬양을 부르는 것 이상으로 삶 가운데에서 산 제물로 이웃사랑을 실천하면 그것이 예배보다 낫다는 것이다. 우리가 드리는 예배를 소홀히 하고 밖에 나가서 사람들을 돕기만 하면 된다는 뜻이 아니다. 이웃사랑 없이 드리는 예배의 미흡함을 말하는 것이다. 하나님사랑과 이웃사랑은 두 가지가 합해질 때 온전한 사랑이 되는 것이다.

"그러므로 형제들아 내가 하나님의 모든 자비하심으로 너희를 권하노니 너

희 몸을 하나님이 기뻐하시는 거룩한 산 제물로 드리라 이는 너희가 드릴 영적 예배니라"(롬 12:1)

그리고 이웃과의 동일시, 곧 스스로 이웃이 됨으로써, 이웃을 돕는 것을 넘어 나 자신을 돕는 것과 같은 의식으로 행할 때 진정한 이웃사랑이 이루어질 수 있다. 옥에 갇힌 자를 도우려면 우리 자신도 옥에 갇힌 것과 같은 의식을 가질 때 진정으로 갇힌 자를 돕는 일을 할 수 있다. 왜냐하면 우리도 똑같은 몸을 가졌기 때문이다. 예수님께서 스스로 사람의 몸이 되셔서 찾아오신 까닭은 사람이 몸을 가지고 있기 때문이다. 몸과 영혼을 구원하시기 위해서는 스스로 몸이 되실 수밖에 없었던 것이다. 진정한 이웃사랑은 내가 이웃이 되는 것으로부터 제대로 출발할 수 있다. 우리와 같은 몸을 가진 이웃을 사랑하려면 몸으로 실천해야 한다.

"너희도 함께 갇힌 것 같이 갇힌 자를 생각하고 너희도 몸을 가졌은즉 학대 받는 자를 생각하라"(히 13:3)

이웃을 대신하는 것이다

우리는 이미 제3장에서 우리를 대신하신 그리스도에 대해서 살펴보았다. 그리스도는 친히 우리 자신이 되셔서 십자가에 못 박히셨다. 내가 그리스도와 함께 십자가에 못 박혔을 때 그리스도는 바로 나 자신이 되신 것이었다. 우리가 바로 이웃사람이 되어야 하는 이유는 그리스도께서 이미 내가 되셨기 때문이다. 그러므로 내가 이웃사람이 된다는 것은 그리스도께서 그 이웃사람이 된다는 것을 뜻하는 것이기도 하다. 내가 이웃이 되지 않는 한 예수님은 그 이웃이 될 수 없다. 그래서 성도는 그리스도의 사랑의 통로인 것이다. 그것의 실천적인 의미가 이웃을 대신하는 사랑이다.

알다시피 그리스도는 우리를 대신하여 죽으셨다. 마치 구약에서 짐승이 사람 대신 제물로 바쳐짐으로써 사람의 죄를 대신하는 것과 동일한 이치이다. 사람을 구원할 수 있는 방법은 그리스도께서 우리 죄를 대신해서 형벌을 받으시는 길밖에는 없었다. 우리는 이전에 마귀의 종노릇을 하는 존재들로서 마귀의 소유였다. 지금 세상 사람들은 모두 마귀의 소유이다. 죽음을 장악하고 있는 마귀의 소유에서 하나님의 소유로 만들기 위해서는 목숨을 대신해서 갚는 수밖에는 없다. 이미 죽음으로만 갚을 수 있는 죄를 씻어야 하는데 그 죄를 씻으려면 역시 목숨으로 갚아야만 했다는 말이다. 그래서 우리는 그리스도의 대신사랑의 능력에 힘입어 구원의 반열에 세워질 수 있었던 것이다. 그렇게 해서 우리는 하나님의 백성들이 되었다.

"그가 우리를 대신하여 자신을 주심은 모든 불법에서 우리를 속량하시고 우리를 깨끗하게 하사 선한 일을 열심히 하는 자기 백성이 되게 하려 하심이라"(딛 2:14)

그리스도의 사랑으로 이웃을 자기 자신처럼 사랑해야 하는 그리스도인들 역시 그리스도의 사랑으로 이웃을 섬기기 위해서는 스스로 이웃을 대신하는 수밖에는 없다. 물론 이웃이 된다는 말과 이웃을 대신한다는 말은 같은 의미이다. 다만 이웃을 대신한다는 것은 조금 더 실천적인 방법론을 이야기하는 것이다. 이웃을 대신한다는 것은 때로는 나 자신을 위해서는 하지 않을 일을 하는 경우도 포함된다. 그리스도께서는 나를 위해 죽지 않으셔도 되지만 나의 구원을 위해서 기꺼이 대신 죽는 길을 택하셨다. 또한 주님은 의인으로서 죄인인 우리 대신 죽음을 당하신 것이었다.

> "그리스도께서도 단번에 죄를 위하여 죽으사 의인으로서 불의한 자를 대신하셨으니 이는 우리를 하나님 앞으로 인도하려 하심이라"(벧전 3:18上)

이웃을 대신한다는 것은 이웃의 입장을 뛰어넘어 이웃에게 더 유익한 일을 하기 위해 기꺼이 나 자신을 헌신하는 것이다. 이웃의 입장이라는 소극적인 태도가 아니라 이웃에게 가장 최상의 것이 무엇인가를 생각하면서 사랑을 실천하는 일인 것이다. 마치 아이들이 어떤 상황에서 무엇이 최선인가를 모를 때 부모가 자식에게 최상의 것을 제공하기 위해 애쓰는 것과 같은 것이다. 예수님은 우리가 죄를 알기도 전에 우리 죄를 위해 십자가에 못 박히셨기 때문이다. 지나치다고? 이렇게 할 수 있는 사람이 있겠느냐고? 우리는 지금 방향을 말하고 있고 푯대를 말하고 있다. 이런 신앙 의식을 가지고 있지 못하면 우리는 방향을 잃고 이리저리 방황할 수밖에 없다.

"하나님이 죄를 알지도 못하신 이를 우리를 대신하여 죄로 삼으신 것은 우리로 하여금 그 안에서 하나님의 의가 되게 하려 하심이라"(고후 5:21)

야곱의 열두 아들들 중에서 하나님은 왜 유다를 선택하시고 다윗의 혈통으로 삼으셨을까? 유다는 장자도 아니었고 특별하게 어떤 권한이 주어진 것도 아니었지만, 유다에게는 리더십이 있었고 형제들을 대표하는 자리로 서서히 나아가고 있었다. 그에게는 특별한 점이 있었는데 그것은 대신하는 희생의 태도였다. 요셉은 극한 가뭄으로 곡식을 구입하러 온 자기 형제들을 시험해보고 싶었다. 그래서 형제들에게 첩자의 누명을 씌우고 그것을 빌미로 자기 친동생 베냐민을 데리고 오게 했다. 그리고 베냐민과 형들에게 잔치를 베풀어주었는데, 그 후에 베냐민과 함께 돌아가는 형제들에게 곡식자루를 하나씩 주었고, 베냐민의 곡식자루에는 은잔을 숨겼다. 그리고 관리들을 보내서 조사하게 했고 베냐민의 자루에서 은잔을 찾아내었고, 형제들을 모두 다시 붙잡아왔다. 그리고 베냐민은 범인이므로 가나안으로 돌아갈 수 없다고 선포했다. 이 때 유다가 앞에 나아가서 자신이 베냐민 대신 붙잡혀있을 테니까 베냐민은 아버지에게 돌려보내달라고 간청하게 된다.

"이제 주의 종으로 그 아이를 대신하여 머물러 있어 내 주의 종이 되게 하시고 그 아이는 그의 형제들과 함께 올려 보내소서"(창 44:33)

아버지가 가장 사랑하는 막내 동생을 아버지께 돌려보내고 대신 자기가 종이 되겠다고 요청한 유다의 태도는 마치 그리스도의 태도와도 같이 훌륭하다. 성경에 유다가 베냐민을 대신하려 했기 때문에 다윗과 그리스도의 조상이 되었다는 표현은 나오지 않는다. 그러나 그리스도인의 이웃사랑의 정신이 바로 이웃을 대신하는 것이기 때문에 아버지와 동생 모두를 염려하며 대신 평생 종노릇을 하겠다고 간청한 유다야말로 이웃사랑의 표상이 아니겠는가? 물론 자기 아버지와 동생을 위한 일이었지만 이웃사랑의 기본적인 근거가 되는 일이었음은 틀림이 없다.

우리는 스스로 이웃이 되어야 한다. 이웃의 입장을 생각해서 도우라는 이야기가 아니라 아예 그 이웃으로 변하여 마치 자기가 자신을 위해 일하는 것과 같이 행하라는 것이다. 그것은 그리스도 안에서 내가 이웃을 돕는 것이 아니라 내가 나를 돕는 것이다. 이웃사랑은 엄밀한 의미에서 누구를 돕거나 은혜를 베푸는 것이 아니다. 이웃을 자기 자신과 같이 사랑하라는 말씀은 돕거나 베푸는 입장에서 이웃에게 은혜를 끼치라는 뜻이 아니다. 그것은 하나님의 것을 주의 이름으로 나누는 것이어야 한다. 왜냐하면 거듭난 그리스도인의 삶은 우리를 위해 피 흘리심으로써 죄를 속해주신 그리스도를 위해 사는 삶이기 때문이다. 내가 이웃을 돕는다고 생각한다면 그것은 그리스도를 위한 행동이 아니다. 나의 모든 것은 하나님으로부터 비롯된 것이기 때문이다.

"그가 모든 사람을 대신하여 죽으심은 살아 있는 자들로 하여금 다시는 그들 자신을 위하여 살지 않고 오직 그들을 대신하여 죽었다가 다시 살아나

신 이를 위하여 살게 하려 함이라"(고후 5:15)

그렇게 본다면 우리는 이웃을 대신하는 것이 아니라 그리스도를 대신하는 삶이어야 한다는 것을 알 수 있다. 우리가 이웃을 대신해서 이웃이 해야 할 일을 하는 것은 네 이웃을 자기 자신처럼 사랑하라는 계명을 지키기 위한 것이 아니다. 그것은 단지 그리스도를 대신해서 이웃에게 행하고 있는 것일 뿐이다. 내가 이웃에게 무엇인가 사랑을 베푼다면 그것은 그리스도를 대신해서 하는 것이다. 복음을 전파하는 것도 그리스도를 대신하는 것이다. 세상과 이웃을 향해서 무엇인가를 행하고 있다면 우리는 그때마다 그리스도를 대신하는 것이다. 그러므로 그리스도인이 하는 모든 말과 행동은 몽땅 그리스도를 대신하는 일이다. 어찌 그리스도인의 행동을 조심하고 경계하지 않을 수 있겠는가? 다만 그것은 자연스러운 것이어야 한다.

이웃을 자기 자신과 같이 사랑하는 일은 단지 이웃을 위해 무엇인가를 행하는 것에서 그치는 것은 아니다. 물론 이웃을 향해서 우리에게 도전이 될 때마다 우리는 스스로 그 이웃이 되어서 이웃에게 도움이 되는 더 큰 일을 행하기 위해 애써야 한다. 그런 마음가짐으로 항상 살아야 한다. 그러다가 주님께서 만나게 해주시는 사람들을 그렇게 사랑해주어야 한다. 이렇게 기본적인 이웃사랑과 더불어 우리는 한 걸음 더 나아가 이웃사랑의 경계를 확대할 수 있어야 한다. 그것은 모든 이웃을 대할 때 마치 그리스도를 섬기는 것처럼 하라는 것이다. 우리에게 목숨도 아까워하지 않고 주신 그리스도를 위해 살아간다면 모든 세상의 이웃들을 그리스도를 대하는 것과 같은 마음으로 생각하는 것이 옳지 않겠는가? 그것까지 생각할 때 우리의 이웃사랑은 온전한 그리스도의 사랑으로 성취될 수 있을 것이다.

> "종들아 모든 일에 육신의 상전들에게 순종하되 사람을 기쁘게 하는 자와 같이 눈가림만 하지 말고 오직 주를 두려워하여 성실한 마음으로 하라 무슨 일을 하든지 마음을 다하여 주께 하듯 하고 사람에게 하듯 하지 말라"
> (골 3:22-23)

마지막으로 그리스도인의 이웃사랑은 그리스도인의 이 땅에서의 삶 자체가 바로 그리스도를 대신하는 삶이라는 점까지 생각해야 한다. 흔히들 하는 이야기 중에 우리는 천국의 대사라는 말들을 한다. 천국의 대사관 업무를 이 땅에서 행하고 있는 사람들이 그리스도인이라는 말이다. 예를 들어 회사에 충성하는 것도 이웃사랑이라는 사실을 아는가? 그것은 하나님 대신으로 회사를 사랑하는 것이다. 곧 그리스도의 이름으로 회사를 사랑하는 것이다. 그리스도인은 천국의 대리인이기 때문에 천국의 원리를 따라 이 세상을 살아가는 것이다. 사람의 삶의 영역에서 우리가 하는 일들이 전부 그리스도를 대신하는 일이기 때문에 마치 그리스도께서 하시는 것처럼 행할 수 있어야 한다는 것이다. 천국에 먹칠을 할 수는 없다. 기독교 윤리가 아니라 그리스도인의 이웃사랑의 한 단면이라는 사실을 알아야 할 것이다.

"그러므로 우리가 그리스도를 대신하여 사신이 되어 하나님이 우리를 통하여 너희를 권면하시는 것 같이 그리스도를 대신하여 간청하노니 너희는 하나님과 화목하라"(고후 5:20)

자기 자신과 같이 이웃을 사랑하라는 주님의 가장 큰 계명은 이웃이 우리를 필요로 할 때 우리가 스스로 그 이웃의 입장에서 돕는 것이 아니라 나 자신을 돕는 것임을 말하는 것이다. 더 나아가 그것은 바로 우리가 이웃을 대신하는 것임을 뜻하는 것이고, 그것은 이웃을 대할 때 그리스도를 대하는 것처럼 대하는 것임과 동시에 우리가 그리스도를 대신하여 이웃들을 대하는 것임을 뜻한다. 실로 그리스도인의 이웃사랑은 단지 이웃의 사람들을 향한 사랑이 아니라 오히려 그리스도를 향한 사랑으로부터 출발해야 함을 알아야 할 것이다.

제11장
누구를 어떻게 사랑할 것인가?

 그리스도인의 이웃사랑은 이웃을 마치 자기 자신을 돌보듯이 돌보는 것으로, 마음에서 우러나오는 그리스도의 사랑을 통해서 사랑하는 것이다. 진정한 사랑으로 인한 것이 아니면 하나님의 인정을 받기 어려울 것이다. 꼭 어떤 대상을 찾아서 특정한 행동을 하는 것만이 이웃사랑이 아니라 우리의 일상생활 가운데 부딪치는 모든 사람들을 대할 때 마치 그리스도를 섬기는 것과 같은 마음으로 하는 것이 이웃사랑이다. 이런 넓은 범위의 이웃사랑의 의미를 알지 못하면 특정한 장소에 가서 특정한 일을 하는 것만을 이웃사랑으로 오해하게 되고, 그런 겉으로 보이는 이웃사랑의 행위 속에 모든 삶을 묻으려고 하게 되기 때문에 오히려 주변에서 이해관계가 부딪치는 상황을 만나면 전혀 사랑 없는 반응들을 보일 수밖에 없게 되는 것이다.

 실로 이웃사랑이라는 말은 모든 사람을 위해 십자가에 못 박혀 돌아가신 그리스도를 대신하여 이 땅에서 사람들을 섬기는 것이다. 그렇기 때문에 주변에서 흔히 만나는 모든 이웃들을 대할 때에도 그리스도께서 죽음으로 우리를 섬기셨듯이 그런 마음가짐이 기본이 되어야 한다. 극단적인 경우에는 주님께서 원수도 용서하고 사랑하고 기도하라고 하신 것이 바로 이웃사랑의 바람직한 모습이라는 사실을 알아야 한다. 심지어 겨울에 자기 집 앞과 이웃 집 앞까지 눈을 치우는 것이 이웃사랑의 가장 일상적인 모습이 될 수 있다. 그런 마음가짐으로 모든 이웃들을 대하려고 할 때 특정한 사람들에게 사랑을 베푸는 일이 자연스럽게 되는 것이다. 그리스도인의 이웃사랑은 형제사랑과 더불어 믿지 않는 사람들을 대하는 태도를 뜻하는 것이다.

하지만 그렇다고 그리스도인들이 특정한 상황에 있는 이웃들을 돕는 일이 중요하지 않다는 말이 아니다. 오히려 그런 기본적이고 의무적이기까지 한 일들은 여전히 그리스도인들의 몫으로 행해야 할 일들이다. 그런 기본적인 일들을 하기 이전에 근본적이고 본질적인 마음과 태도를 언급했을 뿐이다. 사회 속에는 여전히 가난하고 소외되고 배척받는 수많은 이웃들이 존재한다. 국가가 그런 일을 복지로 해결하려고 하지만, 교회는 교회 나름대로 하나님 앞에서 그런 사람들을 도울 수 있어야 하는 것이다.

가난한 사람들

6장에서도 언급했지만, 예수님은 영생을 위해 무엇을 해야 하느냐고 질문한 어느 부자 청년에게 소유를 다 팔아서 가난한 사람들에게 나누어주라고 하셨다. 그것이 영생과 무슨 관계에 있다는 말인가? 영생을 얻으려면 소유를 다 팔아야 한다는 것인가? 아니면 가난한 사람들에게 다 나누어주어야 한다는 말인가? 그것도 아니라면 다 팔아치우고 예수님의 삶을 그대로 본받아 살아가야 한다는 말인가? 사실상 이 말씀의 초점은 예수님을 따르는 데 있다. 예수님을 따르기 위해 모든 것을 뿌리쳐야 한다는 말씀이다. 재산을 다 팔아서 나누어 주는 것은 주님을 따르기 위한 전제조건이 된다. 모든 것을 전부 소유한 채 예수님을 따를 수는 없다. 본문에서는 소유를 다 팔아서 나누어주라고 나와 있지만 사실은 그것은 우선순위의 문제이다. 최우선적으로 주님을 따르는 일이 되어야 한다는 뜻이다. 주님을 따르는 데 방해가 되는 것이 있다면 그것은 과감하게 버려야 한다는 말씀이다.

"예수께서 이 말을 들으시고 이르시되 네게 아직도 '한 가지 부족한 것'이 있으니 네게 있는 것을 다 팔아 가난한 자들에게 나눠 주라 그리하면 하늘에서 네게 보화가 있으리라 그리고 와서 나를 따르라 하시니"(눅 18:22)

하지만 우리는 여기에서 '한 가지 부족한 것'에 초점을 맞추어야 할 것 같다. 왜냐하면 다른 모든 조건은 이 부자 청년이 이미 다 채웠기 때문이다. 모든 계명을 어릴 때부터 잘 지켜온 모범적인 청년이었다(눅 18:20-21). 그런데 주님은 한 가지 부족한 것이 있다고 하신다. 그것이 소유를 다 팔아 가난한 사람들에게 나누어주는 것이라고 하신 것이다. 그것이 무슨 말씀인가? 그냥 가난한 사람들을 도우라고 하시면 될 것 같은데 왜 모든 것을 다 팔아야 할까? 여러 가지 의미로 해석될 수 있겠지만 그 중에서도 가장 큰 계명 중 하나인 이웃사랑의 '의무'를 다하라고 하신 것이라고 볼 수 있다. 왜냐하면 '모든' 것을 가난한 사람들에게 '전부' 나누어주라는 말씀은 가난한 사람들에게 물질을 나누는 것이 '의무'라는 말씀과 같은 것이기 때문이다. 곧 이웃사랑의 기본적인 정신을 강조한 것이라고 볼 수 있다.

물론 그런 구절은 본문에는 없다. 하지만 예수님의 말씀이 '영생을 얻으려면'이라는 질문에 대한 대답이라는 점을 살펴본다면 그것은 마음으로 이웃을 사랑하라는 말씀과 조금도 다를 것이 없다. 예수님의 이 말씀을 단순히 모든 소유를 팔아서 가난한 사람들에게 나누어주는 행위만으로 영생을 얻는 것을 뜻한다고 볼 수는 없다. 그런 기계적인 행동으로 천국에 갈 수 있다면 이 세상에서 천국에 갈 수 있는 사람은 부자들밖에는 없을 것이다. 모든 것을 팔아서 나누어주라는 말씀은 모든 것이 주의 것이라는 고백이 아니라면 행할 수 없는 일이다. 따라서 본문은 가난한 사람들을 향한 우리의 태도를 가르쳐주신 것이다. 이 부자 청년은 모든 율법을 지켰지만 예수님의 두 계명에 대해서는 잘 모르고 있었던 것이다.

"네 마음을 다하고 목숨을 다하고 뜻을 다하고 힘을 다하여 주 너의 하나님을 사랑하라 하신 것이요 둘째는 이것이니 네 이웃을 네 자신과 같이 사랑하라 하신 것이라 이보다 더 큰 계명이 없느니라"(막 12:30-31)

그리스도인의 이웃사랑의 최우선적인 대상은 가난한 이웃들이다. 삭개오는 그 부자청년과 거의 동일한 상황에서 가난한 이웃들에 대한 사랑의 차원에서 스스로 재물의 절반을 가난한 사람들에게 나누겠다고 선포했다. 그리고 혹시 자신으로 인해 억울한 일을 당한 사람이 있다면 네 배를 갚겠다고 약속했다. 결과는 영생이었다(눅 19:8-9). 삭개오는 예수님을 따라가지 않고도 구원을 얻을 수 있었다. 무슨 차이인가? 재물의 용처에 대한 시각의 차이가 아닌가? 더구나 삭개오는 세리로서 천대받는 사람이었다. 하지만 이웃사랑에 대한 바른 개념을 알고 실천하려고 했기 때문에 천국백성이 될 수 있었던 것이다.

그리스도인의 눈길은 언제나 가난한 사람들을 향하고 있어야 한다. 그것이 진정한 이웃사랑의 가장 기본적이고 핵심적인 출발점이다. 우리는 흔히 우리가 도와야 할 사람들은 절대적인 가난에 직면한 사람들이어야 한다고 생각하기 쉽다. 물론 저개발국이나 가난한 나라에서는 절대적 빈곤층이 많기 때문에 최우선적으로 그런 계층들에게 지원이 이루어져야 할 것이다. 굶어 죽어가고 있는 사람들에게 무엇이 가장 먼저 필요하겠는가? 하지만 어느 정도 선진국으로 올라갈수록 상대적인 빈곤은 있을지라도 절대적인 빈곤층은 그리 많지 않다. 그러므로 우리나라와 같은 경우에는 절대적 빈곤층을 찾기가 더 어려울 수 있다. 따라서 우리가 가난한 사람들이라고 부를 때에는 복지나 삶의 만족도 차원에서 도움이 필요한 사람들을 뜻하는 말로서, 그런 사람들을 찾아서 그들의 필요를 채워주는 일이 현실적이다.

만약에 잔치를 벌인다면 가난한 사람들과 여러모로 소외된 사람들을 위해서 행사를 하는 것이 하늘나라에서는 훨씬 더 효과적이다. 지역 교회에서도 돌아가면서 어려운 사람들을 위한 잔치를 지속적으로 펼칠 수 있으면 좋을 것 같다. 그것도 가난한 사람들을 위해서 되도록 최고급 음식으로 대접한다면 더더욱 이웃사랑의 진심이 더 널리 퍼질 수 있을 것이다. 교회나 성도나 다른 해외선교에 예산을 투입하는 것만큼이나 같은 지역의 가난한 이웃이나 힘들어하는 교회를 위해 사용한다면 그리스도의 사랑으로 행하는 이웃사랑의 본질이 되살아날 수 있을 것이다. 그리스도의 사랑으로 가난한 사람들을 도우려면 생활 주변에 있는 사람들에게 베풀어지는 것이 훨씬 성경적인 것이다.

> "잔치를 베풀거든 차라리 가난한 자들과 몸 불편한 자들과 저는 자들과 맹인들을 청하라"(눅 14:13)

가난한 이웃들을 성심껏 도와야 하는 이유 중의 하나는 가난한 사람들이 사라지도록 하는 데에 최종적인 목표를 두어야 하기 때문이다. 물론 가난한 사람들은 인간사회가 존재하는 한 여전히 존재할 수밖에 없다. 다만 가난한 사람들을 돕는 이웃사랑의 정신을 세상에서 가난한 사람들이 사라지게 하는 이상을 가지고 펼쳐나가야 한다는 말이다. 그런 사랑으로 이웃을 바라본다면 항상 우리 근처에 있는 가난한 이웃들을 깊은 관심을 가지고 도울 수 있게 될 것이다. 초대 예루살렘교회에서는 교회공동체 안에 가난한 사람이 없었다고 기록되어 있다(행 4:33-35). 왜냐하면 공동체에 속한 성도들의 모든 재산을 공동소유물로 생각하고 있었기 때문이다. 물론 우리가 사는 세상을 그렇게 만들 수는 없다. 그러나 그런 마음, 그런 사랑으로 이웃을 바라볼 수는 있어야 한다. 그렇게 할 때 그리스도인의 이웃사랑은 그 본래의 모습을 세상에 펼쳐 보일 수 있게 될 것이다.

한편, 그리스도인이 스스로 가난하다고 해서 다른 가난한 사람들을 돕지 못하는 것은 아니다. 가난한 사람들은 오히려 가난한 사람들의 사정과 형편을 누구보다 더 잘 알기 때문에 가난한 이웃이 어려움을 당하면 오히려 더 많은 도움을 주기도 한다. 물질로 도울 것이 없으면 진실한 사랑으로 그들과 함께함으로써 힘이 되어 줄 수 있다. 물질이 없어서 가난한 사람들을 돕지 못하는 것이 아니라는 말이다. 가난한 사람들을 물질로 돕기 이전에 마음으로 도울 수 있어야 그것이 참된 이웃사랑이 아니겠는가? 이미 설명한 바가 있지만 마음이 없이 물질로만 돕는다면 그 이웃에게 일시적으로 도움이 될 수 있겠지만 돕는 사람 자신에게는 아무런 유익도 없게 된다. 그리고 도움을 받는 사람도 그리스도와는 전혀 관계없는 도움이 됨으로써 사실상 진짜 도움이 될 수가 없다. 먼저 마음으로 사랑해야 한다.

> "환난의 많은 시련 가운데서 그들의 넘치는 기쁨과 극심한 가난이 그들의 풍성한 연보를 넘치도록 하게 하였느니라"(고후 8:2)

마지막으로 그리스도인은 가난한 사람들을 구제하기 위해 돈을 버는 사람들이라는 점을 강조하고 싶다. 그러니까 자신의 삶을 위해서 벌어들이는 물질 중에 반드시 이웃사랑에 사용될 지분이 필요하다는 말이다. 우리는 우리의 수입 중에서 반드시 일정한 부분을 떼어서 십일조를 비롯한 헌금으로 드린다. 그렇다면 이제부터는 이웃을 돕기 위해서도 일정한 분량을 떼어놓는 것이 옳을 것이다. 구약의 십일조가 두 가지 있었고 그 가운데 일부를 가난한 사람들을 위해 사용했다는 것을 생각하면 교회헌금 이외에 이웃사랑을 위해 일정부분을 사용하는 것은 지극히 성경적인 것이다. 만약에 도저히 그럴 만한 형편이 되지 못한다면 교회에 드리기로 한 헌금 중에서 일부라도 이웃사랑을 위한 일에 사용하도록 하는 것이 성경을 제대로 적용하는 일이 될 것이다. 말로나 혀로만 이웃을 사랑하는 것은 자칫 위선이나 외식이 될 뿐이다.

"도둑질하는 자는 다시 도둑질하지 말고 돌이켜 가난한 자에게 구제할 수 있도록 자기 손으로 수고하여 선한 일을 하라"(엡 4:28)

그렇게 진실한 사랑으로 가난한 사람들을 돕는 이웃사랑은 결과적으로 그리스도인의 의로 하늘에 기록될 것이다. 그 의는 영원토록 사라지지 않는다는 사실을 다시 한 번 강조하고 싶다. 앞서 부자 청년에게도 예수님은 모든 소유를 다 팔아서 가난한 사람들에게 나누어주면 하늘에 보화가 쌓일 것이라고 하지 않으셨던가? 그리스도의 사랑으로 세상을 바라보고 가난한 이웃들에게 우리의 눈길이 닿는다면 우리는 의로움과 보화를 동시에 하늘에 쌓는 백성들이 될 수 있을 것이다. 그냥 무심한 눈길로 세상을 바라보지 말고 예수님의 마음으로 이웃을 살피는 진정한 그리스도인들이 되기를 바란다.

"기록된 바 그가 흩어 가난한 자들에게 주었으니 그의 의가 영원토록 있느니라 함과 같으니라"(고후 9:9)

고아와 과부들

가난한 사람들을 대하는 그리스도인의 태도와 마음가짐에 대해서 살펴보았지만, 이제 그 원인이라고 할 수 있는 '계층'에 대해서 생각해보고자 한다. 가난한 것은 현재의 상태이고 고아나 과부나 장애인이나 나그네 등은 그 가난하게 된 이유라고 할 수 있다. 현대적인 개념과 차이가 있기는 하지만 원리적으로 볼 때 고아나 과부를 불쌍히 여기고 사랑해주어야 할 이유는 그들이 어디에도 기댈 데가 전혀 없기 때문이다. 오늘날 선진국가에서는 고아나 과부들뿐 아니라 전체적으로 의지할 데가 없고 소외되거나 차별받는 사람들을 위한 정책을 세우고 그런 틈새가 생기지 않도록 제도를 개선해 나가고 있다. 현대 세계에는 과거의 고아나 과부로 대변되는 사람들이 전혀 기댈 데가 없는 것은 아니라는 이야기이다.

우리나라만 해도 과거에 교회에서 행하던 구제나 빈민사업을 이제는 거의 국가에서 감당하고 있고 교회는 국가의 제도 안에서 지원을 받아 구제사업을 하는 모습으로 변해 있다. 교회가 주체가 되는 것이 아니라 국가가 주체가 되고 교회는 그 사업을 받아서 시

행하는 입장이 된 것이다. 그렇게 해서 소위 고아나 과부들의 삶이 이전보다 훨씬 나아졌고, 소외된 계층에 대한 국가의 배려로 인하여 그나마 가난의 틈새가 많이 사라졌다고 할 수 있게 되었다. 하지만 그럼에도 불구하고 고아나 과부와 같은 형편에 처해있는 사람들이 사라지는 것은 결코 아니다. 물질적인 삶의 측면에서는 많이 나아졌지만 여전히 고아나 과부와 같은 사람들은 줄어들지 않고 있다고 생각된다. 심정적인 고아나 과부들은 아무리 제도가 발전해도 여러 가지 상황상 줄어들기가 어렵고, 가난과는 다른 측면에서 결핍과 차별과 소외를 느끼는 사람들은 더 증가했다는 이야기이다.

이미 몇 차례 그리스도인의 이웃사랑은 마음으로부터 우러나오는 실천이어야 함을 이야기했지만, 현대사회에서는 육체적, 환경적인 고아나 과부가 아니라 심령의 고아나 과부와 같은 이웃들을 찾아서 섬길 수 있어야 할 것이다. 그러니까 꼭 고아나 과부가 아니라도 고아나 과부와 같은 처지에 있는 사람들을 찾아서 살필 수 있어야 한다는 것이다. 물론 실제로 고아나 과부들에 대해서 최우선적으로 관심을 가지고 그리스도의 사랑으로 보살핌을 행할 수 있어야 한다. 신약에서는 고아를 돕는 일에 대해서 거의 나오지 않고 과부에 대해서도 과부들의 이야기만 나올 뿐 과부를 어떻게 도와야 할지에 대해서는 자세하게 가르친 바가 없다. 그러나 기본적으로는 율법에서 가르치는 원리와 동일하게 생각하면 될 것이다.

사도행전에는 우리가 어떻게 고아와 과부를 보살필 것인가에 대한 상세한 지침서 같은 장면이 나온다. 욥바에 사는 다비다라는 성도인데, 베드로가 죽은 다비다를 살린 기사로 기록되어 있지만, 우리는 이 다비다라는 그리스도인을 통해 진정한 이웃사랑의 모델을 찾아볼 수 있을 것이다. 특히 다비다가 과부들을 어떻게 도왔는지를 살펴본다면 우리 모든 그리스도인들이 마치 이 과부들과 같은 입장에 있는 이웃들을 어떻게 사랑해야 하는지를 알 수 있다. 다비다가 죽자 사람들은 마침 근처의 룻다에 와있던 베드로를 청하여 다비다를 돌아보게 했다. 다비다가 죽은 것을 슬퍼하며 함께 모여 있던 과부들이 베드로에게 다비다가 지어준 속옷과 겉옷을 다 내보였다. 이 과부들은 진심으로 다비다의 죽음을 슬퍼했다.

> "베드로가 일어나 그들과 함께 가서 이르매 그들이 데리고 다락방에 올라가니 모든 과부가 베드로 곁에 서서 울며 도르가가 그들과 함께 있을 때에 지은 속옷과 겉옷을 다 내보이거늘"(행 9:39)

과부들에 국한된 이야기는 아니겠지만 다비다는 과부들에게 가장 요긴하고 실제로 도움이 될 만한 일을 하고 있었다. 다비다가 부자였든 아니면 스스로도 과부였든 관계없이 다비다는 삶 속에서 그들에게 가장 필요한 것을 찾아서 행하고 있었고, 아마 겉옷이나 속옷을 함께 짓는 일뿐만 아니라 삶에서 부딪치게 되는 여러 가지 도움을 마음으로부터 실천했음에 틀림이 없다. 물론 다비다는 어쩌면 특수한 경우였을 수도 있다. 과부들을 위해 작업장을 만들어 그들의 생계를 도왔을 수도 있고, 다비다가 부자라서 온전하게 베푸는 경우였을 수도 있고, 다비다가 만약에 과부였다면 과부들의 공동체를 이룬 것일 수도 있지만, 어느 경우든 다비다는 자신이 삶의 현장에서 할 수 있는 그리스도의 사랑을 과부들에게 행하고 있었다. 그것이 바로 자기 자신과 같이 이웃을 사랑하는 것이다. 이런 모습의 다비다를 하나님께서 베드로를 통해 살리심으로써 그리스도의 참된 사랑과 능력이 그 도시에 널리 퍼지게 되었던 것이다.

"베드로가 손을 내밀어 일으키고 성도들과 과부들을 불러 들여 그가 살아난 것 을 보이니 온 욥바 사람이 알고 많은 사람이 주를 믿더라"(행 9:41-42)

사도 바울은 디모데에게 보내는 편지에서 그리스도인에게 과부 친척이 있다면 먼저 스스로 도와서 교회의 부담이 되도록 하지 말아야 함을 이야기하고 있다. 그 당시 교회의 형편과 지금의 교회의 상황은 많이 다를 수 있다. 또한 교회의 규모에 따라서 형편이 전부 다를 것이기 때문에 일률적으로 이렇게 하라는 것은 아니다. 다만 그리스도인은 자기 주변의 어려운 이웃, 그 중에서도 과부와 같은 사람이 있다면 그 사람을 마치 자기 자신을 돌보는 것처럼 섬겨야 할 것을 강조하고 있는 것이다. 그것은 교회 안에서 과부로서 직분을 받아 열심히 충성하는 참 과부들을 도와주는 데 더 힘을 쓰기 위함인 것을 분명하게 가르치고 있다. 그렇다고 직분자가 아닌 과부들을 도외시하라는 뜻은 아닐 것이다. 되도록 그리스도인 개인이 할 일을 교회에 미루지 말라는 의미로 이해하면 될 것이다.

"만일 믿는 여자에게 과부 친척이 있거든 자기가 도와주고 교회가 짐 지지 않게 하라 이는 참 과부를 도와주게 하려 함이라"(딤전 5:16)

예수님도 외아들의 죽음을 맞이한 과부를 불쌍히 여기셨다. 아마 과부는 자기 독자가 죽었으니 하늘이 무너지는 것 같은 상실감을 맛보았으리라. 유일하게 희망을 걸고 키워오던 자식이 죽었을 때의 그 심정과 함께하는 것이 그리스도인의 바른 마음이다. 비록 우리는 예수님처럼 과부의 죽은 아들을 살리지는 못하겠지만, 예수님께서 그 과부에게 가장 필요한 아들을 다시 주신 것처럼 그 과부가 가장 필요로 하는 것을 채워주기 위해 애쓰는 것이 그리스도인의 이웃사랑일 것이다.

"성문에 가까이 이르실 때에 사람들이 한 죽은 자를 메고 나오니 이는 한 어머니의 독자요 그의 어머니는 과부라 그 성의 많은 사람도 그와 함께 나오거늘 주께서 과부를 보시고 불쌍히 여기사 울지 말라 하시고"(눅 7:12)

반면에 이런 과부들의 아픔을 돌보지는 못할망정 그들로부터 이득을 취하려는 사람들이 있다면 그들은 더 엄중한 심판을 받게 된다. 더구나 신앙생활을 이끌어가야 할 종교지도자들이 이런 욕심을 부린다면, 그가 진심으로 회개하지 않는다면 그는 아무리 애를 써도 용서받을 수 없을 것이다. 사실 교회재정도 이런 과부들의 헌금처럼 적은 금액들이 쌓여서 이루어진다는 사실을 감안한다면 교회재정을 쉽게 자신의 마음대로 사용할 수는 없을 것이다. 목회자가 교회 규모보다 더 큰 것을 요구한다면 과부의 가산을 삼키면서 거룩한 옷을 입고 다니는 바리새인과 무엇이 다르겠는가? 바리새인들을 향한 예수님의 비판이 오늘 우리들에게 고스란히 가해질 수도 있다는 사실을 깨달아야 한다.

> "긴 옷을 입고 다니는 것을 원하며 시장에서 문안 받는 것과 회당의 높은 자리와 잔치의 윗자리를 좋아하는 서기관들을 삼가라 그들은 과부의 가산을 삼키며 외식으로 길게 기도하니 그들이 더 엄중한 심판을 받으리라 하시니라"(눅 20:46-47)

야고보는 참된 경건은 예배와 헌금을 철저히 드리고 기도를 많이 하는 것이 아니라 고아와 과부를 환난 중에 돌보는 것이라고 설파했다(약 1:27). 예배도 중요하고 기도나 말씀도 중요하지만 만약에 고아와 과부들을 보고도 사랑하지 못한다면 그런 종교생활은 모두 헛것이라고 말하고 있는 것이다. 근본적인 이웃사랑이 없는 예배가 진정성을 담보하기는 어려운 것이다. 고아와 과부들처럼 곤란한 사람들을 돕는 것이 진정한 예배이고 응답받는 기도이고 살아있는 말씀이다. 물론 스스로의 경건을 위한 구제를 말하는 것은 결코 아니다. 그것은 전형적인 바리새인들의 모습이다. 자기 경건을 위해 구제하고 섬긴다면 그런 경건도 결코 온전하지는 못한 것이다.

예수님은 재림하실 것을 말씀하시면서 마치 부모 없이 내버림 당할 것처럼 생각하는 제자들에게 반드시 다시 오신다는 약속을 해주셨다. 그러시면서 그리스도 예수님 없이 이 세상을 산다는 것은 마치 고아와 같이 어디에도 의지할 데 없는 삶과 같은 것임을 말씀해 주셨다. 예수님의 이 말씀은 이미 성취되어 우리 속에 성령님으로 영원토록 함께 거하신다. 세상 속의 고아와 과부 같은 사람들을 향한 우리 그리스도인들의 마음도 예수님의 마음처럼 진정으로 불쌍히 여기며 실제로 그들의 공감을 채워주는 방향으로 나가는 것이 참된 복음적 삶이 될 것이다.

"내가 아버지께 구하겠으니 그가 또 다른 보혜사를 너희에게 주사 영원토록 너희와 함께 있게 하리니 … 내가 너희를 고아와 같이 버려두지 아니하고 너희에게로 오리라"(요 14:16, 18)

장애를 가진 사람들, 지체 부자유자들

예수님의 가장 우선되는 사역은 치유사역이었다. 예수님은 가난한 사람들에게 물질을 주어 부자가 되게 하신 것이 아니었다. 감옥에 갇혀있는 사람들을 다 해방시켜주신 것도 아니었다. 물론 심령의 가난을 통해서 천국백성으로 만들어주셨고, 죄의 감옥에 갇혀있는 사람들을 자유롭게 하셨으며, 소외되고 차별 받는 사람들에게 천국의 가르침을 주심으로써 억울함을 이길 수 있도록 해주셨지만, 실제로 부자가 되게 하시거나 출옥하게 만드시거나 차별을 철폐하지는 않으셨다. 그러나 예수님은 장애인들이나 환자들을 직접 고쳐주셨다. 오늘날에도 치유는 여전히 일어나고 있다. 특히 저개발국에서는 선교사들을 통하여 수많은 성령의 기적들을 베풀어주신다. 하지만 현대사회에서 예수님 당시나 초대교회 때처럼 기적적인 치유가 자주 일어나는 것은 아니다.

"그의 소문이 온 수리아에 퍼진지라 사람들이 모든 앓는 자 곧 각종 병에 걸려서 고통당하는 자, 귀신 들린 자, 간질하는 자, 중풍병자들을 데려오니 그들을 고치시더라"(마 4:24)

그렇다면 우리의 현실적인 이웃인 장애인들이나 환자들을 우리는 어떻게 대할 수 있어야 하겠는가? 제3자로서의 장애인이 아니라 우리의 이웃으로서의 장애인들을 향해 우리는 어떤 자세를 가져야 올바른 이웃사랑을 펼칠 수 있겠는가? 사실상 의료보험제도를 통해 거의 모든 국민들이 의료혜택을 입고 있으며, 거의 모든 질병들이 의술로 치료가 이루어지고 있는 상황이다. 대규모의 전염병이나 누구도 해결할 수 없는 새로운 질병들이 생기기도 하지만, 과거에 손을 쓸 수 없던 질병들에 대해서는 대처가 가능해진 것이 현실이다. 그렇다면 우리는 장애인들이나 환자들을 대할 때 그들에게 가장 필요로 하는 것을 채워주는 방향으로 이웃사랑을 실천할 수 있을 것이다.

베데스다 못가에 모여 있는 많은 환자들은 그들이 처해진 환경에 대해서 명확하게 설명해 준다. 그곳에 있는 사람들은 오로지 물이 움직이기만을 기다리고 있었다. 아마도 간헐천이었던 것으로 추정할 수 있는데, 그렇게 물이 움직일 때 가장 먼저 물에 들어가는 사람은 어떤 병이든지 다 낫는다는 이야기를 믿고 환자들이 모여 있는 곳이었다. 실제로 병이 낫는지는 정확하게 기록되어 있지 않지만, 장애인이나 장기 환자들은 분명하지 않은 것에 소망을 두고 무작정 기다리는 사람들이라고 할 수 있을 것이다.

> "예루살렘에 있는 양문 곁에 히브리 말로 베데스다라 하는 못이 있는데 거기 행각 다섯이 있고 그 안에 많은 병자, 맹인, 다리 저는 사람, 혈기 마른 사람들이 누워 물의 움직임을 기다리니 이는 천사가 가끔 못에 내려와 물을 움직이게 하는데 움직인 후에 먼저 들어가는 자는 어떤 병에 걸렸든지 낫게 됨이러라"(요 5:2-4)

거기에 38년 동안 고생하고 있는 환자가 있었는데 이 사람의 말에서 우리는 장애인들이나 환자들에게 무엇이 가장 필요한 것인가를 짐작할 수 있다. 이 환자가 원하는 것은 물이 움직일 때에 자기를 그 못에 데리고 내려가서 넣어줄 사람이었다. 이 환자는 예수님께서 말씀으로 명하심으로써 그 자리에서 일어나서 자리를 들고 걸어갈 정도로 완전한 회복을 얻었지만, 우리들의 곁에 있는 장애인들이나 환자들이 그런 완치의 기쁨을 얻을 수 있는 것은 아니다. 다만 그리스도인들은 그들에게 필요한 최소한의 조치라도 제공할 수 있어야 하겠다는 것이다.

> "거기 서른여덟 해 된 병자가 있더라 예수께서 그 누운 것을 보시고 병이 벌써 오래된 줄 아시고 이르시되 네가 낫고자 하느냐 병자가 대답하되 주

여 물이 움직일 때에 나를 못에 넣어 주는 사람이 없어 내가 가는 동안에 다른 사람이 먼저 내려가나이다"(요 5:5-7)

우리가 장애인들이나 환자들에게 무엇을 어떻게 할 수 있는가에 대해서 가장 명확하게 보여주는 기사가 복음서에 기록되어 있다. 그 사람은 뇌졸중(중풍)으로 쓰려져 스스로 움직일 수 없게 된 장애인이었다. 우리는 우리 그리스도인들이 장애를 가진 사람들을 어떻게 대해야 할지에 대한 해답을 이 사람에게서 얻을 수 있다. 대개의 경우에도 이런 장애인들을 돌보는 사람들이 있지만 이 환자에게는 더욱 특별한 이웃들이 주변에서 그를 돌보고 있었다. 때마침 마을 근처를 지나가다가 어느 집에 머무르고 계시는 예수님에 대한 소문을 들었지만 이 환자의 입장에서 그곳에 가는 것은 전혀 엄두도 낼 수 없는 일이었다. 이 환자가 예수님의 소문을 듣고 친구들에게 청했는지, 아니면 친구들이 먼저 소문을 듣고 이 환자를 데리고 가기로 했는지는 우리는 알 수 없다. 어쨌거나 그 당시 이 환자에게 필요한 것은 그 예수라는 사람에게 데리고 가는 일이었다.

"사람들이 한 중풍병자를 네 사람에게 메워 가지고 예수께로 올새"(막 2:3)

그렇게 해서 이 환자에게 가장 시급한 일을 네 사람이 해결해주게 되는데, 그러나 막상 예수님께로 데리고 왔지만 직접 예수님을 만나게 할 방도가 없었다. 왜냐하면 집안에 사람들로 꽉 채워져서

도저히 그것을 뚫고 들어갈 재간이 없었기 때문이었다. 아마 이 환자나 그를 데리고 온 네 사람이나 낭패감이 들기는 마찬가지였을 것이다. 하지만 이들은 이 이웃의 문제를 어떻게 하든 해결해 주어야만 했다. 예수님 앞에 데리고 가더라도 정말 이 환자가 완치될 것인가와는 관계없이 온 힘을 다해서 예수님 앞으로 데리고는 가야만 했다. 진정으로 돕기를 원하고 스스로가 이 환자가 되어 도우려고 하는 사람에게는 비상상황에서도 해결할 길이 열리게 마련이다. 그것은 상식을 파괴하는 열정이었다. 예수님이 계시는 집의 지붕을 뜯어내고라도 이 환자를 예수님께 보이겠다는 결단이었다. 당시 이스라엘의 주택은 만약의 경우에는 지붕을 뜯어낼 수 있는 구조였다. 결국 이 환자는 예수님 앞에 도달할 수 있었다.

"무리들 때문에 예수께 데려갈 수 없으므로 그 계신 곳의 지붕을 뜯어 구멍을 내고 중풍병자가 누운 상을 달아내리니"(막 2:4)

이웃을 돕겠다는 결단과 열정은 하나님의 기적으로 되돌아오게 되어 있다. 예수님도 그들의 믿음을 보시고 완전히 고쳐주셨다. 아마 이 환자의 경우에는 그의 심각한 죄로 인하여 생긴 질병이었던 것 같다. 예수님께서 그 사람의 죄를 사해주시자 이 사람이 일어나서 자기가 실려 왔던 침상을 가지고 걸어서 나갔기 때문이다. 그 네 사람의 이웃의 믿음인지 이 환자의 믿음인지는 명확하게 기록되어 있지 않지만, 사실상 그 사람들의 진정한 이웃사랑이 이 환자를 고쳤다고 할 수 있다.

"예수께서 그들의 믿음을 보시고 중풍병자에게 이르시되 작은 자야 네 죄 사함을 받았느니라 하시니"(막 2:5)

그리스도인의 이웃사랑이란 바로 이런 것이다. 자신이 그 환자라고 생각하지 않았다면 이 환자는 나음을 얻지 못했을 것이다. 이것은 믿음의 이야기이기도 하지만 이웃사랑의 근원적인 이야기이기도 하다. 그 네 사람의 머릿속에는 어떤 생각이 들어있었을까? 아마도 이 환자가 그나마 치료받을 수 있는 마지막 기회라고 생각하지 않았을까? 마지막 기회라고 생각했다면 물불을 가릴 처지가 못 되었을 것이다. 또 다른 기회가 있다고 생각하면 그냥 포기할 수도 있었겠지만, 마지막이라고 생각했기 때문에 수단과 방법을 가리지 않고 이 환자를 위해서 무엇인가 해야만 했던 것이다. 우리가 이웃을 사랑하려고 한다면 마지막 기회라고 생각할 때 실제로 이웃사랑을 실천할 수 있을 것이다.

지체나 정신이나 영적으로 부자유한 사람들을 보면서 무슨 생각을 해야 하겠는가? 우리는 예수님의 말씀을 깊이 새겨들어야 한다. 우리가 그리스도 예수님을 따라가는 삶을 사는 사람들이라면 장애인들을 보았을 때 그들을 통해 하나님의 영광을 드러낼 수 있도록 해야 하겠다는 마음을 가져야 한다. 물론 예수님처럼 모든 그리스도인들이 시각장애인들의 눈을 뜨게 하거나 중풍병자를 고칠 수는 없다. 하지만 그 사람을 통해서 우리가 어떻게 하나님의 영광을 드러낼 수 있을까를 생각할 수는 있다. 모든 장애인들이 아니라 하나님께서 나에게 보내주시거나 만나게 해주시는 장애인들이 있다면 우리는 그들을 보고 그리스도의 사랑을 느낄 수 있어야 한다는 것이다.

"예수께서 길을 가실 때에 날 때부터 맹인 된 사람을 보신지라 제자들이 물어 이르되 랍비여 이 사람이 맹인으로 난 것이 누구의 죄로 인함이니이까 자기니이까 그의 부모니이까 예수께서 대답하시되 이 사람이나 그 부모의 죄로 인한 것이 아니라 그에게서 하나님이 하시는 일을 나타내고자 하심이라"(요 9:1-3)

시각장애인인 바디메오를 보시고 예수님은 "무엇을 원하느냐?"라고 질문을 하셨다. 시각장애인이 무엇을 원하는지를 예수님이 모르고 이렇게 말씀하신 것은 아니었을 것이다. 그러나 이 말씀은 장애인의 의지가 굉장히 중요함을 강조하시는 것이다. 정말 필요로 하는 것이 무엇인지 스스로 깨닫게 하시고 예수님에 대한 믿음을 가질 수 있도록 만들기 위함이었던 것이다. 때로는 장애인들이 뚜렷하게 어떤 목표의식이나 삶에 대한 의지를 상실한 경우도 많이 있을 것이다. 그럴 때 우리는 예수님의 접근방식을 주의 깊게 적용할 수 있어야 한다. 정말 필요로 하는 것을 깨닫게 하고 그것을 채워주는 것이 바로 이웃사랑이니까.

"맹인(바디메오)이 겉옷을 내버리고 뛰어 일어나 예수께 나아오거늘 예수께서 말씀하여 이르시되 네게 무엇을 하여 주기를 원하느냐 맹인이 이르되 선생님이여 보기를 원하나이다 예수께서 이르시되 가라 네 믿음이 너

를 구원하였느니라 하시니 그가 곧 보게 되어 예수를 길에서 따르니라"(막 10:50-52)

나그네들

우리 그리스도인들은 전부 천국으로 가는 여정 속에 있는 나그네들이다. 이 땅에서 영원토록 살 수 있는 사람은 없기 때문이다. 어떤 삶을 살든 결국 우리의 최종 목적지는 저 하늘나라이다. 그렇다면 흡사 이 땅이 영원한 것처럼 모으고 쌓고 누리려고 할 필요가 없는 사람들이 우리들이다. 그렇기 때문에 영원한 하늘나라를 준비하는 것이 그리스도인들의 참된 삶의 자세이다. 이것을 모르거나 외면한 채 살아가고 있다면 우리의 눈길을 빨리 저 천국으로 돌려야 한다. 그리하여 하늘 아버지께서 기뻐하시고 칭찬하실 삶을 이 땅에서 사는 것이 그리스도인들의 참된 모습이다.

> "사랑하는 자들아 거류민과 나그네 같은 너희를 권하노니 영혼을 거슬러 싸우는 육체의 정욕을 제어하라"(벧전 2:11)

구약에서 나그네라 함은 주로 거류민들을 뜻하는 의미였다. 이스라엘 사람이 아니면서 이스라엘에서 살고 있거나 일정한 기간 동안 함께 살아가는 사람들을 뜻한다. 오늘날로 말하면 한국 국적을 가진 외국인이거나 사업상 혹은 업무상 한국에 와서 일시적으로 살고 있는 모든 사람들을 가리킨다. 다만 구약에서는 이방인 그런데 위의 본문에서 강조하는 것은 나그네를 대접하는 것이 곧 예수님을 대접하는 것이라는 점이다. 하지만 양이든 염소이든 아무리 생각해도 스스로가 예수님을 언제 영접하거나 언제 돌보지 않았는지 생각이 나지 않았다. 여기에서 우리는 나그네를 어떻게 대접해야 할 것인지를 배울 수 있다. 나그네를 대접하는 것은 첫째로 우리의 자연스러운 일상이 되어야 한다. 특별한 행사를 위한 의식적인 대접이 아니라 그냥 나그네가 있으면 도울 일을 돕는다는 것이다. 다른 것도 마찬가지이다. 이웃사랑이란 우리의 일상의 한 부분이어야 하기 때문이다. 둘째는 나그네를 보면 마치 예수님을 대접하는 것처럼 해야 한다는 것이다. 이것도 특별한 배려를 하는 것이 아니라 마음을 다해서 자기 자신을 살피는 것처럼 도우라는 것이다. 그러면 그것이 예수님을 영접한 것이 되는 것이고, 하나님은 그런 일상의 태도를 보시고 상을 주시는 것이다.

"그들도 대답하여 이르되 주여 우리가 어느 때에 주께서 주리신 것이나 목마르신 것이나 나그네 되신 것이나 헐벗으신 것이나 병드신 것이나 옥에 갇히신 것을 보고 공양하지 아니하더이까 이에 임금이 대답하여 이르시되 내가 진실로 너희에게 이르노니 이 지극히 작은 자 하나에게 하지 아니한 것이 곧 내게 하지 아니한 것이니라 하시리니"(마 25:44)

그래서 가난한 사람이나 고아나 과부, 병들거나 장애를 가진 사람들에게 그리스도의 사랑을 보여주어야 하는 것 이상으로 나그네를 돕는 일에 거의 의무와 책임을 지우는 것과 같은 말씀을 보게 되는 것이다. 서신서에는 교회 중직들의 자격에 나그네를 잘 대접하라는 항목이 들어 있다. 교회중직들뿐 아니라 교회의 직분을 맡을 과부들에게 요구되는 덕목이기도 하다(딛 1:8). 그러므로 나그네, 외국인을 대하는 그리스도인의 기본자세는 주께 하듯 하는 것이다. 그리스도를 섬기듯이 마음으로 나그네를 사랑하면 그것이 하나님의 자녀로서의 지표가 되는 것이다.

> "그러므로 감독은 책망할 것이 없으며 한 아내의 남편이 되며 절제하며 신중하며 단정하며 나그네를 대접하며 가르치기를 잘하며"(딤전 3:2)

그런데 현실적으로 외국인 노동자들이나 거류민들을 배려하고 그들의 어려운 점을 찾아서 도와주는 것은 틀림없이 해야 할 일이지만, 더 깊이 생각해야 할 점은 어떤 특정한 목적을 가지고 우리나라에 들어오는 외국인들의 경우일 것이다. 예를 들어 특정한 종교를 포교하기 위해 국내에 들어오는 사람들이 있다면 그리스도인으로서는 경계하지 않을 수 없다. 물론 우리나라가 종교의 자유가 있는 이방나라이기 때문에 기독교라고 해서 외국 종교인들의 입국을 막을 수는 없다. 그러나 삶을 위해 오는 사람들이 아니라 자기들의 세력을 확장시키기 위한 목적으로 들어오는 사람들은 되도록 금지하는 방향으로 의견들을 모을 필요는 있다.

우리나라에 들어오는 무수한 사람들을 일일이 우리가 간섭할 수는 없다. 다만 특정한 경우, 예를 들어 난민들은 받아서 배려하고 보살펴야 하는 사람들이지만, 그 중에서 다른 목적을 가진 사람들이 있다면 당연히 막아야 할 것이다. 범죄조직이나 스파이들을 허용하지는 않을 것이 아닌가? 기독교에서 그런 현상들을 경계하는 목소리를 내는 것은 당연한 일이다. 이단들의 집단이나 이슬람교를 포교하려는 목적을 감추고 난민들 틈에 끼어 들어온다거나 하는 일들은 되도록 막아야 한다. 하지만 이것은 어디까지나 예외적인 경우로서 실질적으로 막을 수 있는 수단은 별로 없다. 그리고 일방적으로 난민입국을 기독교계에서 반대한다는 인식을 심어줄 필요도 없을 것이다.

전체적으로 볼 때 우리는 나그네들이나 외국인들을 그리스도의 사랑으로 대해야 한다. 차별을 금지한다고 하면서 오히려 역차별이 생기는 경우는 마땅히 경계해야 하지만, 기본적으로 그들은 우리가 사랑해주어야 할 대상들임에는 틀림이 없다. 그리고 만약에 난민들 중에 정말 이단이나 이슬람을 포교하려는 목적으로 들어온다 하더라도 우리가 공식적으로 그들을 막을 방법은 없다. 더 나아가 그 어떤 세력들이 들어와서 교회를 박해하거나 전도를 막고 그들의 세력을 확장시킨다 하더라도 하나님은 여전히 하나님이시고 복음은 여전히 살아있다. 특별히 두려워할 것도 없고 싸우려고 할 필요도 없다. 우리들의 싸울 것은 그런 육적이고 외형적인 것이 아니라 영적으로 싸워야 하는 것이고, 그리스도의 복음에 합당한 삶을 흔들림 없이 행하면 되는 것이다. 그 나머지는 하나님께서 하신다. 우리가 힘과 숫자로 그들을 물리치려고 한다면 하나님은 무엇을 하시겠는가?

기독교 역사상 얼마나 많은 경우에 기독교에 대적하는 세력들에 둘러싸여 박해를 받으면서 살아왔던가? 단순히 물리적인 박해가 아니라 종교적인 박해가 덮쳐오면 그리스도인들은 사방으로 흩어져서 분산되었으며, 죽거나 다치거나 옥에 갇히거나 산속으로 숨지 않았던가? 그럼에도 불구하고 오히려 복음은 살아서 수많은 영혼들을 구원하고 마지막에는 다시 복음이 흥왕하여 퍼지지 않았던가? 복음은 박해를 받을 때에 더욱 생명력이 넘치게 전파되었다. 모든 백성들이 교인이었던 중세시대에 얼마나 타락했던가? 그 모든 시대를 통틀어서 그리스도인의 이웃사랑이 작동하지 않았을 때에는 타락이 왔고 박해를 받으면서도 복음적인 삶을 살았을 때 부흥이 왔다. 이 시대에는 성도들의 수가 줄어든 것이 위기가 아니라 복음이 그리스도의 사랑을 따라 살아지지 않는 것이 위기이다. 그리스도의 사랑은 나그네들에 대한 사랑으로 이 땅에 성취되는 것이다.

사회적 약자들

이제 우리는 현실적인 문제로 돌아와야 한다. 분명히 성경은 이웃을 자기 자신과 같이 사랑하라고 했다. 이 말씀은 구약시대처럼 이스라엘 공동체의 거룩성과 순수성을 지키기 위한 명령과는 다르게 적용될 수밖에 없다. 우리는 이방 나라에서 살고 있는 복음의 공동체이다. 오늘날의 이웃사랑은 공동체 밖의 모든 불신 이웃들과 연결되어야 한다. 그렇기 때문에 세상 속에서의 약자들이나 소외된 계층이나 소수자들에 대한 사랑이 반드시 이루어져야 한다.

신약에서 사회적 약자에 해당되는 사람들을 들라면 옥에 갇힌 자, 학대받는 자, 경제적으로 착취당하는 노동자, 차별이나 불이익을 당할 수 있는 환경에 놓인 모든 사람들을 생각할 수 있다.

사회적 약자에 해당되는 대표적인 사람들은 감옥에 갇혀있는 사람들이다. 일단 감옥에 갇힌다는 것은 거기에 합당한 죄를 지었다는 것을 뜻한다. 억울하게 갇힌 사람들도 많이 있을 것이다. 때로는 모함을 받았거나 누명을 쓴 경우도 있을 수 있고 우발적인 실수로 사람을 해쳤거나 계획적으로 사람을 해치거나 돈을 부정한 방법으로 획득했거나 아무튼 실제로 죄를 지은 사람들이 감옥에 있다. 그러면 그런 죄를 지은 사람들에게까지 이웃사랑의 본을 보여야 하겠는가? 지금도 한 영혼을 구하기 위해 교도소사역을 감당하는 수많은 사역자들이 있다. 두말할 필요 없이 갇힌 사람들도 그리스도의 사랑으로 보살펴야 한다.

"너희도 함께 갇힌 것 같이 갇힌 자를 생각하고 너희도 몸을 가졌은즉 학대 받는 자를 생각하라"(히 13:3)

감옥에 갇혀있는 사람들 중에서도 악한 사람들이 있다. 일시적이거나 우발적인 범죄가 아니라 상습적, 반복적으로 죄를 짓는 사람들이 있다. 이들에게도 그리스도의 사랑을 펼쳐야 하겠는가? 여기에 대한 대답은 예수님의 사역에서 찾을 수 있다. 예수님은 누구를 위해 이 땅에 오셨는가? 당연히 죄인들을 위해 오셨다. 조직적으로 범죄를 저지르는 사람들과 우리들은 모두 본질적으로는 죄인들이다. 예수님은 죄인들이나 범죄자들과 함께 하기를 즐겨하셨다. 세리나 창기들은 정상적인 이스라엘 백성이라면 상종하지 않는 무리들이었다. 더 나아가 율법적으로도 교류하면 안 되는 무리들이었다. 그러나 예수님은 겉으로 의인들인 바리새인이나 서기관들과 어울리시는 것이 아니라 오히려 죄인들과 잘 어울리셨다. 그 이유를 예수님은 분명하게 말씀하셨다.

"예수께서 들으시고 그들에게 이르시되 건강한 자에게는 의사가 쓸 데 없고 병든 자에게라야 쓸 데 있느니라 나는 의인을 부르러 온 것이 아니요 죄인을 부르러 왔노라 하시니라"(막 2:17)

우리는 예수님의 이 말씀을 따라 옥에 갇힌 사람들의 죄를 바라보지 말고 그들의 심령을 바라보아야 한다. 예수님께서 사람들을 보실 때에는 그 사람의 현재 위치나 사회적 계층을 바라보지 않으시고 오로지 그들의 심령을 바라보셨다. 물론 죄는 반드시 처벌받아야 하고 악한 사람들의 궤계에 빠지면 안 된다. 죄인들을 사랑한다고 해서 그들의 죄를 옹호할 수는 없다. 그러나 그들을 한 사람의 영혼으로 바라본다면 우리는 충분히 옥에 갇혀있는 죄인들을 긍휼히 여기고 보살펴줄 수 있어야 할 것이다. 주변 사람들이나 그들의 가족 가운데 옥에 갇힌 사람이 있다면 그리스도인으로서 관심을 보이고 그들을 찾아서 위로함으로써 그리스도의 사랑을 나타내 보여줄 수 있어야 할 것이다.

이와는 다른 경우이지만 소득의 불평등을 당하는 사람들이 있다. 계층적으로 불완전한 사회구조 속에 갇혀있는 사람들이라고 할 수 있다. 1차적으로는 그런 사람들에게 불이익을 주면 안 된다. 그들의 입장과 형편과 상황에 대해 공감하면서 불리하지 않게 만들도록 애를 써야 한다. 율법을 다시 인용하자면 가난한 사람들의 품삯을 해가 지기 전에 지불해야 한다(신 24:15). 그 당시에 품꾼들의 생활 형편은 그 날 벌어 그 날 먹을 수밖에 없었기 때문이다. 오늘날과 비교한다면 지나치게 저임금을 받는 직업군에 속하는 사람들에게 많은 관심을 기울여야 한다는 말이다. 물론 그리스도인이라고 해서 그렇게 저임금의 계층을 찾아다니면서 돌보기는 어려울 것이다. 하지만 주변에 혹시 어렵게 살고 있는 사람들이 있다면 충분히 섬길 수 있다. 더 나아가 사회적 여건을 조성하는 일에 관심을 가지고 적극적으로 의견을 피력하는 것도 이웃사랑의 일환이 될 것이다.

그렇다면 계급투쟁 방식으로 사회적 운동에 동참하는 일은 어떻게 생각해야 할까? 물론 경우에 따라 많은 차이가 있겠지만, 기본적으로 그리스도인의 이웃사랑은 사회적 구조의 틈새가 벌어질 때 그 틈새를 적절하게 메워주고 도와주고 채워주는 역할이라는 사실을 알아야 한다. 왜냐하면 그리스도인은 하나님의 정의를 실현하는 일, 곧 하나님께서 일하실 수 있도록 우리를 비워드림으로써 우리의 기도를 통하여 하나님께서 섭리하시도록 하는 존재들이기 때문이다. 우리는 우리가 할 수 있는 최선의 것을 드리고 나머지 결과는 하나님께 맡겨야 하는 사람들이다. 지나치게 자신들이 힘으로 또는 세력으로 문제를 해결하려고 한다면 그것은 사회운동에 가깝지 복음을 실현하는 길과 가까울 수는 없는 것이다.

오늘날 소외계층을 돕기 위한 일에 가장 자주 사용되는 성경구절이 있다. "우는 자들과 함께 울라."는 것이다. 참으로 지당하고 그리스도인다운 바울의 표현이다. 억울함이나 불이익을 당하는 사람들이 있을 때 어김없이 이 구절과 함께 달려가는 그리스도인들이 있다. 충분히 격려하고 권장할 만한 일이다. 그리스도인들은 당연히 이웃이 울고 있으면 가서 함께 울 수 있는 심령을 갖추고 있어야 한다. 왜냐하면 그들을 단순히 돕는 것이 아니라 마치 우리가 그들 자신이 된 마음이라면 당연히 함께 우는 반응으로 나타날 것이기 때문이다. 그들의 입장에서 생각해보는 데 그치는 정도라면 어쩌면 그들과 동일한 눈물은 흘리지 못할 수도 있다. 아무튼 우리는 이런 심령을 가져야 한다. 그것이 이웃을 자기 자신과 같이 사랑하는 일을 실현할 수 있는 것이기 때문이다.

"즐거워하는 자들과 함께 즐거워하고 우는 자들과 함께 울라"(롬 12:15)

예수님도 나사로가 죽은 후에 그의 동생들과 사람들이 우는 것을 보고 마음에 비통함을 느끼시고 눈물을 흘리셨다. 우리는 이런 마음을 가질 수 있어야 한다. 그런 사람들이 우리 그리스도인들이다. 다만 그런 마음을 함께 가질 뿐만 아니라 그들을 위해서 무엇인가를 행할 수 있어야 한다. 먼 곳에 있는 사람들에게도 관심을 가져야 하지만 우선은 우리가 함께할 수 있는 사람들이 먼저이다. 만약에 국가적으로 큰 재난을 당한 사람들을 위해 눈물을 흘리고 애통하면서도 삶의 주변에서 날마다 소외되거나 억울하거나 생활의 고난으로 어려움당하는 사람들에게는 냉정한 모습을 보인다면 그것은 어딘가 모순된 것이 아니겠는가? 헌금이나 후원으로 그런 사람들을 돕는 일은 굉장히 소중하지만, 그리스도인들은 스스로 몸으로 삶으로 이웃을 사랑해야 하는 사람들이다. 그래야 복음이 살아있고 그리스도의 인격을 전달할 수 있는 것이다.

"예수께서 그가 우는 것과 또 함께 온 유대인들이 우는 것을 보시고 심령에 비통히 여기시고 불쌍히 여기사 이르시되 그를 어디 두었느냐 이르되 주여 와서 보옵소서 하니 예수께서 눈물을 흘리시더라"(요 11:33-35)

그리고 소수자들에 대한 배려도 반드시 있어야 한다. 소수자라고 하면 틀림없이 성소수자라는 말을 떠올릴 것이다. 다른 종류의 소수자들도 많이 존재하지만 특히 성소수자에 관해서 말하자면, 분명히 그들을 차별하면 안 된다. 성소수자라고 해서 불이익을 주거나 박해한다거나 차별해서 대우하면 안 된다. 그들의 죄도 다른 사람들의 죄와 마찬가지이기 때문이다. 다른 일반적인 죄인을 돌보면서 성경적으로 성적인 죄에 대해서 차별할 수는 없다. 동성애는 분명히 죄이지만, (굳이 동성애를 오늘날 죄라고 볼 수 없다고 성경적으로 증명하려는 논리는 헛된 것이라고 본다. 다른 죄와 마찬가지로 동성애는 하나님의 창조섭리에 비춰볼 때 분명히 죄이다.) 다른 죄인들과 마찬가지로 그들의 심령을 바라볼 수 있어야 이웃사랑은 가능해지는 것이다.

동성애자들을 차별하는 일은 있을 수 없지만, 그렇다고 동성애를 옹호하는 것은 그리스도인의 바른 자세는 아닐 것이다. 동성애가 왜 죄가 되는가를 알려주고 치료가 가능하다면 적극적으로 치료받을 수 있도록 교계 차원에서 대비책을 만들어나가는 한편, 감정적으로 받아들여지지 않더라도 그들에게 복음적인 환경을 만들어주기 위해서 애를 쓰는 일도 반드시 필요하다. 다른 죄인들에게는 복음의 문을 개방하면서 유독 동성애자들에게 문을 굳게 잠근다면 그리스도의 사랑은 그들에게 들어가기가 참으로 어려워질 것이다. 그리고 그렇게 해서는 그리스도인의 이웃사랑이 실현될 수 없다.

다만 차별금지법이라는 것을 만들어서 오히려 역차별을 가하는 일에는 반대하지 않을 수 없을 것이다. 교회를 비판하고 공격하는 일에는 아무런 조치도 취하지 않으면서 만약에 동성애를 차별하는 말을 표현하면 법적 책임을 묻겠다고 한다면, 이치직으로도 맞지 않을 뿐만 아니라 오히려 기독교 역차별법이 될 수 있기 때문이다. 만약에 꼭 차별금지법을 만들겠다면 다른 모든 계층들에 대해서 공평하게 제도를 만들어나갈 수 있어야 한다. 아무튼 그리스도인들은 동성애자라고 해서 차별하지 말고 그들도 역시 용서받아야 할 죄인들이며 그리스도께서 그들을 위해서도 십자가에 못 박히신 것을 생각하면서 그들을 어떻게 사랑해야 할 것인가를 고민해야 할 것이다.

마지막으로 모든 종류의 차별은 그리스도의 사랑법(?)에 따라 존재할 수가 없다는 사실을 말하고 싶다. 그 이웃이 잘난 사람이든 못난 사람이든, 건강하든 장애가 있든, 이성애자이든 동성애자이든, 부자이든 가난하든, 남자이든 여자이든, 성공한 사람이든 실패한 사람이든, 사장이든 직원이든, 권력을 가졌든 못 가졌든, 어른신이든 아이들이든, 유명하든 무명하든, 그리스도 안에서는 결코 차별당할 수 없다. 그리고 차별당하는 사람들이 있다면 그곳에는 어김없이 그리스도인이 존재하고 있어야 한다. 그리스도인의 이웃사랑은 가난한 사람에게 물질을 보내거나 어려운 사람들을 돕는 차원에 그치는 것이 아니라 그 이전에 우리들 주변에 살아가고 있고 날마다 만나는 모든 사람들을 그리스도의 사랑으로 바라보는 데에서부터 출발하는 것이다. 우리가 먼저 그리스도의 사랑으로 충만함을 받고 이웃들에게 그 사랑을 실천하는 진정한 그리스도인이 되어야 하겠다.

"내 형제들아 영광의 주 곧 우리 주 예수 그리스도에 대한 믿음을 너희가 가졌으니 사람을 차별하여 대하지 말라"(약 2:1)

제12장
이방인들에 대한 이웃사랑

오늘날 우리는 온통 이방인들 틈에 섞여서 살고 있다. 하나님을 모르는 백성들을 이방인들이라고 부른다면 우리는 이방인들의 제도와 이방인들의 문화와 이방인들의 가치관 속에서 싸워야 하는 사람들이다. 사실 이방인들의 세속문화에 동화되지 않고 사는 것이 용히다고 할 정도로 우리는 이방인들에 둘러싸여 살고 있다. 그러다 보니까 교회문화는 세속(이방)문화를 따라가게 되었고, 세속적인 수단과 방식을 교회에서도 고스란히 사용하게 되었으며, 살아가는 모습이나 목적이 세상(이방) 사람들과 조금도 다를 바가 없을 정도로 세속화되고 말았다. 물론 어느 정도 외적인 면에서 세상과 닮아갈 수밖에 없지만, 문제는 기독교 신앙의 정체성이 차츰 희미해져감으로써 세상에 점차 동화되어버리는 심각한 현상이 생긴다는 점이다. 지금의 성도들과 세상 사람들의 살아가는 모습은 거의 차이가 없을 정도로 변해버리지 않았던가?

구약에서와는 달리 우리들이 이웃이라고 부르는 사람들은 전부 이방인들이다. 물론 이웃이라고 할 때 넓게는 믿음의 형제들을 포함하고 있지만, 조금 다른 각도에서 보자면 우리들의 이웃사랑의 대상들은 대개는 이방인이라고 할 수 있다. 그렇다면 그 이웃을 사랑하는 일에는 분명한 한계와 지침이 필요하다. 성경에서 이웃을 자기 자신처럼 사랑하라고 한다고 해서 무작정 아무에게나 자기의 모든 것을 다 바쳐서 사랑하라는 것은 아니다. 왜냐하면 그 이방인 이웃들 중에는 기독교 복음을 무너뜨리려는 의도를 가지고 있거나 교회를 공격하고 기독교인들을 박해하는 사람들도 다수 포함되어 있을 것이기 때문이다. 특히 그들 중에는 이단들이나 기독교를 대적하는 타종교인들도 포함되어 있기 때문에 우리 그리스도인들은 사랑을 베풀더라도 각별하게 그들의 신앙이나 가치관들을 멀리할 수 있어야 하겠다는 것이다.

예수님은 원수까지도 사랑하라고 하셨지만, 구약에서처럼 기독교신앙을 파괴하는 사람들까지 수용하라고 하신 것은 아니다. 결코 회개할 수 없는 바리새인을 예수님은 얼마나 비판하셨는가? 물론 우리는 누가 회개할 수 없는 사람인지 구별할 수 없기 때문에 상대를 가리지 않고 그리스도의 사랑을 그들에게 실천해 보여줄 수 있어야 한다. 다만 저들의 영적 공격을 어떻게 얼마나 무너뜨릴 수 있을지를 생각하면서 이웃을 사랑해야 하겠다는 것이다. 이웃을 사랑한다고 그들의 모든 것을 따라가서는 이웃사랑의 대의가 전혀 세워지지 않는다. 이웃을 돕는다고 하면서 오히려 저들의 풍속을 따른다면 그것은 이웃사랑이 아니다.

진멸전쟁

구약시대와 현대세계는 너무나도 큰 차이가 있고 상황이 전혀 다르기 때문에 구약의 사회적 상황을 그대로 오늘날에 적용할 수는 없다. 그러나 분명한 것은 구약의 영적인 질서는 반드시 신약시대에 그대로 구현될 수 있어야 한다는 것이다. 곧 구약에서 하나님이 왜 그렇게 강하게 율법을 강제하셨는지에 대한 해석은 우리가 분명히 알고 있어야 참다운 이웃사랑이 가능해질 것이다. 그 영적 원칙이 무너지면 이웃사랑은 오히려 독이 될 수 있다. 8장에서 언급했지만, 구약에서 우리들이 가장 받아들이기 어려운 일은 진멸전쟁이다. 하나님은 이스라엘이 이방의 문화나 가치관, 그리고 그것으로 인한 우상숭배를 저지를 것을 염려하여 이방인들과의 전쟁에서 진멸을 명하신다. 진멸명령은 적의 군인들뿐만 아니라 모든 백성들, 여자나 아이들까지 완전히 멸할 것을 명하시는 것이다. 때로는 소나 양 등 기르는 짐승들까지 죽이라고 명하신다.

"지금 가서 아말렉을 쳐서 그들의 모든 소유를 남기지 말고 진멸하되 남녀와 소아와 젖 먹는 아이와 우양과 낙타와 나귀를 죽이라 하셨나이다 하니"

(삼상 15:3)

사울 왕은 아말렉을 향한 하나님의 이런 명령을 듣고도 모든 가축 중에서 가치 없는 것들만 진멸하고 기름지고 좋은 짐승들은 진멸하지 않고 돌아와서는 그 가축들은 제사로 하나님께 드리려고 했다고 변명했다가 결국 왕의 자리를 다윗에게 빼앗기고 말았다. 하나님은 왜 이렇게 잔인하고 무자비한 명령을 내리셨는가?

"사무엘이 그에게 이르되 여호와께서 오늘 이스라엘 나라를 왕에게서 떼어 왕보다 나은 왕의 이웃에게 주셨나이다"(삼상 15:28)

두말할 것도 없이 민족의 거룩성과 순수성의 훼손을 염려하셨기 때문이다. 만약에 우상숭배로 이스라엘의 믿음이 훼손된다면 그 나라는 더 이상 이스라엘이 아니다. 그렇게 되면 하나님의 나라는 세상에 존재하지 않게 된다. 하나님은 조그마한 틈도 허락하실 수가 없다. 이방나라의 풍습이나 종교가 이스라엘 어느 구석에라도 들어오기 시작하면 그것이 올무가 되고 함정이 되어 전체 이스라엘이 사라지게 될 수도 있다. 물론 결과적으로 그렇게 됨으로써 결국 이스라엘은 멸망하고 말았다. 그리고 하나님의 섭리로써 이제까지와는 전혀 다른 하나님의 왕국이 세워지게 된 것이다.

"네 하나님 여호와께서 그들을 네게 넘겨 네게 치게 하시리니 그 때에 너는 그들을 진멸할 것이라 그들과 어떤 언약도 하지 말 것이요 그들을 불쌍히 여기지도 말 것이며 … 네 하나님 여호와께서 네게 넘겨주신 모든 민족을 네 눈이 긍휼히 여기지 말고 진멸하며 그들의 신을 섬기지 말라 그것이 네게 올무가 되리라"(신 7:2, 16)

일찍이 하나님은 출애굽한 이스라엘이 가나안 땅에 들어가서 잘 정착하고 배가 부르고 살이 찌면 여호와 하나님을 멸시하고 다른 신들을 섬길 것을 아셨다. 그 때에는 반드시 하나님의 얼굴을 숨기시고 저들에게 재앙을 내릴 것을 말씀하셨다. 그리고 하나님은 이스라엘이 이 하나님의 말씀을 반드시 기억하고 다시 돌아올 수 있도록 모세의 노래로 기록하게 하셨다(신 32장). 그래야 백성들이 조상의 하나님께로 다시 돌이킬 수 있을 것이 아니겠는가? 실로 인간은 아무리 하나님의 은혜를 크게 입어도 삶의 환경과 조건이 좋아지면 하나님을 떠나게 마련인 것이다.

"내가 그들의 조상들에게 맹세한 바 젖과 꿀이 흐르는 땅으로 그들을 인도하여 들인 후에 그들이 먹어 배부르고 살찌면 돌이켜 다른 신들을 섬기며 나를 멸시하여 내 언약을 어기리니"(신 31:20)

"또 그들이 돌이켜 다른 신들을 따르는 모든 악행으로 말미암아 내가 그 때에 반드시 내 얼굴을 숨기리라"(신 31:18)

이방인이란 한 마디로 이방 신을 섬기는 사람들이다. 고대에는 어느 민족, 어느 부족이건 그들이 섬기는 우상이 따로 있었다. 여호와 하나님 이외의 우상을 믿는 민족과 교류하게 되면 대부분의 경우에 이방인들이 섬기는 우상을 따라가게 되어 있다. 왜냐하면 일단 우상숭배는 이 땅에서의 복을 전제로 하고 있기 때문이다. 출애굽할 때 애굽에 내린 열 가지 재앙들은 전부 이 세상의 복을 준다는 우상들을 응징하신 것이었다. 물이 피로 변한 것은 나일 강의 신을 응징한 것이고, 개구리는 다산의 신이지만 오히려 재앙으로 돌려주셨으며, 이는 땅의 신, 파리는 치료의 신, 돌림병은 소의 신, 악성 종기는 대지의 신, 우박은 대기의 신, 메뚜기는 곡식의 신, 흑암은 태양의 신, 장자의 죽음은 생명의 신을 응징하신 것이었다. 이런 신들은 한 결 같이 현세적인 복을 보장해준다는 특성들을 보여준다. 따라서 이런 미신에 빠지면 현실적인 복을 받기 위해 그것들을 숭배할 수밖에 없게 되고 율법 속에 가두어두시는 여호와 하나님을 멀리 하게 되는 것이다.

> "내가 그 밤에 애굽 땅에 두루 다니며 사람이나 짐승을 막론하고 애굽 땅에 있는 모든 처음 난 것을 다 치고 애굽의 모든 신을 내가 심판하리라 나는 여호와라"(출 12:12)

이스라엘이 장차 정복해야 할 가나안 땅도 예외 없이 우상숭배가 극에 달한 지역이었다. 하나님께서 이스라엘에게 가나안을 주신 이유도 가나안은 우상숭배가 극심해서 용서받을 길이 없는 민족들이었기 때문이다. 성경에 자주 나오는 바알 신이 있다. 풍요와 다산을 위해 섬기던 신으로, 현세적 복을 위한 신들의 성적 결합을 재현하기 위해서 성전창녀제도를 도입하고 있었다. 풍요와 다산을 줄뿐만 아니라 쾌락까지 제공하므로 한 번 빠지면 헤어나기 어렵다. 물론 오늘날도 마찬가지이지만 이런 우상들은 죄를 지적하지 않는다. 아세라 여신은 바알의 어머니로, 가나안이 섬기던 모든 신의 어머니이다. 가나안 정복을 지시하신 하나님께서도 이런 신들에게 이스라엘이 침범당할 것을 아시고 그토록 강경하게 거듭하여 진멸전쟁을 명하시고 우상숭배를 제할 것을 명령하셨던 것이다.

> "이스라엘 자손이 여호와의 목전에 악을 행하여 자기들의 하나님 여호와를 잊어버리고 바알들과 아세라들을 섬긴지라"(삿 3:7)

그토록 가나안의 진멸전쟁을 명하셨건만 가나안의 신들은 끈질기게 남아서 유다왕국의 신앙을 훼방하고 어지럽히고 있었다. 북이스라엘과 유다가 멸망할 때까지도 바알 숭배는 존재했던 것이다. 우상숭배가 얼마나 대단한가? 가나안 우상인 바알의 궤계가 북이스라엘과 남유다가 멸망할 때까지 그 힘을 발휘했다는 것은 하나님께서 왜 이방인들을 진멸하라고 하셨는지에 대한 분명한 이유가 되는 것이다. 이스라엘이 바알을 비롯한 우상들을 섬기면 하나님은 그들에게 복을 주시려고 해도 주실 수가 없다. 그릇이 없기 때문이다. 넘치는 복을 주신다고 해도 받자말자 다 쏟아버릴 것이기 때문에 주실 수 없는 것이다. 그들이 하나님의 진멸명령을 행하지 않음으로써 일어난 결과는 이방인들의 나라와 큰 차이가 없게 되어버린 것이었다.

> "그들은 여호와께서 멸하라고 말씀하신 그 이방 민족들을 멸하지 아니하고 그 이방 나라들과 섞여서 그들의 행위를 배우며 그들의 우상들을 섬기므로 그것들이 그들에게 올무가 되었도다 그들이 그들의 자녀를 악귀들에게 희생제물로 바쳤도다 무죄한 피 곧 그들의 자녀의 피를 흘려 가나안의 우상

들에게 제사하므로 그 땅이 피로 더러워졌도다 그들은 그들의 행위로 더러워지니 그들의 행동이 음탕하도다"(시 106:34-39)

하나님은 이스라엘을 사랑하시기에 그들을 고치셔야만 했다. 일찍이 죄악으로 넘치는 세상을 물로 쓸어버리셨던 하나님은 이스라엘 민족을 택하시고 그들을 하나님의 백성으로 삼으셨지만, 하나님의 백성들이 이방의 우상을 숭배했을 때에는 그들에게 채찍을 댈 수밖에 없으셨다. 그 채찍은 그 우상을 숭배하는 이방 나라의 지배를 받게 하시고 억압과 압제를 경험하게 하시는 것이었다. 자신들을 잘 살게 하고 즐겁게 해주리라고 생각해서 섬겼던 이방의 우상들이 오히려 그들을 옥죄는 가시와 구덩이가 되어버렸던 것이다.

"그러므로 여호와께서 자기 백성에게 맹렬히 노하시며 자기의 유업을 미워하사 그들을 이방 나라의 손에 넘기시매 그들을 미워하는 자들이 그들을 다스렸도다 그들이 원수들의 압박을 받고 그들의 수하에 복종하게 되었도다"(시 106:40-42)

하나님의 뜻은 분명하다. 하나님만 섬기면 모든 면에서 복을 주시지만 하나님을 외면하면 재앙을 내리신다. 오직 하나님 안에서 율법과 규례를 지키는 것만이 진정으로 복이 되는 것이다. 하나님의 은혜로 잘 살고 평안하게 되면 그들은 거의 이방인의 우상으로 향했다. 힘들고 어려울 때에는 하나님만을 붙잡고 열심히 믿고 기도하지만, 조금 여유가 생기고 부족함이 사라지면 마치 자기 노력으로 잘 살게 된 것처럼 하나님을 외면하는 것이 인간의 모습이다. 사사기의 모든 기록이 이를 증명하고 있지 않은가? 결국 재앙이 내려져야 우상의 무능함을 발견하고 다시 하나님의 은혜를 간구하게 되어 있는 것이다.

> "만일 너희가 여호와를 버리고 이방 신들을 섬기면 너희에게 복을 내리신 후에라도 돌이켜 너희에게 재앙을 내리시고 너희를 멸하시리라 하니"(수 24:20)

이스라엘은 이방의 지배를 받는 것만 가지고도 고침 받을 수 없었으므로 마지막에는 백성들이 이방나라에 포로로 잡혀가는 기가 막힌 일까지 당해야만 했다. 후에 일부 회복되기는 했지만 결국 또다시 바리새인들이나 서기관과 같은 종교주의자들에 의해 외식적인 종교로 전락해버리게 되었고, 율법의 본질을 깨우쳐주시던 그리스도 예수님께서 십자가 고난을 당하시게 되었던 것이다. 하나님께서 이미 애굽 땅에서부터 우상숭배를 그토록 금하시고 가나안 정복 때에는 잔인하게 어린아이들까지 진멸하라고 하신 이유가 이스라엘 역사 속에 고스란히 드러나게 되었던 것이다.

> "그들이 만일 이르기를 우리 하나님 여호와께서 어찌하여 이 모든 일을 우리에게 행하셨느냐 하거든 너는 그들에게 이르기를 너희가 여호와를 버리고 너희 땅에서 이방 신들을 섬겼은즉 이와 같이 너희 것이 아닌 땅에서 이

방인들을 섬기리라 하라"(렘 5:19)

왜 이웃사랑을 이야기하면서 진멸전쟁을 먼저 언급해야만 하겠는가? 자기 자신처럼 이웃을 사랑하라는 말씀의 의미와 한계를 알아야 하기 때문이다. 물론 이웃사랑은 조건 없는 사랑이어야 한다. 형제뿐만 아니라 나그네, 외국인, 이방인들이라도 다 사랑해야 한다. 심지어 원수까지도 사랑하고 그를 위해 기도하라고 하지 않으셨던가? 하지만 아무리 순수하게 사랑하더라도 그 속에 그리스도의 사랑이 담겨있어야 한다. 담겨있어야 한다는 말은 무조건적인 수용이 아니라 그리스도의 사랑이 드러나야 한다는 뜻이다. 그리스도의 사랑은 무한정 개방하는 것이 아니라 어떤 의미에서든지 세속화된 사상이나 우상숭배와 같은 이단 사설들을 걸러내는 범위 안에서의 개방인 것이다. 그리스도인들로서 어려움 당하는 이웃들을 사랑한다고 하면서 세속적인 사상이나 수단과 방법을 그대로 사용한다면 그것은 이웃사랑이 아니라 혼합주의가 되어 버린다. 그리스도인의 이웃사랑은 그리스도의 사랑의 확산에만 그 의미가 존재하는 것이다.

이방인의 풍속을 따르지 말라

이미 8장에서 언급했지만, 하나님은 자식을 몰렉에게 주면 반드시 죽이라고 명령하셨는데, 그것도 꼭 형제나 그 지방 사람들로 하여금 죽이도록 하심으로써 강력한 경고를 주셨다(레 20:2). 심지어 하나님은 몰렉에게 자식을 바친 사람을 보고도 그를 죽이지 않으면 몰렉을 숭배한 사람과 함께 방치한 사람의 권속들까지 모든 백성들이 보는 앞에서 죽이라고 명령하셨다(레 20:4-5). 도대체 몰렉을 믿는 것이 무엇이기에 하나님은 이토록 강력하게 명령하신 것일까? 이웃을 사랑한다고 해서 몰렉에게 자식을 바치는 행위를 모른 척하거나 동조하거나 방임하면 구약의 시각에서는 그것은 이웃사랑이 아니다. 왜냐하면 구약에서는 이스라엘의 거룩성을 해치는 행위는 명백한 하나님 대적행위가 되기 때문이다.

말도 안 되는 이야기이지만, 우리 그리스도인들이 이웃을 사랑하는 데에도 이런 원칙은 적용되어야만 한다. 물론 공개적으로 대적하면서 공격하거나 물리적으로 그런 행위들을 막아서는 안 된다. 그러나 영적으로 그런 모습들이 복음을 훼손하는 사태가 일어날 것 같으면 그것은 더 이상 이웃사랑이라는 명목으로 행해져서는 안 된다. 그리스도인은 어려움을 당하고 있는 사람을 무조건 도와야 한다. 맞는 말이다. 그러나 그런 행위로 말미암아 복음의 순수성과 거룩성이 침범당한다면 그것은 결코 시도해서는 안 된다는 말이다. 이웃들의 입장을 존중하되 세속적이거나 우상숭배와 같은 일에 결코 동조할 수 없으며 오히려 그런 의도를 가지고 있는 사람들이라면 우리는 더 이상 관계 지어서는 안 되는 것이다.

몰렉을 숭배하고 자식을 바치는 우상숭배의 잔인한 행위가 얼마나 뿌리 깊었든지 솔로몬이 몰렉(밀곰)을 위해 산당을 지었고(왕하 23:13), 유다 왕 아하스와 므낫세는 자식을 몰렉에게 바치기 위해 불 가운데로 지나가게 했으며(왕하 16:3, 21:6), 유다 말기에 가서도 이 우상숭배를 버리지 못했다. 우상숭배는 실생활과 직결하여 사람들을 속이는 뱀의 술책이기 때문에 언제든지 여기에 속아서 모든 것을 바치는 사람들이 존재하게 마련이다. 결국 무엇인가? 이 땅의 복이 아닌가? 이 세상은 결코 영원하지 못하고 지나가는 안개와도 같은 것인데 사탄은 풍요와 번영을 속삭이는 것이다.

> "힌놈의 아들의 골짜기에 바알의 산당을 건축하였으며 자기들의 아들들과 딸들을 몰렉 앞으로 지나가게 하였느니라"(렘 32:35上)

몰렉에게 자식을 바치는 행위를 단지 전통이나 문화나 관행이라고 이야기할 수 있을 것이다. 그러나 전통이나 풍속에는 이방인들의 모든 사상이 다 들어있다. 그들의 정신세계가 삶 속에서 풍속으로 드러나게 되어 있다는 말이다. 북이스라엘을 세운 여로보암은 스스로 성전을 만들고 레위인이 아닌 제사장들을 세워 하나님의 백성들로 하여금 오히려 우상을 숭배하게 만들어버렸다. 북이스라엘의 제사장들은 만들어 세워놓은 허무한 신들의 제사장에 불과했다. 그들은 이미 금송아지를 만들어 신으로 숭배하고 있었다(대하 13:8). 그들은 이방인의 전통이요 문화를 받아들인 것이었다.

> "너희가 아론 자손인 여호와의 제사장들과 레위 사람들을 쫓아내고 이방 백성들의 풍속을 따라 제사장을 삼지 아니하였느냐 누구를 막론하고 어린 수송아지 한 마리와 숫양 일곱 마리를 끌고 와서 장립을 받고자 하는 자마다 허무한 신들의 제사장이 될 수 있도다"(대하 13:9)

오늘날 기독교 안에서도 하나님의 이런 거룩성을 지키게 하기 위한 말씀을 외면하는 사람들이 많이 있다. 그냥 구약 시대의 특성일 뿐인가? 결코 그렇지 않다. 이웃을 자기 자신처럼 사랑한다면서 이방문화를 옹호하고 지켜내기 위한 세력이나 행사를 지원하고 있다. 이방문화는 하나님께서 극도로 싫어하신다. 물론 우리는 이웃들의 상태나 처한 형편을 돌아보아야 한다. 그것이 이웃을 자기 자신처럼 사랑하는 길이기 때문이다. 하지만 그런 삶의 형편이나 억울한 모습들을 그 자체로서 바라보아야지 그 결과로 하나님께서 미워하시는 문화를 그대로 용납할 수는 없는 것이다. 그렇게 되면 하나님께서 우리에게 명하시는 이웃사랑을 오히려 훼방하는 결과가 될 뿐이다. 그리스도인의 이웃사랑은 반드시 그리스도 안에서, 그리스도를 위해서만 이루어져야 하는 것이다.

남유다와 북이스라엘이 같은 민족이었지만 그렇다고 하나님께서 유다에게 이스라엘과 화친하여 그들의 문화를 용납하고 서로 사랑하라고 하지는 않으셨다. 하나님의 관심은 이스라엘 민족의 거룩성이었던 것이다. 이미 유다 속에 이방의 관습이 많이 자리 잡은 상태였지만 유다의 5대 왕인 아사가 그런 모든 문화들을 과감하게 제거함으로써 하나님은 거룩성을 인정하시고 나라의 평안을 허락하셨다. 물론 그럼에도 불구하고 하나님은 같은 형제인 북이스라엘을 불쌍히 여기셔서 많은 선지자들을 보내시고 돌이킬 수 있도록 경고하셨다.

"아사가 그의 하나님 여호와 보시기에 선과 정의를 행하여 이방 제단과 산당을 없애고 주상을 깨뜨리며 아세라 상을 찍고 유다 사람에게 명하여 그 조상들의 하나님 여호와를 찾게 하며 그의 율법과 명령을 행하게 하고 또 유다 모든 성읍에서 산당과 태양상을 없애매 나라가 그 앞에서 평안함을 누리니라"(대하 14:-6)

하나님은 그 어떤 경우에도 이방인들이 행하는 모든 풍습과 우상숭배에 대해서 격노하신다. 하나님이 보시기에 그것은 거대한 악이었다. 그것은 하나님을 대적하는 사탄의 궤계들인 것이다. 오늘날 그것은 사실상 세속문화로 교회 안에 깊숙이 침투해 있다. 근본주의적, 율법적인 행위를 강조하는 것이 아니다. 그것은 또 다른 우상숭배가 될 수 있다. 하나님과의 관계를 조금이라도 훼방하거나 틈이 벌어지게 만드는 모든 현상은 명백한 우상숭배라는 말이다.

"또 여호와께서 그들 앞에서 물리치신 이방 사람 같이 그 곳 모든 산당에서 분향하며 또 악을 행하여 여호와를 격노하게 하였으며"(왕하 17:11)

이스라엘과 유다는 왜 멸망했는가? 모든 역대 왕들 중 극히 일부만 빼고는 전부 이방인의 풍습과 문화를 따라갔으며, 심지어 제사장들과 고관들 사이에도 오히려 하나님을 무시하는 가증한 우상숭배가 넘쳤기 때문에 하나님은 예레미야로 하여금 경고하게 하였으나, 그들이 선지자들을 비웃음으로 말미암아 이스라엘이 갈대아 왕의 손에 넘어가도록 하셨던 것이다.

"모든 제사장들의 우두머리들과 백성도 크게 범죄하여 이방 모든 가증한 일을 따라서 여호와께서 예루살렘에 거룩하게 두신 그의 전을 더럽게 하였으며"(대하 36:14)

오늘날 왜 기독교가 쇠퇴했으며 복음이 그 능력을 잃어버렸겠는가? 세속문화의 침투에 제대로 대처하지 못하고 오히려 지도자들이 거기에 빠져들었기 때문이 아닌가? 거룩성과 순수성은 무시한 채 그저 부흥, 축복, 번영, 성공과 같은 세속문화에 물들었기 때문이 아닌가? 하나님의 참된 복을 가장한 기복주의, 하나님의 영적 번영이 아니라 세상을 향한 번영신학, 세상 속에 복음을 전한다는 미명 아래의 세속주의, 하나님의 능력이 아니라 세력의 힘에 의존하고 열광하는 맘몬주의가 모두 세속문화요 우상숭배인 것이다. 우리의 이웃사랑은 이방인들 속에서의 긴장 가운데 행해져야 하는 그리스도의 사랑이다. 유다 왕국은 결국 시드기야 왕을 마지막으로 역사 속으로 사라져버렸다.

이방인들의 관습이나 문화들은 단순히 그들의 고유한 문화가 아니라 더럽고 가증한 일이다. 인간이 행하는 모든 행위들은 전부 하나님과 깊은 관계가 있다. 하나님의 편이 아니면 전부 하나님의 원수이다. 복음적인 사고방식이나 문화와 대척하는 모든 세속문화는 반복음적이다. 하나님과 반대편에서 하나님을 부정하고 무시하고 하나님과 원수 되는 행위들이라는 말이다. 그래서 그리스도인이라면 아무리 이웃사랑을 강조하더라도 세속적인 문화를 용납해서는 안 되는 것이다. 단순히 인격적인 부딪침이라면 우리는 얼마든지 그 사람을 용서하고 기도해줄 수 있다. 그러나 이방인의 관습이나 종교에 대해서는 조금도 용납해서는 안 된다. 왜냐하면 그 세속문화가 신앙인을 무너뜨릴 수 있기 때문이다.

"전에 주께서 주의 종 선지자들에게 명령하여 이르시되 너희가 가서 얻으려 하는 땅은 더러운 땅이니 이는 이방 백성들이 더럽고 가증한 일을 행하여 이 끝에서 저 끝까지 그 더러움으로 채웠음이라"(스 9:11)

이방여인에 관하여

바사 왕 고레스 원년에 고레스는 예루살렘에 성전을 건축할 것을 명하고 총독 스룹바벨로 하여금 건축을 시작하게 한다. 대적자들의 훼방으로 다리오 2년까지 약 16년 동안 성전건축이 중단되지만, 다시 왕의 허락을 받아서 성전을 완공한다. 그리고 온 백성들이 모여서 유월절을 지키게 된다. 그 후에 예루살렘에 돌아온 학사 겸 제사장 에스라가 백성들에게 여호와 하나님의 율법과 규례들을 가르치기로 결심하게 된다.

"에스라가 여호와의 율법을 연구하여 준행하며 율례와 규례를 이스라엘에게 가르치기로 결심하였었더라"(스 7:10)

그런데 예루살렘에 돌아와서 하나님의 나라로 변화시키기 위한 모든 일을 행하려고 할 때에 에스라는 청천벽력과도 같은 보고를 받게 된다. 그것은 백성들과 제사장들과 레위 사람들이 가나안 백성들의 우상숭배의 풍속을 그대로 쫓아 행하고 이방 백성들의 딸들을 이스라엘의 아내와 며느리로 삼았는데 고위층으로 갈수록 더욱 심하다는 것이었다. 가나안의 우상이 여호수아 이후부터 심지어 유다가 망하고 포로로 붙잡혀간 지 70년, 그 후 1차 포로귀환 이후 80여년이 다 되기까지 이스라엘을 훼방하고 더럽히고 있었던 것이다. 얼마나 뿌리가 깊은가? 일찍이 가나안 진멸전쟁에서 그들을 살려둔 결과가 이토록 끈질기게 이어졌던 것이다. 아니, 끈질긴 것이 아니라 원래 세상은 그런 것이었다.

" … 가나안 사람들과 헷 사람들과 브리스 사람들과 여부스 사람들과 암몬 사람들과 모압 사람들과 애굽 사람들과 아모리 사람들의 가증한 일을 행하여 그들의 딸을 맞이하여 아내와 며느리로 삼아 거룩한 자손이 그 지방 사람들과 서로 섞이게 하는데 방백들과 고관들이 이 죄에 더욱 으뜸이 되었다 하는지라"(스 9:1-2)

에스라는 너무나도 기가 막혀 무엇을 어떻게 할지를 생각조차도 하지 못하고 옷을 찢고 수염을 뜯으며 그냥 멍하니 앉아있을 뿐이었다. 도무지 변화될 수 없고 결코 개혁될 수 없는 백성들이 아닐 수 없었다. 이런 일을 벌인 사람들이 왜 가슴에 거리낌이 없었겠는가? 처음에는 대부분의 사람들이 망설임과 눈치 보기가 있었을 것이다. 그러나 한 사람, 두 사람이 이런 일을 시작하면서 그들의 문화를 받아들이게 되자 이제는 거리낌 없이 서로 필요를 따라 이방인들의 풍속을 쫓고 그들의 딸들을 아내로 받아들이게 되었을 것이다. 왜 그랬겠는가? 세상살이에 도움이 된다고 생각했기 때문이었을 것이다. 에스라는 망연자실할 수밖에 없었다.

> "내가 이 일을 듣고 속옷과 겉옷을 찢고 머리털과 수염을 뜯으며 기가 막혀 앉으니"(스 9:3)

그것은 엄연히 율법에도 어긋나는 일이었다. 이방인의 문화와 풍속이 분명히 이스라엘을 좀먹을 것이 확실하므로 하나님은 반드시 그들을 진멸하라고 명하신 것이었다. 그들은 강하고 숫자도 많고 문화도 발달되어 있었으며 여인들은 더 아름답게 치장했을 것이고 더 크고 강한 선진국이었다. 더구나 그들은 그 땅을 이미 점령하고 세력을 키워온 족속들이었다. 그들의 문화를 허용할 경우에 오히려 이스라엘이 가나안 족속들에게 점령당할 것은 불을 보듯이 훤한 일이었다.

> "또 그들과 혼인하지도 말지니 네 딸을 그들의 아들에게 주지 말 것이요 그들의 딸도 네 며느리로 삼지 말 것은 그가 네 아들을 유혹하여 그가 여호와를 떠나고 다른 신들을 섬기게 하므로 여호와께서 너희에게 진노하사 갑자기 너희를 멸하실 것임이니라"(신 7:3-4)

어쩌면 오늘의 상황과 그리도 흡사한가? 교회는 작지만 세상은 크고 넓다. 세상의 문화는 쾌락과 번영과 정복과 성공을 추구하고 있고, 약육강식과 적자생존이 지배하는 사상으로 꽉 채워져 있다. 겉으로는 배려니 소통이니 공평이니 외치지만 전부 다 자기 먼저 잘 되는 일에 혈안이 되어 있다. 더구나 선진문화라는 미명 아래 무엇이든지 발달한 나라를 뒤쫓아 가기 바쁜 그런 세상이다. 그러나 하나님 보시기에는 선진국의 문화가 결코 바람직한 것은 아니다. 하나님의 복음은 이미 거의 다 사라진 것이 선진국의 현실이다. 그런 문화를 기독교 문화가 이겨낼 수 있겠는가?

더구나 하나님은 사랑과 용서로 세상을 이기라고 하셨다. 사랑과 용서로 세상을 이기려면 그만큼 영적으로 무장되어 있지 않으면 안 된다. 하지만 정말 사랑과 용서로 무장하고 있는 성도가 얼마나 되겠는가? 에스라 시대처럼 세상과 문화적으로 혼합되고 삶이 뒤섞임으로써 그리스도인으로서의 정체성을 확고하게 가지지 못한 채 빈 몸으로 내팽개쳐진다고 생각해보라. 에스라 시대의 정치 및 종교지도자들이 마치 이와 같은 환경에 노출되어 있었던 것이다. 어떻게 신앙적 순결을 지켜낼 수가 있었겠는가? 오늘 우리나라의 신앙적 환경과 어쩌면 그렇게 닮아 있단 말인가? 불신가정과 혼인관계를 맺지 말라는 이야기가 아니다. 어떻게 하면 모든 상황에서 우리의 신앙적 거룩성과 순수성을 지킬 수 있겠는가에 대한 이야기이다. 그렇게 무장하고 나서야 비로소 진정한 이웃사랑이 실현될 수 있는 것이다.

에스라가 기가 막혀 울고 앉아 있으니까 많은 백성들이 근심스러워서 에스라 앞에 모여들었다. 에스라는 눈물로 백성들 앞에서 하나님께 깊이 회개하는 기도를 드리고 백성들은 그 앞에서 크게 통곡한다. 그리고 백성들의 대표가 에스라 앞에 나서서 모든 이방인 아내와 소생들을 다 내보내기로 약속하면서 이스라엘은 다시 외적인 거룩성을 회복하는 데 성공한다. 시간을 들여 전체 백성들을 조사한 결과, 거의 모든 가계에 이방인 여자가 다 들어와 살고 있던 일이 밝혀지게 되었다. 죄악은 우리도 모르는 사이에 우리들의 중심부에 자리 잡고 있는 것이다.

"곧 내 주의 교훈을 따르며 우리 하나님의 명령을 떨며 준행하는 자의 가르침을 따라 이 모든 아내와 그들의 소생을 다 내보내기로 우리 하나님과 언약을 세우고 율법대로 행할 것이라"(스 10:3)

그런데 이런 정화사건이 있은 지 불과 얼마 지나지 않아서 유다 민족 사이에는 또다시 이런 일이 벌어지고 있었다. 느헤미야가 총독이 되어 성벽을 재건하고 신앙개혁운동을 일으킬 때 그 때까지도 여전히 이방여인과 결혼하는 사람들이 존재했다. 결과적으로 그들의 자녀들이 유다 언어를 사용하는 것이 아니라 이방언어를 더 잘 사용하고 있는 것을 발견하게 된다(느 13:23-24). 이방인과 혼인하지 말아야 할 것을 명하신 하나님의 뜻이 명확하게 드러나고 있었던 것이다. 느헤미야는 이들에게 벌을 가하고 나서 솔로몬의 이야기를 꺼낸다. 솔로몬이 위대한 왕이었지만 이방 여인들을 후궁으로 삼고 나서 그 마음이 하나님으로부터 떠난 것을 지적한 것이었다. 이방여인을 아내로 맞이하는 일은 도저히 용납할 수 없는 일이었던 것이다.

"또 이르기를 옛적에 이스라엘 왕 솔로몬이 이 일로 범죄하지 아니하였느냐 그는 많은 나라 중에 비길 왕이 없이 하나님의 사랑을 입은 자라 하나님이 그를 왕으로 삼아 온 이스라엘을 다스리게 하셨으나 이방 여인이 그를 범죄하게 하였나니 너희가 이방 여인을 아내로 맞아 이 모든 큰 악을 행하여 우리 하나님께 범죄하는 것을 우리가 어찌 용납하겠느냐"(느 13:26-27)

오늘날 이방여인은 세속문화, 인본주의 사상을 가리킨다. 문화는 영적 영역을 포함하지 않을 수 없는 것이고, 이방문화를 받아들이다 보면 여호와 신앙은 훼손되고 파괴될 것이 너무나도 명백하다. 불신자와 결혼하지 말라거나 동업을 하지 말라거나 하는 이야기는 아니다. 물론 가능하면 불신자와 함께 동업하는 일은 권장할 수가 없다. 삶의 목적 자체가 다른 사람들과 함께 하다가 보면 반드시 부딪칠 일이 생기게 되어 있고, 스스로 영적 무장이 되어 있지 못하다면 오히려 이방인의 길을 가기가 더 쉬워지기 때문이다. 교회 예배를 비롯한 교회생활은 정상적으로 할 수 있다. 그러나 사고방식에서부터 불신자와 보조를 맞추다가 보면 이방문화를 따라갈 수밖에 없다. 복음적인 사명을 가지고 있지 않다면 불신자와의 결혼이나 동업은 피하는 것이 좋다. 오죽하면 성경에서 이방여인을 구덩이요 함정이라고 표현했겠는가?

"대저 음녀는 깊은 구덩이요 이방 여인은 좁은 함정이라"(잠 23:27)

우리가 이방문화를 배격하고 복음에 합당한 삶을 살면서 그리스도인의 거룩성을 지켜내면 그 때에 하나님은 우리를 위해 깊은 근심에 빠지신다. 곧 하나님의 역사가 시작된다는 말이다. 그리스도인이 복음의 거룩성을 지켜내지 못하고 이방문화에 젖어 이방여인을 맞이한다면 하나님은 점차 진노의 매를 드실 것이다. 아니면 관심에서 제해버리실 수도 있다. 그것은 구원받지 못한 백성이라는 의미이다. 세상욕심이나 물질과 세속적인 성공에 대한 소망을 버리고 오직 말씀과 기도로 거룩성을 찾아 살기 시작하면 하나님은 비로소 우리들을 위해 일하기 시작하신다. 세상과 마찬가지로 자기 뜻을 따라 세속문화를 지향한다면 어떻게 하나님께서 도와주시겠는가? 그리스도인의 이웃사랑은 이 거룩성을 지켜내는 범위 안에서 이루어질 수 있는 것이다.

"자기 가운데에서 이방 신들을 제하여 버리고 여호와를 섬기매 여호와께서 이스라엘의 곤고로 말미암아 마음에 근심하시니라"(삿 10:16)

이방인에 관한 기준의 변화

이스라엘의 이방인에 대한 시각은 남다른 면이 있었다. 무엇이든지 나쁜 것은 이방인들에게로 돌렸다. 이방인들은 여호와 하나님을 인정하지 않았고, 이스라엘의 고유한 영역을 침범하는 무리들이었으며, 끊임없이 우상숭배와 쾌락적인 수단들을 총동원하여 이스라엘을 무너뜨리려는 세력들이었다. 실제로 이방인의 우상숭배로 인하여 여러 왕들이 하나님을 대적하는 결과를 가져오기도 했었다. 하나님은 이 점을 너무나도 잘 아시기 때문에 율법을 주실 때 이방인들을 진멸하여 그들의 사상과 문화 자체가 이스라엘을 해치지 못하도록 강력하게 명령하셨던 것이다.

이스라엘은 외국인이라고 해서 모두를 이방인이라고 부르지는 않았다. 외국인 중에서도 이스라엘 내에서 살고 있으면서 유대교를 인정하고 유대문화에 적응하여 살아가는 사람들에 대해서는 이방인이 아니라 타국인이라고 불렀다. 타국인으로 인정되는 사람들에게는 이스라엘인들과 동등한 지분을 보장하도록 했다. 그렇다고 해서 모든 면에서 이스라엘 사람들과 동등한 것은 아니었다. 다만 동등한 기회를 주고 재판 등에서 불이익이나 차별이 없도록 하라는 하나님의 명령인 것이다. 왜냐하면 그들도 이스라엘 공동체의 구성원들이 되기 때문이다.

"너희는 이 땅을 나누되 제비 뽑아 너희와 너희 가운데 머물러 사는 타국인 곧 너희 가운데에서 자녀를 낳은 자의 기업이 되게 할지니 너희는 그 타국인을 본토에서 난 이스라엘 족속 같이 여기고 그들도 이스라엘 지파 중에서 너희와 함께 기업을 얻게 하되"(겔 47:22)

그런 역사 속에서 이방인에 대한 시각과 관점이 굳어졌고, 이방인들과 지속적으로 교류하려는 일부 지도자들과 백성들의 일탈행위로 말미암아 하나님은 끊임없이 이방인과의 교류를 금하는 명령을 내려주셨다. 율법과 규례를 지키라는 말씀을 뺀다면 그 나머지는 이방인과의 교류를 금하는 말씀이었을 정도이다. 그만큼 이방문화와 우상숭배는 이스라엘이라는 한 국가에 대단한 위협이 되었던 것이다. 그렇게 흘러온 역사 속에서 예수님 당시에는 적어도 전통적으로 이야기하는 이방문화와 우상숭배는 거의 사라진 것 같았다. 예수님도 우상숭배와 이방문화에 대해서는 거의 언급이 없으셨다. 물론 이방문화와는 별개로 율법주의가 그 자리를 거의 대체하고 있었다.

아무튼 어떤 면에서든지 이스라엘을 훼손하려는 이방인에 대한 시각은 완전히 고착화되어 예수님조차도 그 당시 백성들의 인식을 따라 말씀하신 경우가 몇 번 있으셨다. 이방인들은 기도를 해도 중언부언한다고 하셨고(마 6:7), 자기 형제들에게만 문안하는 사람들이라고 하셨으며(마 5:47), 먹고 살 것을 위해 기도하는 일도 이방인들이 하는 일이라고 말씀하셨다(마 6:32). 누가 끝까지 교회의 말을 듣지 않으면 그 사람을 이방인과 세리처럼 여겨 배척해버리라는 말씀을 하셨다. 그 당시 이스라엘 사람들의 이방인에 대한 시각을 분명하게 말씀하신 것이었다.

"만일 그들의 말도 듣지 않거든 교회에 말하고 교회의 말도 듣지 않거든 이방인과 세리와 같이 여기라"(마 18:17)

그런데 이런 시각이 예수님의 죽으심 이후로 변화되기 시작했다. 예수님께서 십자가에서 돌아가시고 부활승천하신 후에 임하신 성령님으로 인하여 완전히 다른 세상이 되었다. 이제까지 인류 역사에서 결코 존재하지 않았던 새로운 인류가 성령님의 능력으로써 탄생하게 되었던 것이다. 거기에는 유대인과 이방인의 차이가 없었고, 언어나 종족의 차이도 없었으며, 남녀나 계층이나 신분의 격차도 없었다. 누구든지 성령 안에 들어오면 모두가 같은 주님의 형제들이 되는 것이다. 하나님 앞에서는 모두가 동등한 입장이 되는 것이다. 이제 유대인과 이방인의 개념 자체가 완전히 사라져버린 것이다.

물론 영적인 의미에서 유대인과 이방인은 엄연히 존재하고 있다. 성령의 능력으로 믿음을 고백하고 하나님의 백성이 된 사람들과 주 예수 그리스도를 결코 인정하지 못하는 불신자들이 마치 유대인과 이방인과 같은 상황으로 변한 것이었다. 그리스도인은 이방인의 우상숭배와 세속적인 쾌락을 추구하지 않는 유대인들이고, 불신자들은 세상의 행복과 성공을 추구하는 이방인들이다. 여기에서 우리는 이방인(불신자)들을 대하는 태도에서 여전히 구약에서와 같은 입장을 견지해야 한다는 사실을 말하지 않을 수 없다. 육체의 이방인에서 영적인 불신자로, 육체의 이스라엘인에서 영적인 그리스도인으로 변화되었지만, 그 내면에 흐르는 영적인 원리는 조금도 변하지 않았고, 하나님의 명령은 오늘날에도 여전히 존재해야 한다. 영적인 흐름과 원리는 세상의 종말이 와도 여전히 유효한 것이다.

하지만 아직 이스라엘인들은 그런 변화를 알지 못했다. 그들은 여전히 할례를 유대인의 육체적 증거로 생각하고 있었다. 할례 받지 못한 사람은 무조건 이방인이었다. 그들은 이스라엘의 율법과 규례를 지킬 마음이 없는 사람들이었다. 물론 육체에 할례를 받는다는 것은 마음으로도 여호와 하나님을 믿고 따른다는 뜻이었다. 이방인에 대한 이런 인식은 모세 시대 때부터 형성되어 있었다. 이방인에 대한 그런 인식은 심지어 예루살렘 교회가 형성되고 놀라운 부흥을 이룰 때까지도 변함이 없었다. 아직은 이방인은 경계하고 배척하고 교류하지 말아야 할 족속들이었던 것이다. 예수님 당시까지도 아직은 공동체의 거룩성을 지켜내기 위해 가장 강하게 배격해야 할 사람들이 바로 이방인들이었던 것이다.

> "주 여호와께서 이같이 말씀하셨느니라 이스라엘 족속 중에 있는 이방인 중에 마음과 몸에 할례를 받지 아니한 이방인은 내 성소에 들어오지 못하리라"(겔 44:9)

하지만 유대인들만을 위해 예수님께서 오신 것이 아니었다. 유대인들만을 위해 십자가에 달려 죽으신 것은 더더욱 아니었다. 물론 부활승천하신 후에 성령님을 보내주신 목적도 유대인들만을 위한 것이 아니었다. 이 사실을 깨닫기까지는 그리 오래 걸리지 않았다. 육체의 이방인이 영적인 이방인은 아니라는 것을 사도 베드로를 통해서 성령님께서 알게 해 주셨다. 베드로가 욥바에 있을 때 환상 중에 보자기에 담긴 부정한 음식들을 보게 된다. 그런데 성령님께서 그것들을 잡아먹으라고 하시고 베드로는 어릴 때부터 지켜온 유대인의 전통에 따라 거부한다. 여기까지는 유대인인 베드로로서는 당연한 반응이었다.

"그 안에는 땅에 있는 각종 네 발 가진 짐승과 기는 것과 공중에 나는 것들이 있더라 또 소리가 있으되 베드로야 일어나 잡아먹어라 하거늘 베드로가 이르되 주여 그럴 수 없나이다 속되고 깨끗하지 아니한 것을 내가 결코 먹지 아니하였나이다 한대"(행 10:12-14)

환상 중이었지만 여기까지는 지극히 정상적이었다. 유대인으로서 부정한 음식을 먹을 수는 없었기 때문이었다. 그런데 그 다음에 음성이 들려온다. 네가 부정한 음식이라고 한 것을 내가 깨끗하게 만들었다는 말씀이었다. 하나님께서는 이제까지와는 달리 거룩성의 방향을 유대인에게만 국한시키지 않으셨다. 지금까지는 유대인이라는 한 공동체만 거룩하게 하기를 원하셨지만 이제부터는 그런 기준 자체를 바꾸시겠다는 것이었다. 이제까지 이방인들을 반유대적인 대상으로만 보고 적대시했지만 이제부터는 그런 기준을 깨버리고 새로운 인류가 유대인 공동체를 대신하게 하신다는 말씀이었던 것이다. 베드로는 전혀 그 뜻을 이해할 수 없었지만 이런 환상은 세 번 똑같이 반복되었다.

"또 두 번째 소리가 있으되 하나님께서 깨끗하게 하신 것을 네가 속되다 하지 말라 하더라 이런 일이 세 번 있은 후 그 그릇이 곧 하늘로 올려져 가니라"(행 10:15-16)

베드로가 이것을 어떻게 해야 할까 하고 생각할 때 베드로를 방문한 두 사람이 있었다. 이방인 백부장 고넬료가 성령님의 지시를 받아 베드로에게 보낸 사람들이었다. 마침 성령님께서 그 두 사람을 의심하지 말고 영접하라고 감동을 주신다. 베드로가 그들을 따라 고넬료의 집으로 갔고, 그리고 인류 역사상 최초의 이방인 세례 의식이 집전되기에 이르렀다. 왜냐하면 베드로가 설교를 하고 나니까 성령님께서 고넬료의 집안사람들에게 임하셨고 방언을 하게 만드셨기 때문이었다. 오늘날에는 방언을 한다고 해서 반드시 성령 받은 것이 아닐 수 있지만, 당시에는 방언이 내려오면 성령님의 임재하시는 것으로 믿을 수 있었다. 이방인에게 방언을 주시다니! 있을 수 없는 일이라고 생각했지만 할례 받은 적이 없는 이방인 고넬료에게 성령님이 거침없이 임하시는 것을 보고 놀라지 않을 수 없었던 것이다.

> "베드로가 이 말을 할 때에 성령이 말씀 듣는 모든 사람에게 내려오시니 베드로와 함께 온 할례 받은 신자들이 이방인들에게도 성령 부어 주심으로 말미암아 놀라니 이는 방언을 말하며 하나님 높임을 들음이러라"(행 10:44-46)

예루살렘 총회에 돌아온 베드로가 이 간증을 하자 사도들도 이방인에게 구원이 미치는 사실을 받아들일 수밖에 없었다. 이제 육체의 이방인이라고 해서 유대인들과 구별할 필요가 없어졌다. 유대인이든 외국인이든 이방인에 대한 기준 자체가 사라져버렸고, 유대인이라도 성령을 받지 못하면 오히려 이방인이 되는 전혀 새로운 시대가 되었다. 따라서 이제까지 이스라엘에 강조되던 이웃사랑의 개념도 완전히 바뀌게 되었다. 여태까지는 소위 형제사랑이 이웃사랑이었지만, 이제는 형제사랑에 더하여 이방인들에 대한 이웃사랑을 어떻게 실천할 것인가에 대한 연구가 이루어져야 하게 되었던 것이다.

> "그들이 이 말을 듣고 잠잠하여 하나님께 영광을 돌려 이르되 그러면 하나님께서 이방인에게도 생명 얻는 회개를 주셨도다 하니라"(행 11:18)

그렇다고 하더라도 영적인 개념이 바뀐 것은 결코 아니다. 구약시대에는 육체적 유대인이 영적인 유대인이었지만 이제부터는 육체적으로 유대인인가 이방인인가는 관계없이 성령이 임하시는 쪽, 곧 주 예수 그리스도로 인한 죄 사함과 부활을 믿으면 영적인 유대인이 되는 것이었다. 따라서 우리가 이웃사랑의 대상으로 삼아야 하는 사람들은 현재적 의미의 유대인(그리스도인)들과 미래적인 의미의 유대인(구원의 대상자들)들을 모두 포함하는 것이어야 하게 되었다. 물론 현재적 의미의 유대인들은 그 거룩성을 반드시 담보해야만 진정한 이웃사랑이 성립될 수 있게 되는 것이다.

어떻게 이방인을 사랑할 것인가?

이웃사랑은 이방문화를 배격하고 그리스도의 복음을 전파하는 유일한 수단이다. 선포되는 복음이 아니라 보이는 복음이기 때문이다. 이웃사랑 자체가 기독교문화인 것이다. 예수님의 말씀 중에서 일반적으로 가장 잘 알려진 말씀은 "원수를 사랑하라."이다. 이 방인들과 가장 근본적으로 구별되는 특성이 바로 원수사랑이다. 원수사랑이야말로 이웃을 자기 자신처럼 사랑하는 가장 표본적인 모델이 되는 것이다. 원수 중에는 같은 형제도 있을 수 있지만 대개는 이방인들 중에서 나타나지 않겠는가? 그렇다면 다른 종교를 믿고 우상을 숭배하며 세속적인 가치관을 따라 살면서 그리스도인을 박해하는 사람들을 전부 사랑해야 한다는 이야기이다.

> "또 네 이웃을 사랑하고 네 원수를 미워하라 하였다는 것을 너희가 들었으나 나는 너희에게 이르노니 너희 원수를 사랑하며 너희를 박해하는 자를 위하여 기도하라"(마 5:43-44)

왜 그렇게 해야 하는가? 그렇게 하면 하나님의 아들이 되기 때문이라는 말씀이다. 어떤 면에서는 먼저 원수를 사랑함으로써 결과적으로 하나님의 아들이 되는 것이 아니라 하나님의 아들이 되기 위해서 먼저 원수를 사랑하라는 말씀으로 들린다. 그렇다. 복음은 이 땅의 것을 받기 위해 원수를 사랑하는 것이 아니라 저 하늘의 보상을 받기 위해 원수를 사랑하는 것이다. 그리스도인은 하늘의 상을 바라보고 달려가는 사람들이다. 이 땅의 성공과 복을 받기 위해 애쓰고 힘쓴다면 그 사람은 이방인 중의 한 사람일 뿐이다. 기독교 문화는 원수를 사랑하는 것이다. 물론 그리스도인의 거룩성을 지켜내는 한도 안에서 이방인들을 사랑하고 그들을 위해 기도하는 것이다.

"이같이 한즉 하늘에 계신 너희 아버지의 아들이 되리니 이는 하나님이 그 해를 악인과 선인에게 비추시며 비를 의로운 자와 불의한 자에게 내려주심이라 너희가 너희를 사랑하는 자를 사랑하면 무슨 상이 있으리요 세리도 이같이 아니하느냐"(마 5:45-46)

우리 모두가 잘 알고 있다시피 교회는 나누어주고 섬기는 일을 찾아서 열심히 봉사하고 있다. 하지만 그것으로 이웃사랑을 다하고 있는 것은 아니다. 이웃사랑이란 기본적으로 그리스도의 사랑을 전하는 것이기 때문에 그리스도의 복음을 보여주기 위해서는 그리스도인의 정체성이 삶 가운데에서 드러나도록 해야 한다. 그럴 때 이웃사랑은 더욱더 하나님께 영광을 드러내고 만방에 그리스도의 복음을 펼칠 수 있게 되는 것이다. 예를 들어 오늘날 교회에서 행해지는 그 어떤 나눔이나 섬김에도 전도하기 위해서라는 전제조건이 붙는 경우가 대부분일 것이다. 지역에서 열심히 나누고 섬기는데 조금 비판적인 사람들은 "저거 다 전도하려는 것이고, 교회 오라는 거야." 하고 마음을 닫아버리는 사람들이 대다수인 것이 현실이다. 그렇다면 사람들은 교회의 목적을 단지 교인 수를 늘리는 것으로만 이해하게 된다.

물론 우리는 교회의 이름으로 이웃사랑을 행해야 할 때가 많이 있다. 그러나 그런 봉사활동을 통하여 단지 교회예배에 참석시키려고만 한다면 사실은 역효과가 날 수 있다. 그렇게 숫자나 물량적으로 접근하면 그것을 통해 그리스도의 사랑을 드러내는 일은 쉽지 않게 된다. 교회 행사일에는 열심히 초청하고 섬기는데 그것이

지나가면 무심한 얼굴로 되돌아간다면 오히려 전도의 문은 막히고 그리스도의 사랑을 전파할 여지가 사라져버리는 것이다. 열심히 전도하고 초청하고 전도하기 위해 봉사할 수 있다. 물론 그 자체가 나쁜 것이 아니다. 그러나 이웃사랑의 개념을 가지고 전도에 임하면 훨씬 더 효과적일 수 있겠다는 말이다. 어떤 한 사람을 전도대상자로 생각했다면 그의 일생동안 섬길 각오로 이웃사랑을 행할 때 거기에는 분명히 그리스도의 사랑이 넘치게 될 것이고 상대방도 그 사랑을 느끼고 깨닫게 될 것이라는 말이다.

구약에서는 이방인을 대적자나 원수로 생각했지만 하나님은 바울을 불러서 그 이방인들에게 그리스도의 복음을 전하게 만드셨다. 이제까지 이스라엘 공동체의 거룩성과 순수함과 하나 됨을 위해 이방인으로부터의 모든 침범을 강하게 막도록 하셨던 하나님께서 오히려 한 사람을 지도자로 택하시고 그 원수 된 이방인들에게 복음을 전파하도록 하신 것은 참으로 놀라운 일이 아닐 수 없다. 그만큼 육체의 유대인과 이방인의 경계가 사라지게 되었고, 이스라엘의 거룩성과 하나 됨을 명하셨던 하나님께서 영적인 유대인의 거룩성과 하나 됨을 지키는 방향으로 인도하셨던 것이다.

"주께서 이르시되 가라 이 사람은 내 이름을 이방인과 임금들과 이스라엘 자손들에게 전하기 위하여 택한 나의 그릇이라"(행 9:15)

바울은 이방인을 향한 이웃사랑의 본을 삶의 모습이 아니라 영적 사랑으로 보여주었다. 다만 바울 시대의 이방인의 개념과 우리시대의 이방인의 개념은 전혀 다르다는 것을 말해야 한다. 지금은 이방인이라는 표현조차 사용하지 않을 정도로 이방인에 대한 경계가 사라져버렸다. 그 대신 우리에게는 그냥 일반적인 의미에서의 이웃이라는 개념으로 변경되었다. 오늘날의 이웃은 불신자들을 뜻하게 되었다. 같은 그리스도인들은 형제라는 용어를 주로 사용하고 있다. 예수님께서 복음서에서 말씀하신 이웃이라는 개념도 구약적인 개념이었다. 이스라엘 공동체 안의 이웃을 주로 말씀하셨기 때문이다. 오늘날 교회에서 이웃이라고 하면 같은 지역에나 일터에서 매일같이 부딪치는 불신자들을 뜻하게 된 것이다.

성경에서 말하는 이웃이라는 개념과 오늘날 일반적으로 사용되는 이웃이라는 개념이 크게 변화되었음에도 불구하고 성경이 가르치는 이웃사랑의 본질이나 방향이 달라지는 것은 아니다. 성경이 말하는 이웃이 같은 공동체 내의 이웃을 말하고 있고 오늘날에 통용되는 이웃은 불신자를 가리키는 것이라고 해도, 그 이웃사랑의 내용이나 방법은 동일해야 한다. 왜냐하면 구약에서는 민족적인 공동체를 거룩하게 하기 위한 이웃사랑이었다면 신약 이후에는 영적인 공동체를 거룩하게 지켜내는 이웃사랑이어야 하기 때문이다. 모든 것이 개방된 상태에서 복음 공동체의 거룩성을 지켜내려면 오히려 원수사랑과 같은 복음적인 문화를 세상을 향해 펼쳐야 가능해질 수 있다. 안으로 걸어 잠그는 것이 아니라 세상이 침범하지 못하도록 끊임없이 이웃사랑을 분출해내야만 하는 것이다. 교회가 폐쇄적이 되면 오히려 교회의 정체성을 상실하게 되는 것이다.

이웃을 자기 자신처럼 사랑하는 일에 대한 행동규범이나 방법론은 이야기하지 않아도 얼마든지 가능하다. 흩어져 있는 모든 교회들이 이웃사랑을 몸소 실천하고 나누고 섬기는 일에 최선을 다하면서 훌륭하게 역할을 다하고 있기 때문이다. 하지만 우리들의 이웃사랑은 자칫 표면적인 사랑에 그칠 수 있음도 여전히 사실이다. 알다시피 이웃사랑은 하나님사랑과 동등한 무게를 지닌다. 이웃을 사랑하는 일은 나서면 좋고 그렇지 못해도 천국 가는 데에는 지장이 없을 것이라는 생각을 은연중에 가지고 있을 것이다. 왜냐하면 교회에서 이웃사랑을 크게 강조하지 않기 때문이다. 그리고 강조하더라도 반드시 전도와 관련하여 섬기고 나눌 것을 권면하기 때문일 것이다. 또한 이웃사랑을 위한 나눔이나 구제나 선교를 많은 경우에 헌금으로 대체하고 있는 것이 또한 현실이다.

이것이 나쁘다는 것이 아니라 충분하지 못하다는 것이다. 다른 책에서 그리스도인의 비움과 나눔, 그리고 그리스도인의 낮춤과 섬김이라는 주제를 따로 살펴보겠지만, 단지 행위로서의 나눔과 섬김으로 그리스도인의 이웃사랑의 도리를 다하는 것은 아니다. 그리스도인의 이웃사랑을 통해서는 반드시 그리스도의 사랑이 전달되어야 한다. 그리스도인이 이웃을 자기 자신처럼 사랑해야 하는 이유는 그리스도의 사랑이 이웃에게 전파되어야 하기 때문이다. 물론 복음은 글이나 말로 전달된다. 언어로 받아들여져야 복음이 복음답게 된다. 하지만 언어로서의 복음이 제대로 전달되기 위해서는 반드시 이웃사랑이라는 삶을 통해서 본질적인 의미가 함께 전달되어야 한다. 그것이 그리스도인의 이웃사랑의 가장 핵심적인 개념인 것이다.

그리스도인의 이웃사랑의 극치는 예수님의 십자가 희생이다. 십자가 고난이 모든 그리스도인들의 이웃사랑의 원형이다. 이웃과 부딪칠 때에나 심지어 원수처럼 되었을 경우에 어떻게 우리 행동의 기준을 정할 것인가? 해답은 그리스도의 십자가사랑이다. 예수님은 우리를 위해 십자가에서 목숨까지 내어주셨다. 심지어 우리가 하나님과 원수 상태에 있을 때에 이미 우리를 위해 희생당하셨다. 받아들이고 안 받아들이고는 각자의 선택이다. 물론 성령님의 감동하심으로써만이 복음을 받아들일 수 있다. 원리를 말하는 것이다. 우리가 그리스도 예수님처럼 이웃을 사랑하는 일은 거의 불가능에 가깝다. 그러나 우리는 우리 자신을 그리스도의 십자가 희생 위에 올려놓아야 한다. 성경에서 말씀하는 이웃을 자기 자신처럼 사랑하는 일은 그리스도 예수께서 성취해놓으셨기 때문이다.

무작정 이웃을 위해 죽음까지 불사하는 것이 아니다. 그리스도의 희생은 사람을 구원하는 데에서만 그 의미를 살려낼 수 있다. 그리스도의 희생을 받아들이는 사람에게는 예수님의 희생은 목숨처럼 받아들여진다. 그러나 그 사랑을 믿지 못하고 받아들이지 못하는 사람에게는 그 어떤 사랑도 의미가 다 사라져버린다. 우리의 이웃사랑도 마찬가지이다. 우리가 예수님처럼 자신을 희생하면서 이웃을 사랑했다고 하더라도 그 의미를 받아들이는 사람에게만 의미가 살아나는 것이다. 구약적인 의미에서 이방인을 사랑하는 것이든 현대적인 의미에서 불신자들을 사랑하는 것이든 전달되는 것은 우리의 인간적인 사랑이 아니라 그리스도의 초월적인 사랑이어야 한다. 우리의 모든 이웃사랑의 행위에는 그리스도의 사랑으로 넘쳐야 하며 우리의 자랑이나 자기 의가 아니라 하나님의 사랑이 전달되어야 하는 것이다.

제4부

이웃사랑은 영혼사랑이다

제13장
이웃사랑의 초점

사랑의 대상이면서 경계의 대상

흔히 진퇴양난에 처했다거나 혹은 모순에 빠졌다는 이야기를 들을 때가 있다. 이렇게도 저렇게도 하기가 곤란한 상태를 말한다. 그런데 그리스도인은 모두 이 진퇴양난에 빠진 사람들이다. 어떤 점에서 그렇겠는가? 그리스도인의 이웃사랑이 바로 이 진퇴양난에 빠져있는 것이다. 왜냐하면 우리는 이웃(이방인, 불신자)들을 자기 자신처럼 사랑해야 하는 사람들인 동시에 경계해야 하는 사람들이기 때문이다. 앞에서 살펴본 바와 같이 이웃들은 다른 종교, 세속적인 사고방식, 이 땅에서의 복을 추구하는 사람들이다. 구약으로 치자면 우상종교에 빠진 이방인들이다. 역시 구약으로 하자면 이들은 대개 끝까지 하나님을 거부함으로써 진멸의 대상이 될 사람들이다. 왜냐하면 세속문화로 그리스도인들에게 악영향을 끼치는 사람들이기 때문이다. 그들은 영적인 거룩성을 해칠 수 있는 사람들이다.

오늘날의 그리스도인들의 이웃은 외줄타기처럼 어느 한쪽으로 치우치지 못하게 제어해야 하는 대상들이다. 그런데 우리는 그런 사람들을 자기 자신처럼 사랑해야 한다. 가까이 하기에는 너무 먼 당신이 바로 우리의 이웃들이다. 한편으로는 자기 자신처럼 사랑해야 하지만 다른 한편으로는 저들에게 물들지 않기 위해서 경계해야 한다. 이 모순을 어떻게 극복할 것인가? 사도 바울은 이런 상황을 적절하게 설명해준 바가 있다. 우리의 현재 상황이 이런 모순에 둘러싸여 있다는 것이다. 사방으로 욱여쌈과 답답함과 박해와 거꾸러뜨림을 당하고 있다는 것이다.

> "우리가 사방으로 욱여쌈을 당하여도 싸이지 아니하며 답답한 일을 당하여도 낙심하지 아니하며 박해를 받아도 버린 바 되지 아니하며 거꾸러뜨림을 당하여도 망하지 아니하고"(고후 4:8-9)

물론 그리스도인들이 아무 것도 하지 않고 그냥 세상 사람들처럼 살아가기만 한다면 이런 일은 일어나지 않는다. 하지만 그렇게 되면 예수님께서 우리 죄를 위해 십자가에서 온갖 고통과 모욕을 당하시고 돌아가신 의미가 완전히 사라져버린다. 예수님은 겨우 우리가 세상적인 생존을 위해 살아가라고 이 땅에 오신 것이 아니다. 예수님은 십자가의 고통을 당하실 뿐만 아니라 3년 동안의 생활을 보여주셨다. 단순히 우리의 죄만 위해서 오셨다면 그러실 필요가 없었다. 예수님은 그리스도인의 삶의 본을 보여주셨고, 그리고 지금도 우리 그리스도인들의 삶 속에 깊숙이 개입하고 계신다. 그래서 그리스도인들은 세상 한가운데 홀로 서 있다고 하더라도 그 세상을 변화시키는 사람들이다. 세상 속에 묻혀서 세상 사람들과 같이 살아갈 수는 없다. 왜냐하면 예수님의 생명이 우리 속에 거하시고 삶 속에서 나타나게 하시기 때문이다.

> "우리가 항상 예수의 죽음을 몸에 짊어짐은 예수의 생명이 또한 우리 몸에 나타나게 하려 함이라"(고후 4:10)

하나님은 모든 인간을 사랑하신다. 그런데 하나님은 어떤 사람들에 대해서는 완전히 외면하신다. 모든 사람을 사랑하시는 하나님께서 왜 어떤 사람들은 외면하실까? 구약의 이야기가 아니다. 진멸전쟁의 이야기가 아니다. 예수님께서 바리새인들을 향해 지옥 자식들이라고 하셨다. 천국 문을 막고 다른 사람도 들어가지 못하게 한다고 하셨고(마 23:13), 기껏 전도해서는 자기들보다 더욱 지옥 자식들이 되게 한다고 비판하셨다(마 23:15). 이 말씀은 무슨 말씀인가? 하나님은 바리새인들을 사랑하지 않으신다. 이미 지옥으로 보내기로 작정하셨다고 볼 수 있다. 이들이 오늘날 우리 주변에 존재한다면 그들이 우리의 이웃들이다. 하나님께서 이미 구원에서 제외시키기로 하셨지만 우리들의 옆에는 이웃으로 존재한다는 이야기이다. 그런데 우리는 이들을 사랑해야 한다. 하나님을 믿지 않는 모든 사람들이 우리의 사랑의 대상들이다. 우리는 하나님께서 우리와 연결해주시는 이웃들을 마치 우리 자신처럼 사랑해야 한다.

하지만 그러면서도 우리는 철저하게 경계해야 한다. 속으로 다른 마음을 품으라는 말이 아니라 불신 이웃들을 자기 자신처럼 진심으로 사랑하되 영적 분별력을 가져야 한다는 말이다. 이것은 육적 문제가 아니라 영적 문제이기 때문이다. 기독교의 교세의 문제가 아니라 영적 사랑의 문제이기 때문이다. 구약은 그렇지 않은가? 겉으로는 이스라엘 민족의 문제로 보이지만 하나님의 눈으로 보면 그것은 전적으로 영적 문제였다. 이것을 이해하지 못하면 단순히 국가와 국가, 민족과 민족의 문제로만 인식하게 된다. 하나님을 얼마나 사랑하는가의 영적인 문제를 현실적으로 민족의 부흥과 번영의 문제로 보게 되면 끊임없이 하나님을 배반하게 되어 있다. 그래서 그들은 하나님과 이방인 사이에서 갈피를 잡지 못하고 방황할 수밖에 없었던 것이다.

지금도 마찬가지이다. 우리 그리스도인들은 하나님과 이웃 사이에 끼어있는 존재들이다. 물론 이웃을 무조건 우상숭배자로 보라는 것이 아니다. 이웃을 영적 존재로 보아야 한다는 것이다. 자기 자신처럼 사랑해야 할 대상으로 보고 기회가 오면 그렇게 섬겨야 하지만 동시에 그 사랑을 통해서 그리스도를 드러내어 보여야 한다. 그렇다면 그 섬김은 과연 무엇을 위한 것인가? 순전히 이웃들의 영혼을 위해서이다. 영혼을 얻기 위해서 육으로 섬기고 사랑해야 하는 것이다. 만약에 이웃들의 영혼을 생각하지 않는다면 구태여 그들을 우리 자신처럼 사랑할 이유가 없다. 만약에 단순히 이웃을 자기 자신처럼 사랑하는 데에만 초점을 맞춘다면 그것은 100% 우리의 공로가 될 뿐이다.

우리의 이웃들은 하나님께서 우리에게 주신 기회이다. 그런데 그것은 기회인 동시에 위기일 수 있다. 왜냐하면 우리의 이웃들의 세속적인 삶의 모습은 자칫 독이 됨과 동시에 유혹이 될 수 있기 때문이다. 가난한 이웃들의 어려운 형편을 도와주는 데에만 초점을 맞춘다면 거기에는 영적 분별력이 작동할 수 없다. 자칫하면 하나님과의 관계의 통로가 아니라 마귀와의 관계의 통로가 될 수도 있는 것이다. 우리 그리스도인들은 모두 하나님의 통로들이다. 하나님의 은혜의 통로요 그리스도의 희생의 통로요 영적 이방인들을 향한 구원의 통로들이다. 그래서 이웃사랑은 이웃의 육체나 환경이 아니라 이웃들의 영혼을 향한 섬김이 되어야 하는 것이다.

우리는 이방세계에 보내심을 받은 사람들이다. 우리는 이방인들에게 둘러싸여 살아가고 있는 사람들이다. 우리는 이방인들 속에서 어려운 이웃들을 발견하고 그들을 섬기는 사람들이다. 우리는 영적 환자들을 돌보는 의사들이다. 신분이 전혀 다른 사람들이다. 의사는 병원에서 환자들을 돌볼 때에만 의사인 것은 아니다. 그는 일상생활 중에서도 환자들을 발견하면 의사로서 조치를 위한다. 병원에서 진료한다고 해서 삶 속에서 위급한 사람들을 외면하는 것이 아니다. 물론 일반적인 질병이라면 생활 속에서까지 진찰하지는 않는다. 하지만 위급환자라거나 응급환자와 같은 사람들을 만나면 그들은 의사로서 행동하게 될 것이다. 마찬가지이다. 우리는 마치 의사와도 같은 사람들이다. 영적 의사 말이다.

만약에 의사가 진료시간이 지나서 친구들과 만나 교제한다고 해보자. 음식을 먹으면서 대화를 나누고 교제를 할 때에는 의사가 아닌 사람들과 똑같다. 그러나 만약에 근처에 응급환자가 생기면 그는 다시 의사가 된다. 근무시간이 지났다고 해서 의사로서의 역할을 하지 않는다면 의사로서의 자격이 없는 사람이다. 그런데 더 나아가서 친구들이나 다른 사람들과 사귀는 것이 좋고 교제하는 것이 너무 좋아서 함께 밤을 지새우고 나서 병원에 출근하지 않는다면 어떻게 되겠는가? 그 사람이 아무리 뛰어난 의사라도 그는 더 이상 의사가 아니게 된다. 오늘날 이와 똑같은 일이 우리 그리스도인들 사이에서 일어나고 있다. 우리 그리스도인들은 영적 의사로서의 기능과 사명을 잃어버렸을 뿐만 아니라 진료시간에조차 출근하지 않는 의사와도 같게 되어버렸다. 기독교인으로서 예배와 기도는 많이 하는데 삶 속에서 그리스도인으로서의 역할과 기능을 잃어버렸다.

그리스도인들은 세상과 하나님 사이에서 외줄타기 하는 사람들이다. 우리는 이웃의 영혼들을 위해 세상에 파송된 존재들이다. 이웃을 자기 자신처럼 사랑하되 그 사랑의 목표를 잃어버리면 안 된다. 이웃을 구원하기 위해 교제권을 넓힌다면서 오히려 그 이웃과 어울려서 세속적으로 가버린다면 그는 진실한 그리스도인이 되지 못한다. 아무리 이웃을 자기 몸을 돌보는 것처럼 사랑하더라도 그 사람의 영혼을 생각하지 못한다면 세속으로 끌려갈 수밖에 없다. 예수님은 사도 바울을 이방인들에게 그리스도를 전하기 위해 택한 그릇이라고 하셨다(행 9:15). 우리들도 그렇다. 하나님은 사도 바울에게만이 아니라 오늘날 우리 모든 그리스도인들에게 이웃의 영혼을 구원하기 위해 세상 속으로 파송하신 사명자들이다.

동역적 사랑과 선교적 사랑

이미 9장에서 형제사랑에 관해서 살펴보았지만, 그리스도인들의 세상살이에서 만나게 되는 사람들은 형제 아니면 이웃(영적 이방인)들이다. 세상을 왜 이분법으로 나누느냐고 할지 모르지만 영적으로 보면 이것은 틀림없는 사실이다. 인류는 성령으로 거듭난 백성들(형제)과 미래의 어느 시점에선가 거듭날지도 모르는 이웃들로 이루어져 있다. 이웃들 중의 절대 다수는 아마도 거듭나지 못하고 지옥으로 떨어질 것이다. 이들은 죽기 이전까지 누구에게선가 복음을 접할 기회가 있었을 사람들이다. 그리스도인의 이웃사랑은 바로 이 지점에서 출발해야 한다. 자기 이외에는 전부 타인이라고 본다면 믿지 않는 가족들도 이웃에 속하는 사람들이다. 불신 가족들은 가까운 가족사랑에 더해서 이웃사랑의 개념까지 도입해야만 한다. 영적으로 볼 때 세상은 형제사랑과 이웃사랑의 대상들인 것이다.

우리는 여기에서 형제사랑과 이웃사랑의 개념을 조금 더 정리할 필요가 있을 것이다. 왜냐하면 형제사랑과 이웃사랑은 구별 없이 자기 자신처럼 사랑해야 하는 것이기는 하지만, 그 사랑의 목적은 완전히 달라지기 때문이다. 목적으로 구분하자면 형제사랑은 동역적 사랑이고 이웃사랑은 선교적 사랑이다. 육적으로 볼 때에 나누고 섬기고 보살피고 사랑하는 면에서 똑같지만, 영적으로 보면 형제사랑은 서로 독려하면서 성장하고 세상에 나가서 이웃사랑을 함께 행하게 하기 위한 사랑이고, 이웃사랑은 복음의 진리를 모르는 사람들에게 육적인 나눔과 섬김과 사랑을 통해 그리스도의 사랑을 경험하게 만드는 것이다. 이런 기초적인 목적 자체를 모르면서 이웃사랑을 행하게 되면 모든 의미가 흐려지게 되는 것이다.

형제사랑은 성도 중의 누구인가를 위로하고 격려하고 세워주는 일이 중심이 되어야 한다. 사랑하고 섬겨주고 권면하고 격려하고 가르침으로써 주의 일에 힘쓰는 사람들이 되기를 위해 애쓰는 것이다. 한마디로 하나님의 동역자로 세우기 위해 자기 자신처럼 사랑하는 것이다. 그렇게 다른 형제로부터 자기 자신처럼 사랑하는 섬김을 체험한 성도는 자신도 다른 형제를 그렇게 사랑하게 된다. 부모로부터 사랑을 듬뿍 받고 자란 사람이 커서 다른 사람을 그렇게 사랑할 수 있는 것과 같은 이치이다.

"그러므로 내 사랑하는 형제들아 견실하며 흔들리지 말고 항상 주의 일에 더욱 힘쓰는 자들이 되라 이는 너희 수고가 주 안에서 헛되지 않은 줄 앎이라"(고전 15:58)

그렇게 성도들은 그리스도의 사랑을 서로 주고받음으로써 기쁨과 위로를 느끼고 치유와 회복을 얻으면서 성장해간다. 그렇게 해야 세상에 나가서 이웃들을 사랑할 때 부족함이 없게 되고 그리스도처럼 자기 자신과 같이 이웃을 사랑할 수 있게 된다. 기쁨과 위로를 얻지 못하면 세상에서 승리할 수가 없다. 그래서 형제사랑은 그리스도인의 진정함 힘과 능력이 된다. 형제사랑은 영적 에너지이다. 하나님의 사랑을 모르면서 이웃을 자기 자신처럼 사랑할 수는 없는 것이고, 마찬가지로 형제사랑을 주고받지 못하면서 이웃을 그리스도의 사랑으로 사랑하는 것도 불가능한 이야기이다. 이것을 놓치면 스스로는 굉장히 사랑하는 것 같은데 하나님께서는 거의 인정해주지 않으실 수 있는 것이다.

> "형제여 성도들의 마음이 너로 말미암아 평안함을 얻었으니 내가 너의 사랑으로 많은 기쁨과 위로를 받았노라"(몬 1:7)

그래서 형제사랑의 최후의 목적은 그리스도의 장성한 분량이 충만한 데까지 이르게 만드는 것이다(엡 4:13). 형제사랑을 못 받아서 신앙이 자라지 못했다고 핑계를 대라는 것이 아니라, 하나님의 사랑은 우선적으로 형제사랑을 통해서 이 땅에 실현되어야 한다는 이야기이다. 형제를 사랑하지 못하는 것은 하나님을 사랑하지 못하는 것이다. 그래서 형제사랑은 동역적 사랑이고 불신이웃을 제대로 사랑하기 위한 훈련의 장이 되며 형제사랑 안에 거하지 못하는 사람은 이웃들을 사랑하기 어려워지는 것이다. 같은 성도를 동역자로 바라보지 못하면 작은 문제 때문에 감정이 상하거나 분열이 일어나게 되는 것이다.

> "누구든지 하나님을 사랑하노라 하고 그 형제를 미워하면 이는 거짓말하는 자니 보는 바 그 형제를 사랑하지 아니하는 자는 보지 못하는 바 하나님을 사랑할 수 없느니라"(요일 4:20)

반면에 이웃사랑은 형제사랑과는 전혀 다르다. 겉으로 드러나는 사랑의 행위는 동일해 보이지만, 이웃사랑은 자기의 사랑을 드러내 보이는 것이 아니다. 그리스도인은 자기가 사랑하고 싶다고 해서 더 사랑하고 싫다고 해서 덜 사랑하는 것이 아니다. 왜냐하면 그리스도인은 그리스도의 사랑으로 사랑하는 것이기 때문이다. 천하 없는 악당도 아무리 무능력한 사람도 예수님을 믿기만 하면 전부 구원받는 것이 복음이다. 물론 생명을 싣는 믿음이어야 한다. 그리스도께서 생명을 버리셨기 때문이다. 그러나 그리스도의 사랑은 차별 없이 사람들에게 내려진다. 그런데 우리는 누가 구원받게 될지를 전혀 알 수 없다. 그러므로 자기감정이 아니라 그리스도의 사랑으로 차별 없이 사랑해야 한다.

이웃사랑을 선교적 사랑이라고 하니까 전도자가 복음을 전하러 다니는 것이나 선교사가 외국에 가서 원주민을 섬기는 것을 떠올리기 쉽지만, 여기에서 말하는 이웃사랑은 삶의 현장에서 이웃들을 섬기는 것을 말한다. 물론 전문적인 전도자나 선교사들이 세계 곳곳에 흩어져서 복음을 전하고 구원의 길을 베풀어야 한다. 교회 예배에 초청하고 복음을 듣는 기회를 꾸준히 제공하는 일도 해야 한다. 그러나 그 이전에 성도들은 이웃사랑에 대한 인식을 바꾸어야 한다. 우리의 모든 삶 자체가 선교적 이웃사랑이어야 한다. 모든 사람들과 만나고 대화하고 함께 근무하고 물건을 사고팔고 하는 생활 자체가 선교적 사랑으로 이루어져야 한다는 것이다.

우리는 하나님께 영광을 돌려드리기 위해 살아가는 사람들이다. 그 속에 우리 자신의 영원한 나라가 포함되어 있다. 그런데 어떻게 하는 것이 하나님께 영광을 돌려드리는 것인가? 웅장하게 펼쳐지는 예배를 통해서 하나님은 무한영광을 받으실까? 물론 하나님은 살아있는 예배를 기뻐 받으신다. 예배의 형식이나 규모가 아니라 예배드리는 성도들의 심령을 보시고 받으실 것이다. 찬양을 정말 기가 막히게 소리 높여 울면서 드려도 하나님은 기뻐 받으신다. 다만 노래 자체가 아니라 그 심령을 보시고 기뻐하신다. 하나님은 인간이 신령과 진정으로 드리는 모든 예배와 행위들을 통해 영광을 받으신다.

그런데 더 중요한 것은 생활 속에서 끊임없이 하나님께 영광을 돌려드리는 일이다. 아무리 예배를 거룩하게 드리고 찬양을 감격스럽게 올려드려도 만약에 생활 가운데에서 불만과 원망의 언어만 쏟아진다면 하나님께 영광을 돌리는 것이 아니다. 그리스도인의 일상생활은 예배의 감격을 증명하는 도구이다. 날마다 감사하며 입으로 하나님을 높여드리며 간증하며 거기에 걸맞는 생활태도를 보인다면 그는 틀림없이 하나님께 영광을 돌려드리는 사람이다. 사도 바울은 먹는 것과 마시는 것까지도 하나님의 영광을 위해서 하라고 권면했다(고전 10:31). 먹고 마시는 것은 가장 기초적인 삶의 모습이다. 더 나아가 이웃을 사랑하는 일은 그리스도인으로서 가장 크게 하나님께 영광을 돌려드리는 행위가 될 것이다. 이것이 선교적 이웃사랑이다.

이웃사랑은 모든 노력을 통해 하나님을 증언하는 것이다. 굳이 말로 하지 않아도 삶의 모습으로, 사랑의 눈빛으로 하나님께 영광을 돌려드릴 수 있다. 더구나 자기 자신처럼 이웃을 사랑하는 모습을 보인다면 말 없는 복음으로 이웃에게 하나님의 사랑이 전파될 것이다. 그리스도인은 목회자이든 성도이든, 오래 믿은 사람이든 어제 처음 믿은 사람이든 선교적 이웃사랑의 장에 놓여있는 사람들이다. 스스로가 깨닫든 그렇지 못하든 우리는 세상 속에서 그리스도의 대리자로 살아가고 있다. 이런 것들을 가르치거나 본을 보이지 못하고 어떻게 하면 사업에 성공하고 헌금을 많이 하고 복을 받을 수 있을까에 모든 초점을 맞춘다면 그는 그리스도와 전혀 관계없는 사람일 수 있다. 그리스도인들은 자기의 현실 속에서 자신이 할 수 있는 이웃사랑을 통해서 하나님의 사랑을 드러내 보여야 하는 사람들이다.

형제사랑은 동역적 사랑이고 이웃사랑은 선교적 사랑이다. 동역적 사랑은 서로사랑이지만 이웃사랑은 일방적일 수 있다. 사랑을 받는 이웃들이 "왜 나를 도와주세요?", "왜 나를 이렇게 사랑해주세요?" 하고 질문을 할 수 있겠지만 거기에 대한 대답은 "저도 예수님으로부터 너무나도 큰 은혜를 받았기 때문이에요." 하고 말할 수 있어야 하는 것이다. 그리스도를 드러내지 않는 이웃사랑은 참다운 사랑이 아니다. 자기 의나 공로나 스스로의 만족감을 위해 이웃을 자기 자신처럼 사랑할 것인가? 이웃의 영혼을 생각하고 그리스도의 사랑을 전하는 것이 아니라면 그 가치는 어쩌면 거의 사라져 버릴지도 모른다. 우리의 모든 삶 속에는 선교적 이웃사랑의 인식이 들어있어야 한다. 다른 말로 하면 그 선교적 이웃사랑은 무의식이 되어 감정으로까지 솟아나야 한다. 그것은 오랜 실천과 훈련을 통해서 가능해지겠지만 그것이 그리스도인의 정체성인 것이다.

1차적 사랑과 2차적 사랑

이웃사랑이 영혼사랑이라면 거기에는 단계가 있다. 이웃을 왜 자기 자신처럼 사랑해야 하는가? 우리의 사랑을 통해서 하나님을 만나게 하기 위해서이다. 곧 하나님과 영적으로 화목하게 하기 위해 이웃을 우리 자신처럼 사랑하는 것이다. 뻔한 이야기이지만 대개의 그리스도인들은 이 사실을 잊어버리고 살고 있다. 이 세상은 사랑의 대상이면서 경계의 대상이지만 하나님과의 화목이라는 개념을 놓쳐버리면 그냥 세상 사람이 될 뿐이다. 예수님께서 백성들의 질병을 고쳐주신 목적은 무엇인가? 그들이 치유를 통하여 그리스도를 깨닫게 하시고 하나님께 영광을 돌려드리게 하기 위한 것이 아닌가? 예수님의 치유는 오늘날 우리들의 이웃사랑이다.

그렇게 본다면 이웃사랑에는 1차적 사랑과 2차적 사랑이 있다고 할 수 있다. 1차적 사랑은 사람과의 화목이고 2차적 사랑은 하나님과의 화목이다. 그리스도인들은 언제나 주변의 이웃들과 화목해야 한다. 세상과 자주 다투면서 복음을 전파할 수 있겠는가? 물론 복음을 대적하는 사람들과도 화목할 수는 없다. 그렇다고 적대감을 드러내면서 물리적으로 충돌해야 한다는 말은 아니다. 그래야 할 때도 있겠지만 그리스도인은 악한 자들에게도 악으로 대항하지 않는 것이 기본이다. 악한 자들에게도 선하게 대하고 그들을 위해서 기도하는 것이 선교적 이웃사랑을 실천하는 모습들이다(롬

12:17-18). 아무튼 우리는 1차적으로는 우리 자신이 믿지 않는 세상의 이웃들과 화목한 분위기를 만들어내야 한다.

사도 바울은 모든 그리스도인들의 직분에 관해서 명확하게 제시해주고 있다. 우리는 세상과 하나님을 화목하게 하는 직분을 받은 사람들이다. 그리스도로 말미암아 하나님과 화목하게 된 우리들이다. 그러므로 먼저 우리가 이웃들과 화목할 수 있어야 한다. 그 다음에는 우리들로 인하여 사람들과 하나님을 화목하게 하는 일을 사명으로 받았다. 여기에 예외적인 성도는 없다는 사실을 모두가 다 깨달아 알아야 한다. 목회자니까 더 알아야 하고 성도니까 거기까지만 알아야 하는 것이 결코 아니다. 화목하게 하는 직분은 누구에게나 동일하게 주어진다.

> "모든 것이 하나님께로서 났으며 그가 그리스도로 말미암아 우리를 자기와 화목하게 하시고 또 우리에게 화목하게 하는 직분을 주셨으니"(고후 5:18)

그리스도는 우리를 포함하는 이방인들의 죄를 그들에게 돌리지 않으셨다. 그 죄를 홀로 감당하셨다. 그 목적이 무엇인가? 하나님과 화목하게 하시기 위함이었다. 죄인들에게 죄를 돌리지 않으셨다면 그 죄인들은 어떻게 되겠는가? 당연히 하나님과 화목하게 된다. 하나님과 죄인들 사이에는 죄가 가로막고 있었기 때문이다. 그것을 그리스도께서 제거하신 것이었다. 그것은 뱀을 제거하신 것이다. 하나님과 하와 사이에 뱀이 존재함으로써 하나님으로부터 쫓겨남을 당했다면 그 뱀을 제거하는 것이 다시 하나님과 화목하는 길이요 에덴을 회복하는 길이다. 그리스도인은 죄인들과 하나님을 화목하게 하는 사람들인 것이다. 그것이 이웃을 자기 자신과 같이 사랑해야 하는 이유이다.

> "곧 하나님께서 그리스도 안에 계시사 세상을 자기와 화목하게 하시며 그들의 죄를 그들에게 돌리지 아니하시고 화목하게 하는 말씀을 우리에게 부탁하셨느니라"(고후 5:19)

알다시피 예수님은 죄인들을 위한 화목제물이 되셨다. 물론 예수님은 구약에서의 번제, 소제, 화목제, 속죄제, 속건제의 요건을 모두 충족시키셨다. 그 중에서도 화목제는 하나님과의 화평을 의미하는 제사이다. 그런데 중요한 것은 화목제물이 되신 일 그 자체가 아니다. 제물이 되셔서 십자가에서 희생되신 후에야 부활하신다는 사실이다. 제물이 되어 죽지 않으면 그것은 제사가 될 수 없다. 죽어야만 제사가 성립된다. 우리의 이웃사랑은 화목제물이 되는 것이다. 그런데 내가 제물이 되어 죽지 않으면 이웃을 자기 자신과 같이 사랑하는 일은 불가능해진다. 우리의 이웃사랑은 우리가 죽는 과정이다. 물론 즐겁고 기쁜 일이다. 하나님의 동역자가 되어 세상 사람들을 하나님과 화목하게 한다는 일이 얼마나 가치 있고 영광이 되는 일인가? 그렇지만 우리가 죽지 않으면, 곧 많은 것을 포기하고 버리지 않으면 불가능한 일이다. 아무 손해도 안 보고 이웃을 자기 자신처럼 사랑할 수는 없다.

"곧 우리가 원수 되었을 때에 그의 아들의 죽으심으로 말미암아 하나님과 화목하게 되었은즉 화목하게 된 자로서는 더욱 그의 살아나심으로 말미암아 구원을 받을 것이니라 그뿐 아니라 이제 우리로 화목하게 하신 우리 주 예수 그리스도로 말미암아 하나님 안에서 또한 즐거워하느니라"(롬 5:10-11)

이웃사랑은 자기희생이다. 그것을 통해 이웃들과 먼저 화목하게 되는 것이다. 그것이 1차적 사랑이다. 그러나 2차적 사랑 곧 하나님과의 화목이라는 목표를 전제하지 않고는 이웃사랑도 별 소용이 없게 된다. 그리스도인의 이웃사랑은 이웃들의 영을 깨우는 유일한 수단이다. 하나님을 모르는 사람이 어떻게 믿고 구원에 이를 수 있겠는가? 하나님과 사람 사이에 반드시 통로가 필요하다. 그 통로가 우리 그리스도인들이며, 통로가 되기 위해서는 제물이 되어 죽는 과정까지도 감수할 수 있어야 한다. 복음을 최후에는 언어로 전해야 하지만, 이웃사랑으로 그리스도의 사랑을 보여주지 못한다면 복음의 언어는 단지 이론적인 언어에 그칠 수밖에 없다. 왜냐하면 영으로 죽어있는 이웃들이 보기에는 지극히 어리석어 보이기 때문이다. 다만 그들에게 지혜롭게 들리는 언어는 우리의 1차적인 이웃사랑으로만 가능한 것이다.

"우리가 이것을 말하거니와 사람의 지혜가 가르친 말로 아니하고 오직 성령께서 가르치신 것으로 하니 영적인 일은 영적인 것으로 분별하느니라 육에 속한 사람은 하나님의 성령의 일들을 받지 아니하나니 이는 그것들이 그에게는 어리석게 보임이요, 또 그는 그것들을 알 수도 없나니 그러한 일은 영적으로 분별되기 때문이라"(고전 2:13-14)

그렇다면 2차적 사랑이란 무엇인가? 1차적 이웃사랑까지가 우리의 할 일이고 나머지는 성령님의 일이 된다면 그 이후로는 우리가 할 일은 없는 것인가? 여기에서 그리스도인들의 또 다른 이웃사랑이 필요해지는 것이다. 그것은 이웃의 구원을 위한 진정한 기도이다. 그리스도의 사랑으로 이웃들을 섬기는 것으로 하늘의 상을 쌓는 것에 그친다면 구태여 기도까지 할 것은 없다. 그러나 이웃들의 영혼을 섬겨야 한다면 우리가 할 일은 1차적 사랑과 함께 기도하는 것 이외에는 아무 것도 할 수 없다. 우리의 2차적 이웃사랑은 바로 간절한 기도인 것이다. 그것은 바로 하나님과 직접 화목하게 하는 일이 된다. 우리의 기도로써 전적으로 구원에 이르게 할 수 있는 것은 아니지만 하나님은 우리의 기도를 통행 일하신다는 사실을 생각하면 어쩌면 우리의 2차적 사랑이 더욱 중요해지는 것이다.

"그러므로 내가 첫째로 권하노니 모든 사람을 위하여 간구와 기도와 도고와 감사를 하되 … 하나님은 모든 사람이 구원을 받으며 진리를 아는 데에 이르기를 원하시느니라"(딤전 2:1, 4)

1차적 사랑과 함께 2차적 사랑을 행한다면 더욱 좋은 일이 많이 있다. 우선 기도하는 사람에게 우리의 마음이 쏠린다는 점이다. 그러면 더욱 진실한 사랑으로 섬기게 되고 기도가 더욱 간절하게 나오게 되는 것이다. 다소 다른 의미이기는 하지만 예수님은 여기에 적절한 말씀을 주셨다. 이웃은 우리의 보물인 것이다. 이웃 영혼들을 보물로 알고 자기 자신과 같이 사랑하면 하늘에 보물이 쌓인다. 우리의 이웃들은 단순한 사랑의 대상이 아니라 우리의 보물이라는 마음으로 사랑하는 것이 그리스도인의 이웃사랑인 것이다.

"네 보물 있는 그 곳에는 네 마음도 있느니라"(마 6:21)

사도 바울의 이웃사랑

사도 바울은 우리가 말하는 이웃사랑에 대하여 가장 감동적인 사역을 감당했다. 그것은 이방인들의 영혼구원을 향한 바울의 열정에서 증명이 된다. 물론 사도 바울이 생활 속에서 이웃사랑의 본을 보였다든가 이방인들을 몸으로 섬겼다든가 하는 기록은 잘 나오지 않는다. 그렇지만 사도 바울만큼 이방인들의 영혼을 사랑한 사람은 존재하지 않는다. 이웃사랑이란 무엇인가? 이웃(이방인)들의 영혼을 하나님과 화목하게 하고 거듭나게 만들기 위해 몸과 마음으로 사랑을 베푸는 것이 아닌가? 그러면 궁극적인 목적은 이웃의 구원이다. 이웃을 구원시키는 일보다 더 큰 이웃사랑은 존재할 수 없다. 아무리 이웃들로부터 개인적으로 칭찬을 많이 받고 잘 어울리고 존경을 받는다 해도 만약에 예수님을 만나게 해주는 일에 목적을 두지 않고 그냥 섬긴다면 그 이웃사랑은 결과적으로는 실패한 것일 수 있다. 물론 이웃사랑에 실패라는 것은 없지만, 본질과 핵심을 버린다면 그냥 선하고 의로운 사람일 뿐이라는 이야기이다.

사도 바울은 이웃사랑의 핵심에 대해서 아브라함으로부터 이야기를 시작한다. 창세기에는 모든 민족이 복을 받으리라고 나와 있지만 바울은 모든 이방인이 아브라함으로 인하여 복을 받을 것이라고 해석했다. 이웃사랑에 관해서 바울보다 더 근원적인 인식을 가지고 있는 성경인물은 없다. 하나님께서 아브라함을 부르신 목적은 이웃사랑, 곧 이방인 구원을 위해서였다. 우리도 마찬가지이다. 우리는 하나님의 부르심을 받은 존재들이다. 무엇을 위해서 구원하셨는가? 물론 기본적으로는 우리를 사랑하사 구원하시기 위함이었지만, 동시에 이방인들이 우리로 말미암아 복을 받게 하시기 위함이었던 것이다.

> "또 하나님이 이방을 믿음으로 말미암아 의로 정하실 것을 성경이 미리 알고 먼저 아브라함에게 복음을 전하되 모든 이방인이 너로 말미암아 복을 받으리라 하였느니라"(갈 3:8)

하나님은 사도 바울을 부르시면서 그를 이방의 빛으로 삼아 땅 끝까지 구원하게 하시겠다고 말씀하셨다. 이방의 빛이 바로 우리 그리스도인이 이웃사랑을 몸소 실천해야 할 이유이자 목적이다. 우리가 왜 마음으로부터 그리스도의 사랑을 가지고 세상을 바라보고 이웃과 나누고 섬겨야 하겠는가? 왜 넓은 의미에서의 이웃사랑을 위해 교통규칙 하나 지키고 겨울에 옆집까지 눈을 쓸어야 하겠는가? 사도 바울처럼 하나님께서 우리를 이방(이웃)의 빛으로 삼으셨기 때문이다. 우리가 그 사명을 감당하려고 하면 하나님께서 믿기로 작정된 사람들을 우리를 통해 불러주시고 구원해주신다.

> "주께서 이같이 우리에게 명하시되 내가 너를 이방의 빛으로 삼아 너로 땅 끝까지 구원하게 하리라 하셨느니라 하니 이방인들이 듣고 기뻐하여 하나님의 말씀을 찬송하며 영생을 주시기로 작정된 자는 다 믿더라"(행 13:47-48)

그리하여 마침내 아브라함의 복이 우리의 이웃들에게 미침으로써 성령님께서 그 이웃을 지배하시게 되는 것이다. 사도 바울의 사명과 우리의 사명은 동일하다. 사도 바울이 이방의 빛이라면 우리는 이웃의 빛이다. 사도 바울이 이방인의 사도이면 우리는 우리 이웃의 사도들이다. 사도 바울이 아브라함의 복을 이방인에게 전달하는 사람이라면 우리도 아브라함의 복을 우리의 이웃들에게 전달하는 통로들이다. 아브라함의 복이란 무엇인가? 그것은 믿음이다. 귀하고 귀한 외동아들 이삭을 양을 죽이는 것처럼 죽여서 제물로 바치더라도 다시 살리신다는 강한 신뢰와 믿음, 그것이 아브라함의 복이다.

> "이는 그리스도 예수 안에서 아브라함의 복이 이방인에게 미치게 하고 또 우리로 하여금 믿음으로 말미암아 성령의 약속을 받게 하려 함이라"(갈 3:14)

사도 바울은 이웃사랑에 대하여 특별한 표현을 쓰는데 그것은 이방인을 제물로 드린다는 말이다. 바울은 스스로를 하나님의 복음의 제사장이라고 말한다. 바울은 베냐민 지파로서 제사장이 될 수 없었다. 그리고 이방인을 결코 제물로 드릴 수 없었다. 제사장이 될 수 없는 스스로가 또한 제물로 드려질 수 없는 부정한 이방인을 제물로 드린다고 하는 것은 무슨 의미인가? 제사장은 하나님과 사람 사이에서 제사를 통해 화목하게 하는 사람이다. 복음의 제사장이란 복음으로 말미암아 이방인들을 하나님과 화목하게 하는 사람이라는 뜻이다. 그런데 제물이란 인간을 위해 하나님께 드리는 짐승을 뜻한다. 하지만 그 짐승은 흠이 없는 것이어야 한다. 곧 하나님께 바칠 만큼 깨끗해야 한다. 그러므로 여기에서 이방인을 제물로 바친다는 말은 이방인 중에서 하나님께서 받으실 만한 사람, 곧 거듭난 이방인을 드린다는 것이다. 결국 그것은 이웃사랑을 통해 영혼을 구원한 이방인들을 말하는 것이다.

"이 은혜는 곧 나로 이방인을 위하여 그리스도 예수의 일꾼이 되어 하나님의 복음의 제사장 직분을 하게 하사 이방인을 제물로 드리는 것이 성령 안에서 거룩하게 되어 받으실 만하게 하려 하심이라"(롬 15:16)

예수님은 기독교인들을 박해하던 바울에게 나타나셔서 바울의 사명을 아주 분명하게 제시해주셨다. 바울을 구원하신 목적은 그를 이방인들에게로 보내셔서 이방인들의 눈을 뜨게 하고 어둠에서 빛으로, 사탄에게서 하나님께로 돌아오게 하시고 하나님의 백성으로서의 기업을 얻게 하시려는 것이었다. 오늘날 이방인들은 우리 주변에서 우리와 함께 살고 있다. 우리는 그들에게 파송된 사람들이다. 바울에게 부여하신 사명이 이웃사랑이 아니면 무엇이겠는가? 이웃들의 눈을 뜨게 하기 위해 우리는 자기 자신처럼 이웃을 사랑해야 하는 것이다. 사탄의 권세에서 건져내기 위해 하나님을 대신하여 하나님의 사랑을 행해야 하는 것이다.

"이스라엘과 이방인들에게서 내가 너를 구원하여 그들에게 보내어 그 눈을 뜨게 하여 어둠에서 빛으로, 사탄의 권세에서 하나님께로 돌아오게 하고 죄 사함과 나를 믿어 거룩하게 된 무리 가운데서 기업을 얻게 하리라 하더이다"(행 26:17-18)

그리스도인의 이웃사랑은 세상에서는 발견할 수 없는 사랑이어야 한다. 왜냐하면 그 사랑은 그리스도의 사랑이기 때문이다. 이 세상의 어느 신이 사람을 위해 죽었는가? 사람을 사랑하시는 이런 방식은 어디에서도 찾을 수 없다. 구원의 비밀은 어떤 사람인가는 관계없다. 복음을 받아들이기만 하면 그리스도의 죽으심의 효력은 반드시 그 사람에게 능력으로 임한다. 그것은 비밀이요 영광인데 너무나도 풍성하신 능력이다. 하나님의 사랑의 풍성함을 그리스도 예수님을 통해 보여주셨다. 오늘 우리의 이웃들에게 우리는 어떻게 하나님의 영광의 풍성을 보여주겠는가? 그것은 비밀이다. 그 비밀을 보여줄 수 있는 것이 바로 이웃사랑인 것이다. 이웃사랑은 그래서 자기 자신처럼 사랑해야 하는 것이다. 그것은 그리스도의 사랑의 통로가 되는 것이다.

"하나님이 그들로 하여금 이 비밀의 영광이 이방인 가운데 얼마나 풍성한 지를 알게 하려 하심이라 이 비밀은 너희 안에 계신 그리스도시니 곧 영광의 소망이니라"(골 1:27)

하지만 우리가 그런 사랑을 보여주려고 할 때 마냥 즐겁고 기쁘고 쉽기만 한 것은 아니다. 왜냐하면 사탄의 훼방이 반드시 우리를 가로막을 것이고 영적인 반대자들이 우리의 모든 행위를 시기하고 공격할 것이기 때문이다. 그럼에도 우리가 그런 모든 어려움을 극복하고 이웃을 자기 자신과 같이 사랑해야 하는 까닭은 우리의 이웃사랑은 그리스도의 사랑이기 때문이다. 사도 바울은 그가 당한 박해와 고난을 설명한 바가 있다. 이 구절은 읽기만 해도 가슴이 답답해오는 구절이다. 복음을 전하기 위해 죽을 고비를 그렇게 여러 번 넘겨야 한다면 누가 복음을 그렇게 전할 수 있겠는가? 그런데 그것이 이웃사랑 때문이었다고?

"내가 수고를 넘치도록 하고 옥에 갇히기도 더 많이 하고 매도 수없이 맞고 여러 번 죽을 뻔하였으니 유대인들에게 사십에서 하나 감한 매를 다섯 번 맞았으며 세 번 태장으로 맞고 한 번 돌로 맞고 세 번 파선하고 일 주야를 깊은 바다에서 지냈으며 여러 번 여행하면서 강의 위험과 강도의 위험과 동족의 위험과 이방인의 위험과 시내의 위험과 광야의 위험과 바다의 위험과 거짓 형제 중의 위험을 당하고 또 수고하며 애쓰고 여러 번 자지 못하고

주리며 목마르고 여러 번 굶고 춥고 헐벗었노라"(고후 11:23下-27)

　사도 바울은 오로지 이방인들의 영혼을 위해 그렇게 한 것이다. 이방인들을 향한 사랑 중에서 바울의 사랑보다 더 강한 것이 있겠는가? 바울이 이렇게까지 해야 했던 것은 바울 자신의 뜨거운 사랑 때문이 아니었다. 단지 바울이 그리스도를 너무나도 사랑했기 때문에 그리스도의 사랑으로 그렇게 한 것이었다. 오늘날 우리가 사랑해주어야 할 이방인들은 우리의 이웃으로 함께 살아가고 있다. 우리가 그들을 사랑해야 하는 까닭은 우리도 그리스도의 사랑으로 구원에 이르렀기 때문이다. 우리의 이웃사랑은 본질적으로 사도 바울의 이방인사랑과 동일하다.

　바울 자신도 이방인들에게 복음을 전하는 일은 말과 행위와 표적과 기사와 능력으로 이루어졌다고 고백하고 있다. 우리들의 이웃사랑도 나눔과 섬김에만 있는 것은 아니다. 나눔과 섬김은 물론이고 기도와 치유와 응답과 각종 기적적인 모든 요소들이 다 들어 있다. 그리스도의 사랑뿐만 아니라 성령님의 능력과 증거도 이웃들에게 전할 수 있어야 한다. 비록 바울이 몸으로 이웃들을 직접 섬기는 일은 별로 나와 있지 않지만 우리는 이웃을 향한 사도 바울의 그 사랑만큼은 그대로 본받아야 한다. 이웃을 자기 자신처럼 사랑하는 우리의 삶을 통해 그들의 영혼이 구원을 받게 하는 것이 우리들의 궁극적인 이웃사랑인 것이다.

　"그리스도께서 이방인들을 순종하게 하기 위하여 나를 통하여 역사하신 것

외에는 내가 감히 말하지 아니하노라 그 일은 말과 행위로 표적과 기사의 능력으로 성령의 능력으로 이루어졌으며"(롬 15:18-19上)

세상 속에서의 이웃사랑

이제 그리스도인의 이웃사랑의 초점에 대하여 전체적으로 살펴보자. 우리의 이웃들은 모두 세상에 속한 사람들이다. 당연히 세속적인 가치관을 따라 살아가게 되어 있다. 세속이란 이 땅에 목표를 두는 삶을 말한다. 이 땅에서 잘 되는 것을 가장 중요하게 여긴다. 물론 그리스도인들이라고 해서 이 땅에서 실패해야 한다는 말이 아니다. 세상은 이 땅에 목표와 목적을 두지만 그리스도인은 그 이상의 복을 누리는 사람들이라는 말이다. 세상 사람들은 세상의 말을 듣게 되어 있다. 세상의 말이란 마귀의 모든 미혹을 따라 성공과 번영과 행복을 추구하게 만드는 모든 언어를 말한다. 그것이 왜 나쁜가 하면 모든 것이 하나님으로부터 멀어지게 만들기 때문이다.

> "그들은 세상에 속한 고로 세상에 속한 말을 하매 세상이 그들의 말을 듣느니라"(요일 4:5)

세상에 속한 사람들은 모두 세상의 지혜를 따라가게 되어 있다. 사람들의 눈에는 세상의 지혜가 더 뛰어나 보인다. 그러나 세상의 지혜가 아무리 뛰어나도 하나님께는 어리석을 뿐이다. 세상의 지혜는 마치 우상숭배자들이 유혹하는 내용과 같아서 세상살이에 매우 유용하고 복을 줄 것처럼 보인다. 마치 선악을 알게 하는 열매가 먹음직도 하고 보암직도 하고 지혜롭게 할 만큼 탐스럽기도 한(창 3:6) 것과 같은 것이다. 세상의 지혜는 과장광고나 허위광고와 같은 것이다. 물론 이 세상에서 성공하기 위해서는 어느 정도 필요할 수도 있다. 하지만 세상의 지혜는 세상을 살기에는 유용할 것 같지만 천국을 살아가기 위해서는 전혀 쓸모없는 지식에 그칠 뿐이다.

> "아무도 자신을 속이지 말라 너희 중에 누구든지 이 세상에서 지혜 있는 줄로 생각하거든 어리석은 자가 되라 그리하여야 지혜로운 자가 되리라 이 세상 지혜는 하나님께 어리석은 것이니 기록된 바 하나님은 지혜 있는 자들로 하여금 자기 꾀에 빠지게 하시는 이라 하였고"(고전 3:18-19)

우리의 지혜는 이 세상의 지혜가 결코 아니고 권세자들, 성공자들의 지혜가 아니다. 그것은 하나님의 지혜인데 하나님의 지혜는 언제나 은밀하게 심령 가운데 드러내주신다. 그리스도인의 이웃사랑의 지혜도 여기에서 나온다. 그 지혜는 만세 전에 이미 예정된 것인데 그것이 바로 그리스도의 고난이다. 우리의 이웃사랑은 그리스도의 사랑으로 행해져야 한다. 그것은 세상 이웃들에게는 여전히 감추어져 있고, 우리 그리스도인들의 이웃사랑을 통해서 드러내어 주신다. 그리스도인의 이웃사랑은 하나님의 지혜를 드러내주는 가장 분명한 증거가 된다. 그리스도의 고난이라는 하나님의 놀라운 지혜는 그리스도인들의 이웃사랑을 통해서만 이웃들에게 알려질 수 있다.

"그러나 우리가 온전한 자들 중에서는 지혜를 말하노니 이는 이 세상의 지혜가 아니요 또 이 세상에서 없어질 통치자들의 지혜도 아니요 오직 은밀한 가운데 있는 하나님의 지혜를 말하는 것으로서 곧 감추어졌던 것인데 하나님이 우리의 영광을 위하여 만세 전에 미리 정하신 것이라"(고전 2:6-7)

하지만 하나님의 지혜인 이웃사랑은 세상의 눈으로 보면 어리석어 보일 뿐이다. 세상에게 지혜로워 보이고 싶다면 하나님의 감추어진 지혜를 보여줄 수 없다. 전도도 마찬가지이다. 이웃사랑은 직접전도는 아닐지 모르지만 본질적인 의미에서는 가장 분명한 전도이다. 이웃의 영혼을 사랑함으로써 행해지는 섬김이기 때문이다. 언어를 통해서 복음을 받아들여야 하는 것은 분명하지만, 사랑과 섬김을 통해서 복음의 실체가 분명하게 드러나기 때문이다. 말로 하는 전도이든 섬김으로 하는 전도이든 세상의 눈으로 볼 때 어리석어 보이기는 마찬가지이다. 그러나 하나님은 큰 능력과 증거를 통해 복음을 전하시는 것이 아니라 어리석은 말과 행위로 전도하게 하셨다. 그것이 하나님의 지혜이다.

"지혜 있는 자가 어디 있느냐 선비가 어디 있느냐 이 세대에 변론가가 어디 있느냐 하나님께서 이 세상의 지혜를 미련하게 하신 것이 아니냐 하나님의 지혜에 있어서는 이 세상이 자기 지혜로 하나님을 알지 못하므로 하나님께서 전도의 미련한 것으로 믿는 자들을 구원하시기를 기뻐하셨도다"(고전 1:20-21)

그러므로 이웃들이 우리를 미워해도 이상하게 여길 필요가 없다. 이웃들이 이해할 수 없는 방식으로 하나님의 사랑을 전하기 때문에 이웃들 중 일부는 어리석어 보이고 쓸데없는 일만 하는 그리스도인들을 미워할 수 있다. 복음을 인간의 논리로 바라본다면 결코 이해하거나 동의할 수 없는데 그 이유는 그들은 사망에 머물러 있는 사람들이기 때문이다(요일 3:13-14). 우리는 그런 이웃들을 사랑과 섬김으로 설득해야 한다. 이웃을 자기 자신과 같이 사랑하는 목적은 이웃들을 영적으로 설득하는 것이다. 말로 하든 몸으로 하든 거기에는 성령님의 간섭이 반드시 필요하지만, 진정한 이웃사랑은 이웃들의 마음을 열고 하나님의 사랑을 받아들이도록 만드는 강력한 수단이 되는 것이다.

그래서 성경은 우리 성도들이 이웃사람들과 아예 접촉을 끊으라고 하지 않는다. 숲속으로 들어가 공동체를 이루라고 하지도 않는다. 우리의 이웃들 가운데에는 음행하는 사람, 탐하는 사람, 속이는 사람, 우상 숭배하는 사람들이 모두 포함되어 있다. 우리는 그들 틈에 섞여서 행동으로 그리스도의 사랑을 보여주어야 하는 사람들이다. 복음은 삶을 동반할 때 복음의 본질을 깨우치게 하고 변화의 모델이 되어 살아있는 말씀으로 그들의 심령을 지배하게 되는 것이다.

"이 말은 이 세상의 음행하는 자들이나 탐하는 자들이나 속여 빼앗는 자들이나 우상 숭배하는 자들을 도무지 사귀지 말라 하는 것이 아니니 만일 그리하려면 너희가 세상 밖으로 나가야 할 것이라"(고전 5:10)

우리가 이웃을 우리 자신과 같이 사랑할 수 있는 이유는 이 세상의 것은 전부 다 사라져버릴 것이기 때문이다. 언젠가는 썩어 없어져버릴 것들이라는 것이다. 그렇다면 그것들은 보물이 아니라 연료로 사용해야 한다. 물질은 천국상급을 위한 좋은 수단이 된다. 눈에 보기에 아름답고 화려해보이고 영원할 것 같아 보이지만 사실은 조만간에 다 썩어 없어져버릴 것들이라는 사실들을 거의 망각하고 있다. 세상과 하나님을 동시에 사랑할 수 있을 것 같아도 세상의 것을 사랑하면 그것은 우상숭배가 될 뿐이다. 하나님 이외의 것을 사랑하고 섬기면 그것이 우상숭배이다. 하나님을 사랑하려면 세상을 잡고 있던 손을 놓아야 한다. 그래야 하나님이 보이고 이웃의 영혼들이 보이게 된다. 그때가 되어야 이웃을 우리 자신과 같이 사랑할 수 있게 된다.

"이 세상이나 세상에 있는 것들을 사랑하지 말라 누구든지 세상을 사랑하면 아버지의 사랑이 그 안에 있지 아니하니 이는 세상에 있는 모든 것이 육신의 정욕과 안목의 정욕과 이생의 자랑이니 다 아버지께로부터 온 것이 아니요 세상으로부터 온 것이라 이 세상도, 그 정욕도 지나가되 오직 하나님의 뜻을 행하는 자는 영원히 거하느니라"(요일 2:15-17)

그리스도인은 세상의 삶을 통해 영원한 천국으로 나아가는 사람들이다. 그것은 우리의 소유는 천국으로 가는 도구라는 뜻이다. 우리에게 주신 재능이나 능력은 이 세상의 성공과 번영을 위해 주시는 것이 아니다. 이 세상에서 성공했다고 해서 수준이 높은 것도 아니고 실패했다고 무가치한 것도 아니다. 이 세상에서의 성공과 실패는 하나님께서 판단하신다. 그리스도인들의 진정한 이웃사랑은 누구에게 보이려고 할 필요가 없다. 사람에게 보이려고 한다면 하나님은 외면하실 수 있다. 이웃을 자기 자신처럼 사랑해야 하는 또 다른 이유는 영원한 천국이 우리를 기다리기 때문이다. 우리는 나눔과 섬김으로 행하지만 그리스도의 사랑은 이웃들의 몸이 아니라 그들의 영혼에게 나타난다. 그리스도를 본받아 온 힘을 다해 이웃을 사랑해야 한다.

"만일 그리스도 안에서 우리가 바라는 것이 다만 이 세상의 삶뿐이면 모든 사람 가운데 우리가 더욱 불쌍한 자이리라"(고전 15:19)

사도 바울의 고백처럼 이웃사랑은 재물과 재능과 자기의 삶까지도 내어주는 것이다. 우리를 필요로 하는 이웃이 나타난다면 그 모든 것을 다해서 사랑할 수 있어야 한다. 이웃과 형제를 많이 사랑할수록 우리는 하나님으로부터 더욱 많은 사랑을 받게 된다. 그리고 우리들도 천국의 기쁨을 품고 더욱 사랑할 수 있게 되는 것이다.

"내가 너희 영혼을 위하여 크게 기뻐하므로 재물을 사용하고 또 내 자신까지도 내어 주리니 너희를 더욱 사랑할수록 나는 사랑을 덜 받겠느냐"(고후 12:15)

제14장
이웃사랑과 영혼사랑

교회와 세상의 장벽

교회를 '하나님께서 다스리시는 나라'라고 할 때, 세상과 교회 사이에는 보이지 않는 장벽이 있다. 이 장벽은 너무나도 견고하고 높이 쌓아올려져서 세상은 교회에 들어갈 수 없다. 세상이 교회로 들어갈 수 있는 유일한 길은 누군가 이 장벽을 허물어뜨리는 것이다. 하나님께서는 예수 그리스도를 통하여 세상과의 장벽을 허물어뜨려주셨다. 예수님께서 십자가에서 운명하시는 순간 지성소의 휘장은 위에서 아래로 쫙 찢어져 두 갈래가 되어버렸다. 교회와 세상의 장벽이 사라진 것이었다.

> "때가 제육시쯤 되어 해가 빛을 잃고 온 땅에 어둠이 임하여 제구시까지 계속하며 성소의 휘장이 한가운데가 찢어지더라 예수께서 큰 소리로 불러 이르시되 아버지 내 영혼을 아버지 손에 부탁하나이다 하고 이 말씀을 하신 후 숨지시니라"(눅 23:44-46)

그러나 비록 휘장은 찢어지고 장벽은 사라졌지만, 그래서 죄인이 하나님께로 갈 수 있는 길이 열렸지만 그렇다고 문제가 해결되는 것은 아니다. 왜냐하면 교회가 가진 스스로의 첫 번째 장벽이 무너졌어도 세상이 가지고 있는 두 번째 장벽은 여전하기 때문이다. 하나님께서 교회로 들어가는 길을 활짝 열어주셨지만 아직 죄 가운데 거하는 세상 사람들이 가지고 있는 그 장벽은 굳건하다. 그들의 죄악, 욕심, 시기, 욕망과 세상에서의 성공과 지배, 번영을 누리고자 하는 욕구는 여전히 깰 수 없는 장벽으로 남아있기 때문이다. 예수님의 육체로 열어놓으신 새로운 길을 통해 성소 곧 의로우신 하나님께 나아갈 길을 여셨다는 사실을 믿을 수만 있다면 세상의 모든 사람들이 교회로 몰려들어올 것이다. 그러나 현실은 더욱 답답하고 어려워져만 가고 있다.

> "그러므로 형제들아 우리가 예수의 피를 힘입어 성소에 들어갈 담력을 얻었나니 그 길은 우리를 위하여 휘장 가운데로 열어 놓으신 새로운 살 길이요 휘장은 곧 그의 육체니라"(히 10:19-20)

그런데 오늘날 교회의 첫 번째 장벽은 세상이 밖에서 쌓아올린 것이 아니라 오히려 교회 스스로 쌓아올린 측면이 매우 강하다. 그렇게 활짝 열려있는 교회여야 하지만, 어쩌면 마치 구약의 이스라엘처럼 세상과 담을 쌓고 세상을 이방인 취급하고 있는 모습이 바로 우리들일지도 모른다는 생각이 든다. 구약 시대에는 하나님의 백성으로서의 거룩성과 순수성을 지키기 위해 그렇게 하는 것이 당연했지만, 오늘날 교회의 거룩성은 영적으로 지켜야 하는 것이라는 사실을 생각한다면, 교회가 담을 쌓는 것은 종교적, 율법적인 신앙으로 회귀하는 현상이라는 것을 알아야 한다.

교회와 세상 사이에 가로막힌 장벽과 함께 사람들을 하나님께로 인도하지 못하게 만드는 두 번째 장벽은 세상 사람들이 움켜쥐고 있는 영적 장벽들이다. 실로 세상과 하나님은 교회와 사람들의 2중 장벽을 쌓아올린 채 대치하고 있는 것과 같은 형국이다. 이 장벽을 허물어야 하나님의 구원계획은 성취된다. 이 장벽을 깨는 것이 깨어있는 그리스도인들의 사명이다. 어떻게 장벽을 깰 수 있겠는가? 그것은 그리스도의 방식과 동일하다. 그리스도께서는 무엇으로 그 장벽을 허물어뜨리셨는가? 사랑과 희생이었다. 가르침과 치유였다. 섬김과 본을 보임이었다. 그리스도인들에게는 이웃사랑의 섬김과 영혼사랑의 기도이다. 이웃을 섬기는 목적은 그들의 영혼을 얻기 위함이다.

세상이 가지고 있는 두 번째 장벽에는 수많은 요소들이 존재한다. 문화의 장벽이 있다. 대표적인 세상문화는 음주문화와 쾌락문화이다. 교회가 보편적으로 받아들이기 어려운 문화들이다. 오늘날 성도들 중에서도 음주를 당연시하는 경우가 많이 있지만 여호와 신앙으로 무장한 그리스도인들이라면 그것을 이길 수 있어야 한다. 여기는 한국이지 유럽이 아니다. 교회문화는 기도하고 교제하고 서로 사랑하는 것이다. 음주문화에 젖은 사람이 교회문화에 적응이 되겠는가? 즐기는 문화가 세상을 지배하고 있는데 서로 교제하고 서로 사랑하는 일이 일상화된 교회에 적응하기가 쉽겠는가? 또 다른 기준은 가치관, 세계관의 장벽이다. 인생의 목적이 다르고 삶의 목표가 다르다. 세상은 번영과 성공을 추구한다. 그들의 세계관은 현실적인 이 땅의 가치관이다. 아무리 교회가 하늘의 가치관을 설명하고 가르쳐도 세상은 결코 바뀔 수 없다. 이것을 어떻게 깰 수 있겠는가? 교회와 세상의 장벽을 어떻게 허물고 어떤 식으로 접근해 가야 하겠는가?

우선 교회의 장벽을 먼저 깨뜨려야 한다. 오늘날 교회는 세상과 통하는 문을 스스로 닫아버린 것 같은 감이 없지 않다. 진정한 교회는 지역교회로서 세상 속에서 주민들 속에 섞여서 저들의 필요를 채워주는 기능을 감당하는 교회이다. 하지만 요즘 교회들은 저마다 문을 닫아 잠그고 교인들만 비밀번호를 공유하고 출입하고 있다. 물론 그렇게 할 수밖에 없는 상황이다. 그것과는 별개로 교회는 주민들과 삶을 공유하려고 하지 않는다. 삶을 공유하지 않고는 휘장이 찢어지는 일은 없을 것이다. 여태까지는 교회가 커지면 땅을 사고 산속에 기도원 짓는 일이 다반사였다. 그 자체가 문제가 아니라 지역에 대한 역할과 기능을 거의 하지 못하는 것이 문제이다. 물리적인 장벽을 오히려 스스로 쌓아왔다는 점이 큰 문제인 것이다.

교회가 그렇다 보니까 성도들도 마찬가지일 수밖에 없었다. 교회에서 훈련을 받아 세상으로 나아가는 것이 아니라 교회 안에만 머물러 있었다. 어떻게 하든지 교회 프로그램 안에 성도들을 품으려고만 했었다. 물론 그것은 성도들의 기본적인 삶의 한쪽 측면이다. 그러나 예수님께서 우리에게 명하신 이웃사랑의 모습은 실체적으로 일어날 수가 없었다. 그렇게 되어서는 세상을 향한 하나님의 통로로서의 기능은 상실할 수밖에 없다. 그렇지 않아도 높은 장벽으로 가로막혀있는 교회는 더욱 견고한 성처럼 굳어져갈 뿐인 것이다. 이제 그 장벽을 허물기 위해서 이웃사랑의 실천적인 모습이 그리스도인의 삶을 통해서 세상에 제시되어야 한다. 이웃을 자기 자신과 같이 사랑해야 하는 이유는 바로 이 교회의 장벽을 깨뜨리기 위함인 것이다.

한편, 깨뜨려야 할 교회의 장벽도 높지만 세상 사람들의 심령의 장벽은 더욱 크고 높고 견고하다. 교회는 장벽을 깨뜨리려는 의지가 있지만 사람들의 심령의 장벽은 결코 그런 의지가 작동하지 않는다. 교회의 장벽은 이웃사랑을 몸으로 실천하면서 조금씩 허물어갈 수 있지만, 이웃의 심령 가운데 굳게 담장을 치고 들어와있는 저들의 생각은 결코 바꿀 수 없다. 이웃사랑으로 교회의 장벽을 깨는 것이 쉽겠는가, 아니면 고정관념으로 굳게 잠겨있는 불신자들의 심령의 장벽을 깨는 것이 쉽겠는가? 교회의 장벽은 성도들의 진정한 이웃사랑으로 깨는 일이 가능하지만 세상의 심령의 장벽을 깨는 일은 그리스도인들의 사랑과 섬김으로써 가능한 일이 아니다. 이웃을 향한 영혼사랑은 그만큼 인내와 기도와 사랑과 영적 싸움을 싸워야 하는 중대하고 어려운 일이 되는 것이다. 영혼사랑의 최후의 주최자는 성령님이시기 때문이다.

몸으로 섬기는 이웃사랑은 어느 정도 스스로의 믿음으로 감당이 가능하다. 하지만 영혼구원은 성도들의 능력으로 감당할 수 있는 것이 아니다. 눈에 보이지도 않는 이웃 영혼들을 실질적으로 사랑하기 위해서 우리가 할 수 있는 가장 중요한 일은 그들에게 다양한 직간접적인 방법으로 복음을 전하면서 하나님께는 구원해 달라고 올려드리는 간절한 기도가 거의 유일하다. 그런데 이 기도조차도 우리의 의지로는 제대로 감당할 수 없다. 실로 성령님께서 우리의 심령에 간절함과 안타까움과 열정으로 채워주셔야만 가능해지는 일이다.

물론 한 사람의 이웃을 마치 자기 자신과 같이 몸으로 사랑하게 되면 자연스럽게 그들을 향한 안타까움과 간절함이 기도로 배출되어 나올 것이다. 이 기도야말로 정말 이웃을 자기 자신처럼 사랑하지 못하면 나올 수 없다. 자기의 극한 상황을 해결하기 위한 간절함과 뜨거움의 기도와 같이 이웃의 영혼을 위하여 처절하게 쏟아 부어지지 않는다면 영혼사랑으로는 너무나도 부족하다. 이래저래 기도는 그리스도인의 이웃사랑의 중요한 수단이 되는 것이다.

그리스도인의 세상을 향한 모든 행동은 세상의 영혼들에 초점이 맞추어져야 한다. 영혼에 초점을 맞추면 그 사람의 부족함이나 실수 같은 것이 눈에 띄는 것이 아니라 그런 일들로 행함으로써 일어나게 되는 저들의 영혼에 대한 염려가 먼저 생각나게 된다. 우리가 원수를 어떻게 사랑할 수 있겠는가? 자기의지로 사랑할 수 있겠는가? 진정으로 저들의 영혼을 생각한다면 우리는 그 어떤 원수도 사랑할 수 있게 된다. 행동강령으로서의 원수사랑이 아니라 우리의 의식 깊은 곳, 곧 감정으로까지 사랑할 수 있게 되는 것이다. 스데반 집사가 자기를 죽이려고 돌을 힘껏 던지는 사람들을 왜 용서했겠는가? 저들의 영혼이 죄로 말미암아 지옥으로 가지 않게 해 달라고 기도하는 것이 아닌가? 스데반은 저들의 영혼구원을 위해서 사랑하고 죽는 순간까지 기도했던 것이다.

"그들이 돌로 스데반을 치니 스데반이 부르짖어 이르되 주 예수여 내 영혼을 받으시옵소서 하고 무릎을 꿇고 크게 불러 이르되 주여 이 죄를 그들에게 돌리지 마옵소서 이 말을 하고 자니라"(행 7:59-60)

그리스도인의 이웃사랑은 세상을 향해 세워져 있는 교회의 장벽을 하나하나 깨뜨려가는 과정이고, 영혼사랑은 저들이 심령 가운데 높이 쳐져 있는 장벽을 허물어뜨려가는 과정이다. 물론 우리가 이웃을 우리 자신처럼 사랑했다고 해서 모든 이웃들의 영혼이 구원받는 것은 아니다. 그러나 그 사랑을 통해 그들이 마음을 열고 이 때 성령님께서 임하시면 이웃 영혼은 구원에 이르게 된다. 이런 일들은 누구의 사역인가? 그것은 성령님의 사역이다. 우리는 성령님의 구원사역을 위해 이웃을 자기 자신과 같이 사랑하고 그들의 영혼을 위해서 끝까지 관심을 가지고 함께 기도해야 한다. 비록 우리가 사랑하는 대상들이 직접적으로 하나님의 사랑을 깨닫고 구원에 이르지 못할지라도 우리의 삶을 통해서 교회와 장벽을 쌓고 있는 영혼들에게 그리스도의 사랑을 눈으로 보여주는 것이다. 그것이 그리스도인의 영혼사랑이다.

영혼사랑이란 무엇인가?

4장에서 언급한 바가 있지만, 그리스도인은 자기 영혼을 사랑하는 사람이다. 정상적인 신앙생활을 하고 있는 성도라면 성경과 교회가 권면하는 내용들을 가능하면 지키려고 노력한다. 예배에 최선을 다하고 기도생활에도 힘을 쓰며 말씀을 어떻게든 자주 접하려고 노력한다. 그리고 말씀대로 행하고 살아가려고 생각한다. 이런 모든 신앙생활은 결국 따져보면 자기 영혼을 사랑하는 일이다. 세속적인 목표를 가지고 있기는 하지만 대부분은 자기 영혼이 잘 됨으로써 현실에서 복을 받기를 원한다. 그래서 영혼이 잘 되는 만큼 범사에 잘 되기를 간구하는 성경구절을 좋아한다. 물론 이 구절은 이미 진리 안에서 행하고 있는 가이오에 대한 칭찬과 격려로 주어지는 말씀이지만, 대개의 그리스도인이라면 자기 영혼이 잘 되게 하는 일에 힘을 쏟을 것이다.

"사랑하는 자여 네 영혼이 잘됨 같이 네가 범사에 잘되고 강건하기를 내가 간구하노라"(요삼 1:2)

세상 속에서 여러 가지 어려운 일과 고난을 만나도 끝까지 인내하는 이유가 무엇인가? 여러 가지 형태의 박해를 받아도 오히려 기뻐하고 기꺼이 감당하려는 것은 무엇 때문인가? 결국 우리 영혼을 지키고 사랑하기 위해서가 아닌가? 성도들이 의식하든 그렇지 못하든 그리스도인의 신앙생활은 전부 자기 영혼을 사랑하기 때문에 행하는 것이다. 우리는 실로 우리의 영혼을 사랑하기에 세상 속에서 모든 것을 참고 견디며 믿음으로 승리하기 위해 애쓰는 것이다. 신앙생활의 모든 초점이 현실에서의 복이 아니라 우리의 영혼이라는 사실을 모두 의식하고 있어야 한다.

"너희의 인내로 너희 영혼을 얻으리라"(눅 21:19)

그래서 우리는 영적 싸움을 싸워야 하는 것이다. 영적 싸움은 세상 사람들과의 싸움이 아니라 우리 자신과의 싸움이다. 육체의 욕심과 정욕과의 싸움은 스스로 싸워야 하는 고독한 싸움이다. 이것을 거슬러 싸워 이겨야 하는데 육체의 모든 악한 본성과 싸울 수 있는 것은 성령님의 도우심이 있기 때문에 가능해지는 것이다. 왜 육체의 악한 본성을 거슬러 싸워야 하는가? 역시 자기 영혼을 사랑하고 지키기 위해서이다. 실로 그리스도인의 삶은 자기 영혼을 지켜내는 싸움인 것이다. 세상과 싸우고 세속적인 가치관과 싸우고 관습과 싸우고 우리 자신과 싸우는 것이 전부 영혼사랑인 것이다.

"사랑하는 자들아 거류민과 나그네 같은 너희를 권하노니 영혼을 거슬러 싸우는 육체의 정욕을 제어하라"(벧전 2:11)

우리는 우리가 영혼을 사랑한다는 것이 무엇인지를 인식하면서 신앙생활을 해야 한다. 그렇지 않다면 다른 종교와 크게 다를 것이 없어지게 된다. 우리가 복음을 받아들이고 구원받는다는 의미 자체가 우리의 영혼이 멸망에서 건져냄을 받았다는 것이다. 그렇다면 우리의 모든 삶은 이 영혼과 직결되어 있어서 어떤 행동을 하든지 우리 영혼에 강한 영향력을 행사할 수밖에 없다. 몸으로 행하는 모든 것이 영혼과 연결되어 있는 것이다. 복음이 무엇인지 잘 알지 못하는 상태에서는 자기 영혼과 상관없이 자기 마음대로 행할 수 있지만, 복음을 받아들이고 그 의미를 깨닫고 그리스도를 영접한 사람에게는 말 한 마디, 행동 하나하나가 전부 자기 영혼을 사랑하는 일과 직결되어 있는 것이다.

그렇다면 우리의 이웃사랑은 어때야 하겠는가? 이웃사랑은 영혼사랑이다. 우리가 우리 자신의 영혼을 사랑하지 못한다면 사실상 이웃의 영혼을 사랑하기는 어려울 것이다. 물론 우리가 그리스도인으로서 영적 싸움을 치열하게 싸우는 사람들이고, 이웃들은 불신영혼들로서 우리가 당하는 그런 치열한 싸움을 싸울 필요가 없는 사람들이다. 이웃 영혼들은 아예 죽어있는 존재들로서 사탄의 종노릇을 당하고 있는 사람들이다. 우리는 이미 구원받아 하나님의 자녀가 되어 더욱 자녀답게 살기 위해 영적 싸움을 싸우지만, 이웃들은 우리의 영적 싸움의 대상인 사탄의 권세 아래 놓여있는 사람들이다. 저들은 아예 육적이고 세상적인 욕심에 사로잡혀 있는 사람들이다. 바벨론이 그 규모와 크기를 자랑하듯이 이웃들은 그들이 탐하는 음식과 쾌락과 사치에 사로잡혀 있는 사람들이다. 사실상 우리 그리스도인들이 이웃의 영혼들을 생각해야 하는 이유는 바로 거기에 있다. 우리의 가족이나 친구나 이웃들이 사탄에게 사로잡혀 있기 때문인 것이다.

"바벨론아 네 영혼이 탐하던 과일이 네게서 떠났으며 맛있는 것들과 빛난

것들이 다 없어졌으니 사람들이 결코 이것들을 다시 보지 못하리로다"(계 18:14)

우리는 우리 자신의 영혼을 뜨겁게 사랑해야 한다. 그렇다면 우리는 예수님께서 말씀하신 이웃을 자기 자신과 같이 사랑하라는 말씀을 다시 해석해보아야 할 것이다. 내가 내 영혼을 위해서 그렇게 애를 쓰고 노력한다면 다른 사람의 영혼도 내 자신의 영혼만큼 사랑해야 하는 것이다. 그것이 이웃을 자기 자신과 같이 사랑하라는 성경의 뜻에 가장 적합한 해석이 되는 것이다. 물론 우리는 우리가 아무리 애를 써도 이웃의 영혼을 우리 마음대로 구원받게 할 수는 없다. 하지만 우리가 만약에 이웃을 사랑하지 않는다면 저들은 분명히 지옥에 떨어져 영원토록 고통당하게 될 것이다. 이것을 알면서도 이웃을 외면한다면 그것은 이웃을 전혀 사랑하지 않는 것이다. 어려운 이웃을 도와주는 차원이 아니라 그들의 영혼까지 걱정하고 사랑해주는 것이 진정한 이웃사랑이다.

"몸은 죽여도 영혼은 능히 죽이지 못하는 자들을 두려워하지 말고 오직 몸과 영혼을 능히 지옥에 멸하실 수 있는 이를 두려워하라"(마 10:28)

우리는 아예 어떤 이웃이 구원에 이르게 될지 전혀 알 수 없다. 하나님께서 왜 그렇게 하시겠는가? 우리가 이웃을 보고 어떤 사람이 구원을 받을 줄 알게 되면 어떤 일이 일어나겠는가? 아예 구원받지 못할 영혼들은 전혀 사랑하지 않고 언제인가는 구원받을 영혼들만을 사랑하고 섬기면 될 것이 아닌가? 그런데 그렇게 되면 그리스도인의 이웃사랑이라는 개념은 사라져버리게 될 것이다. 그러면 그리스도께서 인간을 구원하시기 위해 십자가에 못 박히심을 믿고 거듭난 사람들을 통해 그리스도의 복음은 전파될 필요가 없을 것이다. 그러면 그 어느 곳에서도 하나님은 영광을 받으실 수 없게 된다. 그리스도인들이 받은 크나큰 은혜마저도 그 빛을 잃어버리게 될 것이다. 왜냐하면 이미 어떤 사람이 하나님의 자녀가 될지 뻔히 보이게 되기 때문이다. 우리 그리스도인들은 하나님의 선택을 알 수 없기 때문에 오히려 그리스도의 복음을 전파하고 불신 이웃들의 영혼을 사랑하게 될 것이다.

우리가 우리의 영혼을 깨끗하게 하려고 애를 쓰는 것도 진정한 이웃사랑이라는 사실을 아는가? 이웃에게 나누어주고 돕는 차원을 넘어 그들의 영혼을 사랑하기 위해서는 우리의 영혼이 혼탁해서는 불가능할 것이다. 만약에 이웃에게 물질을 나누는데 그 물질이 도둑질한 것이라면 그 나눔과 섬김이 소용이 있겠는가? 마찬가지로 우리의 영혼이 깨끗한 상태에서야 이웃들의 영혼을 우리 영혼처럼 사랑할 수 있게 되는 것이다. 우리는 이웃을 사랑하되 자기 자신처럼 사랑해야 하고 더 나아가 그들의 영혼까지 사랑하는 사람들이다. 그리스도인의 이웃사랑의 궁극적인 목적은 저들의 영혼을 사랑하는 것이다.

"너희가 진리를 순종함으로 너희 영혼을 깨끗하게 하여 거짓이 없이 형제를 사랑하기에 이르렀으니 마음으로 뜨겁게 서로 사랑하라"(벧전 1:22)

구원과 이웃사랑

이웃을 사랑한다는 것은 그들의 영혼이 반드시 구원을 받도록 우리가 할 수 있는 모든 힘을 다한다는 말이다. 그러면 영혼이 구원받는다는 말은 어떤 의미이며 우리 그리스도인들이 어떻게 해야 할 것인지를 생각해야 한다. 물론 우리는 이웃사랑을 통해서 교회의 장벽을 허물고 불신자들의 마음의 장벽을 깨뜨리기 위해 기도하고 섬겨야 한다. 그 전에 영혼구원에 대해서 구체적으로 다시 살펴보기로 한다. 왜냐하면 영혼을 사랑한다는 말은 단순히 전도하고 초청하여 교회에 출석하게 만드는 일이 전부는 아니기 때문이다. 전도하는 것이 영혼을 사랑하는 행위임은 분명하지만 구원에 대한 더 깊은 인식이 더해지지 않으면 이웃영혼을 우리 자신의 영혼처럼 사랑하는 일은 불가능하게 된다.

인간의 구원이란 무엇으로부터의 구원인가? 물론 가장 핵심적이자 생명이라고 할 수 있는 죄로부터의 구원이 중심이다. 죄라는 것은 하나님께서 결코 용납하실 수 없는 속성을 지녔는데, 아무리 사랑으로 풍성하신 하나님이라도, 아무리 작은 죄라도 무시하거나 건너뛸 수 없는, 결코 허물어질 수 없는 인간과 하나님 사이의 장벽이다. 이 죄의 장벽을 깨뜨리는 것이 구원이고, 그 구원을 위해 예수님께서 십자가에 달리심으로써 지성소의 휘장이 단번에 찢어졌던 것이다. 예수님은 인간을 죄에서 구원하기 위해 이 땅에 오셨다. 구원은 우선 죄로부터의 해방이다.

"아들을 낳으리니 이름을 예수라 하라 이는 그가 자기 백성을 그들의 죄에서 구원할 자이심이라 하니라"(마 1:21)

세례 요한은 왜 예수님보다 6개월 전에 태어났는가? 이전까지는 죄 사함으로 말미암은 구원의 개념은 없었다. 죄로부터의 구원이라는 개념은 있었지만 그것도 영혼구원까지 다다르는 것은 아니었고, 단지 일상생활에서의 죄를 깨끗케 하기 위해 짐승의 피로 제사를 드리는 것에 그쳤었다. 물론 그것은 이스라엘 공동체의 영적 거룩성과 순수성을 지켜내기 위한 최소한의 조치였다. 하지만 하나님은 세례 요한을 통해 메시아 예수님의 피로 전인적인 구원에 이르게 하는 길로 이끄셨다. 이웃을 사랑한다는 말은 저들이 영혼의 죄를 사함 받아 구원에 이르게 하는 길로 이끌어준다는 말이다. 우리의 사명이 세례 요한의 사명과 전혀 다르지 않다. 그것이 이웃사랑의 본질이다.

"주의 백성에게 그 죄 사함으로 말미암는 구원을 알게 하리니"(눅 1:77)

구원은 또한 죽음으로부터의 구원이다. 복음이 말하는 완전한 구원은 죽음 이후에야 가능해진다. 죽을 위기에서 죽지 않은 것은 죽음으로부터의 구원이 아니다. 죽음에는 두 가지가 있다. 육체의 죽음과 영혼의 죽음이다. 복음은 참으로 역설적인 경우가 많다. 육체와 영혼의 개념이 뒤죽박죽이 되어서 살려야 할 것은 죽이라고 하시고 죽여야 할 것은 살리라고 하신다. 사람은 누구든지 목숨을 가장 소중하게 여기지만 영원한 목숨을 살리기 위해 한시적인 목숨을 포기하라고 하신다. 그것이 구원이라는 것이다. 예수님은 생명의 주인이신 하나님께 육신의 목숨을 맡기시고 죽으셨다가 영원한 왕이 되셨다. 육체를 버리시고 영원한 목숨을 구원하는 길을 여셨던 것이다.

"그는 육체에 계실 때에 자기를 죽음에서 능히 구원하실 이에게 심한 통곡과 눈물로 간구와 소원을 올렸고 그의 경건하심으로 말미암아 들으심을 얻었느니라"(히 5:7)

인간은 누구나 영적으로 이미 죽은 사람들이다. 육체는 살아서 멀쩡하게 일도 하고 음식도 먹지만 영적으로는 이미 죄와 허물로 다 죽은 사람들이다. 이 죽었던 영혼을 살리는 것이 구원이다. 그 구원은 죄로부터의 자유라는, 곧 육체를 부인함으로써 죽음과도 같은 과정을 통과해야 성취될 수 있는 것이다. 그것은 하나님 앞에서 자신의 죽음을 인정해야 이루어진다. 적어도 자신이 죄로 죽었던 인간임을 인정하고 주님 외에는 세상을 부인해야 한다. 그것이 죽음에서 구원받는 방법이다. 물론 성령님이 아니시면 모든 것이 불가능해진다.

"또 범죄와 육체의 무할례로 죽었던 너희를 하나님이 그와 함께 살리시고 우리의 모든 죄를 사하시고"(골 2:13)

결론적으로 구원은 마귀로부터의 구원임을 알아야 한다. 원래 사람은 전부 마귀의 종들이었다. 구원은 단순히 죄로부터의 탈출만을 뜻하는 것이 아니라 우리의 원래 주인이었던 마귀로부터 자유로워지는 것이다. 마귀를 주인으로 삼고 있는 사람들은 반드시 세속적인 가치관과 욕심과 번영에 초점을 맞출 수밖에 없다. 평소에는 선한 사람같이 보여도 욕심에 사로잡히면 거짓과 부정과 불법을 저지르는 것이 구원받기 전의 인간이다. 우리도 거듭나기 전에는 그랬다. 거듭난 것 같은데 여전히 세속적인 생각으로 사는 사람들도 있지만 원래는 그런 것이 아니다. 그리스도께서 바로 그것을 위해 죽으셨는데 여전히 세속적으로 살고 있다면 어딘가 잘못된 것이다. 우리가 얻은 구원은 죽어서 천국에 가는 영혼구원에 그치는 것이 아니라 믿음을 가지는 그 순간부터 마귀에게 속해있던 인생 전체가 구원받는 것이다. 이런 인식이 너무나도 부족한 현실이다.

"우리 원수에게서와 우리를 미워하는 모든 자의 손에서 구원하시는 일이라"(눅 1:71)

그래서 마귀가 하는 일은 사람들에게 전해지는 구원의 복음이 자라지 못하도록 온갖 훼방을 다하는 것이다. 마귀는 언제나 죽을 힘을 다해 성도들을 미혹하고 불신 이웃들을 붙잡고 있다. 그래서 우리가 아무리 복음을 전해도 이웃들의 마음속에 구원의 싹을 틔우지 못하게 만든다(눅 8:12). 그리스도인들이 해야 하는 일은 바로 불신이웃들의 심령을 갈아엎어 복음의 싹을 트게 해주는 일이다. 그래서 길가에 있는 땅처럼 온갖 세속적인 욕심과 상처로 돌같이 굳어져 있는 마음을 갈아엎어주어야 한다. 돌멩이는 골라내어버리고 흙 속을 깊이 파서 부드러운 밭으로 만들어주는 일이 바로 이웃사랑이요 영혼사랑인 것이다. 구원은 마귀의 손아귀에서 해방시켜주는 일이다.

그래서 인간구원은 단지 죄로부터의 구원이나 죽음으로부터의 구원이 아니라 세속적인 삶으로부터의 구원까지 나아가야 한다. 그래야 마귀로부터의 구원이라는 개념이 성립되는 것이다. 기독교의 구원 개념은 인간의 영혼만을 구원하시는 것이 아니라, 인간의 전 생활과, 전 영역과 미래까지 구원해 주시는 '전인적인 구원' 임을 인식해야 한다. 즉, 구원에 합당한 삶의 열매를 맺어 하나님께 영광을 돌려야 할 책임이 있는 것이다. 그렇게 될 때 그리스도인은 비로소 마귀로부터의 구원까지 이루어내게 되는 것이다. 마귀로부터의 구원이라고 하지만 그것은 악한 원수들이나 대적하는 사람들로부터의 구원까지 포함하는 것이다. 이것이 전인적인 구원이다. 이런 개념이 세워지지 못하면 이 땅에 목표를 두는 삶을 살 수밖에 없다.

"주께서 나를 모든 악한 일에서 건져내시고 또 그의 천국에 들어가도록 구원하시리니 그에게 영광이 세세무궁토록 있을지어다 아멘"(딤후 4:18)

영혼구원이란 이런 모든 구원의 근원이자 본질이다. 육체를 훈련함으로써 외적으로는 구원받은 사람의 겉모습을 보여줄 수도 있지만 영혼이 구원받지 못한 상태라면 단지 생활훈련 밖에는 되지 못한다. 믿음 안에 들어와 있는 것 같아도 영혼의 구원을 받지 못했다면 단지 종교인이거나 바리새인이 될 뿐이다. 그래서 우리는 다른 것보다도 이웃들의 영혼구원을 위해 기도하고 섬기고 애를 쓰게 되는 것이다. 나눔이나 섬김이나 사랑을 행해야 하는 이유이자 목적은 모든 구원의 본질인 영혼구원에 있다. 열심히 전도하여 교회에 출석시키는 것까지를 성공한 것으로 생각하는 것이 아니라 가장 최우선적으로 이웃의 영혼구원을 먼저 생각하고 모든 사랑을 행해야 하는 것이다.

"믿음의 결국 곧 영혼의 구원을 받음이라"(벧전 1:9)

죄로부터의 구원, 죽음으로부터의 구원, 마귀로부터의 구원을 받고 영혼까지 구원을 받은 우리 그리스도인들이 세속적인 삶에서도 구원받아야 한다고 했는데, 세속에서의 구원이 무엇을 뜻하는가에 대해서 다시 살펴본다면 그것이 바로 이웃사랑이요 영혼사랑이라는 사실을 알 수 있다. 생각해보라. 세속적인 삶에서 구원을 받았다는 의미는 마귀의 지시가 아니라 하나님의 말씀을 따른다는 것인데, 그 하나님의 말씀을 따르는 목적 자체가 어디에 있겠는가? 물론 우리는 하나님과 교제하고 하나님을 기쁘시게 하고 생활 속에서는 하나님께 영광을 돌려드리는 삶을 살아야 한다. 그런 삶을 살아감으로써 세속에서의 구원을 삶으로 보여준다면 우선은 하나님께 영광을 올려드리는 것이고, 세상 사람들, 우리의 이웃들에 게도 하나님의 사랑을 전하고 복음을 보여주는 것이 된다. 곧 세속에서의 구원 속에 이미 이웃사랑과 영혼사랑의 모든 삶과 행위가 들어있게 된다는 말이다. 곧 이웃사랑과 영혼사랑은 세속에서의 구원의 큰 증거가 된다는 말이다. 여러 가지 모습으로 비칠 수 있지만 모든 것은 하나이다. 이웃을 향한 영혼사랑으로 귀결되는 것이다.

"그런즉 너희가 먹든지 마시든지 무엇을 하든지 다 하나님의 영광을 위하여 하라 … 나와 같이 모든 일에 모든 사람을 기쁘게 하여 자신의 유익을 구하지 아니하고 많은 사람의 유익을 구하여 그들로 구원을 받게 하라"(고전 10:31, 33)

어떻게 구원하시는가?

이미 알고 있는 내용이지만, 이웃의 영혼을 진정으로 사랑하기 위해서는 하나님의 구원의 방식을 살펴보아야 한다. 왜냐하면 그 방식을 제대로 알아야 우리의 영혼사랑도 가능해지기 때문이다. 우선 하나님께서 택하시는 사람들이 구원받는다. 선택받은 사람이 누구인지 우리는 전혀 알 수 없다. 이미 말했지만 그것은 우리로 하여금 그리스도인다운 삶을 살도록 하기 위함이다. 누가 선택자인지 알면 그 외의 다른 사람들에게는 전혀 관심을 가질 필요가 없고 선택자에게만 사랑을 베풀면 되기 때문이다. 그것은 이 땅에 심각한 차별을 가져올 것이다. 그야말로 불택자들을 이방인 취급하게 되면서 이 땅에서의 그리스도의 사랑은 사라져버릴 것이다.

"그 날들을 감하지 아니하면 모든 육체가 구원을 얻지 못할 것이나 그러나 택하신 자들을 위하여 그 날들을 감하시리라"(마 24:22)

인간구원의 또 하나의 특징은 인간의 구원은 전적으로 하나님의 선물로서 주어진다는 점이다. 이것은 인간구원은 철저하게 하나님의 사랑의 결과물로서 주시는 것이지 사람의 노력이나 능력이나 성품이나 공적에 의한 것이 결코 아님을 말씀하는 것이다. 당연한 구원의 원리이지만 일반적인 종교심을 가진 인간은 그렇게 생각하지 않을 것이다. 열심히 봉사하고 선을 행하면 천국에 갈 수 있다고 어렴풋이 생각할 것이다. 물론 타종교에서는 하나같이 공로주의로 흐르고 있다. 아무리 인간이 죄악 가운데 살아도 선하고 착한 사람들이 많은데 왜 그런 것 모두 무시하고 오로지 하나님의 선물로서만 구원을 허락하시겠는가? 만약에 구원이 하나님의 선물이 아니라면 구원받은 인간은 하나님이 아니라 자기 자신을 자랑하고 자기를 내세울 것이기 때문이다.

"너희는 그 은혜에 의하여 믿음으로 말미암아 구원을 받았으니 이것은 너희에게서 난 것이 아니요 하나님의 선물이라"(엡 2:8)

하지만 우리 그리스도인들의 이웃사랑과 관련해서 생각해도 그 결과는 마찬가지이다. 만약에 구원이 하나님의 선물이 아니라면, 전도를 잘 하는 사람이 있어서 만나는 사람마다 전도의 열매를 거두었다고 할 때 이 전도자는 자기의 전도숫자를 자랑하게 될 것이다. 하지만 어떤 한 사람을 믿게 만들었다고 할 때 마지막으로 교회에 출석시킨 그 사람만의 공로는 아니다. 그 한 사람이 예수님을 영접하게 하기 위해 그 동안 수많은 사람들이 그를 섬기고 나누고 복음을 전했을 것이기 때문이다. 우리의 이웃사랑은 우리의 공로나 자랑이 되면 안 된다. 불신자의 구원을 염두에 두고 열심히 나누고 섬기고 사랑하고 복음을 전할 때 자기 노력이나 공로나 열매들을 자랑하게 되면 하나님과의 관계는 망가지게 될 것이다. 그러면 애써서 이웃을 사랑하고 섬긴 보람이 다 사라지고 하늘의 상도 사라지게 될 것이다.

하나님께서 택하신 자들에게 선물로 구원을 허락하시지만, 그렇다고 하나님께서 물건 던져주시듯이 그렇게 툭 구원을 던져주시는 것은 아니다. 하나님의 소원은 모든 사람들이 다 구원받는 것이다. 그렇기 때문에 하나님은 가능하면 회개할 때까지 오래 참으심으로 기회를 계속 열어놓으신다. 인간구원은 하나님의 지극히 오래 참으심, 곧 하나님의 인내로써 한도 없이 기다리심으로 성취되는 것이다. 그렇다고 천천히 믿어도 된다는 뜻은 아니다. 하나님의 뜻은 아무도 모르기 때문이다. 하나님은 한 사람의 구원을 포기하실 때까지 사랑하신다. 우리가 모르고 있을 뿐이다. 오히려 이웃사랑으로 그리스도의 사랑을 전하는 우리들이 간절한 마음을 가져야 한다. 언제 결론이 날지 모르기 때문이다.

"주의 약속은 어떤 이들이 더디다고 생각하는 것 같이 더딘 것이 아니라 오직 주께서는 너희를 대하여 오래 참으사 아무도 멸망하지 아니하고 다 회개하기에 이르기를 원하시느니라"(벧후 3:9)

인간의 구원은 당연히 예수님의 십자가 대속과 죽으심으로 이루어진다. 구원의 필요충분조건을 사람들에게 허락하신 것이다. 하나님의 사랑의 통로는 그리스도의 십자가 죽으심이지만, 그 통로는 동시에 그리스도의 제자들로서 그리스도와 같은 희생의 길을 가는 사람들이어야 한다. 이웃사랑은 바로 그리스도의 사랑과 희생의 뒤를 따라가는 행위이자 삶이다. 예수님의 십자가 사랑은 단지 우리의 죄를 위해 돌아가신 것을 믿는 사람들에게 구원의 길을 열어주신 것에서 그치는 것이 아니다. 그리스도의 삶의 원리를 따라 하나님의 사랑을 삶을 통해 전하라고 죽으신 것이다.

"그리스도께서 하나님 곧 우리 아버지의 뜻을 따라 이 악한 세대에서 우리를 건지시려고 우리 죄를 대속하기 위하여 자기 몸을 주셨으니"(갈 1:4)

이제 실질적이고 결정적으로 인간을 구원하는 방식은 바로 하나님의 말씀이다. 예수님을 믿는 계기는 여러 가지일 수 있다. 죽을병이든 고난이든 실패든 좌절이든 그것으로 인해서 교회에 출석하는 계기가 될 수 있다. 하지만 하나님의 말씀이 그 속에 들어가지 못하면 구원은 이루어질 수 없다. 종교로서의 믿음은 가능할지 모르지만 진리로서의 믿음으로까지 나아갈 수는 없다. 왜냐하면 말씀이 곧 하나님이시기 때문이다. 말씀이 우리 속에 진지하게 거하면 우리는 죄악과 욕심과 세상적 가치관을 버릴 수 있게 된다. 말씀이 아니면 변화될 수도 없다. 변한 것 같아도 작은 사건을 만나면 다시 되돌아가버린다. 이웃사랑과 영혼사랑도 마지막에는 반드시 말씀으로 결론지어져야 한다.

"그러므로 모든 더러운 것과 넘치는 악을 내버리고 너희 영혼을 능히 구원할 바 마음에 심어진 말씀을 온유함으로 받으라"(약 1:21)

이런 모든 것들을 종합하여 우리 그리스도인들에게 요구되는 것은 예수님의 오래 참으심을 본받으라는 것이다. 하나님의 오래 참으심을 본받지 못하면 진정한 의미의 이웃사랑이 아니다. 그것은 하나님과 우리 사이에 아무런 의미도 없게 되는 것을 뜻한다. 우리의 이웃사랑은 물론 불특정 다수를 향하여 행해질 때도 많지만 만약에 영혼사랑까지 생각하는 이웃사랑이라면 한 사람이라도 끝까지 사랑하는 것이 맞다. 이웃의 영혼을 위해 기도하되 가능하면 끝까지 기도의 끈을 놓지 말고 간절하게 기도를 지속해야 한다. 그들로부터 반감이나 박해나 따돌림을 당하더라도 그들이 구원을 받을 때까지 책임진다는 심정으로 기도해야 한다. 예수님은 십자가에 못 박히시는 데까지 끝까지 참으셨다.

"그러나 내가 긍휼을 입은 까닭은 예수 그리스도께서 내게 먼저 일체 오래 참으심을 보이사 후에 주를 믿어 영생 얻는 자들에게 본이 되게 하려 하심

이라"(딤전 1:16)

이제 이런 모든 구원의 과정들을 총망라하는 능력이 필요하다. 처음부터 함께 역사하시는 성령님의 능력이다. 믿음은 믿을 수 없는 것을 믿는 것이기 때문에 사람의 이론이나 설득으로는 불가능하다. 심지어 그 사람을 위해 대신 죽는다고 해도 구원할 수 있는 것은 아니다. 모든 과정에는 성령님께서 함께 일하셔야만 구원의 기적은 일어나는 것이다. 아무리 하나님의 말씀을 다 이해하고 우리의 섬김의 본을 통해 하나님의 그 크신 사랑을 머리로 깨달았다고 해도 거기에 성령님이 임하셔야만 비로소 믿음을 고백할 수 있게 되는 것이다. 그러므로 구원은 사람의 노력이나 희생만으로 이루어질 수는 없는 것이다. 머리로 이해하지 못해도 성령님께서 감동을 주시면 믿을 수 있게 되는 것이고, 아무리 사람의 구원을 위해 금식하고 철야하면서 간절히 기도한다고 해도 성령님께서 일하지 않으시면 구원은 일어나지 않는다.

"그러므로 내가 너희에게 알리노니 하나님의 영으로 말하는 자는 누구든지 예수를 저주할 자라 하지 아니하고 또 성령으로 아니하고는 누구든지 예수를 주시라 할 수 없느니라"(고전 12:3)

구원의 과정은 전적으로 하나님의 주권 아래 움직여가게 되어 있다. 구원받을 사람을 정하시는 것도 하나님의 주권이고, 언제까지 참으시는가도 하나님의 주권이며, 누구를 통해 복음을 받아들이게 하시는가도 하나님의 주권이다. 하나님의 주권이 아니면 우리가 아무리 애쓰고 힘써서 구원을 설득하고 복음을 애써 들려준다고 해도 실패할 수밖에 없다. 그리고 이런 모든 과정을 성령님께서 간섭하시고 인도해 가신다. 그러므로 그리스도인의 이웃사랑은 성령님께서 불신 이웃들의 마음속에서 일하시도록 도와드리는 것이다. 어떻게 교회의 장벽을 허물고 이웃들의 마음의 장벽을 깨뜨릴 수 있을까를 성령님께서 주시는 지혜를 따라 섬김으로써 그리스도인의 이웃사랑은 그 의미를 더해갈 수 있는 것이다.

어떻게 성령님을 도울 것인가?

사랑이란 원래 애틋한 마음이다. 무덤덤한 마음을 사랑이라고 하지 않는다. 사랑하는 사람을 간절히 바라볼 수 없다면 그것은 사랑이라고 할 수 없다. 하나님은 우리를 사랑하셔서 우리를 위해 십자가에 못 박히셨다. 그것이 진짜 사랑이다. 그런데 그 하나님의 사랑으로 이웃을 사랑하라고 하신다. 물론 이론적으로는 가능할지 몰라도 실제 삶에서는 거의 불가능하다. 그래서 그리스도의 사랑으로 사랑하라는 것이다. 그리스도의 마음을 우리 마음속으로 가져와서 그것으로 이웃을 사랑하는 것이다. 성령님의 능력이라면 가능하다. 우리는 이미 성령님의 능력으로 그리스도의 피로 말미암은 죄 사함의 은혜를 믿고 구원에 이르렀다. 그리스도의 사랑으로 보자면 우리의 이웃들은 하나님의 진노하시는 죄에서 벗어나지 못했다. 하나님의 진노하심을 깨닫지 못하고 있는 사람들을 구원에 이르도록 애태워 기도하는 것이 이웃사랑이고 영혼사랑이다.

"그러면 이제 우리가 그의 피로 말미암아 의롭다 하심을 받았으니 더욱 그로 말미암아 진노하심에서 구원을 받을 것이니"(롬 5:9)

히브리서 저자는 그리스도인들이 어떤 마음으로 불신영혼들을 대해야 하는가에 대해서 좋은 말씀을 전해주었다. 이 말씀은 신앙 지도자들, 영적 지도자들을 어떻게 대해야 할 것인지 그 태도에 관한 말씀이다. 그렇지만 이 말씀은 오히려 영혼사랑을 행해야 하는 지도자들에게 방향을 제시해주는 말씀이기도 하다. 이 지도자들은 성도들이 스스로 영혼의 죄악을 청산해야 하는데 그것을 할 수 없으니까 마치 자신의 죄를 청산할 자인 것처럼 안타까운 마음으로 경계하는 사람들이라는 것이다. 이것은 단지 지도자들에게 순복하라는 말씀에만 그치는 것이 아니라 이 세상을 살아가는 그리스도인들에게 새기라고 주시는 말씀이다. 우리는 불신 이웃들의 영혼을 위해 이 같은 마음으로 세상을 대하는 사람들이다. 직접적인 언어뿐만 아니라 우리의 모든 사랑과 섬김을 통해 이웃들이 죄에서 돌이킬 수 있도록 보여주는 사람들인 것이다.

"너희를 인도하는 자들에게 순종하고 복종하라 그들은 너희 영혼을 위하여 경성하기를 자신들이 청산할 자인 것 같이 하느니라 그들로 하여금 즐거움으로 이것을 하게 하고 근심으로 하게 하지 말라 그렇지 않으면 너희에게 유익이 없느니라"(히 13:17)

이웃과 그 영혼들을 사랑하는 모든 일들은 실질적으로는 성령님을 도와드리는 일이다. 하지만 우리가 성령님을 돕는다고? 성령님이 우리를 도와주시는 것이 아닌가? 성령님은 보혜사가 아니신가? 여기에서 우리 신앙인들이 크게 오해하는 부분이 있다. 성령님은 물론 우리를 도와주시는 분이다. 그렇다면 그것은 내가 계획을 세우고 내가 목표로 삼은 기도제목을 가지고 성령님을 설득하고 인내로써 끌어들여서 내 일을 성취하는 셈이 되어버릴 수 있다. 성령님은 우리를 도와주시는 분임에는 틀림이 없지만 우리도 성령님을 도와드려야 한다는 생각을 가지고 있을 때 비로소 하나님의 일은 이루어지기 시작하는 것이다. 우리가 하나님의 동역자라는 사실도 마찬가지 원리에서 설명할 수 있을 것이다. 하나님은 하나님의 일을 할 사람, 곧 하나님을 도와 사람들을 구원하는 일을 할 사람을 찾아서 사용하신다.

그렇다면 우리 그리스도인들이 하는 일들은 전부 성령님이 일하시도록 길을 평탄케 함으로써 돕는 사람들이다. 그리스도인으로서 세상 속에서 살면서 성령님을 돕지 않는 일은 없다. 모든 일을 하나님의 영광을 위해 하라고 하셨다(고전 10:31). 그 말씀은 모든 일을 성령님을 돕는 개념으로 살라는 말씀과 같은 의미이다. 우리의 이웃사랑은 교회에 높이 둘려 있는 장벽을 허무는 일들이요, 우리의 영혼사랑은 불신 심령들 속에 있는 장벽을 제거하는 일을 위해 간절히 기도하는 일들이다. 이 모두가 성령님께서 불신이웃들의 심령에 임하시는 길을 돕는 행동이다. 우리는 성령의 아홉 가지 은사에 대해서 잘 알고 있다. 왜 이런 은사를 주시는가? 성령님의 일을 도우라고 주시는 것이다.

"어떤 사람에게는 성령으로 말미암아 지혜의 말씀을, 어떤 사람에게는 같은 성령을 따라 지식의 말씀을, 다른 사람에게는 같은 성령으로 믿음을, 어떤 사람에게는 한 성령으로 병 고치는 은사를 어떤 사람에게는 능력 행함을, 어떤 사람에게는 예언함을, 어떤 사람에게는 영들 분별함을, 다른 사람에게는 각종 방언 말함을, 어떤 사람에게는 방언들 통역함을 주시나니"(고전 12:8-10)

이런 은사들은 영적인 부분에서 필요에 따라 나누어주시는 것이지만, 신앙인들에게는 이런 은사만 있는 것은 아니다. 예언이나 섬기는 일이나 가르치는 일이나 위로하는 일이나 구제하는 일이나 다스리는 일이나 긍휼을 베푸는 일들(롬 12:6-8)도 전부 성령님께서 능력과 힘을 부어주시는 일들이다. 물론 사람이 일을 할 수 있도록 성령님께서 능력도 주시고 열정도 주시고 사랑도 부어주시지만 이것을 감당하는 성도가 행하는 일들은 전부 성령님을 도와드리는 일들이다. 그래서 성경은 우리를 그리스도의 몸의 지체들이라고 표현하는 것이다. 거기에 따라 직분도 주시고 질서도 주심으로써 하나님께서 이 세상에서 하실 일들을 위해 성령님을 도와드리는 것이다. 성령님을 도와드린다고 하지 말고 성령님의 일을 감당한다고 표현해도 좋을 것이다.

"너희는 그리스도의 몸이요 지체의 각 부분이라 하나님이 교회 중에 몇을 세우셨으니 첫째는 사도요 둘째는 선지자요 셋째는 교사요 그 다음은 능력을 행하는 자요 그 다음은 병 고치는 은사와 서로 돕는 것과 다스리는 것과 각종 방언을 말하는 것이라"(고전 12:27-28)

어떻게 불신 이웃들의 영혼을 위해 성령님을 도와드릴 수 있을까? 사실 그리스도인들의 삶은 성령님을 근심하게 하지만 않아도 잘 하는 것이기는 하다. 그것은 성도들이 그리스도인으로서의 삶을 어느 정도 살고 있다는 말이고, 이웃사랑과 영혼사랑을 깨닫든지 못 깨닫든지와 관계없이 성령님을 따라 살고 있으며 성령님을 도와 세상을 구원하는 일에 쓰임 받고 있다는 말과도 같은 것이다. 다만 이웃사랑을 하라고 했으니까 의무감을 가지고 하려고 애쓰는 것이 아니라 왜 이웃을 자기 자신처럼 사랑해야 하는지 그 이유와 목적이 분명할 때 더욱 그리스도인다운 삶을 영위할 수 있을 것이다.

"하나님의 성령을 근심하게 하지 말라 그 안에서 너희가 구원의 날까지 인치심을 받았느니라"(엡 4:30)

그러면 우리가 불신이웃들의 영혼을 사랑하는 일에 성령님을 도와드릴 수 있는 가장 확실한 수단은 무엇이겠는가? 우리가 관심과 사랑으로, 배려와 헌신으로 우리 속에 있는 그리스도의 사랑을 표출해보여야 하는 것은 기본이지만, 거기에 더해서 반드시 우리가 해야 할 일은 물론 기도이다. 아무리 몸이 부서져라 하고 이웃을 섬긴다고 해도 성령님께서 임하지 않으시면 아무 일도 일어나지 않는다. 이웃을 섬기고 사랑한다고 해서 모든 사람이 구원받는 것은 아니다. 그러나 우리는 하나님께서 우리에게 맡겨주신 영혼들을 위해서 간절한 기도를 하지 않으면 안 된다. 기도는 성령님과 하나 될 수 있는 강력한 수단이기 때문이다. 항상 성령 안에서 기도와 간구하기를 애써야 한다. 성령이 아니시면 우리의 기도는 그냥 허공을 맴돌 뿐이다.

"모든 기도와 간구를 하되 항상 성령 안에서 기도하고 이를 위하여 깨어 구하기를 항상 힘쓰며 여러 성도를 위하여 구하라"(엡 6:18)

특히 강조해야 할 것은 우리가 이웃영혼을 위해 기도할 때의 자세이다. 이때에도 반드시 이웃을 자기 자신과 같이 사랑하는 영성이 들어가야 한다. 무슨 말인가 하면 이웃 영혼의 구원을 위해 기도할 때에는 마치 예수님께서 간절히 기도하시다가 땀방울이 핏방울이 될 정도까지 되신 그런 마음을 가져야 한다는 말이다. 치유의 은사를 가진 사람들이 환자를 위해 기도할 때에는 자신이 그 환자가 된 것처럼 생명을 실어서 기도해야 치유가 이루어진다. 육체를 위해서도 그래야 하겠거든, 하물며 영혼구원을 위한 기도야 어떻겠는가? 그래서 우리의 기도를 돕기 위해 성령님께서도 말할 수 없는 탄식으로 함께 기도하신다고 하지 않았는가?

"이와 같이 성령도 우리의 연약함을 도우시나니 우리는 마땅히 기도할 바

를 알지 못하나 오직 성령이 말할 수 없는 탄식으로 우리를 위하여 친히 간구하시느니라"(롬 8:26)

우리의 이웃사랑은 열심히 하면 좋고 하지 않아도 손해될 것은 없는 그런 것이 아니다. 그리스도인의 삶 자체가 이웃사랑의 개념으로 살아지지 않으면 하나님께서 원하시는 이웃사랑은 턱없이 모자랄 수밖에 없다. 왜냐하면 단순히 돕고 나누는 마음으로는 그리스도의 사랑을 깨닫지도 못하고 삶으로 전달할 수도 없기 때문이다. 아울러 우리가 가슴으로 품고 기도해야 하는 영혼사랑은 자기 자신이 멸망의 길로 가고 있다는 마음으로 간절하고 끈기 있게 기도함으로써만 성령님의 일을 감당할 수 있게 되는 것이다. 이웃에 대한 시각 자체를 바꿈으로써 그리스도의 목숨을 버리신 사랑을 우리 몸을 통해서 부분적으로라도 펼칠 수 있어야 하겠다.

제15장
영혼사랑과 영적 싸움

　그리스도인들조차도 이 세상의 배후에서 영적 싸움이 치열하게 벌어지고 있다는 사실을 믿지 못하는 경우가 많다. 아니면 알고는 있지만 거의 무관심한 상태로 전혀 다른 세상의 일처럼 생각할 수도 있다. 하지만 이 세상은 성령님과 마귀와의 영적 싸움의 한복판에 있다는 사실을 알아야 한다. 이것은 그리스도인의 이웃사랑의 현장에서도 고스란히 드러나고 있는 원리로서, 그리스도인의 이웃사랑이 영혼사랑일 때에 마귀의 대적이 극심하게 나타난다는 것을 말하고 있는 것이다. 곧 그리스도의 사랑으로 이웃 영혼들에게 어떤 식으로든 다가갈 때 마귀는 불신영혼을 빼앗기지 않으려고 할 뿐만 아니라 그리스도인들의 모든 행동을 훼방하게 될 것이라는 말이다. 이웃사랑과 영적 싸움이 별로 관련이 없는 것 같지만 사실상 이 세상의 영적 싸움은 바로 영혼구원을 향한 치열한 싸움이라는 사실을 알아야 한다. 우리는 하나님께 속하였고 세상은 마귀에게 속해 있기 때문이다.

　"또 아는 것은 우리는 하나님께 속하고 온 세상은 악한 자 안에 처한 것이

며"(요일 5:19)

영적 싸움은 두 가지로 나눌 수 있다. 하나는 그리스도인 자신을 위한 싸움이고 다른 하나는 이웃 영혼을 사랑하기 위한 영적 싸움이다. 물론 자신을 위한 싸움도 사실은 그리스도인으로서 이 세상을 승리하면서 살기 위한 것이고, 그 중 상당한 부분은 이웃과의 관계에서 발생하는 것이기 때문에 뚜렷이 구분하기 어려운 경우가 많이 있다. 자기 믿음을 지키려는 스스로와의 싸움은 하나님과의 관계가 중심이 되고 이웃의 영혼을 사랑하기 위해 싸워야 하는 싸움은 이웃과의 관계가 중심이 될 것이다. 본장에서는 주로 이웃사랑, 영혼사랑과 관련하여 싸워야 하는 영적 싸움에 대해서 살펴보려고 한다. 이웃사랑과 관련되는 영적 원리를 알지 못하면 이웃의 영혼을 끝까지 사랑할 수 없게 될 것이다.

영적 싸움의 대상

우리의 영적 싸움의 상대방인 마귀의 가장 큰 특징은 예수님께서 그리스도이심을 부인하게 함으로써 창조주 하나님의 인간구원에 대한 믿음을 훼방한다는 점이다. 그는 적그리스도의 영으로서 스스로가 구원자 혹은 최상위에 있는 존재라고 속이는 자이다. 예수 그리스도가 참 그리스도가 아니라고 속일 뿐만 아니라 더 나아가 자신이 참 그리스도라고 속이는 것이다. 물론 하나님은 마귀와 비교조차도 할 수 없을 정도로 크신 분이시고 더구나 예수님은 십자가에서 우리를 위해 마귀와 싸우시고 죽으심과 부활로 이기신 분이시다. 우리가 마귀와 영적 싸움을 벌일 수 있는 모든 근거가 바로 거기에 있는 것이다.

"예수를 시인하지 아니하는 영마다 하나님께 속한 것이 아니니 이것이 곧 적그리스도의 영이니라 오리라 한 말을 너희가 들었거니와 지금 벌써 세상에 있느니라 자녀들아 너희는 하나님께 속하였고 또 그들을 이기었나니 이는 너희 안에 계신 이가 세상에 있는 자보다 크심이라"(요일 4:3-4)

하지만 마귀는 눈에 보이는 형태로 우리에게 다가오지는 않는다. 마귀가 그렇게 어리석겠는가? 어떤 형태로든지 다른 모습으로 그리스도인들에게 나타난다. 그것은 화려한 모습일 수도 있고 쾌락적인 모습일 수도 있을 뿐만 아니라 권력의 모습으로, 지도자의 모습으로 나타날 수도 있다. 그리스도인들이 미혹되거나 유혹받을 수 있는 모든 형태로 나타나는 것이 마귀의 정체이다. 우리가 명심해야 할 것은 혈과 육으로는 마귀를 상대할 수 없다는 점이다. 상대방이 혈과 육으로 도전해 와도 똑같이 혈과 육으로 대적해서는 승산이 없다. 왜냐하면 인간의 힘과 능력으로는 마귀와 싸워 이길 수 없기 때문이다. 그리스도인의 승리는 오직 하나님께서 싸워주실 때 가능해지는 것이다. 그러므로 우리의 싸움은 하나님을 강하게 신뢰하고 의지하기 위한 싸움이어야 하는 것이다.

"우리의 씨름은 혈과 육을 상대하는 것이 아니요 통치자들과 권세들과 이

어둠의 세상 주관자들과 하늘에 있는 악의 영들을 상대함이라"(엡 6:12)

마귀의 가장 강력한 무기는 거짓이다. 하나님은 결코 거짓을 사용하지 않으신다. 아니 아예 거짓말을 못하신다. 그래서 하나님께서 한 번 약속하시면 취소하거나 지키지 않으실 수가 없다. 모든 경우에 마귀는 거짓을 사용한다. 마귀가 거짓으로 내세우는 존재가 바로 거짓 선지자이다. 사실상 가장 강력한 수단이다. 그래서 거짓 그리스도가 이 땅에 무수하게 존재하는 것이다. 그것은 거짓 진리를 가르침으로써 하나님께로 돌아가지 못하도록 만드는 효과적인 방법이다. 그래서 거짓이란 마귀의 가장 유효한 수단이 되는 것이다. 만약에 그리스도인이라고 하면서 자신이 불리할 때에나 어떤 목적을 위해 거짓을 조금이라도 사용한다면 그는 적어도 그 순간만큼은 마귀에게 쓰임 받고 있는 것이라는 사실을 알아야 한다.

"사랑하는 자들아 영을 다 믿지 말고 오직 영들이 하나님께 속하였나 분별하라 많은 거짓 선지자가 세상에 나왔음이라"(요일 4:1)

우리가 이웃을 사랑할 때에도 마귀는 여전히 거짓을 사용하여 속이려고 든다. 불신영혼들이 가만히 있을 때에는 마귀도 가만히 내버려둔다. 그러나 그리스도인들이 그리스도의 사랑을 가슴에 품고 이웃의 영혼들을 위해 기도하며 섬기려고 하면 마귀는 틀림없이 불신 이웃들의 심령을 좌우하려고 달려들 것이다. 마귀는 믿는 자들조차도 타락하게 하려고 혈안이 되어있지만, 자기 소유인 불신 영혼들을 결단코 빼앗기지 않으려고 더더욱 기를 쓸 것이다. 그러므로 온갖 거짓과 속임수를 총동원해서 세상 사람들이 그리스도의 복음을 받아들이지 못하도록 환경을 공격하고 마음과 감정을 공격하고 이단 사설들로 공격하고 세상의 육신적인 이치와 사상으로 공격하는 것이다.

"그들은 세상에 속한 고로 세상에 속한 말을 하매 세상이 그들의 말을 듣느니라"(요일 4:5)

"그 중에 이 세상의 신이 믿지 아니하는 자들의 마음을 혼미하게 하여 그리스도의 영광의 복음의 광채가 비치지 못하게 함이니 … "(고후 4:4)

그리하여 마귀는 거짓 정보와 세상적인 이론을 총동원하여 그리스도에 대한 착각을 일으키도록 온갖 수단으로 미혹한다. 이 미혹은 그리스도인들을 혼란스럽게 해서 그리스도를 부인하게 만듦으로써 타락하여 지옥에 빠지게 하는 것이지만, 불신영혼들에게도 똑같이 그리스도를 받아들이지 못하게 할 뿐만 아니라 아예 그들을 적그리스도의 손아귀에 더 깊이 빠져들도록 힘을 쏟는다. 미혹이란 무엇인가? 분별이 흐려져서 혼란스럽게 되어 거짓된 것에 홀려버린다는 뜻이다. 미혹에 넘어가면 자기도 모르게 정신이 팔려서 뭐가 뭔지도 모르는 채 거짓을 따라가게 되어 있다. 불신 영혼들이 예수님을 하나님께서 이 땅에 육체로 보내신 분이라는 사실을 어떻게 믿을 수 있겠는가?

"미혹하는 자가 세상에 많이 나왔나니 이는 예수 그리스도께서 육체로 오심을 부인하는 자라 이런 자가 미혹하는 자요 적그리스도니"(요이 1:7)

    교회에 다니면서 예수님을 믿는 사람들조차도 마귀는 미혹하는 영을 통해 넘어뜨리려고 한다. 오늘날에도 우리 주변에는 성도들과 사람들을 미혹하는 적그리스도가 왕성하게 활동하고 있다. 저들은 불신영혼들을 미혹하기 위해 기독교에서 행하는 봉사활동까지 따라하고 있다. 세상을 향해 좋은 일을 많이 행하는 단체로 포장하여 젊은이들을 끌어들이고 있다. 겉으로 볼 때에는 아름다운 봉사단체이지만, 그 속에는 속이고 미혹하는 영으로 가득 채워져 있는 것이다. 세상은 논리적으로 더 완벽해 보인다. 그러나 복음은 세상의 시각으로 보면 더 이상 논리적이 아니다. 신비한 영적 현상과 구원의 개념을 어떻게 세상이 긍정하는 이론으로 설명할 수 있겠는가? 그래서 거짓이 개입할 여지가 아주 커지는 것이다. 결론적으로 거짓을 포함한 거짓의 형제들 곧 속임수, 과잉 및 축소, 불분명한 추론, 비난, 고소 등 진실이 아닌 수단들을 동원하는 모든 행위들은 하나님의 미움을 받을 수밖에 없다.

    그러면 거짓으로 미혹하는 마귀들의 훼방을 우리는 어떻게 분별하고 이겨낼 수 있겠는가? 그것은 예수님이 하나님의 아들로서 우리 죄를 위해 십자가에 못 박혀 돌아가셨다는 사실을 마음으로 깊이 받아들이는 믿음으로써만 가능해진다. 그 믿음은 생명이나 마찬가지이다. 예수님께서 우리를 위해 목숨을 버리셨으니 나도 주님께서 필요로 하실 때에는 목숨까지 드릴 수 있다는 결단이 믿음이다. 예수님은 무엇으로 마귀를 이기셨는가? 목숨을 주심으로써 이기셨다. 우리가 마귀에게 승리를 거둘 수 있는 유일한 길은 바로 이 목숨을 건 그리스도의 승리를 의지하는 것이다. 우리는 날마다 영적 싸움을 싸워야 하는 성도들이다. 예수님께서 하나님의 아들이심을 믿느냐 못 믿느냐의 싸움이고, 우리의 이웃들로 하여금 이 승리를 믿을 수 있도록 사랑과 희생과 헌신으로 사랑하는 일을 훼방하는 마귀의 거짓으로부터 우리와 이웃을 지키기 위한 싸움이다. 죽기까지 마귀와 싸우는 싸움이 우리의 믿음이다.

> "무릇 하나님께로부터 난 자마다 세상을 이기느니라 세상을 이기는 승리는 이것이니 우리의 믿음이니라 예수께서 하나님의 아들이심을 믿는 자가 아니면 세상을 이기는 자가 누구냐"(요일 5:4-5)

그러면 궁극적으로 우리는 왜 싸워야 하는가? 그리스도의 사랑을 몸으로 말로 행동으로 전파하기 위함이다. 결국 이웃사랑이요 영혼사랑이다. 바울은 영적 싸움의 방향과 목표를 분명히 하라고 말씀한다. 그리고 자신을 스스로 쳐서 복종시키고 마귀에게 승리하기 전에 먼저 자기 자신에게 승리해야 하는 목적은 결국 복음의 전파라고 말한다. 그리스도의 사랑을 말로 행동으로 삶으로 보여주는 것이 이웃사랑, 영혼사랑인 것이다. 그리고 그것을 위해 뚜렷한 싸움을 하는 것이고, 그렇게 이웃사랑, 영혼사랑, 복음전파를 행한 후에 넘어지지 않기 위해 더욱 애쓰고 힘쓰라는 것이다. 이웃사랑, 영혼사랑으로 인해서 넘어질 수도 있는 싸움에서 승리하기 위해 자기 자신을 복종시켜야 한다는 것이다.

> "그러므로 나는 달음질하기를 향방 없는 것 같이 아니하고 싸우기를 허공을 치는 것 같이 아니하며 내가 내 몸을 쳐 복종하게 함은 내가 남에게 전파한 후에 자신이 도리어 버림을 당할까 두려워함이로다"(고전 9:26–27)

그리고 자칫 이웃사랑, 영혼사랑이라는 사명 때문에 오히려 지치고 넘어질지도 모르는 모든 일에서 승리하기 위해 영적 싸움의 전신갑주를 입으라고 하는 것이다. 코앞의 싸움에서는 이겼는데 마귀의 거짓과 미혹 때문에 오히려 넘어질 수도 있다는 사실을 우리는 알고 있다. 영적 싸움의 전신갑주는 당장의 전투에서 이기기 위해서일뿐 아니라 이웃 영혼들을 사랑하는 일에서도 승리하기 위해서이고, 그런 모든 일들을 행한 후에 끝까지 승리의 면류관을 얻기 위해서도 반드시 무장해야 할 영적 복장인 것이다. 실로 우리들의 모든 영적 싸움은 우리 자신을 지키기 위한, 그리고 이웃의 영혼들을 구원하기 위한 치열한 싸움인 것이다.

> "그러므로 하나님의 전신 갑주를 취하라 이는 악한 날에 너희가 능히 대적하고 모든 일을 행한 후에 서기 위함이라"(엡 6:13)

세상 풍조와의 싸움

　야고보는 이웃사랑과 영적 싸움의 관계에 대해서 아주 적절하게 기록했다. 고아와 과부를 환난 중에 돌보는 것이 정결하고 더러움이 없는 경건이라고 했는데(약 1:27), 이것은 무엇을 말하는가? 진실한 이웃사랑을 말하는 것이다. 상황을 따라 스스로 고아와 과부처럼 소외되고 가난한 이웃이 되어 그들의 필요를 채워주는 것은 이웃사랑의 대표적이고 전형적인 모습이다. 이런 일을 지속적으로 하는 일은 칭찬할만한 일이고 모든 그리스도인들이 고아나 과부와 같은 입장에 있는 이웃들을 섬기고 보살핀다면 그것보다 더한 경건(영성)이 어디에 있겠는가? 그러나 마귀는 그렇게 되도록 내버려두지 않는다. 그래서 자기를 세속으로부터 지키는 일이 중요하다고 말하는 것이다. 참된 그리스도인은 그렇게 이웃을 돌보면서 자기를 지키는 일에 대한 경각심을 가지고 세속에 물들지 않도록 힘써야 한다. 그것은 영적 싸움이다. 자신과의 싸움은 곧 마귀와의 영적 싸움으로 귀결될 수밖에 없다.

　우리는 하나님을 알지 못하던 과거에 세속, 곧 이 세상의 풍조를 따라다녔다. 당연한 일이었다. 세상에 속한 사람들이었으니까 세상 풍조를 따랐던 것이다. 그러나 거듭난 이후에 깨닫고 보니까 그것은 공중의 권세를 잡은 자들, 곧 불순종의 영을 따라가는 것이었다. 고아와 과부 같이 소외되고 어려움에 처한 사람들을 마치 자기 자신을 사랑하는 것과 같이 돕고 섬기는 일은 매우 잘 하는 것이지만, 그들은 어디까지나 불순종의 아들들이고 그들 가운데 역사하는 악한 영들의 지배를 받는 사람들이다. 이것은 어쩔 수 없는 상황이다. 어려운 이웃들의 물리적인 어려움과 곤경에는 충분히 동정하고 그리스도의 사랑으로 돌보아야 하지만, 그들을 지배하고 있는 영에 의해 그들 속에 흐르고 있는 의식에 대해서는 충분히 경계할 수 있어야 하는 것이다. 이웃사랑의 현장 한복판에서도 마귀와의 영적 싸움은 팽팽해지는 것이 영적 현실이다.

> "그 때에 너희는 그 가운데서 행하여 이 세상 풍조를 따르고 공중의 권세 잡은 자를 따랐으니 곧 지금 불순종의 아들들 가운데서 역사하는 영이라"
> (엡 2:2)

세속과 세상풍조와 직결되는 것이 세상의 전통이라는 것이다. 세상의 전통은 그 어떤 것이든지 하나님께로부터 나오는 것이 아니다. 그것은 그 사회를 지탱하는 데에 유익한 경험들이 세월을 두고 쌓여서 생활패턴이 되고 지켜야 할 가치관이 된 것이다. 지구촌에는 상상하지 못할 전통들이 인종이나 지역이나 시대에 따라 아주 다양한 형태로 자리매김하고 있다. 그런데 그런 모든 전통들은 하나님 없이 철학과 사상과 헛된 속임수와 세상의 초등학문을 따른 결과이다. 하나님의 영적 원리는 세상이 이해할 수 없게 되어 있기 때문이다. 거듭나지 않고 어떻게 이해할 수 있겠는가? 아무리 많이 공부를 하고 능력이 뛰어나도 세상 전통과 하나님의 복음을 분별할 수 없다. 전통과 복음을 분별할 수 있는 사람들은 오직 그리스도인들뿐이다.

"누가 철학과 헛된 속임수로 너희를 사로잡을까 주의하라 이것은 사람의 전통과 세상의 초등학문을 따름이요 그리스도를 따름이 아니니라"(골 2:8)

그런데 그리스도인들조차 이 세상적인 전통과 계명을 혼동하는 경우가 많다. 특히 기독교신앙이 종교(율법) 안에 갇히게 될 때 세상 전통을 따르게 되는데, 이 사실을 거의 깨닫지 못하고 있는 것이 또한 종교적 신앙인들의 참모습인 것이다. 이 말은 다소 오해가 있을 수 있는데, 율법적인 신앙으로 꽉 채워져 있는 사람을 어떻게 세상전통을 따른다고 하겠느냐는 질문이 있을 수 있다. 물론 이 말은 외견상으로는 전혀 다른 이야기처럼 보인다. 하지만 세상 전통을 따르는 것과 종교적 전통을 율법적으로 지키는 것은 같은 맥락이라는 것을 알아야 한다. 어떤 면에서는 종교적(율법적)으로 가득 채워진 신앙생활을 하는 사람들이 사실은 복음을 소유하지 못한 사람일 수 있는 것이다.

이들이 율법적인 의무감에서 세상의 전통을 따르고 있는 불신 이웃들을 자기 자신처럼 사랑한다고 하다가 오히려 그들과 같은 길을 따라가게 되기까지 하는 것이다. 율법적 전통으로 가득 채워져 있었던 바리새인들이 구제와 헌금 등 의무적으로 이웃사랑을 행하기는 했지만 신앙의 본질인 예수님은 십자가에 못 박지 않았던가? 이런 원리를 따라 이웃을 자기 자신과 같이 사랑하되 자신의 영적 거룩성을 훼손한다거나 지켜내지 못한다면 그것은 오히려 마귀의 공격대상이 되어 영적 싸움에서 실패할 수밖에 없게 될 것이다. 그러므로 종교적인 전통에 사로잡혀 있는 사람들도 뜨거운 영적 싸움을 싸워야 하는 것이다. 전부 그런 것은 아니지만 본질과 생명이 빠져버린 복음은 전통 안에 갇혀버림으로써 영적 싸움에서 패하고 있다는 사실조차 잊어버릴 수도 있는 것이다.

> "너희가 하나님의 계명은 버리고 사람의 전통을 지키느니라 또 이르시되 너희가 너희 전통을 지키려고 하나님의 계명을 잘 저버리는도다"(막 7:8 –9)

물론 오늘날 우리의 현실은 이스라엘과는 많이 다르다. 이스라엘은 율법의 나라요 우리나라는 이방나라일 뿐이기 때문이다. 그러나 영적인 원리는 어디에서나 동일하다. 물론 단순히 이웃을 위해 물질을 나누고 섬기는 일들에 그친다면 크게 염려할 것은 없을 것이다. 그러나 사랑의 대상인 이웃 영혼들을 위해 기도하고 복음을 전하려고 하면 반드시 그들의 전통이 튀어나올 것이고, 그들과 소통하면서 마음을 열어보여야 할 때 자칫 그들의 전통을 어느 정도 받아들이면서 영혼구원에 실패하거나 늦추어질 가능성은 언제라도 존재하는 것이다. 실제로 이웃 영혼에게 물질과 삶으로 복음을 전하기 위해 교제권을 형성했다가 오히려 그들의 풍조 속으로 빠져 들어간 사례가 많이 나타나고 있다. 오늘날 사회 구석구석에서 이름도 없이 빛도 없이 섬김의 본을 보이는 신앙인들이 무수하게 존재하지만, 동시에 사회의 큰 문제를 앞에 놓고 그 이웃들을 사랑하기 위해 기독교 신앙의 본질을 훼손하는 듯한 사례들은 더욱 깊이 생각해보아야 할 문제들이다. 그것이 전부 영적 싸움이라는 사실을 깨달아야 할 것이다.

우리나라의 경우 제사 문제가 굉장히 첨예하게 다가올 수밖에 없는데, 전통적인 기독교인들은 이것을 배척하지만 다소 자유로운 입장에서는 이런 전통을 거의 그대로 인정함으로써 복음의 경계를 허물어버리는 일들을 볼 때 이웃사랑이 영적 싸움의 현장이 되는 것은 너무나도 자명해지는 것이다. 제사를 단지 우리나라 고유의 전통으로 보고 조상을 존경하는 좋은 풍속이라고 본다면 그것은 세상풍조로 빠져버리는 것이 될 수 있다. 인간의 모든 풍속은 전부 종교적인 뿌리로부터 시작되었다는 사실을 생각하면 풍속을 풍속으로만 볼 수는 없을 것이다. 하기는 우리나라의 전통적인 명절이나 풍속 같은 것들 중에도 그 속에 미신적인 숱한 요소들을 품고 있음에도 분별없이 행해지는 것들이 많이 있다. 제사처럼 노골적인 것은 물론 안 되지만 미신적인 요소들을 분별하여 조심스럽게 접근할 수 있어야 하겠다.

> "그러나 이 지식은 모든 사람에게 있는 것은 아니므로 어떤 이들은 지금까지 우상에 대한 습관이 있어 우상의 제물로 알고 먹는 고로 그들의 양심이 약하여지고 더러워지느니라"(고전 8:7)

물론 신앙인 스스로는 제사와 관련하여 그 어떤 일을 행하더라도 신실한 믿음만 가지고 있으면 문제될 것은 별로 없다. 하나님은 그 영적인 문제들을 뛰어넘으시는 분이다. 정말 그들의 신에게 절하고 숭배하는 것이 아니라면 제물을 먹든 안 먹든 그것이 큰 문제는 아닌 것이다. 다만 그런 일들에 참여함으로써 스스로의 영적 손실을 가져올 수도 있고 또 우리의 이웃들이 기독교 복음에 대해 오해해서 참된 복음을 받아들이기 어렵게 만들 수도 있기 때문에 조심해야 하는 측면도 분명히 존재한다. 영적 원리는 이웃의 영혼을 사랑하고 복음을 전하는 과정에서 우리 자신의 영적 거룩성이 훼손되거나 이웃을 참된 복음으로 접근하기 힘들게 만들 수도 있는 어떤 틈새라도 벌어지지 않도록 영적 싸움을 잘 싸워야 하겠다는 것이다.

> "그러므로 우상의 제물을 먹는 일에 대하여는 우리가 우상은 세상에 아무 것도 아니며 또한 하나님은 한 분밖에 없는 줄 아노라"(고전 8:4)

이웃을 진정으로 사랑하다가 영적인 분별력을 잃어버리고 오히려 그들의 화려함과 부유함과 편리함에 마음을 빼앗기는 일은 없겠는가? 하나님을 믿는 것 때문에 여러 가지 어려움과 부족함을 참고 힘써 그리스도의 사랑을 전하려고 하는데 사랑의 대상인 이웃은 외적으로 풍족하여 오히려 은근한 부러움의 대상이 되어버리면 어떻게 하겠는가? 사실 사역의 크기에도 해당될 수 있는 현상이다. 무의식 속에서는 전능하신 하나님을 믿는 사람이 남들보다 더 잘 살아야 하는 것이 아닌가 하는 혼란 속에 빠질 수도 있을 것이다. 그래서 번영과 성공으로 방향을 바꾸게 된 역사가 얼마나 많이 성경에 기록되어 있는가? 그 자체가 영적인 현상은 아니지만 결과적으로 세상 풍조를 따라가고 싶어지게 되는 것이다.

또한 이웃을 자기 자신과 같이 사랑하면서 빠지기 쉬운 함정은 세상이 더 지혜로워 보인다는 것이다. 기독교 서적들 중에서도 번영이나 목적을 이루기 위한 방법(지혜)에 관한 도서들이 다수 나오는 것을 보면 그것이 바로 세상지혜를 제시하는 것임에도 깨닫지 못하는 경우가 너무 많다. 하나님의 지혜와 세상의 지혜는 전혀 다르다. 세상 지혜는 인간이 고안해낸, 곧 마귀가 조장하는 성공에 대한 비결처럼 보이지만 하나님의 지혜는 어리석어 보일 때가 더 많다. 왜냐하면 하나님의 지혜는 최후의 승리자가 되게 하기 위한 비결이기 때문이다. 하나님의 지혜는 하나님께서 하실 수 있도록 우리를 비워드리는 것이다. 그래서 세상 지혜는 자꾸 쌓는 지혜이지만 하나님의 지혜는 자꾸 버리는 지혜이다. 버려야 하나님의 능력과 힘이 임하시기 때문이다. 그리스도인의 지혜는 버리기 위한 영적 싸움이며 그러므로 자기와의 싸움이 중요해지게 되는 것이다. 버리기 힘드니까 싸우는 것이다.

"이 세상 지혜는 하나님께 어리석은 것이니 기록된 바 하나님은 지혜 있는 자들로 하여금 자기 꾀에 빠지게 하시는 이라 하였고"(고전 3:19)

어디까지 이웃과 함께할 것인가를 분별하지 못하면 오히려 이웃의 혼탁한 영에 말려들 수 있다. 이웃의 영혼들을 그리스도의 사랑 안으로 들어오게 하려고 하면 반드시 우리가 생각하지 못하던 마귀의 훼방이 우리를 가로막게 되어 있다. 세상 풍조와 전통과 부요함과 지혜로움이 알지 못하는 사이에 그리스도인을 공격한다.

당연히 이웃을 자기 자신처럼 사랑해야 하지만, 이웃사랑이란 바로 영혼사랑이라는 사실을 깨달으면 우리가 영적 싸움의 한복판에 들어가 있음을 인식해야 한다. 물론 우리는 승리한다. 영적으로 잘 분별하여 세상 풍조 속에서도 바른 신앙을 지켜나간다면 우리는 전혀 두려워할 필요가 없다. 마귀는 두려움과 염려와 거짓과 혼란과 미혹과 유혹을 수단으로 우리를 넘어뜨리려고 하겠지만 우리는 하나님의 자녀들이다. 마귀는 협박은 하겠지만 결코 우리를 해치지는 못한다.

"육에 속한 사람은 하나님의 성령의 일들을 받지 아니하나니 이는 그것들이 그에게는 어리석게 보임이요, 또 그는 그것들을 알 수도 없나니 그러한 일은 영적으로 분별되기 때문이라"(고전 2:14)

고난과 능욕과의 싸움

사도 바울은 오직 이방인들의 영혼을 사랑하기 위해 모든 고난과 어려움을 극복한 대표적인 사람이다. 바울이 자신이 당한 고난을 압축하여 설명한 부분을 읽으면 어떻게 고난과 고통과 괴로움을 당하면서 한 결 같이 사도로서의 자세를 잃어버리지 않을 수 있었을까 하는 생각이 든다(고후 11:24-27). 부활하신 예수님을 만난 이후로 그는 모든 어려움을 극복하고 기독교를 일으켜 세웠다. 기독교의 근간을 만들어낸 것이다. 물론 그것은 성령님의 간섭하심과 강력한 인도하심으로 이루어진 결과였다. 그러나 바울은 거기에 따라오는 모든 어려움들을 전부 견뎌내었다. 성령님의 위로와 신앙인들의 동역으로 말미암아 주께서 직접 주신 사명을 이루어낸 것이다. 그가 당한 고난과 능욕들은 과연 무엇을 위한 것인가?

바울뿐만 아니라 모든 그리스도인들이 고난과 박해를 이겨낼 수 있는 본질적인 원인은 어디에 있는가? 이 모든 것들은 전부 주를 위하여 견디는 것들이다. 주가 아니라 자기를 위하는 사람은 절대 끝까지 견디지 못한다. 믿음이란 사는 것과 죽는 것까지 하나님께 전부 맡기는 것이다. 단지 그리스도를 주로 고백하는 정도로 구원이 이루어지겠는가? 시작은 될지 몰라도 그것만 가지고 마지막에 구원받을 수 있을지는 미지수이다. 복을 받기 위해서나 사역에 성공하기 위해서 살거나 죽는다면 그것은 주를 위한 것이 아니다. 왜 우리가 죽어야 주를 위한 것이 되겠는가? 주를 위한다는 것이 사실은 인생에서 손해보고 고난당하는 것으로 끝난다면 우리에게 무슨 의미가 있겠는가? 그것은 주를 위해서 우리가 손해를 보면 우리가 영원히 살기 때문이다. 우리가 주를 위해 손해 보는 것이 우리에게 큰 유익이 되기 때문에 주를 위해 죽을 수 있는 것이다.

"우리가 살아도 주를 위하여 살고 죽어도 주를 위하여 죽나니 그러므로 사나 죽으나 우리가 주의 것이로다"(롬 14:8)

그러면 주를 위한다는 것이 구체적으로 무슨 의미인가? 만약에 주를 위해 죽는다면 어떻게 하는 것이 주를 위해 죽는 것인가? 왜

주를 위해 죽어야 하겠는가? 그것은 복음을 위하기 때문이다. 복음이 곧 주님이다. 만약에 복음을 전하지 않고 말씀을 간직한 채 집안에만 머문다면 그것은 주를 위한 것인가? 주를 위해 복음을 전하기 때문에 고난이 오는 것이 아닌가? 바울은 요즘 말로 하면 전과자이다. 그것도 수도 없이 감옥에 갇힌 죄수였다. 그런데 바울은 자신이 감옥에 갇힌 것으로 부끄러워하지 않았다. 오히려 그리스도인들에게 감옥에 갇힐 것을 권면할 정도였다. 물론 직접 감옥에 갇히라고 한 것은 아니지만 주를 위해 어떤 종류의 고난이라도 달게 받으라고 권면한다. 그리고 그것은 바로 복음과 함께 고난을 받는 것이다. 물론 하나님의 능력이 함께 하셔야 가능해지는 이야기이다. 그리스도인은 적어도 복음을 위해 고난을 받아야 한다.

"그러므로 너는 내가 우리 주를 증언함과 또는 주를 위하여 갇힌 자 된 나를 부끄러워하지 말고 오직 하나님의 능력을 따라 복음과 함께 고난을 받으라"(딤후 1:8)

바울은 또다시 고난과 능욕을 견뎌야 하는 이유를 복음을 전하기 위해서라고 말한다. 세상과 싸워서라도, 감옥에 갇혀서라도, 매를 맞으면서라도 전해야 할 것은 복음이다. 특히 바울의 이방인 영혼사랑은 거의 예수님의 영혼사랑에 가까워 있었던 것 같다. 우리가 왜 이웃을 자기 자신처럼 사랑해야 하는가? 우리의 사랑을 통해 하나님의 크신 사랑을 깨닫게 하기 위해서이다. 우리가 불신 이웃들에게 어떤 모습을 보여야 하는가? 친절한 모습? 배려하고 양

보하는 모습? 아니면 어려운 사람들에게 물질을 나누는 아름다운 모습? 물론 그리스도인이라면 마땅히 그런 모습으로 세상에 비쳐져야 한다. 그러나 복음은 거기에 그치는 것이 아니다. 복음이란 그리스도의 십자가 희생이다. 하나님이 스스로 사람을 위해 세상에 오셔서 사람 대신 고난을 당하시고 목숨을 버리신 놀라운 사랑의 모습이다. 이웃 영혼들에게 그리스도의 그 크신 사랑이 전달되지 않는다면 그것이 진정한 사랑인가? 그리스도의 사랑, 곧 복음을 전하기 위해 바울은 모든 어려움을 당하고 결국 하나님의 복음을 이웃 영혼들에게 전했던 것이다.

> "너희가 아는 바와 같이 우리가 먼저 빌립보에서 고난과 능욕을 당하였으나 우리 하나님을 힘입어 많은 싸움 중에 하나님의 복음을 너희에게 전하였노라"(살전 2:2)

우리는 이웃사랑의 본질을 알아야 한다. 이웃을 자기 자신처럼 사랑해야 하는 이유는 우리의 행위를 통해 그리스도의 사랑을 세상에 비추어야 하기 때문이다. 우리가 어떻게 이웃들에게 그리스도를 전할 수 있겠는가? 물론 성령님이 아니시면 이웃의 영혼들은 거듭날 수 없다. 그러나 거기까지 도달하기 위해서는 성도들의 삶이 따라야 한다. 언어로 복음을 전하는 것은 당연하고 또 결정적으로는 언어를 통해 복음을 받아들이게 되지만, 마귀가 지배하고 있는 세상에서 그리스도의 사랑의 모습을 보이기 위해서는 삶이 따라야 한다. 그냥 교회 다니면서 신앙 생활하는 삶이 아니라 그리스도의 사랑의 모습을 나의 행동을 통해 드러내는 삶이다. 교회생활이 아니라 신앙생활이어야 한다.

  그리고 그것은 궁극적으로는 불신이웃들을 향한 영혼사랑이어야 한다. 때로 적극적인 전도활동에 대해 부정적이거나 비판적으로 바라보는 사람들도 많이 있지만, 그 접근방식을 삶의 형태로 바꾸어야 하지만, 그럼에도 불구하고 복음은 적극적으로 전파되어야 한다. 물론 전도방식은 지양되어야 할 부분이 많이 있다. 지나치게 개교회 부흥과 연결되어서 개교회 이기주의라는 존재할 수 없는 단어가 생겨나기는 했지만, 그리고 전도라고 하면 불신자들이 보기에 예수님의 복음전파가 아니라 교회초청이라는 형태만 생각나서 결코 긍정적으로 볼 수 없게 만드는 부분이 있지만, 그럼에도 주님은 그런 방법으로 여태까지 복음을 전파해 오셨다. 다만 이제는 이웃사랑, 영혼사랑의 본질을 따라 삶으로, 인격으로, 행동으로, 실천으로 보여주어야 기독교는 살아나고 온전한 복음이 전파될 수 있을 것이다. 그것이 이 시대에 필요로 하는 개혁의 방향일 것이다.

  사도 바울은 복음을 전하는 일에 있어서 수많은 고난과 역경을 참고 견뎌냈지만, 복음을 전하지 않으면서 오히려 마귀의 모든 궤계를 용납하는 자들의 어리석음을 개탄한 바가 있다. 바울의 의도와는 달리 고린도교회는 다른 복음을 용납하고 어리석음을 받아들였다. 거짓 선지자들이 전하는 가짜 복음을 거짓인 줄도 모르고 다 받아들인 성도들을 향해 바울은 자신이 복음을 전하기 위해 받은 모든 고난을 설명함으로써 교회와 복음의 본질을 입증하려고 했던 것이다. 이웃의 영혼을 사랑한다면 그 이웃들과 대적하는 것이 아니라 그들을 지배하고 있는 마귀와 대적하는 것이라는 사실을 알고 있어야 한다. 거기에 거의 필연적으로 따라오는 고난과 능욕을 견뎌야 하나님의 복음은 이웃들에게 전파될 수 있는 것이다.

> "만일 누가 가서 우리가 전파하지 아니한 다른 예수를 전파하거나 혹은 너희가 받지 아니한 다른 영을 받게 하거나 혹은 너희가 받지 아니한 다른 복음을 받게 할 때에는 너희가 잘 용납하는구나"(고후 11:4)

그리고 그것을 위해 사도 바울은 자신의 약한 것을 자랑한다고 했다. 스스로의 강함을 자랑한다면 그 사람은 반드시 마귀의 밥이 될 것이다. 왜냐하면 자기의 강한 것을 자랑하면 하나님을 의지하지 못하게 되기 때문이다. 우리의 강점은 마귀에게 적수가 되지 못한다. 아무리 온갖 지혜를 짜내고 경험을 내세우고 학식을 자랑하려고 해도 그런 것 가지고는 마귀를 대적하지 못한다. 오직 하나님께 자신의 약점과 부족한 점을 의지할 때에만 거기에 하나님의 능력이 개입하여 마귀에게 승리하게 되는 것이다. 영혼을 사랑하는 일이 뭐가 그렇게 어렵냐고 할 수도 있을 것이다. 마귀가 장악하고 있는 세상을 그리스도께로 이끌어내려니까 당연히 마귀의 저항에 직면하는 것이다. 우리의 이웃사랑은 분명한 영적 싸움이다. 이웃 영혼들을 사랑하려고 하면 반드시 어려움을 만날 수 있다는 사실을 잊지 말자. 그것이 그리스도인의 삶의 자연스러운 모습일 것이다.

"내가 부득불 자랑할진대 내가 약한 것을 자랑하리라"(고후 11:30)

대적하는 싸움

성경은 마귀를 대적하라고 명령한다. 그것이 영적 싸움의 본질이라는 것이다. 하나님께 복종하는 것이 마귀를 대적하는 것이다. 마귀를 대적하기 위해 하나님께 복종하는 것이 아니라 하나님께 복종하게 되면 마귀를 대적하게 된다는 말씀이다. 그러니까 마귀를 대적하지 않는 것은 하나님의 뜻에 어긋난다는 말씀이다. 왜 마귀를 대적하라고 하시는가? 하나님의 말씀에 복종하여 마귀를 대적하면 마귀가 피해가기 때문이다. 다른 말로 하면 말씀대로 순종하는 것이 마귀를 대적하는 것이다. 영적 싸움은 기도하면서 예수의 이름으로 귀신을 내쫓는 것이 전부는 아니다. 이웃을 자기 자신처럼 사랑하는 것이 마귀를 대적하는 것이다. 말씀대로 순종하지 않으면 마귀가 달려들 까닭이 없다.

"그런즉 너희는 하나님께 복종할지어다 마귀를 대적하라 그리하면 너희를 피하리라"(약 4:7)

마귀는 도대체 어떤 존재이기에 우리 그리스도인들을 넘어뜨리려고 온 힘을 다하고 있는가? 베드로 사도는 그 모습이 마치 배고픈 사자가 먹을 것을 찾아 으르렁거리면서 두루 다니는 모습으로 표현했다. 이 배고픈 사자에게 걸리면 벗어날 수가 없다. 배고픈 사자보다 더 무서운 짐승이 있는가? 그런데 마귀가 바로 이 배고 파서 울면서 삼킬 자를 찾아 돌아다니는 사자와 같다는 것이다. 만약에 그런 사자를 만난다면 어떻게 해야 하겠는가? 베드로는 마귀를 만나기 전에 대비해야 하는데 그것은 근신하고 깨어 기도하는 것이라고 가르친다. 그리고 마귀를 대적하라고 강하게 권면한다. 대적자 마귀가 아무리 배고픈 사자처럼 삼킬 자를 찾아 헤맨다고 해도 주 안에서 깨어있으면서 오히려 대적하면 다 물러간다는 것이다.

> "근신하라 깨어라 너희 대적 마귀가 우는 사자 같이 두루 다니며 삼킬 자를 찾나니 너희는 믿음을 굳건하게 하여 그를 대적하라 이는 세상에 있는 너희 형제들도 동일한 고난을 당하는 줄을 앎이라"(벧전 5:8-9)

베드로는 일찍이 예수님으로부터 큰 꾸지람을 들은 적이 있었다. 예수님께서 십자가 고난을 당하신 후에 죽으시고 3일 후에 살아나실 것을 말씀하시자 베드로가 강하게 반대하고 나섰을 때였다. 베드로는 예수님을 너무 사랑했기 때문에 그런 일이 일어나면 안 된다고 말했는데 예수님은 뜻밖에 크게 야단을 치셨다. 베드로로서는 너무나도 상상 외의 사태에 깜짝 놀랐을 것이다. 왜 예수님은 베드로 자신이 예수님을 가장 사랑한다는 사실을 아시면서도 자기를 향해 "사탄아!"라고 외치셨던 것일까? 베드로가 그의 서신에서 마귀가 우는 사자처럼 삼킬 자를 찾아다닌다는 사실을 이 때 겪은 체험으로부터 깨달았을 것이다.

"예수께서 돌이키시며 베드로에게 이르시되 사탄아 내 뒤로 물러 가라 너는 나를 넘어지게 하는 자로다 네가 하나님의 일을 생각하지 아니하고 도리어 사람의 일을 생각하는도다 하시고"(마 16:23)

이 때 베드로는 근신하지도 못했고 깨어있지도 못했다. 물론 성령님으로 변화된 이후에 깊이 깨닫게 되었겠지만, 당시를 돌아보면 베드로 자신이 몹시 들떠있었을 것으로 추정할 수 있다. 왜냐하면 제자들 중에서도 최초로 예수님을 그리스도라고 고백했고(마 16:16), 그것 때문에 예수님으로부터 엄청난 칭찬을 들었기 때문이었다. 베드로(반석) 위에 교회를 세울 것인데 음부의 권세라도 이기지 못할 것(마 16:18)이라고 하신 후에 천국 열쇠를 주겠다고 하신 것이었다. 하늘의 문을 열 수 있는 모든 권세를 주겠다고 하셨던 것이다. 하지만 베드로는 그 때 근신하지도 못하고 깨어있지도 못하여 결국 마귀에게 삼켜졌던 것이었다.

"내가 천국 열쇠를 네게 주리니 네가 땅에서 무엇이든지 매면 하늘에서도 매일 것이요 네가 땅에서 무엇이든지 풀면 하늘에서도 풀리리라 하시고" (마 16:19)

마귀는 틈을 보이면 반드시 대적하여 우리를 삼키려고 한다. 물론 그리스도인들은 하나님의 자녀들로서 마귀가 결코 해칠 수 없다. 유혹하고 미혹하고 협박하고 두려움과 염려로 공격할 뿐이다. 하나님만 의지하고 있으면 그 어떤 공격이라도 걱정할 필요가 없다. 물론 근신하고 깨어있지 못하면 넘어질 수도 있다. 그렇기 때문에 하나님의 말씀에 순종하는 것이 마귀에게 대적하는 가장 효과적인 방법이 되는 것이다. 가장 큰 두 계명, 마음과 목숨과 뜻과 힘을 다해 하나님을 사랑하고 이웃을 자기 자신처럼 사랑하기만 하면 완전하게 지켜주신다.

"그런즉 이 일에 대하여 우리가 무슨 말 하리요 만일 하나님이 우리를 위하시면 누가 우리를 대적하리요"(롬 8:31)

사도 바울은 에베소교회 성도들에게 마귀를 대적하는 방법을 자세하게 설명하고 있다. 하나님의 전신갑주를 취하라는 것이다. 왜냐하면 그리스도인들은 우리 눈에는 보이지 않는 마귀의 영들과 싸우는 사람들이기 때문이다. 우리는 몸으로나 권력이나 무력이나 세력을 통해 마귀를 대적할 수 없다. 그래서 진리, 의, 평안의 복음, 믿음, 구원, 하나님의 말씀을 무기로 삼으라고(엡 6:14-17) 가르치는 것이다. 하지만 하나같이 무기로서 사용이 불가능한 것들뿐이다. 말씀의 검이라고 했으니까 그나마 말씀이 공격용 무기라고 할 수 있을 것이다. 그래서 그 말씀에 순종하고 실천하는 것이 마귀와 싸우는 수단이 되는 것이다.

"마귀의 간계를 능히 대적하기 위하여 하나님의 전신 갑주를 입으라 우리의 씨름은 혈과 육을 상대하는 것이 아니요 통치자들과 권세들과 이 어둠의 세상 주관자들과 하늘에 있는 악의 영들을 상대함이라 그러므로 하나님의 전신 갑주를 취하라 이는 악한 날에 너희가 능히 대적하고 모든 일을 행한 후에 서기 위함이라"(엡 6:11-13)

여기에서 우리가 다시 살펴보아야 하는 것은 마귀의 간계를 대적하는 실제적인 이유가 무엇인가 하는 점이다. 무엇 때문에 이런 방어 무기와 공격 무기를 들어야 하는가이다. 어떤 일을 위해서 마귀와 대적해야 한다는 말인가? 성경을 읽기 위해서? 기도의 방해를 받지 않기 위해서? 예배를 철저하게 드리기 위해서? 모두 맞는 말이지만 모두 틀린 말이기도 하다. 물론 예배를 생명처럼 여기고 예배를 드리기 위해 그것을 훼방하는 영적 세력들과 싸워야 한다. 그러나 단지 예배를 드리고 말씀을 공부하기 위해서 영적 싸움을 싸워야 하는 것은 아니다. 그렇게 교회 안에만 가두어져 있다면 마귀는 특별히 우리를 대적해야 할 필요를 느끼지 못할 것이다. 모든 종교예식을 철저하게 지켰던 바리새인들이 마귀를 대적했는가? 아니면 마귀가 그들을 대적했는가? 오히려 그들은 마귀의 편이 되어 있었다. 그렇다면 우리가 영적 싸움을 싸워야 하는 근거는 영혼 구원이라는 목적밖에는 없을 것이다.

그리스도인은 크게 보았을 때 이웃을 진정으로 사랑하기 위해, 다시 말하면 이웃의 영혼을 그리스도께로 인도하기 위해 영적 싸움을 싸워야 하는 것이다. 왜냐하면 그리스도인으로서 이 땅에서 먹고 마시는 모든 삶의 궁극적인 목적은 그리스도의 사랑을 눈으로 보여주는 것이고, 최종적으로는 불신 이웃들에게 복음이 전파됨으로써 그들의 영혼이 거듭나게 하는 일이어야 하기 때문이다.

물론 우리 그리스도인들은 육체의 소욕을 꺾어야 하고(갈 5:17), 교만해지는 마음을 절제해야 하며(고전 4:6下), 책망할 것이 없는 바른 말을 해야 한다(딛 2:8). 그것은 그리스도인 자신의 신앙의 거룩성을 지키기 위해서 반드시 필요한 일들이다.

하지만 그런 모든 것들도 우리 자신을 쳐서 복종시킴으로써 그리스도인다운 삶의 본을 보이기 위해서 필요한 일이다. 그리고 그것은 우리의 불신 이웃들에게 그리스도인의 진정한 사랑을 적나라하게 보여줄 수 있기 위함인 것이다. 그냥 스스로 깊은 영성을 위해서 절제하는 것이 아니라 그런 모든 것이 세상에 그대로 보이기 때문에 깊은 영성을 유지할 수 있어야 하는 것이다. 그것이 참다운 이웃사랑, 영혼사랑인 것이다.

예수님은 무력으로 승리하지 않으셨다. 그것이 불가능하거나 어렵기 때문이 아니라 하나님의 방식이 아니기 때문이다. 하나님께서 마귀와 같은 무력을 사용하신다면 하나님이 아니다. 하나님은 어디까지나 십자가로 승리하셨다. 그것이 그리스도의 이웃사랑의 방식이다. 그것이 죄인 된 영혼들을 구원하는 방식이다. 예수님은 치유하시고 귀신을 쫓아주시며 가르치시고 선포하심으로써 이웃사랑, 영혼사랑의 본을 보여주셨다. 그것은 마귀에게 대적하시는 일들이었다. 그리스도의 사랑의 방식이 마귀에게는 치명타가 되는 것이다. 그것은 우리에게도 마찬가지이다. 이웃을 자기 자신처럼 사랑하고 그 영혼을 위해 간절하게 기도하는 일 자체가 마귀에게 대적하는 일이다. 그리고 하나님은 그런 방식으로 이웃을 사랑하는 우리들이 승리하도록 해 주신다.

"통치자들과 권세들을 무력화하여 드러내어 구경거리로 삼으시고 십자가로 그들을 이기셨느니라"(골 2:15)

그리고 이웃을 사랑하는 대표적인 삶의 방식이 바로 원수를 사랑하는 것이다. 원수를 원수로 대적하면 우리는 마귀에게 대적할 수 없게 된다. 그러나 원수를 원수로 대적하는 것이 아니라 오히려 그들을 도와줄 때 그것은 명백하게 마귀를 대적하는 일이 된다. 삶에서 서로 불편하고 다투는 사람을 다투는 그 자체로 보면 그를 절대로 사랑할 수 없다. 그러나 그렇게 심하게 다투는 사람의 영혼을 바라보면 우리는 그를 사랑할 수 있게 된다. 그들의 영혼을 바라보면 원수와도 같은 그 사람에게는 사랑으로 다가오지만 마귀에게는 뜨거운 숯불처럼 대적하는 성도로서 다가가게 되는 것이다. 이웃 영혼을 사랑하기 위해서 실천할 때 우리는 마귀의 대적자로서 승리하게 되는 것이다.

"네 원수가 주리거든 먹이고 목마르거든 마시게 하라 그리함으로 네가 숯불을 그 머리에 쌓아 놓으리라 악에게 지지 말고 선으로 악을 이기라"(롬 12:20-21)

하나님의 능력으로 싸움

우리는 이제 마귀와의 영적 싸움의 근원적인 질문에 답해야 한다. 우리 스스로는 모든 능력과 힘과 권세에서 도저히 대항할 수 없는 마귀를 어떻게 이길 수 있겠는가의 문제이다. 그것은 물론 하나님의 힘과 능력이다. 왜 모든 고난과 역경과 능욕을 참아야 하겠는가? 하나님의 능력에 의지하기 위해서이다. 왜 하나님의 전신갑주를 입어야 하는가? 하나님을 의지하기 위해서이다. 왜 원수를 사랑하고 그들을 위해 기도해야 하는가? 하나님의 힘을 의지하기 위해서이다. 마귀와의 영적 싸움은 육신의 싸움이 아니다. 이론으로 싸우는 것도 아니고 논쟁으로 싸우는 것도 아니다. 사람들의 세력이나 권력으로 싸우는 것은 더더욱 아니다. 우리의 모든 싸움에는 오직 사랑이라는 무기밖에는 없다. 하나님께서는 우리의 사랑을 통해서 마귀와 싸워서 이기도록 해주신다. 그것은 하나님의 능력을 힘입게 만들어준다. 우리가 싸우는 것이 아니라 우리가 전적으로 의지하는 하나님께서 싸우시는 것이다. 그것은 백전백승이다.

> "우리가 육신으로 행하나 육신에 따라 싸우지 아니하노니 우리의 싸우는 무기는 육신에 속한 것이 아니요 오직 어떤 견고한 진도 무너뜨리는 하나님의 능력이라 모든 이론을 무너뜨리며"(고후 10:3-4)

아무리 이웃사랑을 위해 모든 지혜를 총동원하여 실력을 발휘한다고 해도 그것으로 영적 싸움에서 승리할 수는 없다. 사도 바울은 그 어떤 복음적인 말로 전도하더라도 하나님의 능력이 아니면 어느 누구도 설득할 수 없다는 것을 강하게 말하고 있다. 우리가 이웃 영혼들을 위해 무엇인가를 섬기려고 하면, 특히 그 영혼들을 구원시키기 위해 기도하고 사랑하려고 하면 마귀는 어떤 형태로든 반드시 어려움과 역경을 줄 테지만, 그럴수록 우리는 하나님의 능력에 의지해야 한다. 이웃사랑이든 영혼사랑이든 '내'가 하려고 하면 실패하게 되어 있다. 혹시 인간적인 실력으로 이루어진 것 같은 경우가 있을 수 있지만 명백하게 거기까지가 인간이 할 수 있는 일일 뿐이다. 세상 사람들도 인간의 한계까지는 다 할 수 있다. 그리스도인의 이웃사랑은 인간의 한계 이상의 것을 요구하기 때문에 하나님의 능력이 필요한 것이다.

> "내 말과 내 전도함이 설득력 있는 지혜의 말로 하지 아니하고 다만 성령의 나타나심과 능력으로 하여 너희 믿음이 사람의 지혜에 있지 아니하고 다만 하나님의 능력에 있게 하려 하였노라"(고전 2:4-5)

바울은 고린도교회에 보내는 편지에서 환난과 궁핍과 매 맞음과 갇힘 등 모든 종류의 고난을 한 군데로 묶어주는 것이 바로 하나님의 능력임을 분명히 하고 있다. 고난을 만나는 것 자체가 이미 하나님의 능력 안에 들어와 있는 것이다. 그 어떤 능력과 은사도 하나님의 능력으로 묶어지지 못한다면 단지 재능이나 사람의 능력에 머물 뿐이다. 그것으로는 마귀를 결코 이길 수 없다. 이미 설명한 바 있지만 왜 그런 모든 고난과 능욕을 견뎌야 하는가? 그것은 오로지 하나님의 사랑을 전달할 수 있게 하기 위해서이다. 그리스도의 복음을 불신 이웃들에게 전파하기 위해서는 나눔이든 섬김이든 봉사이든 하나로 마음을 합하는 것이든 목표지점은 영혼구원이다. 그렇기 때문에 하나님의 능력 밖에서는 모든 것을 견디고 이길 수 없는 것이다. 영혼구원을 위해서는 자기의지를 하나님 앞에 내려놓아야 잘 감당할 수 있고 끝까지 인내할 수 있는 것이다.

"오직 모든 일에 하나님의 일꾼으로 자천하여 많이 견디는 것과 환난과 궁핍과 고난과 매 맞음과 갇힘과 난동과 수고로움과 자지 못함과 먹지 못함 가운데서도 깨끗함과 지식과 오래 참음과 자비함과 성령의 감화와 거짓이 없는 사랑과 진리의 말씀과 하나님의 능력으로 의의 무기를 좌우에 가지고"(고후 6:4-7)

하나님께서 성도들에게 능력을 나타내실 때는 언제인가? 다른 말로 하면 하나님의 능력은 언제 가장 강하게 나타나는가? 당연히 우리가 고난을 받을 때이다. 어려움을 만나고 절벽을 만나고 전혀 풀리지 않을 것 같은 상황에 부딪치는 그때에 하나님은 능력을 매우 강하게 나타내주신다. 이웃 영혼들을 사랑하다가 어려움을 만나면 하나님의 능력을 경험할 때가 다가오고 있다는 증거가 된다. 환난을 만남에도 불구하고 승리를 확신하면서 하나님을 의지하는 것이 믿음이다. 구원과 승리의 소망을 주시는 분이 하나님이시기에 그리스도인은 모든 어려움 중에서도 믿음을 잃지 않는 것이다. 결국 영혼구원은 믿음의 싸움이다. 그 믿음의 증거가 바로 기쁨과 평강인 것이다. 이웃사랑은 이웃 영혼들의 구원의 소망을 품고 믿음으로 하나님을 의지하지 못하면 구원의 열매를 맺히기 힘들다.

"소망의 하나님이 모든 기쁨과 평강을 믿음 안에서 너희에게 충만하게 하사 성령의 능력으로 소망이 넘치게 하시기를 원하노라"(롬 15:13)

그리고 극심한 어려움을 만날 때에도 그것을 이겨낼 수 있도록 하나님은 또한 힘을 더해주신다. 하나님께서 능력으로 임하신다는 말씀은 결국 무엇인가? 하나님의 능력을 성도들에게 부어주신다는 뜻이다. 특별한 경우에는 사자의 입에서 건져주신다. 감옥에서 나오게 하기도 하시고 죽을병에서 건져주기도 하시고 사람들의 박해를 이기게도 하신다. 하지만 일반적으로 하나님은 성도들에게 능력을 주셔서 스스로가 승리할 수 있도록 돕는 일을 많이 하신다. 왜 성도들의 곁에서 힘을 더해 주시고 능력으로 덧입혀주시는가? 오로지 그리스도의 복음이 믿지 않는 이방인들에게 전파되게 하기 위함인 것이다.

하나님은 사도 바울이 로마에 가서 복음을 전파하도록 하기 위해 죄수의 신분이 되게 하셨다. 로마 황제에게 정식으로 재판을 받기 위해 그 먼 길을 오랜 시간에 걸쳐서 죄수로서 호송되어 가게 하셨던 것이 아닌가? 그 과정이라도 순탄하면 좋은데 하나님은 지중해에 몰려오는 태풍을 그냥 내버려두셨다. 그 대신 곁에 나타나셔서 힘을 더해 주셨다. 어려움을 피하게 하신 것이 아니라 그 어려움을 그대로 당하면서 승리하도록 만드신 것이다. 거기에 하나님의 능력이 크게 나타나는 것이다.

"주께서 내 곁에 서서 나에게 힘을 주심은 나로 말미암아 선포된 말씀이 온

전히 전파되어 모든 이방인이 듣게 하려 하심이니 내가 사자의 입에서 건짐을 받았느니라"(딤후 4:17)

마귀의 목적은 인간들이 멸망하도록 만드는 것이다. 당연히 자기가 할 수 있는 모든 수단 곧 악한 능력과 유사 표적과 거짓 기적과 불의를 사용하는 모든 속임수를 총동원하여 사람들을 멸망에 내버려두게 하는 것이다. 그런데 그리스도인들이 마귀가 소유하고 있다고 생각하는 불신영혼들을 구원해내려고 하면 마귀가 가만히 있겠는가? 마땅히 영적 싸움이 크게 일어날 수밖에 없는 것이고, 마귀는 온갖 속임수를 통해 그 이웃들을 장악하려고 할 것이고 영혼들을 사랑하는 그리스도인들에게는 온갖 훼방으로 활동을 가로막지 않겠는가? 그리스도인답게 살려고 하면 당연히 영적 싸움이 일어날 수밖에 없다. 그리스도인이란 그리스도인답게 사는 사람들을 말하는데 그들의 정체성은 영혼을 사랑하는 사람들이다. 영혼을 사랑하는 사람들은 마귀가 장악하고 있는 불신 이웃들의 영혼구원을 위해 다각도로 애쓰는 사람들이라는 뜻이다. 이웃사랑은 영혼사랑의 가장 핵심적인 통로가 되는 것이다.

"악한 자의 나타남은 사탄의 활동을 따라 모든 능력과 표적과 거짓 기적과 불의의 모든 속임으로 멸망하는 자들에게 있으리니 이는 그들이 진리의 사랑을 받지 아니하여 구원함을 받지 못함이라"(살후 2:9-10)

그래서 베드로 사도는 무슨 일이든지 하나님의 능력, 하나님의 힘으로 감당해야 할 것을 가르치고 있는 것이다. 복음을 말로 전하든 봉사로 전하든 모든 것은 하나님의 말씀, 하나님이 주시는 힘으로 감당해야 한다. 하물며 이웃을 자기 자신과 같이 사랑하는 일이 우리 스스로의 힘과 능력으로 가능하겠는가? 자기 힘으로 감당하려고 하면 실패하게 되는 것이 하나님의 일이다. 하나님의 일은 하나님의 힘과 능력으로 하는 것이 당연하다. 더구나 마귀는 사람의 능력보다 월등한 능력으로 온갖 수단을 다 동원하여 사람들을 속이고 있다. 그런 마귀를 대적하여 이웃의 영혼들을 위해 섬기고 나누고 기도하는 데 어려움이 따르고 문제가 생기는 것도 지극히 당연하다. 우리들의 이웃사랑은 영혼사랑이고 영혼사랑은 영적 싸움이다.

"만일 누가 말하려면 하나님의 말씀을 하는 것 같이 하고 누가 봉사하려면 하나님이 공급하시는 힘으로 하는 것 같이 하라 이는 범사에 예수 그리스도로 말미암아 하나님이 영광을 받으시게 하려 함이니 그에게 영광과 권능이 세세에 무궁하도록 있느니라 아멘"(벧전 4:11)

제16장
영혼사랑의 실천적 방법들

　우리는 마지막으로 영혼사랑의 실제적 방법들에 대해서 살펴보아야 한다. 물론 그 동안의 내용들에서 이미 대부분 언급했던 부분들이고, 교회에서 전통적으로 전도와 관련하여 수많은 신앙인들이 활용하고 시도했던 내용들이 포함되어 있을 것이다. 그러나 그런 행동들을 실천하는 목적이나 동기, 방법론들을 하나님과의 관계에 비추어보지 못한다면 진정한 영혼사랑은 시작될 수 없다. 그리스도의 마음으로 이웃 영혼들을 바라보고 그리스도의 자세로 섬기지 못한다면 우리의 이웃사랑은 어쩌면 단지 목표성취의 발로에 그칠 수도 있을 것이다. 이 책에서 자주 언급하듯이 바리새인들의 한계를 넘어서기 위해서는 하나님의 마음과 그리스도의 섬김이 기본이 되어야 한다. 단순히 목표달성을 위한 행위만을 장려하거나 명예나 보상과 같은 수단을 제공하는 데 그친다면 바리새인을 결코 넘어서기는 어려울 것이다. 그래서 이웃사랑, 영혼사랑의 본질을 살펴야 하고 그것이 생명이 되기 위해서 성경이 말하는 근원을 찾아보아야 하는 것이다.

비움과 나눔

이웃사랑의 첫 단계는 그리스도인의 비움으로부터 시작되어야 한다. 자기를 비우거나 버리지 못한 상태로는 주님께서 본을 보여주신 그런 이웃사랑을 흉내라도 내기가 어렵기 때문이다. 자기를 온전하게 비우지 못한 상태에서는 아무리 희생적인 모습을 보여준다고 해도 거기에 반드시 죄인 된 인간의 욕구로 채워지게 되어 있다. 아무런 명예욕이나 소유욕이나 인정욕구가 없는 사람은 전혀 없다. 그렇기 때문에 자기 속에 있는 모든 것을 비우고 버리지 못하면 하나님께서 원하시는 사랑은 실천할 수 없는 것이다. 행동으로 흉내는 내지만 마음은 거기에서 멀어질 수밖에 없다.

물론 완전한 인간이 어디에 있는가? 너무 완벽하게 모든 것을 요구하는 것이 아니다. 적어도 인식하고는 있어야 한다는 말이다. 행동에만 초점을 맞추면 그것은 율법주의나 바리새주의와 똑같아지는 것이다. 믿음은 자기의 부족함을 느끼는 데에서부터 출발한다. 주님께서 원하시는 영혼사랑을 언제나 100% 실천할 수 있는 것은 아니지만 하나님이 도우심으로 1%라도 실천할 때가 있어야 한다는 말이다. 그래야 점차 체험적인 신앙으로 확대되고 신앙은 더욱 성장하여 대부분의 경우에 그리스도의 사랑을 실천할 수 있게 될 것이다. 영적 어두움이나 혼탁함 때문에 방향 분별이 전혀 되지 못한다면 패배할 것은 불을 보듯이 확실하다.

두말할 필요도 없이 비움과 버림의 원형은 그리스도의 비움이다. 하나님의 아들 예수님조차도 모든 것을 비우지 않으셨다면 그리스도가 되실 수 없었을 것이다. 하나님의 모든 일의 시작은 비움과 버림으로부터 출발한다. 예수님은 어디까지 비우셨는가? 사람들 수준으로? 아니다. 그것보다 한 단계 더 비우셨다. 스스로 종의 형체를 가지신 것이다. 이웃사랑의 첫 단계인 나눔도 비움으로부터 시작된다. 나눔이란 다 쓰고 남는 것 중에서 자기 마음대로 베푸는 것이 아니다. 내 것을 쪼개어서 나누는 것이다. 희생 없는 나눔은 그리스도의 사랑에 비추어볼 때 온전한 사랑이 아니다. 희생으로 만들어낸 나눔이 되기 위해서는 자기를 비우는 과정이 필요한 것이다. 나눔에 초점이 있는 것이 아니라 심령 가운데 있는 그리스도의 사랑에 초점이 있는 것이다.

"오히려 자기를 비워 종의 형체를 가지사 사람들과 같이 되셨고"(빌 2:7)

그러면 그리스도께서는 어떤 상태에서 자기를 비우셨던가? 그분은 근본적으로 하나님의 본체시라고 했다. 그러므로 마땅히 하나님과 동등 됨을 취할 자격과 조건을 갖추신 분이다. 하지만 하나님의 본체로서 그대로 계셨다면 비움을 통한 생명 나눔은 결코 일어나지 못했을 것이다. 그렇다. 그리스도의 나눔은 생명 나눔인 것이다. 생명으로 생명을 구원하신 것이다. 마찬가지로 그리스도인의 나눔은 내 것을 비워서 다른 사람에게 나누는 것이다. 그러므로 내 것을 희생하지 않으면서 이웃에게 나눔을 한다는 것은 어쩌면 불가능할지도 모른다.

"그는 근본 하나님의 본체시나 하나님과 동등 됨을 취할 것으로 여기지 아니하시고"(빌 2:6)

그래서 우리의 이웃사랑은 과연 어떤 마음으로 해야 하는가? 우리는 철저하게 예수 그리스도의 마음을 품어야 한다. 예수님은 단지 한 생명으로 다른 생명을 구하시는 것이 아니라 창조주 하나님의 생명으로 인간의 생명을 구하신 것이다. 고귀한 창조주 하나님의 신분으로 친히 인간이 되실 만큼 완전한 비움을 통해 사람들을 사랑하신 것이다. 우리가 이웃을 사랑하는 일에서 그리스도의 마음을 가지지 못하면 참다운 실천이 불가능하다. 누가 물질을 어려운 이웃들을 위해 나누면서 이런 진리를 생각하면서 행할 수 있겠는가? 그러나 나눔은 그리스도의 마음으로 행하지 않으면 자칫 자기 명예욕이나 이기심이 들어갈 확률이 높아진다. 이런 마음은 기본적인 것이어야 하지만 신앙인들에게서도 이런 마음으로 행하는 경우를 찾아보기 어려울 것이다.

"너희 안에 이 마음을 품으라 곧 그리스도 예수의 마음이니"(빌 2:5)

물질이나 물건을 나누는 일과 목숨을 버리는 일은 결코 동등하지 않다. 가치로도 그렇고 부담으로도 그렇고 희생으로도 그렇다. 그러나 무엇인가를 이웃을 위해 사용하는 데에는 목숨을 희생하면서 이웃을 살리려는 그리스도의 비움의 원리가 그대로 적용되어야 한다. 예수님은 하나님과 동등 됨을 취하지 않으시고 모든 것을 비우시고 보통 인간도 아니고 종의 형체를 취하셨다. 무엇 때문에 그렇게 하셨는가? 예수님은 그것은 자기 목숨을 다시 얻기 위함이라고 말씀하셨다. 물론 그것은 단지 예수님 자신만의 목숨을 얻기 위한 것은 아니다. 스스로의 목숨을 버림으로써 모든 인간들이 목숨을 얻을 길을 열어주신 것이다. 우리가 이웃에게 나누기 위해 우리를 비운다면 우리는 영원한 생명을 얻을 뿐만 아니라 우리로 하여금 다른 수많은 이웃들의 목숨들을 얻을 수 있을 것이다.

> "내가 내 목숨을 버리는 것은 그것을 내가 다시 얻기 위함이니 이로 말미암아 아버지께서 나를 사랑하시느니라"(요 10:17)

그래서 예수님의 모든 말씀들을 들었고 죽으실 때 바로 앞에서 경험했던 사도 요한은 우리를 위해 목숨을 버리신 예수님의 마음으로 세상을 살 것을 강하게 권면한다(요일 3:16). 물론 사도 요한의 말은 정말로 우리의 목숨을 이야기한 것이다. 그러나 그 원리는 목숨이나 물질이나 동등한 것이다. 그것은 자기 자신의 것을 이웃의 것처럼 생각하는 것이다. 그리고 더 깊이 들어가면 이 세상의 모든 것은 하나님께로부터 비롯된 것이고 그것은 결코 우리의 소유가 아닌 것이다. 우리의 목숨조차도 우리의 것이 아닌 이유는 그리스도께서 그리스도의 목숨으로 우리 목숨을 사신 것이기 때문이다. 예수님의 이런 마음을 깨달아야 비로소 참다운 의미의 나눔을 실천할 수 있는 것이다. 하나님은 그것을 기뻐하신다.

그래서 예수님은 자기의 모든 소유를 버리지 않으면 결코 예수님의 제자가 될 수 없다고 하시는 것이다. 예수님께서 목숨을 버리시고 우리를 구원해주셨는데 우리의 생명의 주인이신 그리스도를 따르기 위해서 자기 재산조차도 포기할 수 없다면 제자의 길을 갈 수 있겠는가? 물론 모든 소유를 버린다는 말은 문자 그대로 다 팔아서 가난한 사람에게 나누어주는 것도 포함하지만, 더 깊은 원리는 나에게 허락하신 모든 물질이 전부 하나님의 것이므로 온전한 하나님의 뜻대로 비울 수 있는 것을 말한다. 예수님을 믿는다는 것, 예수님을 따른다는 것은 이처럼 자기 생명조차도 하나님께 전부 맡기는 것임을 뜻하는 것이다.

> "이와 같이 너희 중의 누구든지 자기의 모든 소유를 버리지 아니하면 능히 내 제자가 되지 못하리라"(눅 14:33)

이런 기본적인 원리로부터 출발하는 그리스도인의 나눔은 분명히 하늘의 창고에 보화로 하나하나 쌓여갈 수 있게 되는 것이다. 아무리 많은 것을 나누고 섬겨도 목숨을 버리고 자기를 낮추는 그리스도의 사랑을 품고 행하지 않는다면 사람들로부터는 칭찬을 받을지 몰라도 하늘에는 아무 것도 쌓을 수 없다. 전 재산을 다 팔아서 가난한 사람들이나 구제단체에 후원을 해도 그리스도의 마음을 품지 못한다면 단지 세상에서 아주 좋은 일을 하고 가는 것에 그치는 것이다. 물론 그런 행위는 대단히 훌륭하고 존경을 받아 마땅하지만, 하늘의 보화가 되는 것은 따로 있다는 말이다. 소유를 팔아서 가난한 사람들에게 주되 생명을 대신 주신 그리스도의 사랑을 품고 행해야 하늘에서는 보화가 쌓이는 것이다.

"예수께서 이르시되 네가 온전하고자 할진대 가서 네 소유를 팔아 가난한 자들에게 주라 그리하면 하늘에서 보화가 네게 있으리라 그리고 와서 나를 따르라 하시니"(마 19:21)

나눔은 그리스도인의 이웃사랑의 가장 우선되는 일임에 틀림이 없다. 나눔 또는 구제는 반드시 하나님 앞에 상달된다. 이방인 백부장인 고넬료를 하나님께서 왜 기억하시겠는가? 그의 기도와 구제 때문이었다. 구제 또는 나눔은 그리스도인의 삶 중에서 아주 중요한 일이다. 모든 이웃사랑, 영혼사랑의 출발점이 바로 나눔 또는 구제인 것이다. 그리스도인들이 자기 소유의 물질을 어려운 사람들에게 나누어 주거나 도움을 주는 일은 그냥 자선행위가 아니다. 그것은 하늘에 상달되는 훌륭한 행위이다. 그것은 그리스도인들이 그리스도의 사랑으로 이웃을 사랑하는 영혼사랑의 출발점인 것이다.

"고넬료가 주목하여 보고 두려워 이르되 주여 무슨 일이니이까 천사가 이르되 네 기도와 구제가 하나님 앞에 상달되어 기억하신 바가 되었으니"(행 10:4)

결국 고넬료의 구제는 급기야 성령님의 이방인 임재라는 역사적인 사건을 만들어내게 된다. 그것은 영혼구원이다. 성령님께서 왜 이방인들에게 최초로 임하셨는가? 그들의 영혼을 구원하시기 위해서였다. 바로 고넬료의 기도와 구제가 그 일을 일으킨 것이다. 그러므로 우리는 이웃들에게 나눔을 실천할 때에 반드시 성령님의 임재를 위해 기도해야 한다. 비움으로부터 출발하는 나눔 혹은 구제는 그리스도의 이름으로 성령님의 능력을 힘입어 행할 때에 이웃사랑과 영혼사랑의 목적을 위해 움직일 수 있을 것이고, 하나님의 뜻을 따라 우리의 나눔이 영혼구원에 귀중한 통로가 될 수 있을 것이다.

"그에 대하여 모든 선지자도 증언하되 그를 믿는 사람들이 다 그의 이름을 힘입어 죄 사함을 받는다 하였느니라 베드로가 이 말을 할 때에 성령이 말씀 듣는 모든 사람에게 내려오시니"(행 10:43-44)

낮춤과 섬김

그리스도인의 이웃사랑의 실체적인 행위는 나눔과 섬김으로 대표된다. 나눔이 그리스도의 목숨을 버리신 비움과 버림의 영성으로 이루어져야 참된 의미를 지니는 것과 마찬가지로, 섬김은 스스로 사람들 앞에서 낮춤으로써만 가능해진다고 할 수 있다. 나눔이 자신의 힘에 지나도록 희생해가면서 힘써 어려운 이웃을 돕는 것이라면, 섬김은 어떤 형태로이든 자기를 낮추는 종의 개념을 가지고 몸으로 부딪치면서 도와주는 것이다. 이웃을 도와주는데 만약에 겸손한 마음으로 행하지 않으면 상대방의 반응에 따라 갖가지 다양한 감정을 품게 될 것이다. 그렇게 된다면 때에 따라서는 그리스도의 섬김의 사랑이 아니라 단지 의무가 될 뿐이다. 그래서 섬김의 첫 출발은 바로 자기를 낮추는 것이다. 물론 섬김이란 예수님처럼 내가 아예 그 이웃이 되어버릴 때 이웃을 자기 자신과 같이 사랑할 수 있게 되는 것이다. 다만 그렇게 되려면 자신을 버리고 낮추지 않으면 불가능해진다는 말이다.

우리가 다 알다시피 섬김의 출발점은 물론 그리스도의 낮춤이다. 이미 자기를 비우시고 종의 형체를 취하심으로써 자기 몸까지도 사람들을 위해 주신 그 사랑으로부터 나눔이 시작되지만, 사람들과 같은 모양으로 나타나심으로써 낮아질 대로 낮아지심을 통해 죽음의 섬김을 이루실 수 있었던 것이다. 주님의 섬김은 죽음의 섬김이었다. 섬김이란 죽기까지 복종하는 데까지 가야 진정한 섬김이 된다. 예수님께서 행하신 일은 바로 그것이었다. 예수님께는 십자가에 못 박혀 죽으시는 것이 최대의 섬김이었다. 섬김이란 이웃을 위해 자기를 낮출 대로 낮추고 심하면 목숨까지 아까워하지 않는 것이지만 그것은 곧 하나님께 복종하는 것임을 가르치신다. 이웃을 자기 자신처럼 사랑하는 것은 그 사람에게 복종하는 것이 아니라 하나님께 복종하는 것이다. 이웃사랑은 거기에서부터 출발해야 그리스도의 사랑으로 섬김이 가능해지는 것이다.

"사람의 모양으로 나타나사 자기를 낮추시고 죽기까지 복종하셨으니 곧 십자가에 죽으심이라"(빌 2:8)

이런 사실은 예수님의 말씀으로도 확인이 되는데, 예수님은 사람들을 섬기기 위해서 이 땅에 오셨다고 말씀하셨다. 마땅히 섬김을 받아야 하실 텐데 섬김을 받으려고 오신 것이 아니라 섬기려고 오셨다는 것이다. 그런데 그 섬김이라는 것이 사람들 대신 죽는 섬김이었던 것이다. 이미 제3장에서 우리를 대신하신 그리스도를 살펴본 바가 있지만, 더 나아가 그것은 대속물로서의 섬김이라는 사실을 더 깊이 생각해야 할 것이다. 대속물이란 희생양을 말하는 것이다. 죄로 인해 마땅히 죽어야 할 인간의 죄를 대신해서 벌을 받고 죽으시는 것이다. 그리스도인의 섬김은 대속물로서의 섬김이어야 한다. 물론 우리가 아무리 하나님의 자녀들이라도 그리스도를 따라 우리 자신이 다른 사람의 대속물이 될 수는 없다. 그러나 대속물의 섬김의 원리로 이웃을 사랑할 때 거기에 그리스도의 사랑이 전달되는 것이다. 우리는 대속물의 원리로 이웃을 섬김으로써 그리스도의 대속물의 사랑을 전달하는 사람들이다.

"인자가 온 것은 섬김을 받으려 함이 아니라 도리어 섬기려 하고 자기 목숨을 많은 사람의 대속물로 주려 함이니라"(마 20:28)

그래서 예수님은 지속적으로 자기를 낮출 것을 명하고 계신다. 예수님 스스로도 섬기는 자의 위치에 있음을 말씀하셨다. 물론 이 말씀은 예수님께서 제자들의 발을 씻겨주신 일과 관련되었거나 아니면 예수님께서 마지막 만찬의 시중을 드신 것이 아닐까 하는 생각을 할 수 있겠지만, 그보다는 영적으로 어린아이들과 같은 제자들을 위해 모든 일을 행해나가시는 섬김을 먼저 생각할 수 있을 것이다. 제자들은 예수님께서 행하신 수많은 일들을 거의 이해하지 못하고 있었다. 나중에 성령님께서 임재하신 후에야 예수님의 말씀이 생각나고 이해하게 된 경우가 대부분이었을 것이다. 그러니까 부모가 어린아이인 자녀들의 모든 것을 위해 섬기는 것과 같은 개념이라고 생각할 수 있다. 제자들에게 반드시 있어야 할 영적 보살핌을 예수님은 섬김의 차원에서 일일이 돌보셨던 것이다.

"앉아서 먹는 자가 크냐 섬기는 자가 크냐 앉아서 먹는 자가 아니냐 그러나 나는 섬기는 자로 너희 중에 있노라"(눅 22:27)

그래서 예수님은 어린아이들을 영접하는 것이 곧 예수님을 영접하는 것이고 그것은 하나님을 영접하는 것이라고 말씀하시는 것이다. 어린아이들과 같은 제자들을 위해 섬기는 위치로 오셨고 대속물로 그들을 위해 죽음이라는 섬김까지 행하셨다면 우리 그리스도인들은 당연히 대속물로서의 섬김을 삶에서 보여주어야 한다. 아이가 잘못하면 아이도 물론 야단을 맞아야 하지만 그 책임은 누가 지는가? 부모가 지는 것이 아닌가? 잘못한 아이들을 대신해서 사과도 하고 용서도 빌고 대신 갚아주어야 하는 것이 부모라면 예수님의 대속물의 섬김은 하나님 앞에서 모든 책임을 다하시는 것이 아니겠는가? 예수님께서 하나님으로서 종의 위치에까지 낮아지지 않으셨다면 사람의 구속은 당연히 이루어지지 못했을 것이다. 낮아져야 어린아이들을 섬길 수 있다.

"누구든지 내 이름으로 이런 어린아이 하나를 영접하면 곧 나를 영접함이요 누구든지 나를 영접하면 나를 영접함이 아니요 나를 보내신 이를 영접함이니라"(막 9:37)

우리의 불신이웃들은 전부 영적으로 죽어있는 사람들이다. 차라리 어린아이들이라면 그래도 말도 통하고 설득이 가능하지만 불신 이웃들은 영적으로 아예 대화가 되지 않는다. 이들을 섬긴다는 것은 부모가 어린아이들을 섬기는 것보다 훨씬 더 어렵다. 그들을 깨우는 일은 사랑과 섬김으로밖에는 될 수가 없다. 자기 자신과 같이 사랑하고 대속물이 되는 것과 같은 섬김이 이웃들에게 필요한 것이다. 물론 우리가 그렇게 그리스도의 사랑으로 섬긴다고 해서 그들이 스스로 주 앞에 나오는 것은 아니다. 우리는 그렇게 섬기지만 그들의 마음을 여시는 분은 어디까지나 성령님이다. 우리는 누가 구원받을 사람인지를 알 수 없기 때문에 우리가 만나는 이웃들에게 그리스도의 사랑과 섬김의 본을 보여줄 뿐이다. 그러므로 우리가 열심히 섬기는데 열매가 없다고 해서 실망할 필요는 없다. 우리의 섬김으로 인해 구원받은 백성들이 나타나면 그것보다 더 기쁜 일은 없지만 그렇다고 우리의 공로를 자랑해서도 안 된다. 그리스도께서 자기를 자랑하신 적이 있으셨던가?

예수님의 섬김은 하나님 앞에서의 섬김이며 제자들에게 사랑의 본을 보여주시는 섬김이지만, 제자들끼리도 이런 대속물의 섬김을 행하라고 가르쳐주신다. 그러기 위해서 자신을 낮추어야 한다는 것이다. 어린아이들을 섬긴다면서 우뚝 서서 아이들에게 모든 것을 명령할 수는 없다. 몸을 낮추고 자세를 낮추지 않으면 아이들을 제대로 돌볼 수 없다. 예수님은 아예 모든 사람의 끝이 되라고 말씀하신다. 세상에서는 용의 꼬리가 되지 말고 뱀의 머리가 되라고 권하지만 복음 안에서는 모든 사람의 꼬리가 되라고 하신다. 꼬리가 되어서 대속물의 섬김으로 섬길수록 모든 사람의 머리가 될 수 있다고 하신다. 사람의 지혜로는 전혀 이치에 맞지 않는 말씀이다. 꼬리가 되면 영원히 꼬리로 남게 되는 것이 세상이다. 그러나 복음 안에서는 꼬리가 되어야 하나님께서 높여주신다. 왜냐하면 자기가 낮아져야 예수님의 섬김의 자세를 배우고 행할 수 있으며, 하나님은 바로 그것을 보시고 그 사람을 사용하시기 때문이다.

> "예수께서 앉으사 열두 제자를 불러서 이르시되 누구든지 첫째가 되고자 하면 뭇 사람의 끝이 되며 뭇 사람을 섬기는 자가 되어야 하리라 하시고"
> (막 9:35)

그래서 그리스도인의 삶의 자세는 섬김의 자세여야 하는데, 사도 바울은 겸손한 마음으로 다른 사람을 낮게 여겨야 가능하게 된다고 가르친다. 형제를 무시하거나 깔보면 그 형제를 결코 섬길 수 없다. 자기 욕심이나 이기심이 강하면 그 사람은 무슨 일이든지 자기 스스로를 위해서 일할 수밖에 없다. 그러나 다른 사람을 자기보다 더 낮게 여긴다면 기꺼이 그 사람을 섬길 수 있을 것이다. 만약에 그 사람의 약점이 발견된다면 섬기는 그리스도인들은 오히려 그 약점을 메우려고 애를 쓰게 될 것이다. 그것이 진정한 섬김이 아니겠는가? 그것이 그리스도의 대속물의 섬김이 아니겠는가? 그래서 그리스도인은 자기 일을 충실하게 할뿐만 아니라 다른 사람의 일도 서로 돌아봄으로써 하나님의 큰 기쁨이 될 수 있는 것이다.

> "아무 일에든지 다툼이나 허영으로 하지 말고 오직 겸손한 마음으로 각각 자기보다 남을 낫게 여기고 각각 자기 일을 돌볼뿐더러 또한 각각 다른 사람들의 일을 돌보아 나의 기쁨을 충만하게 하라"(빌 2:3-4)

이런 섬김의 자세는 세상 속에서 더욱더 필요하게 된다. 물론 성경 속의 권면들은 대개 교회 안의 형제들에 관한 섬김을 이야기한다. 그리스도께서 본을 보여주신 섬김의 자세는 우선 교회공동체 안에서 훈련되어야 하는 가치원리들을 이야기한다. 그러나 그것은 동시에 교회 밖의 이웃 영혼들을 대하는 기본자세와 동일하다. 이웃사람들이든 직장동료들이든 그리스도 안에서 종의 자세로 섬길 때 거기에 그리스도의 사랑이 드러나는 것이다. 그리스도인의 모든 섬김은 모르는 사람들에게 하듯 하지 말고 우리를 구원하시기 위해 대속물로 이 땅에 오신 예수님을 섬기듯이 해야 한다. 모든 경우에 그렇게 할 수 있는 것은 물론 아니지만 하나님께서 우리에게 허락해주시는 이웃들에게는 적어도 우리를 최대한 낮추고 그리스도의 섬김의 자세로 겸손하게 섬겨야 한다. 그렇게 섬기면 하나님은 그것을 받으시고 우리를 사용하시는 것이다.

"기쁜 마음으로 섬기기를 주께 하듯 하고 사람들에게 하듯 하지 말라 이는 각 사람이 무슨 선을 행하든지 종이나 자유인이나 주께로부터 그대로 받을 줄을 앎이라"(엡 6:7-8)

구원을 위한 간구

한 사람의 영혼을 구원받게 하기 위해서 실질적으로 필요한 것은 그 사람의 구원을 위한 간구이다. 성령님께서 일하지 않으시면 그 어떤 사람이라도 구원을 받을 수 없기 때문이다. 나에게 허락하신 영혼들을 위해 희생과 사랑으로 나누고 섬김으로써 그들을 돌본다면, 당연히 그들의 영혼에 초점을 맞추어야 할 것이다. 하나님의 주권인 영혼구원을 위해 나눔과 섬김으로 그리스도의 사랑을 보여주지만 만약에 우리가 전혀 기도드리지 못한다면 우리의 역할은 그만큼 축소될 수밖에 없다. 이웃사랑의 목적이 영혼구원에 있기 때문이다. 그러므로 나눔과 섬김을 다 덮을 만큼 간절한 기도가 반드시 필요하다. 아무리 그리스도의 온전한 사랑으로 나누고 섬긴다고 해도 거기에는 빈틈이 존재할 수밖에 없다. 사람들은 너무나도 다양하여 우리의 나눔과 섬김 가운데에서도 은혜 받고 감사할 사람도 있지만 상처받고 미운 마음을 가질 사람도 있기 때문이다. 사람을 살리려고 종의 형체로 오셔서 끝까지 섬기셨던 예수님을 십자가에 못 박은 사람들도 있지 않았던가?

예수님은 원수를 갚지 말고 사랑하라고 하셨다. 그런데 원수를 왜 사랑해야 한다는 말인가? 무엇을 위해서? 원수를 사랑하라는 말씀은 과연 어떤 뜻이겠는가? 원수를 사랑해야 하는 이유는 그 원수가 우리를 대적하라고, 곧 원수의 뜻대로 하라고 사랑하는 것은 아니다. 그렇다고 하나님께서 그 사람에게 원한을 갚아달라고 기도하라는 것은 더더욱 아니다. 그러면 왜 원수를 사랑해야 하는가? 결국 남는 것은 그 원수의 영혼이다. 그 원수의 영혼을 위해서 사랑하라는 말씀이다.

그리고 우리를 박해하는 사람을 위해 무슨 기도를 해야 하는가? 우리를 박해하는 사람이 박해하는 일에 성공하고 돈 많이 벌고 세상에서 성공하라고 기도해야 하는 것은 아니지 않겠는가? 그렇다면 거기에서도 남는 것은 그 사람의 영혼이다. 우리의 원수나 박해하는 사람을 사랑하고 그들을 위해 기도하라는 말씀은 결국 그들이 회개하고 돌이켜 영혼구원을 받게 해달라고 기도하라는 것이 아니겠는가? 우리의 원수사랑과 박해자를 위한 기도를 통해 그들에게 그리스도의 복음이 온전하게 전해지기를 위해서 기도하라는 것이 아니겠는가?

> "나는 너희에게 이르노니 너희 원수를 사랑하며 너희를 박해하는 자를 위하여 기도하라"(마 5:44)

누가가 전한 예수님의 말씀처럼 실제로 우리를 저주하는 사람을 축복한다면 과연 무엇을 위해 축복하겠는가? 잘 살고 성공하라고 축복하겠는가? 건강하고 형통하라고 축복하겠는가? 근원적으로 들어가 보면 전부 이웃의 영혼을 위해서 축복하는 것이다. 그들에게 진정한 복이 되는 길은 회개하고 영혼이 구원받는 것이다. 그렇게 될 때 우리가 희생하면서 섬겼던 이웃사랑의 의미가 제대로 살아나는 것이다. 그것이 진정한 복이 아니겠는가? 그것이 바로 예수님께서 이 땅에 오신 목적이다. 우리를 모욕하는 사람들을 위해 기도하라는 말씀도 마찬가지이다. 과연 우리는 무엇 때문에 모욕하는 자를 위해 기도하겠는가? 당연히 그 모욕하는 사람이 우리의 사랑을 받고 회개하여 영혼을 구원받게 하기 위해서이다. 그 모욕에 대해 그리스도의 사랑으로 대응하면 성령님께서 그들의 마음을 열게 하시고 구원을 이루어주시지 않겠는가?

"너희를 저주하는 자를 위하여 축복하며 너희를 모욕하는 자를 위하여 기도하라"(눅 6:28)

물론 이 모든 일들은 전부 하나님께 영광을 돌려드리기 위해서 행해져야 한다. 우리의 나눔과 섬김이 이웃을 구원시키지 못한다고 하더라도 하나님은 무한한 영광을 받으실 수 있다. 왜냐하면 우리가 그리스도처럼 살았기 때문이다. 우리를 통해 그리스도의 사랑을 전달할 수 있었기 때문이다. 우리는 그 어떤 사람에게도 그리스도의 사랑의 통로가 되어야 한다. 그것이 우리를 부르신 목적이다. 가난한 사람이든 부유한 사람이든, 악한 사람이든 선한 사람이든, 우리와 친한 사람이든 원수 같은 사람이든, 우리를 칭찬하는 사람이든 모욕하는 사람이든 우리는 그들에게 그리스도의 사랑을 드러낼 수 있어야 한다. 우리의 이웃사랑의 목적이 일차적으로는 그 이웃들의 영혼구원이지만, 더 깊이 들어가면 하나님께 영광을 돌리기 위해서이다. 어떤 사람이 구원받을 사람인지를 모르게 하신 것도 우리의 전체 삶이 하나님께 영광이 될 수 있게 하시기 위함이다.

그렇게 할 수 있는 이유는 우리 몸이 거룩하신 성령님께서 거하시는 전이기 때문이다. 자기 자신처럼 이웃을 사랑하라는 말씀이나 목숨을 버리신 그리스도의 사랑으로 사람들을 섬기라는 말씀을 들을 때 무의식적으로 이 말씀을 거부하고 싶거나 부정하고 싶은 마음들이 생길 수 있지만, 그럼에도 불구하고 그리스도의 사랑으로 사랑할 수 있는 근거는 바로 우리 안에 성령님께서 거하고 계신다는 것이다. 그렇게 성령님께서 우리 육신에 거하시는 이유가 바로 하나님께 영광을 돌려드릴 수 있기 위해서이다. 성령님께서 거하심으로써 우리는 이웃을 우리 자신과 같이 사랑할 수 있는 것이다. 성령님은 예수님께서 핏 값으로 사신 그리스도인들 안에만 거하신다. 물론 몸만을 뜻하는 것은 아니다. 우리의 전체 삶이 바로 하나님의 것이라는 말씀이다.

"너희 몸은 너희가 하나님께로부터 받은 바 너희 가운데 계신 성령의 전인 줄을 알지 못하느냐 너희는 너희 자신의 것이 아니라 값으로 산 것이 되었으니 그런즉 너희 몸으로 하나님께 영광을 돌리라"(고전 6:19-20)

그래서 우리의 삶은 하나님께 영광을 돌려드리기 위한 도구요 수단이 되는 것이다. 그런 방향으로 달려갈 때 하나님께 영광이요 우리에게 천국상급이요 이웃에게 구원의 복이 이루어지는 것이다. 우리가 이웃을 그리스도의 사랑으로 우리 자신과 같이 사랑하면 놀라운 복이 넘쳐나게 된다. 바울은 먹든지 마시든지 무엇을 하든지 하나님께 영광이 되게 하라고 했다(고전 10:31). 하나님께 영광이 되도록 살면 이웃에게 어떻게 보이겠는가? 그리스도의 사랑을 삶으로 보여주는 모습을 드러내지 않겠는가? 물론 때로는 대적자들이 박해하고 공격하고 선동할 수 있을 것이다. 그러나 또 다른 이웃들에게는 그것이 하나님의 영광으로 보일 것이다. 무엇을 할 때에든지 하나님께 영광이 될지를 먼저 생각하는 변화의 주인공들이 되어야 할 것이다.

그러면 이제 남는 것은 기도를 어떻게 해야 하는가이다. 수많은 기도제목들이 있을 것이고 상황에 따라 다양한 필요가 생길 것이다. 하지만 중요한 것은 어떤 기도제목인가가 아니고 어떻게 기도할 것인가이다. 이미 이웃을 자기 자신처럼 사랑한다는 의미에 대해서 우리는 아예 그 사람이 되어 그 사람을 대신해주는 것이라고 이야기한 바가 있다. 그렇다면 이웃사랑을 말할 때에는 이웃과 관련된 모든 경우에 이런 원리가 그대로 적용되어야 할 것이 아니겠는가?

그것은 이웃의 영혼들을 위해 기도할 때에는 우리 자신이 급박한 곤경에 처했을 때 그것을 벗어나기 위해 절박하고 간절하게 구하는 것처럼 기도해야 한다는 뜻이다. 이웃의 영혼이 아직 구원받지 못한 상황을 마치 우리 자신이 아직 구원받지 못한 상황처럼 여기면서 그리스도께서 불신영혼들을 불쌍히 여기는 마음으로 기도해야 한다. 모든 기도에는 간절함이 필요하지만 특히 이웃 영혼들을 위해 기도할 때에는 무엇보다 더 간절한 심령으로 기도해야 한다. 그것이 이웃을 자기 자신과 같이 사랑하는 일에 있어서 최고 수준의 사랑이라고 할 수 있다. 그 사랑이 바로 그리스도의 사랑이다.

성경에는 간절하게 기도하여 응답받은 수많은 사람들이 등장한다. 가장 대표적인 경우는 이방인인 수로보니게 여인이 자기 딸에게서 귀신을 쫓아내어달라고 간구할 때였다(막 7:26). 이 여인에게 있어서 자기 딸에게 들어와 있는 귀신을 쫓아내는 일보다 더 시급한 일은 없었다. 그것이 인생의 최대의 목적이요 이유가 되는 상황이었다. 이 여인이 어떻게 했는가? 모든 장애를 뛰어넘어 예수님께로 나아갈 수 있었다. 이 여자가 할 수 있는 일은 고함을 지르는 일밖에는 없었다. 예수님은 무리 속에 섞여서 아무런 반응도 보이지 않으셨다. 이 여자는 계속해서 소리를 질러대었다. 왜냐하면 그것만이 딸을 살리는 유일한 길이었으니까. 하도 고함을 질러대니까 제자들이 저 여자 좀 보내달라고 청할 정도였다.

"가나안 여자 하나가 그 지경에서 나와서 소리 질러 이르되 주 다윗의 자손이여 나를 불쌍히 여기소서 내 딸이 흉악하게 귀신 들렸나이다 하되 예수는 한 말씀도 대답하지 아니하시니 제자들이 와서 청하여 말하되 그 여자가 우리 뒤에서 소리를 지르오니 그를 보내소서"(마 15:22)

그러나 이 여자의 간절함은 그 정도에서 그치는 것이 아니었다.

예수님은 이 여자를 시험하시고자 '개들'이라는 비속어까지 사용하셨다(막 7:27). 모든 유대인들이 이방인들을 개 취급하던 시절이었기 때문이었다. 그런데 이 여자는 자신을 개라고 인정하면서, 개들도 아이들이 던지는 부스러기를 먹지 않느냐고 대답했다. 이런저런 사정 살필 처지가 아니었기 때문이다. 남는 것, 버리는 것이라도 있으면 던져달라는 간절한 외침이었다. 생명을 거는 지경에까지 간 것이었다. 귀신들린 딸을 위해서라면 목숨마저도 아까워하지 않을 것 같은 이 여인의 말에 예수님도 그 간구를 인정하셨다. 바로 이 말 때문에 예수님은 그 딸에게서 귀신을 쫓아내어주셨다. 물론 그 '말' 때문이 아니라 그 '마음' 때문에 응답하신 것이었다. 그 말은 그 마음의 표출일 뿐이다.

"여자가 대답하여 이르되 주여 옳소이다마는 상 아래 개들도 아이들이 먹던 부스러기를 먹나이다 예수께서 이르시되 이 말을 하였으니 돌아가라 귀신이 네 딸에게서 나갔느니라 하시매"(막 7:28-29)

이웃 영혼들을 위한 우리의 기도가 이와 같아야 한다. 물론 웬만한 믿음이 아니라면 자기 자신을 위해서조차도 이런 간절한 기도를 하기가 어려운 것이 사실이다. 그리고 이 수로보니게 여인은 일생에 딱 한 번 이런 기도를 드린 것이다. 이웃의 영혼들을 위해 꼭 이 수로보니게 여인처럼 기도하라는 것이 아니라 기도의 원리를 말하는 것이다. 누가 항상 이런 기도를 드릴 수 있겠는가? 적어도 이웃사랑, 영혼사랑을 말하려면 이런 간절한 마음이 되어야 진짜 그리스도의 사랑을 전하는 것이라고 할 수 있지 않겠는가? 이런 마음이 되어야 한다. 이런 마음으로 기도해야 우리의 영혼사랑은 그 영혼을 자기 자신처럼 사랑하는 진정한 사랑이 될 것이다. 이웃을 위해 단 한 번이라도 이런 기도를 드린다면 하나님은 큰 영광을 받으시고 그 영혼을 구원해주실 것이다.

복음 전파

이웃사랑, 영혼사랑의 마지막 단계는 복음전파이다. 복음전파란 물론 전도를 뜻하는 것이지만, 여기에서는 삶으로서의 복음전파에 초점을 맞추고자 한다. 언어로 전달하지 않는 복음전파가 어떤 의미에서는 더욱 생명력이 강할 수 있기 때문이다. 물론 결국에는 언어로 전해야 한다. 그러나 그 언어로 전하기 이전에 이미 복음은 삶으로 보여야 한다는 말이다. 그리스도인의 이웃사랑의 결국이 복음전파여야 한다는 말은 그리스도인의 삶의 핵심이 복음이어야 한다는 말과 같은 뜻이다. 복음의 핵심이 바로 이웃사랑인 것이다. 만약에 왕의 사신이 왕의 친서를 가슴에 품고 먼 나라로 가게 되었는데 마지막에 그 친서를 잃어버렸거나 훼손해버렸다면 그 사신은 무엇 때문에 먼 외국에까지 달려간 것인가? 모든 의미가 사라질 뿐만 아니라 자신에게 맡겨졌던 막중한 사명마저도 내팽개쳐 왕에게 큰 손실을 끼친 것이 되지 않겠는가? 복음의 핵심이 이웃사랑이라는 말은 이웃사랑 속에 품어야 하는 핵심이 살아있는 복음이어야 한다는 말인 것이다.

왜 복음이 그리스도인의 이웃사랑, 영혼사랑의 초점이자 핵심이자 결론이 되어야 하는가? 복음이 하나님의 나라로 들어가는 통로이기 때문이다. 오직 복음만이 천국으로 이끈다. 그리스도인들은 이미 그 통로로 들어온 사람들이고 불신 이웃들은 그 길을 전혀 모르는 사람들이다. 복음을 전하는 목적이 무엇인가? 그 천국의 통로로 이끌어주기 위해서가 아닌가? 이웃사랑은 그 통로까지 인도하는 지름길이어야 하는 것이다. 세상의 수풀은 너무나도 심각하게 우거져 있다. 도대체가 길을 찾을 수가 없다. 결국 그 길을 포기하고 세상 어느 수풀 가운데엔가 머물러서 별 의미 없이 살아가는 것이 인생이 아닌가? 그 길을 찾지 못한다면 영원히 고통당할 지옥으로 떨어질 수밖에 없다. 그리스도인의 이웃사랑은 복음으로 인도하는 유일한 길이다.

"율법과 선지자는 요한의 때까지요 그 후부터는 하나님 나라의 복음이 전파되어 사람마다 그리로 침입하느니라"(눅 16:16)

그래서 복음전도자들이 목숨을 걸고서라도 복음을 전하기 위해 도전하는 것이다. 하지만 모든 사람이 세상 끝까지 달려가서 복음을 전하는 것은 아니다. 그리스도인들은 자기가 서 있는 곳을 세상의 끝으로 알고 복음적 삶을 사는 사람들이다. 우리의 삶 자체가 복음전파라는 사실을 인식해야 한다. 오늘날 전도라고 하면 이웃을 설득하여 무조건 교회로 인도하는 데에만 모든 초점이 맞추어져 있다. 사실은 굉장히 심각한 문제이다. 왜냐하면 복음적 삶이 결여된 채 교회생활에만 모든 초점이 맞추어져 있기 때문이다. 그리스도인의 신앙생활은 교회생활이 전부가 아니다.

물론 모든 신앙생활은 교회 중심적으로 이루어져야 한다. 그러나 교회는 세상 속에서 복음적 삶을 사는 데 필요한 훈련을 제공하는 곳이다. 교회는 세상 속에서 어떻게 복음적 삶을 살아야 할지를 가르치고 훈련하고 영적 힘과 능력을 공급하는 곳이다. 그렇지 않으면 단지 교회성장과 부흥이라는 외형적인 모습에만 치중함으로써 세상 속에서의 복음의 능력을 쇠퇴시킬 뿐인 것이다. 그렇다면 우리의 이웃사랑도 목적을 상실한 채 단지 행위만을 자랑하게 될 것이 아니겠는가?

"오직 너희는 그리스도의 복음에 합당하게 생활하라"(빌 1:27上)

복음이란 순종할 때에만 살아있는 복음이 된다. 말씀을 전파한다는 것은 말씀에 순종한다는 것이다. 삶이 말씀이 되도록 해야 한다. 복음은 원래 능력 자체이다. 왜냐하면 복음이란 구원의 도리를 전하는 하나님의 말씀이기 때문이다. 말씀으로 세상을 창조하신 하나님께서 말씀으로 복음을 우리에게 전해주셨다. 생각해보라. 복음 속에는 무엇이 들어있는가? 복음의 주인공은 그리스도 예수님이다. 복음 속에는 모든 사람들을 질병에서 구원하시고 귀신에게서 해방시키시고 죽었던 사람을 살리시는 능력이 포함되어 있다. 하나님으로서 죄인들의 대표가 되신 하나님의 지혜가 가득 채워져 있다. 십자가에서 죽으실 때 지성소의 휘장이 위에서 아래로 단번에 찢어지게 하셨다. 그리스도께서 완전히 죽으셨다가 사흘 만에 부활하신 가장 큰 승리가 들어있다. 그것이 복음이다. 복음이 하나님이시고 복음이 하나님의 힘이고 그리스도의 능력이다. 우리는 복음 때문에 이웃을 자기 자신처럼 사랑하는 것이다. 복음에 순종할 때 그 자체가 능력이 되고 힘이 되는 것이다.

"이는 우리 복음이 너희에게 말로만 이른 것이 아니라 또한 능력과 성령과 큰 확신으로 된 것임이라"(살전 1:5上)

복음이란 듣기만 하고 행하지 않으면 그 복음이 오히려 우리를 속이게 된다는 사실을 알아야 한다. 물론 복음 자체가 우리를 속이는 것이 아니라 그 복음을 순종하지 않고 듣기만 함으로써 우리가 복음을 소유하고 있다고 스스로를 속이게 된다는 말이다. 바리새인들의 문제가 바로 거기에 있었다. 모든 인류 중에서 오직 자기들만 하나님의 율법을 가지고 있다고 생각했다. 그러나 그들은 율법의 핵심은 쏙 빼놓고 오직 율법의 외형만을 갖고 있었기 때문에 민족적 자존심만 유별났던 것이다. 아무튼 우리는 복음으로 거듭난 사람들이다. 복음의 힘과 능력에 의해 복음의 생명력을 소유한 사람들이 된 것이다. 그렇다면 그 복음의 생명력이 우리를 통해 살아 나야 하지 않겠는가? 우리를 통해 전파되어야 하지 않겠는가? 스스로 속임을 당하지 않으려면 복음을 행함으로써 복음적 삶을 살아야 한다. 교회에는 바로 이것이 회복되어야 한다. 이것이 이루어지지 않는 한 개혁다운 개혁은 불가능하게 될 것이다.

> "너희는 말씀을 행하는 자가 되고 듣기만 하여 자신을 속이는 자가 되지 말라"(약 1:22)

복음은 다양한 방법으로 이웃들에게 전파된다. 기본적으로는 나눔과 섬김을 통해서 복음의 생명력이 전파된다. 그것도 그리스도께서 우리를 위해 목숨을 내어주신 극진한 사랑의 본을 받아 아예 우리가 이웃이 되어서 오히려 우리 자신의 일을 하는 것처럼 이웃을 돌보는 나눔과 삶의 모습이 가장 핵심적인 복음전파의 통로이다. 더 나아가 모든 어려움과 난관을 극복하고 생명까지도 걸고 외치고 간구하는 마음으로 이웃 영혼들을 위해 기도해야 참된 복음은 성령님의 능력으로 전파된다. 거기에 덧붙여서 우리의 삶 자체가 복음의 통로로서의 기능을 하기 위해 복음적 삶이 우리의 현장에서 이루어져야 한다. 그렇게 전달되는 복음의 언어는 삶의 언어이고 행동의 언어이며 표정의 언어가 되어야 하는 것이다. 복음은 결국 말로 전달되어야 하지만 언어로서의 말이 있기 이전에 삶과 행동으로서의 말이 전제되어야 한다. 그것까지 포함되어야 비로소 그리스도인의 이웃사랑이 성립되는 것이다.

너무 어렵다고 할 수 있을 것이다. 물론 어렵다. 누가 그렇게까지 살 수 있겠는가? 하지만 그리스도인의 이웃사랑이 무엇인지를 명확하게 깨닫지 못한다면 교회가 나아가야 할 바를 알지 못하게 되고 교회생활에 충성하는 것으로 스스로 만족하게 될 것이다. 그렇게 되면 살아있는 그리스도의 복음은 더 이상 전파될 수 없을 것이고, 전파되더라도 훼손되거나 잘려나간 복음만이 전파될 뿐일 것이다. 그리스도의 분량에까지 자라는 것이 무엇인지도 모르는 채 가르치고 훈련하고 파송한다면 결국 이제까지와 동일한 기독교가 될 뿐이다. 자칫 잘못하면 바리새적 현상이 그대로 현실에 실현될 수도 있을 것이다.

그리스도인은 하나님의 최상의 말씀을 받아가진 사람들이다. 하나님의 최상의 복음은 하나님께서 이 땅에 오셔서 생명을 버리시고 십자가에 죽으신 것이다. 생명을 버리신 그리스도의 복음을 소유하고 있으면서도 조금의 손해도 안 보려고 하고 조금의 자존심이 상하는 일도 참을 수 없다면 그 사람은 거듭난 사람이 맞는가? 복음은 복음 그대로 이해해야 한다. 마치 어른들이 하는 말이나 일을 이해하지는 못해도 언젠가는 어른들처럼 살아야 할 것을 아는 어린아이와 같은 것이다.

성경에는 싸우면서도 복음이 전파되어야 하고 고난을 당하더라도 그것을 이겨내고 전파해야 한다고 가르치고 있다. 사도 바울이 매를 맞으면서 감옥에 갇히면서 죽을 고비를 넘기면서도 복음을 전파한 것은 무엇 때문인가? 복음이 반드시 전파되어야 하기 때문이다. 바울은 이것을 너무나도 잘 알고 있었기 때문에 인생 마지막 순간에까지 복음을 전파할 수 있었던 것이다. 왜 이렇게까지 복음이 전파되어야 하는가? 예수님께서 우리에게 목숨을 주셨기 때문이다. 예수님께서 복음을 위해 생명을 주셨기 때문에 우리가 생명을 주는 한이 있더라도 복음을 전파해야 하는 것이다.

"너희가 아는 바와 같이 우리가 먼저 빌립보에서 고난과 능욕을 당하였으

나 우리 하나님을 힘입어 많은 싸움 중에 하나님의 복음을 너희에게 전하였노라"(살전 2:2)

심지어 자기의 유익을 위해서 다투는 사람들을 통해서조차 복음은 전파되어야 한다. 물론 그렇게 전파하는 사람은 자기에게는 유익이 전혀 없게 될 것이고 심지어 구원에서 떠나 지옥으로 향할 수도 있을 것이다. 다만 복음이 어떻게 전파되어야 하는가를 가르치는 것이다. 그리고 복음의 힘과 능력을 보여주는 것이다. 바람직한 방법은 아니다. 그들은 자신이 하는 일을 잘 모르고 있는 사람들이다. 그러나 어떤 형식으로든 복음은 반드시 이웃들에게 전파되어야 하는 것을 크게 강조하는 말씀인 것이다.

"그들은 나의 매임에 괴로움을 더하게 할 줄로 생각하여 순수하지 못하게 다툼으로 그리스도를 전파하느니라"(빌 1:17)

물론 모든 그리스도인들이 다 목숨을 바쳐서 복음을 전하라는 이야기가 아니다. 그리스도의 이웃사랑을 통해 복음이 전파되어야 하는 당위성을 설명하는 것이다. 성경은 우리에게 항상 말씀을 전파하라고 강권하고 있다. 우리가 잘 아는 대로 때를 얻든지 못 얻든지 말씀을 전파하는 일에 힘써야 한다. 다만 이 일이 우리의 이웃사랑을 통해서 기회가 올 때마다 일어날 수 있어야 함을 말하고자 하는 것이다.

모든 상황에서 말씀을 전파하려면 얼마나 훈련되어야 하고 얼마나 열정이 불타올라야 하겠는가? 하지만 모든 그리스도인들에게 이것을 요구하는 것은 결코 아니다. 그렇지 못하더라도 우리의 삶으로 복음을 얼마든지 보여줄 수 있다는 점을 강조하는 것이다. 물론 당연히 말로도 복음을 전파해야 하지만 동시에 우리가 할 수 있는 더 많은 일들을 삶의 복음을 통해서 전파할 수 있는 것이다. 말씀대로 살려고 애를 쓰고 복음적인 생활을 하려고 애를 쓴다면 우리의 이웃사랑, 영혼사랑은 그 위대한 여정을 뚜벅뚜벅 걸어갈 수 있게 될 것이다. 그것이 그리스도인의 참다운 이웃사랑인 것이다.

"너는 말씀을 전파하라 때를 얻든지 못 얻든지 항상 힘쓰라 범사에 오래 참음과 가르침으로 경책하며 경계하며 권하라"(딤후 4:2)

Epilogue
맺는 말

　사진을 촬영할 때 가장 중요한 것은 초점이다. 아무리 구도가 정확하고 내용이 훌륭하고 기가 막힌 순간을 화면에 담았다고 해도 초점이 흐려져 있으면 작품으로서의 가치는 완전히 사라져버린다. 가족끼리 사진을 찍을 때에는 사람이 명확하게 나와야 하는데 아무리 구도가 좋아도 먼 산만 명확하게 나오고 사람은 흐릿하게 나온다면 그것은 사진으로서의 가치조차도 사라지게 된다. 사진의 다른 모든 요소들도 중요하지만 초점이 정확하지 않으면 그 어떤 장점도 사라질 수밖에 없게 되는 것이다.

　신앙생활도 마찬가지이다. 초점이 정확하게 맞아야 한다. 성경은 무엇이라고 가르치고 있는지, 왜 그렇게 해야 하는지, 그 목적은 무엇인지, 그리고 가장 핵심적으로 하나님은 어떤 마음으로 이 일을 우리에게 주시는지를 알아야 하나님께서 원하시는 신앙생활을 할 수 있을 것이다. 곧 신앙생활의 초점을 똑바로 맞추어야 한다는 말이다. 이 책에서는 그 초점을 똑바로 맞추려고 많은 노력을 기울였다. 이웃사랑이 곧 신앙생활이라는 점과 이웃사랑은 영혼사랑이라는 것이 이 책의 초점이고 성경의 초점이다. 교회가 비판을 받는 여러 가지 요인들이 있지만 표면적인 모습을 볼 때 그 이유는 명백하게 희미해진 이웃사랑, 곧 초점이 빗나간 이웃사랑 때문일 것이다. 그리스도인의 이웃사랑은 삶 자체가 이웃사랑이라는 점에서 출발해야 하는 것이다. 이웃사랑의 근원이 예수님이라는 사실을 믿는다면 화면의 전체적인 초점을 맞춘 것이다. 이웃사랑이 영혼사랑이라는 사실을 믿는다면 핵심적인 초점을 맞춘 것이다. 그런 의식을 가지고 살아간다면 틀림없이 신앙생활의 모든 초점을 정확하게 맞춘 것이다.

그리스도인의 그리스도인다움은 이웃사랑을 통해서만 드러날 수 있다. 교회의 교회다움도 교회가 얼마나 이웃사랑에 힘을 쏟는가에 달려있다. 그리스도의 사랑은 우리 그리스도인들의 이웃사랑을 통해서 증명되는 것이다. 교회는 성도들만을 위해서 존재하는 것이 아니다. 교회는 이웃사랑을 마음껏 펼칠 수 있도록 교육하고 훈련하고 본을 보여주는 곳이어야 한다. 교회중심의 신앙생활이라는 말은 교회 안에 머물라는 말이 아니라 교회를 중심으로 이웃사랑을 효과적으로 펼쳐야 한다는 이야기이다. 하나님을 사랑한다면 이웃사랑으로 증명해야 한다. 이웃사랑은 하나님의 소원이다. 복음이 모든 사람들에게 전파되게 하기 위해 우리를 부르셨기 때문이다.

이 책을 통해서 이웃사랑에 대한 오해와 편견들이 사라지면 좋겠다. 자기인식을 바꾸는 일은 상당히 어려운 일이지만 그래도 이 책을 통해서 신앙의 방향이 바뀔 수 있으면 좋겠다. 이웃사랑을 통해서 복음의 본질과 생명력이 회복되면 좋겠다. 여기까지 전부 읽은 모든 그리스도인들에게 하나님의 힘과 능력이 강하게 임하시기를 기도드린다.